外文文献信息资源采访工作手册

朱硕峰　宋仁霞　主编

國家圖書館出版社

图书在版编目(CIP)数据

外文文献信息资源采访工作手册/朱硕峰,宋仁霞主编. --北京:国家图书馆出版社,2014.6

ISBN 978-7-5013-5366-8

Ⅰ.①外… Ⅱ.①朱… ②宋… Ⅲ.①外文图书—图书采购—手册 Ⅳ.①G253.1-62

中国版本图书馆 CIP 数据核字(2014)第 087651 号

书　　名 外文文献信息资源采访工作手册
著　　者 朱硕峰　宋仁霞　主编
责任编辑 高　爽　王炳乾

出　　版 国家图书馆出版社(100034　北京市西城区文津街 7 号)
(原书目文献出版社　北京图书馆出版社)
发　　行 010-66114536　66126153　66151313　66175620
66121706(传真)　66126156(门市部)
E-mail btsfxb@nlc.gov.cn(邮购)
Website www.nlcpress.com→投稿中心
经　　销 新华书店
印　　装 北京科信印刷有限公司
版　　次 2014 年 6 月第 1 版　2014 年 6 月第 1 次印刷

开　　本 787×1092(毫米)　1/16
印　　张 19.5
字　　数 350 千字

书　　号 ISBN 978-7-5013-5366-8
定　　价 80.00 元

主　编：朱硕峰　宋仁霞

顾　问：顾　犇

主要撰稿人（按姓氏拼音排序）：

曹　迁　顾　犇　李　伟
苗璐珺　齐东峰　宋仁霞
唐玉屏　吴　凯　朱硕峰

前言

文献采访工作是图书馆最基础的工作之一，决定着图书馆的馆藏文献资源质量。随着信息环境的发展，文献采访工作也在发生着巨大的变化。图书馆馆藏从传统纸质文献到电子信息资源的飞速发展，使得图书馆人需要不断总结经验，拓展新的理论、方法以适应新的环境。本书的出版也正是为了适应这种变化。

1999—2000 年，时任国家图书馆副馆长、研究馆员的邵文杰先生为国家图书馆从事外文图书采访工作的馆员开设讲习班，此后将课程内容加以扩展，于 2001 年出版了《外文图书采选工作》一书。为了适应广大文献采访人员的需求，在此书的基础上进一步扩充内容，增加有关报刊、电子资源采访的相关内容，于 2004 年出版《外文文献采访工作手册》。但最近几年来，图书馆所处信息环境已经发生了剧烈的变化，文献信息资源采访也出现了新内容、新方法，进一步修改这本书，以适应环境的变化已是很有必要。

《外文文献信息资源采访工作手册》进一步丰富内容，更加全面、详细地介绍当前信息环境下各种文献的采访工作。对于传统文献，尽可能详细地探讨新信息环境下出现的新问题、新方法。对于不断蓬勃发展的电子文献，为了保持有关内容的完整性，本书专门开辟独立的篇章，详尽介绍有关电子资源发展的最新情况。

本书的编写历时两年有余。在此过程中，我们所处的信息环境虽不能说瞬息万变，却也可以说是日新月异。有些数据，尤其是有关出版业方面的，随时都有可能发生变化。图书内容相对滞后的特点，也是我们无法实时更改的，只能留下遗憾。

本书的编写者来自国家图书馆外文采编部。外文采编部主任顾犇先生自始至终参与其中，从内容提纲到书中的细节，都提出了自己的看法，发挥了重要作用。本书的撰稿人既有多年从事文献采访工作、经验丰富的老图书馆员，也有初出茅庐、思想活跃的新秀。具体分工如下：朱硕峰负责第一章第一、二节，第二章，第三章，第四章，第五章，第八章第二节，第十章第一、二、三节，附录 1；顾犇负责第一章第三节；李伟负责第六章第一、三、四节，第七章第一、二节，第三节的图书部分，第八章第一节，第十章第四节；曹迁负责第六章第二节，第七章第二、三节中有关期刊的部分，第八章第三节，第十一章；唐玉屏负责第九章；齐东峰负责第十二章，第十三章；宋仁霞负责第十四章；吴凯负责第十五章，附录 2，附录 3；苗璐珺负责第十六章，附录 4。全书第一、二、三篇由朱硕峰统稿，第四篇由宋仁霞统稿。

希望本书的出版，对图书馆从事外文文献采访工作的人员有所帮助。但由于采访环境随时都在发生变化，本书内容难免有疏漏和不足之处，敬请读者不吝赐教。

朱硕峰

2013 年 12 月 21 日

目　　录

第三篇　外文传统文献资源采访工作实务

第四篇　电子资源采访工作

第一篇　外文文献信息资源的基础知识

第一章　外文传统文献资源的各种载体

第一节　外文印刷型文献的出版类型

一、图书

图书的定义有广义与狭义之别，此处所指的是狭义的图书，是各种出版物中历史最悠久的一种形式，我国古代的竹简、帛书、线装书籍与西方的古摇篮本都是书籍漫长发展史的代表。图书是一种成熟定型的出版物，是迄今为止文献的最主要类型，也是图书馆馆藏的主要构成部分。其形式特征是有完整、定型的装帧形式，有封面、书名页、版权页、目次、正文、封底而且装订成册。图书内容主题突出，多是经过编著者对材料进行认真的取舍、核对和融会贯通之后写成的，所以内容和见解比较概括和成熟，其中许多是科学研究成果、生产技术知识和经验的概括论述，是传播知识、教育和培养人才的主要手段。由于图书出版周期较长，内容相对滞后，一般没有最新的情报。

图书按照其使用目的，可分为两大类，一类是供读者阅读的阅读书，另一类是供读者查阅的工具书；从书的形式看，有单行本（Separate）、多卷集（Multi-volume Title）、丛书（Series）等；从内容上划分，有专著（Monographs）、教科书（Textbook）、工具书（Reference Book）、通俗普及读物（General Interest Book）、官方文件及其汇编（Government Document and Cumulation）以及特种文献（Special Material）等。下面介绍一些图书的特殊类别。

1. 小册子

小册子（Pamphlet）是一种篇幅小、页码少、装订简单的书。按照联合国教科文组织《关于印刷品统计》的规定，除封面外5—48页的非定期出版物称为小册子，作为国际间图书资料的通用统计标准。但有些国家对小册子的页码又有自己的规定标准。有的定为100页，有的定为64页，有的定为47页，还有的定为6页。我国在出版物统计和图书馆文献管理中把小册子作为图书处理。小册子区别于一般图书的特征是：装帧简单、出版及时、现时性强、内容较专、时效较短。大多数短效性的小册子，过时就较少有保留价值。此外，小册子装订简单，多数情况为非正式出版物，不易在书架上存放。因此，很多图书馆一般不收藏小册子。

2. 教科书

教科书（Textbook）是按照教学大纲要求编写的教学用书，又称课本、教材。按照使用对象可分为小学教科书、中学教科书和高等学校教科书三大类。高等学校的教科书内容一般比较专深，有较高的学术参考价值，常受到各类图书馆的重视。

教科书一般不是原始研究成果，而是对某学科现有的知识和成果进行综合归纳和系统阐述，较少做新的研究探索和提出新观点。教科书在材料筛选、概念解释、不同观点或学派的介绍，以及学科知识的综合归纳、分析论证等方面，都应具有全面、系统、准确的特征。教科书一般要经过教育部门审定，经过试用、修订，然后才推广使用。高等学校的教科书则允许有多种形式，还可以自编教材或把某些知名图书确定为教科书。教科书在编排结构上层次分明，按知识体系循序渐进地安排内容，便于学生掌握知识。高等学校的教材一般还列举和推荐相应领域的重要文献，提供丰富的书目信息。

英、美等国家有不少专门出版教材的出版社。比如培生（Pearson）、麦格劳－希尔（McGraw-Hill）等。一些学科发展比较快，教材更新也比较频繁，有些教材每年都出新版。因此一些教材的版本繁多，更有一些名家撰写的教科书经久不衰，成为本领域内的权威著作。例如，经济学家保罗·安东尼·萨缪尔森（Paul Anthony Samuelson）所写的《经济学》（*Economics*），从 1948 年开始出版到 2009 年已经是第 19 版。为了满足教师和学生的需要，教科书一般以平装出版，价格较为便宜。

3. 工具书

工具书（reference book）主要包括词典和百科全书，这也是人们通常所理解的工具书。当然，词典和百科全书并不就是工具书的全部。但是，要为工具书下一个准确的、科学的定义，并非是一件十分容易的事情。《新不列颠百科全书》中“工具书和手册”（reference books, handbooks, and manuals）这一条目将工具书解释为“各种数据集以及已知信息的有价值的和解释性的概括。它们既包括关于一个主题的一些小的方面的短小专著或数据表系列，也包括将大量现有知识包含入一部综合性著作的百科全书式的概括”。《哈罗德图书馆管理员词汇》（*Harrod's Librarians' Glossary of Terms Used in Librarianship, Documentation and the Book Crafts, and Reference Book*）将工具书定义为“诸如词典、百科全书、地名录、年鉴、机构名录、索引、书目和地图集等在不同程度上提供确切信息，并且供参考而不是阅读所用的图书”。《美国图书馆协会图书馆和情报学词汇》（*The ALA Glossary of Library and Information Science*）中将工具书定义为“一种按照某种体例编排的，专供查找特定资料而不是供系统阅读的图书”。希伊的《参考工具书指南》一书也基本上根据这一原则收集其条目。

工具书内容概括、信息密集，在编排体例、结构方面更多地考虑查阅的方便，是人们在求知治学时不可缺少的工具。与工具书类似的概念还有参考工具书、参考源（Reference sources）、参考资料等，但它们包含的范围通常比“工具书”广泛。在中国和日本，人们习惯上把采用词典体例编纂的工具书称为辞书。

工具书历史悠久，是伴随着科学、文化、教育事业的进步发展起来的。中国历代修纂的工具书数量大、类型多，尤以字典、书目、类书、政书等著称于世。在世界其他地区，工具书也有较长的发展历史。如古埃及记载尼罗河泛滥及有关的天文、气象的年历等都是古代工具书的萌芽。18 世纪法国狄德罗（Denis Diderot）等编撰的《百科全书，或科学、艺术与手工艺大词典》（*Encyclopédie; ou, Dictionnaire raisonné des sciences, des arts et des médiers*），开创了众人编撰巨帙工具书的先例，并在当时的启蒙运动中起到了振聋发聩的作用。19 世纪至 20 世纪，因工商业的发达和科学文化交流的频繁开展，工具书编纂出版业飞速发展，如百科全书在更多的国家出版，便捷型工具书大量产生，书目、索引除在形式和规模上发生变化外，更加讲究时效性。工具书的类型日益丰富，修订速度加快，在信息交流和社会发展中发挥着重要形式。

工具书种类繁多。一般常见的形式有词典、百科全书、年鉴、手册、名录、图谱、地图、书目、索引等。工具书按其内容性质可分为综合性工具书和专门工具书。美国工具书专家卡茨（W. A. Katz）按照基本性质和使用功能把工具书划分为两类：控制—检索型工具书（information control and access)，指各类工具书指南和书目、索引，如《工具书指南》《美国在版书目》；资料型工具书(sources of information)，指各类型的百科全书、年鉴、手册、名录、图谱、传记资料、词典、地理资料及政府出版物等，如《不列颠百科全书》(*Encyclopedia Britannica*)。

工具书是应社会的知识和信息需要而产生的，旨在概括各领域的基本知识、基本数据或基本资料，向使用者提供较成熟的知识或相关信息。工具书都具有提供检索或查询的功能，一些工具书(如百科全书)，除检索功能外还兼有教育功能；一些工具书(如书目、索引)，还可用作系统求知、深入研究的指南或入门工具。工具书编纂出版的数量、质量以及规模等可以反映一个国家、一个时代的科学、文化、教育发展水平。因此，工具书一般都是图书馆收藏的重点，一些工具书更是图书馆的必备馆藏，如比较知名的百科全书、字典、词典。

工具书的判断也是很复杂的：有些手册不属于工具书，如许多日常生活指南性质的手册；有些手册属于工具书，如《贝尔斯登有机化学大全》(*Beilstein Handbook of Organic Chemistry*)；有些书名中没有百科全书字样的属于百科全书，如《知识新书》(*New Book of Knowledge*)；有些书名中没有名录字样的属于名录，如《学术世界》(*World of Learning*)。因此，图书馆采编人员要处理这方面问题，有一定的难度。

鉴别与评价工具书，对于读者、编纂者、出版者以及收藏者有重要意义。工具书指南就是从使用和鉴别的角度对工具书进行研究的成果。美国的《工具书指南》(*Guide to Reference Books*)是西方最有名的工具书指南，从 1902 年出版第 1 版，到现在已经出版了 12 版，经历了从纸本到电子的转变，最新的第 12 版 2008 年出版，为了适应数字时代的发展，更名为 *Guide to Reference*，而且只有电子版，由 Robert H. Kieft 主编，收录的工具书也从纸本资源扩展到了数据库、网络电子资源等。《美国工具书年鉴》(*American Reference Books Annual*)通称 ARBA，从 1970 年开始出版，现在其电子版 ARBAonline(http://www.arbaonline.com/)以数据库的形式发行，主要报道美国和加拿大出版物。ARBA 报道的载体不仅有图书，还包括网站、CD-ROM；主要的资源类别是：词典、百科全书、索引、名录、指南、词汇索引、书目、地图、地名词典、年鉴、摘要以及其他参考文献。电子版收录了 1997 年以来出版的资源，而且每月更新。英国的《参考资料指南》(*Walford's Guide to Reference Material*)由 Albert John Walford 主编。从 1959 年开始出版，到 2000 年出版了 8 版，每版 3 卷套。2005 年，该书更名为 *New Walford's Guide to Reference Resources*，收录的类别也扩展到电子资源，如数据库、数字参考资源、电子期刊库、数据搜索引擎、网络信息资源服务者、开放资源、著名公共和私人机构的网站等。

工具书是图书馆藏书中一个很重要的部分。但是，各个图书馆应根据自己的读者对象订购适当的工具书。例如，大学图书馆为了帮助学生学习外语，应订购一定数量的中型词典；国家图书馆为了成为全国的文献最终查询基地，应订购大型的词典，而避免订购中、小型词典；少儿图书馆应订购小型词典和图文并茂的插图百科全书。

随着网络计算机技术的飞速发展，网络技术已经与工具书出版紧密结合。许多工具书都出版相应的电子版，甚至出现电子版取代印刷版的情况。例如，最有名的工具书《不列颠百科全书》就在 2012 年宣布不再出版纸质版，只出电子版。现在，工具书的电子出版形式有专用的电子词典、电子图书阅读器(如 Kindle)、只读光盘形式的百科全书和词典、网络版百科全书和词典。图书馆应根据自己的读者对象和经费情况，选择最适合自己的载体形式。国家图书馆主要订购的是网络版工具书，如盖尔(Gale)公司的虚拟图书馆(visual reference library)、《不列颠百科全书》等。

4. 珍善本书籍

珍本或善本书,一般是印刷精良而且非常难得的书籍,或者是已成为罕见版本的图书。我国宋、元、明的刊本及抄本,清代及近代的精抄本、影印本、石印本、手抄本、手校本等都属于珍善本书籍。西方的珍善本大多指1550年以前刊印的书籍,即摇篮本。摇篮本是指15世纪中叶在欧洲活字印刷的西文书籍。目前已知的约有4万种,分别由1000多家出版商制作,在世界印刷史上有重要意义。它们的基本特征是大4开本,牛犊皮包木板封面,正文中饰有红色大写字首和花边,书末有版本记录页,但书首没有带标题的扉页。世界上收藏摇篮本较为著名的是欧洲的大英博物馆,牛津大学 Bodleian 图书馆以及巴黎、维也纳、罗马、米兰和布鲁塞尔等地的图书馆,美国的国会图书馆,哈佛大学图书馆和耶鲁大学图书馆等。另外,各国甚至各图书馆都对本国或本馆的珍善本书都有不同的规定。例如,英国认为1701年以前出版的英国书籍是珍善本书,而美国由于历史比较短,1801年以前美国出版的书籍就属于珍善本书籍。

二、期刊

什么是期刊?多年来国内外从事图书馆工作的人员以及相关资料的记载中对期刊的定义都有不同的看法。而在英语中对“期刊”一词的表达也有不同的词汇,如:periodical、magazine、journal、serial 等,其中 periodical 的原意是“定期出版的杂志或报纸(a magazine or newspaper published at regular intervals)”,这个解释更接近中国的“期刊”一词。

期刊(periodicals)与连续出版物(serials)又是什么关系呢?国际标准化组织给连续出版物下的定义是“一种逐次分册发行,通常都标有序号或年代标号,并且打算无限期地连续出版下去和印刷的或非印刷的出版物,包括杂志、报纸、年刊、年鉴、名录、各种机构的报告丛刊和会志、会议录丛刊以及单行本的丛书”。我国国家标准《连续出版物著录规则》所下的定义是“印刷的或非印刷的出版物,具有统一的题名,定期或不定期以连续分册形式出版,有卷期或年月标示,并且计划无限期地连续出版。连续出版物包括期刊、报纸、年度出版物(年鉴、指南),以及系列的报告、学会汇刊、会议录、和专著丛书”。从这个定义来看,连续出版物的概念比期刊的概念要范围大的多。期刊只是连续出版物的一种,它的含义通常包括报纸与杂志,是一种定期出版的刊物,而定期出版的年鉴、年刊、年报以及其他非定期的连续出版物,则被统称为连续出版物。期刊具有以下几个特征:

(1)有相对固定、统一的题名;

(2)有连续的卷、期、年、月标识;

(3)计划无限期连续出版下去的;每期都是由多个作者的多篇文章组成且内容不重复;

(4)有较为固定的出版样式和专门的编辑机构;发表最新的研究成果,报道及时,各期刊物一般不修订或再版;

(5)除去零售外,还可以按年预定,除增刊外,同种期刊售价相同。

这些特征常常作为期刊与图书划界的标准。从它的外部特征看,着眼于它的周期性,所以叫期刊;从它的内容特征看,侧重它报道的内容性质,又称为杂志。

从总体看,期刊在传递文化知识、科技情报方面具有重要作用,表现为:

(1)期刊是科学技术成就的记载,起着科技档案的作用,在一定程度上可以看作是人类科技发展的完整记录；

（2）期刊是一次文献、二次文献和部分三次文献的主要载体，是人类进行科学知识交流的重要渠道；

（3）期刊是正式的、公开的、有组织的把全世界的科学技术人员紧密地联系在一起的媒介。“正式的”指期刊中的文章可以为任何人引用或验证，“公开的”指任何人可以任意向期刊投稿或订阅；“有组织的”指作者向期刊提交的论文，都要经过期刊编辑机构的决定取舍，论文的学术水平由此可得到有组织的鉴定。

期刊已有300多年的历史，迄今不仅数量多，而且种类也繁多。不同的期刊有不同的特点，下面从不同的角度来划分：

从期刊的内容、性质及读者对象来看，可以分为学术和技术性期刊、通讯性期刊、消息性期刊、检索性期刊、资料性期刊、评论性期刊、科普性期刊、时事政治期刊、文学艺术性期刊和行业性期刊等。下面介绍其中几种期刊的类型。

1. 学术、技术性期刊

这类期刊主要发表学术论文、会议论文、试验报告、研究报告等具有较强学术性、理论性的文章，大多数是作者的原始论文。科学研究的新观点、新成果经常首先发表在这类期刊中，其情报价值较高。它们主要由各种学术团体或专门研究机构编辑出版，大多采用学报、会志、汇刊、通报等作刊名，例如美国化学会（American Chemical Society）出版的《物理化学杂志》（*The Journal of Physical Chemistry*）。

2. 检索性期刊

为了帮助广大科研人员从繁杂的文献中迅速找到所需的文献，图书情报部门对特定范围的大量原始文献进行加工处理，著录其外部特征和部分内容特征，并按一定的逻辑顺序加以编排，以期刊的形式刊行，这类期刊称为检索性期刊。属于二次文献范畴。检索性期刊既是一次文献的检索工具，又是一次文献的报道工具。按其形式不同，可分为目录、索引和文摘。例如，美国化学会出版的《化学文摘》（*Chemical Abstracts*）就是检索性的期刊。

3. 资料性期刊

这类期刊主要刊登一些试验数据、产品参数、技术规范、条例法令和统计资料等，一般不刊载研究论文和技术文章。它所报道的都是原始数据，比较详细可靠，对科研工作和生产建设起到很好的参考工具作用。随着各种数据中心、信息中心的成立，这类期刊有迅速增长的趋势。例如，联合国教科文组织（UNESCO）出版的《社会统计概要》（*Compendium of Social Statistics*）就是这类期刊。

4. 评论性期刊

这类期刊主要刊登各种综述或评论性的文章。有的综述国际国内形势，有的总结某一时期某一科学领域的动态、成果和发展趋势，有的专门对图书报刊上的文章进行评论等，例如美国数学会（American Mathematical Society）出版的《数学评论》（*Mathematical Reviews*）。它们能帮助读者在短时间内了解某一方面的情况。这些综述或评论性的文章，一般由某一方面的专家在参考大量原始文献的基础上综合、分析、研究而成，属于三次文献；同时，附有大量的参考资料，能向研究者提供线索，具有很高的情报价值。

5. 文学艺术性期刊

这类期刊主要刊登文学艺术作品，供读者阅读欣赏。它们娱乐消遣的因素较多，有时也刊登文艺评论和文化界的一些动态消息。

此外，期刊还可以从以下角度划分：

根据期刊的编辑出版单位可以分为学术团体出版的期刊、出版社出版的期刊、工矿企业出版的期刊以及政府部门编印的期刊等；根据使用文字划分为使用本国文字出版的期刊和翻译期刊等；根据出版周期划分可分为定期期刊和不定期期刊；根据出版形式划分分为印刷本、缩微品、计算机可读磁带、光盘型、联机型、录音磁带等。

报纸也是期刊的一种类型，它的出版周期更短，以最快的速度报道世界各地发展的最新事件和科学技术方面的最新成果，以时事、政治、经济、现实新闻为主。报纸内容广泛，信息及时，成为拥有读者最多的文献类型，也是各种信息情报知识的来源之一。

现在全世界每年出版十几万种期刊，在如此多的期刊中，据专家的研究分析，真正拥有较大的读者群，情报含量较高的高质量期刊只有几万种。这些期刊，图书馆界称为“核心期刊”。核心期刊又叫重点期刊、常用期刊，是指那些科技情报密度大，能够反映该学科最新成果和前沿动态，受到该专业读者特别关注的期刊，它所刊载的论文使用寿命长，检阅率较高。一般来说，只要掌握了核心期刊，就可以用较少的代价获得较多的信息。核心期刊的判断标准是：

（1）期刊的被摘率：主要指有关的权威文摘刊物摘录的情况。核心期刊登载的论文的被摘率高于一般刊物。

（2）期刊论文的被引用率：主要指其他作者在论文写作中引用该刊物中资料的频度。核心期刊的文章常常被其他作者引用。

（3）期刊流通过程中读者的利用率：核心期刊的利用率高于一般刊物。

由于期刊的出版周期短，论文发表速度快，能即时反映最新的知识与研究成果，受到图书馆的重视。在一些发达国家研究图书馆中，期刊的收藏量已超过图书的数量。

选择期刊可以参考的工具书有：《乌利希期刊指南》（*Ulrich's Periodicals Directory*），其中包括了非定期连续出版物和年刊（Irregular Serials and Annuals），现有印刷版、CD-ROM 版和网络数据库版。《标准期刊指南》（*The Standard Periodicals Directory*），主要内容为美国、加拿大的期刊资源。此外，还有一些国家性的期刊指南等。许多代理期刊的书店或书商也编有自己的年度目录，供图书馆员征订时使用（详细情况参见第十一章第三节）。

三、科技报告

科技报告又称研究报告，产生于 20 世纪 20 年代，但在 20 世纪 40 年代后大量出现。美国科技报告编写标准《科技报告：元素、组织和设计》（ANSI/NISO Z39.18—1995）对科技报告的定义为：科技报告用以传递基础或应用研究的结果，支撑基于这些结果所产生的决定。这类报告还包含一些必要的信息，用于解释、应用或重复一项研究结果或方法。其主要目的在于推广传播科学信息研究的结果，并提出有关行动建议。

具体来说，科技报告是科技工作者围绕某一学科专题进行研究的过程中的阶段报告、成果报告和总结报告，或某项研究课题或技术项目的试验中的报告和实际记录。它包括备忘录、札记、技术报告等，内容比较具体，反映了最新的研究课题和尖端学科的资料，代表了一个国家和专业的科研水平，是珍贵的科技文献。由于科研部门经常利用科技报告对科研成果进行通报，科研人员也利用其了解和借鉴别人的研究成果，它已经成为科技情报的重要来源之一。科技报告的特点是：

（1）每份报告都按照机构名称统一连续编号，即入藏号或订购号。如美国国防部科技报告使用“AD-A××××××，AD-B××××××”等。这个编号既是每篇科技报告的入藏、排架号，又是提供使用、复制、订购时的索取号。只要有这个号，就可以进行这些活动，不需要篇名信息。科技报告一旦获取这个入藏号，永久不变。

（2）每个报告为一项专题，自成一册。科技报告的专题性很强，其篇名一般比较长，而且直接反映内容，只要一看篇名，就能大致了解内容。

（3）编写格式统一。科技报告的内容复杂，篇幅不受限制，短则数页，长的可达上百、上千页。但不管内容长短，都有统一的编写格式，主要包括：报告封面；报告目次；报告文摘；序言；报告主题，可按章节分为编写目的、方法、过程、设备、效果、结果、结论、建议等；附录，包括照片、图表、缩写说明、参考文献目录、索引等。

（4）具有比较完整的著录项目。包括报告标题（篇名）、入藏号、来源单位（团体著者）、报告号、个人著者、任务号、合同号、资助号等。这些项目均可编目、标引成索引，便于手工或计算机检索。

科技报告作为不定期的连续出版物，出版发行速度很快。它的出版发行机构大体有 3 个渠道。一是由政府所属机构整理出版，这类报告有庞大的出版发行组织，有严密的出版体系，并出版各种检索工具、目录。二是由学术团体、研究机构出版，如各专业研究所、专业学会、专业协会、大型实验室、大学附设的研究所等，特别是一些技术专业学会所出版的科技报告是该单位的重点出版物。三是某些大公司、企业为了提高竞争力，获取高额利润，不断对新技术、新工艺、新产品进行研究而产生的技术报告，它们是内部的保密资料。

科技报告一般分为 5 个密级：U（Unclassified/Unlimited Reports）——非保密、非限制发行，即公开发行的科技报告；R（Restricted）——限制发行，即内部发行的科技报告；C（Confidential）——秘密报告；D（Declassified）——解除保密；S（Secret）——机密。由于情报交流的需要，科技报告一般没有绝密级的报告。

科技报告通常为非正式出版物，其载体形式也比较多样。总体来说，有纸质载体，包括印刷本（Printed Copy）、复印本（Duplication Copy 或 Xerox Copy）、预印本（Preprint Copy）等；缩微型，包括缩微胶卷、缩微平片，缩微卡片、缩微印刷片；电子型，实体电子载体类型的只读光盘（CD-ROM）、计算机磁带（Computer Tape）等，随着网络技术而发展的网络数据库等。20 世纪 90 年代中期以后，电子载体逐渐取代缩微。下面将美国、欧盟、日本等国家和地区常见的科技报告做简略的介绍。

1. 美国科技报告

科技报告中最著名的是美国政府发布的四大科技报告，即 AD 报告、NASA 报告、AEC-ERDA-DOE 报告、PB 报告。

AD 报告指美国国防科技报告，现由美国国防技术情报中心（Defense Technical Information Center，简称 DTIC）搜集、整理、收藏。名称起源于 1951—1963 年期间，由美国武装部队技术情报局（Armed Services Technical Information Agency）搜集、编目、整理和通报的科技报告，称为 ASTIA Documents，简称 AD 报告。其科技报告来源主要是美国陆海空三军的科研单位、著名大学和公司企业及其所属研究机构、外国科研机构及国际组织,同时也翻译其他国家的部分文献。内容范围很广泛,从 1987 年开始,采用新的学科主题分类法,分为 25 个大类,251 个小类和小类下属的 52 个子类。这些分类基本反映了 20 世纪 80 年代的发展水平和今后的发展趋势。AD 报告分为 4 个密级,机密、秘密、非密限制发行、非密公开发行。约 16% 是机密和秘密级,39% 属于非密但要控制使用,45% 可以公开发行。据称美国国防科研系统每年生产的科研报告在 30 万篇以上,但由于种种原因,DTIC 每年只能收藏到约 3 万篇报告①。AD 报告的检索工具有 1946 年就开始出版的《政府报告通报》(GRA,即 *Government Reports Announcements*)。是报道公开发行和解除限制发行 AD 报告的主要刊物。历经几次变更,1974 年更名为《政府报告通报与索引》(*Government Reports Announcements & Index*)。《技术文摘通报》(*TAB—Technical Abstracts Bulletin*)是目前报道保密和非密限制发行的主要刊物,是内部刊物,只供美国军事科研单位使用。1987 年,《技术文摘通报》改名为《技术报告通讯》(*Technical reports awareness circular*,简称 TRAC),1989 年底停刊。

NASA 报告是美国国家航空与航天局(National Aeronautics and Space Administration,简称 NASA)的各科研单位、合同单位、资助单位(大学研究所、实验室等)在航空航天研究中产生的科技报告。NASA 报告分为两个阶段,1915—1958 年称为 NACA 报告,1959 年以后为 NASA 报告。内容侧重航空和宇航技术以及电子材料、物理、化学、生物技术等方面。文献形式有技术报告(NASA Technical Report)、技术札记(NASA Technical Notes)、技术备忘录(NASA Technical Memorandum)、研究备忘录(NASA Research Memorandum)、合同户报告(NASA Contractor Reports)、技术译文(NASA Technical Translation)、特种出版物(NASA Special Publication)等。这些内容都编有 NASA 报告的报告系列号。NASA 报告的密级分为:公开发行、内部使用、保密报告。

检索 NASA 报告的主要文献有《航空航天科学技术报告》(*Scientific and Technical Aerospace Reports*,简称 STAR),1963 年 1 月创刊。STAR 主要报道美国航空与航天局航空航天情报中心(NASA Center for AeroSpace Information,简称 NASA/CASI)搜集、整理、编目、收藏的科技报告文献。从内容上看,都是 NASA/CASI 非限制发行和非密级的公开文献。主要包括:NASA 本部正式公开发行的科技报告,与航空航天有关的其他公开发行的政府科技报告,如 AD、DE、PB 报告等以及外国公开发行的科技报告、与航空航天有关的专利文献和专利申请书、外国专利等。平均每年报道 2.4 万多条各种报告的文摘线索。与 STAR 文献类似的还有 *Limited Scientific and Technical Aerospace Reports*,简称 L-STAR。其报道的均为 NASA 内部发行和保密的科技报告,包括从国外科研机构搜集、交换来的报告。出版数量少,约占 NASA 报告总数的 10%—15%②。

NASA 的航空航天文献数据库(NASA Aerospace Database)是当前世界上最大的航空航天数据库。该数据库的主要来源是 STAR 文献目录;L-STAR 文献目录;《国际航空航天文摘目录》(*International Aerospace Abstract*,简称 IAA 目录);NOVA 目录,即 *NASA Open Volume on Aerospace*,是专供 NASA 内部使用和交流的目录。后两种由美国航天航空学会编辑。该数据库

① 王维亮. 美国政府四大科技报告实用指南[M]. 北京:中国宇航出版社,2011: 143,147.

② 王维亮. 美国政府四大科技报告实用指南[M]. 北京:中国宇航出版社,2011:187,193.

也包括世界各国的航空航天文献，所以也称为国际航空航天数据库，拥有的文献量超过 200 万篇①。

检索 NASA 解密文献的数据库有 NASA Technical Reports Server（简称 NTRS），是检索 NASA 当前与历史技术文献和工程结果的资料源。该数据库提供超过 500 000 篇与航天有关的引文，300 000 篇多全文在线文献，以及 500 000 个图片及视频文件。资料类型包括：会议论文、期刊文章、会议资料、专利、研究报告、图片、技术视频等②。NTRS 整合了 NASA 的三部分收藏：NACA 收藏，1916—1958 年国家航空咨询委员会期间的引文与报告；NASA 收藏，1958 年到现在由 NASA 创建或资助的引文或文献；NIX 收藏，全称 NASA Image Exchange，是涵盖 NASA 的使命与项目的多媒体内容收藏。NTRS 中查找到的信息是由 NASA 创建或资助，而且是解密无限制、公开提供的。其中的引文部分会提示该文献是否在线提供或是需要订购。如果 NASA 提供该文献，则会有从 NASA Center for AeroSpace Information 订购的指南；如果 NASA 不提供，引文会提供一个链接或订购该文献的建议列表。

DOE 或 DE 报告，这个报告的名称有几次变化。最早叫 AEC 报告，是美国原子能委员会（Atomic Energy Commission，简称 AEC）的报告，于 1946 年创立。1974 年改为 ERDA 报告，是美国能源研究与发展署（Energy Research and Development Administration，简称 ERDA）的研究报告。1977 年再次改名为 DOE，是美国能源部（U. S. Department of Energy）的研究报告，内容主要是原子能及其他能源的研究、开发与利用，其中核科学技术的科技报告占 40%—50%。每年约 1 万多篇科技报告公开发行。报告分为非密级、解密和密级限制使用三类。属于非密级、解密的报告，公众可以获得。

原子能报告和能源报告的编号系统，相比于其他报告较混乱。1947—1980 年期间，采用混合编号系统，各种代码含义不同。共有 10 多种编号，如代表机构名称的字头、代表分支机构字头、代表类目、代表密级等。1981 年开始，采用 DE 统一编号系统。使用 DE + 年代 + 报告顺序号系统。每年从头开始。如 DE81026624，81 表示 1981 年。其主要检索工具是《核科学文摘》（NSA，*Nuclear Science Abstracts*）（1948 年 7 月到 1976 年 8 月），《能源研究文摘》（ERA，*Energy Research Abstracts*）（1976 年 1 月到 1993 年 12 月），《美国政府出版物目录月报》（*Monthly Catalogue of U. S. Government Publications*）。

与 DE 报告有关的数字资源是能源科学技术文献数据库（Energy Science and Technology Database，简称 EDB-DOE）。该数据库的组成部分是《核科学文摘》文献，包括 1974 年以前的全部《核科学文摘》中的科技报告及相关文献线索；1974—1982 年间在《能源研究文摘》上发表的全部科技报告线索；1983 年至今的《能源研究文摘》上发表的全部科技报告和数据库；美国原子能委员会、美国能源研究与发展管理局及其合作者、其他代理机构、大学和工业与研究组织的科学技术报告。整个数据库包括 300 万条书目数据。

PB 报告，是美国商务部出版物管理局（Office of the Publication Board，U. S. Department of Commerce）出版的报告。该局是根据杜鲁门总统的命令于 1945 年 6 月成立，命令授权该局公

---

① 王维亮. 美国政府四大科技报告实用指南[M]. 北京：中国宇航出版社，2011：187，193，211.

② About NASA Technical Reports Server（NTRS）[EB/OL]. [2013 - 05 - 07]. http://www. sti. nasa. gov/find-sti/#ntrs.

开发行美国政府部门产生或被美国政府部门使用的“科学情报”。1946 年又将出版物的范围明确定义为科学技术报告。当时,美国政府各部门,包括军事、航空、原子能等各系统科研部门编写的科研报告,凡公开发行的部分统一由出版局收集、编目、通报、提供使用。在编目时统一冠以出版局(Publication Board)的缩写 PB,这就产生了 PB 报告。虽然编目 PB 报告的管理机构名称更改过多次,但 PB 报告一直沿用了下来。

PB 是各套报告中内容最浩繁的一种,也是美国政府最早公开发行的科技报告。因为最初军事、航空、原子能等机构也是其报告的重要来源,因此,PB 报告与上述其他三大报告重复比较多。1961 年 7 月,公开发行的 AD 报告、NASA 报告、AEC 报告等不再编入 PB 报告,PB 报告只搜集、编目、发行三大报告以外的科技报告。20 世纪 80 年代,PB 报告已经扩大到美国政府各个科研部门和世界上许多国家的科研机构。其内容侧重于民用工程技术,包括基础理论、生产技术和工艺过程以及材料科学、土木建筑、环境保护等。文献的形式有专题研究报告、学术论文、会议文献、期刊论文、标准、手册、专利说明书、专题文献目录等。

检索 PB 报告的主要工具书是美国《政府报告通报及索引》(*Government Reports Announcements & Index*,简称 GRA&I),它同时也是检索、查找公开发行的 AD、DE、NASA 科技报告的主要工具书。由美国商务部国家技术情报服务局(National Technical Information Service,简称 NTIS)编辑出版。其他检索工具有《美国政府出版物目录月报》(*Monthly Catalogue of U. S. Government Publications*)等。

隶属于商务部的国家技术情报服务局(NTIS)是美国政府一级的科技报告管理机构。前身是成立于 1945 年的科学技术报告出版局(Office of Science and Technology Publication Board),简称科技报告局(Publication Board),后经历几次改组成为今天的 NTIS。NTIS 是美国政府科技报告的收集、登录、编目、标引、出版、通报、收藏、复印、订购记录、档案管理、发行服务等各个环节的中心机构。同时,它还是美国政府收集、报告外国政府科技报告及与外国政府进行政府级技术情报交流的中心机构。

随着数字技术的发展,NTIS 也出版了数据库、光盘、网络等新型载体文献,形成美国政府研究报告 NTIS 文献库。NTIS 数据库主要来源是上述四大科技报告,来源机构包括 600 多个联邦机构以及州、地方政府,其公开发行的科技报告都能在 NTIS 数据库中检索到。此外,还少量收录了西欧、日本以及中国等其他国家和地区的科技报告。该库 75% 的文献是科技报告,其他文献有专利、会议论文、期刊论文、翻译文献;90% 的文献是英文文献。其文献几乎涉及所有学科,包括超过 300 万条 NTIS 文摘数据条目,年均增长 30 000 条。NTIS 在 2009 年推出一个全新的网络服务产品“国家技术报告数据库”(National Technical Reports Library,简称 NTRL)。该库是全文数据库,是 NTIS 的升级版,包含 60 万篇数字化全文,同时 NTRL 还包括尚未在 NTIS 文摘数据库里提供的限制发行报告的检索途径。该数据库需要订购使用(参见 NTIS 网站:http://www. ntis. gov/products/ntisdb. aspx)。

2. 欧盟科技报告

在欧洲国家,科技报告被看作灰色文献。准确定义灰色文献仍然较难,我们通常将其定义为:不经常规商业渠道交流、不易找到、并非总是容易获得的文献资料。这种资料读者数量有限,在专家间交流,即使印刷的话,数量也很少。由于科技报告是科研项目研究过程中产生的描述项目工作进展和结果的文件,因而也是一种灰色文献。灰色文献作为科技领域的初级交流工具一直发挥着巨大的作用。灰色文献的优势是其信息含量比正式文献详尽，其出现也往往比正式出版物早 8—12 个月。因此，灰色文献对科研工作具有极其重要的意义。

20 世纪 70 年代末灰色文献在欧洲开始引起重视。1978 年 12 月，在欧共体的主导与大英图书馆外借部的协助下，在英国约克郡召开了灰色文献学术讨论会。会议主题是：改善灰色文献收集与利用的环境。此次会议讨论了建立专门从事灰色文献研究与收集的机构，建立灰色文献数据库，完善灰色文献书目控制，编制灰色文献检索刊物等议题。这次研讨会促进了欧洲的图书馆与文献中心之间的合作。1980 年 2 月，根据法国提议，大英图书馆文献提供中心，法国原子能委员会所属的核研究中心及德国的能源、物理、数学情报中心共同协商，决定从 1981 年 1 月到 1982 年 12 月，由欧洲经济共同体（European Economic Community，简称 EEC）赞助，建立欧洲灰色文献信息系统（System for Information on Grey Literature in European，简称 SIGLE）作为一个文献递送系统，负责欧共体范围内的灰色文献书目控制。后来比利时电力产业研究所和爱尔兰国家科技委员会加入，由这 5 个机构联合组成 SIGLE 委员会，负责指导 SIGLE 的工作，系统由欧盟出资的欧洲灰色文献开发协会（European Association for Grey Literature Exploitation，简称 EAGLE）管理。灰色文献的应用由此得到较快的发展。

欧洲灰色文献系统数据库是一个多学科数据库，其中人文科学占 40%，生物医学占 12%，物理学占 9%，电子学占 6%，地球科学和工程学各占 5%，数学、能量与能源学以及化学各占 4%，农业科学、环境科学与材料科学各占 3%，其他占 2%。SIGLE 数据库中的信息由英国、德国、法国、荷兰、意大利、俄罗斯、欧共体委员会、西班牙、比利时等国家与组织提供。英国提供的文献占整个数据库的 50.4%，居第一位；欧洲委员会居第七位，占 1.3%。这些国家或组织都有一个国家中心，负责该国家或地区灰色文献的收集，也负责保证所提供的 SIGLE 数据库中的每一条记录的有效性，即根据记录中提供的地址或索取号找到详细资料或原文。SIGLE 涉及的文献类型有科技报告、学位论文、会议论文、预印本、官方出版物、讨论、政策、标准、书目等，其中科技报告占 62.7%，所占的比重最大①。

在网络数字化浪潮和开放存取的大背景下，欧洲灰色文献系统数据库经历了重生和发展。在 2005 年，EAGLE 成员解散了联盟，SIGLE 数据库的资源由其原提供者拥有。法国国家科学研究中心的科技信息研究所（INIST-CNRS）推出了 OpenSIGLE 项目，决定把原 SIGLE 数据库的资源转化为数字空间平台，通过 OpenSIGLE 提供免费检索。2011 年 OpenSIGLE 更名为 OpenGrey。因此，目前欧洲灰色文献的网络检索工具是 OpenGrey。该平台整合了原 EAGLE 成员的灰色文献资源，现有 14 个合作者。涉及的灰色文献包括：技术或研究报告、博士论文、会议录、官方出版物以及其他类型。覆盖的学科有：生物医学、经济学、人文社会科学等。系统有 700 000 条书目数据可以公开、免费检索，允许输出记录和下载文献，其网址是 http://www.opengrey.eu。

3. 日本科技报告

日本的科技报告主要来自国立、公开的研究机构，公共企业研究机构，大学附属研究所和民间研究所出版发行的报告等。发行最早的科技报告是电子综合研究所报告和地质调查所报

① 刘海航，黄碧云，等. 欧洲灰色文献系统[J]. 图书馆杂志，2003(3)：22-23.

告以及东京大学宇航研究所的 ISAS 报告等。这些科技报告多数是公布研究成果、调查成果和用来同国内外同行交换的资料。在网络时代，日本的科技报告主要收入 KAKEN 数据库，意思为科学研究费资助项目数据库（Database of Grants-in-Aid for Scientific Research）。该库是由国立情报学研究所（National Institute of Informatics，简称 NII）建立，由日本文部科学省和日本科技振兴学会支持。该库收录了由日本文部科学省和日本科技振兴学会提供资金支持的科学研究成果，是 NII 建立的学术信息内容门户（GeNii）的成员数据库之一。数据库包括课题选择文献和研究报告（包括年度报告和最终报告）以及已发表的期刊学术论文。数据库可免费使用，网址为 http://kaken.nii.ac.jp。

在我国，收藏科技报告的文献单位主要是以中国科学院文献情报中心为代表的国家科技图书文献中心（NSTL）系统。

四、会议文献

会议文献是指在各国或国际学术性会议上宣读、发表或提交大会的论文、报告、讨论记录等文献资料，又称会议录。学术会议是检阅科研最新成果、交流学术思想、传递情报、传播新技术进展、共同研究讨论当前重大问题的一个重要形式，是科技交流的一条重要渠道。

由于会议一般都是邀请某一学科的专家学者或在该领域有一定成就的科技工作者和有关学术团体参加，论文一般经过团体挑选，在会前经过大会审查评选而定。会议所报告和讨论的题目也是当前的热门问题，由此，会议文献反映了国内外某一学科或某一方面的水平、动向和发展趋势，讨论的问题比较全面、集中，涉及面广泛且有一定系统，各国学术界对会议文献都很重视，也是很多图书馆收藏的重点。

全国性会议宣读的论文和知名学者专家的发言，多是有关高级研究工作的专述或综合评述本学科的进展和展望。国际性会议文献，在不同程度上反映某一课题的国际水平或某一学科的世界现状。在学科专业会议文献里可以弄清楚哪些是新理论和先进技术，哪些是尚待解决的问题。根据历届专业会议文献，可以溯本求源地了解某地区或某个流派的思想特点，了解它的过去、现状和发展趋向，了解取得新成果的技术措施，同时还可以跟踪或预测尚待解决的问题中哪些可以近期突破。综合性的会议文献中可以看到某种技术在不同领域中的发展和应用，或者是同一学科领域中围绕某一课题的各种技术协同应用的现状与发展。总之，会议文献的学术性和针对性都很强，其会议录、会议论文集和会议记录（Proceedings）等都是重要的科学资料。

关于会议的类型，国际上没有统一的标准和严格的规定，它有各种不同的划分办法。有的按照参加人数或宣读论文的多少划分为大、中、小型会议；有的按照会议形式分为“大会”“学术讨论会”“学术报告会”“专家小组会”“委员会会议”等。但综合起来，大体有 3 个等级：

（1）基层会议：由实验室、科研机构、高等院校、公司企业、政府部门、军事机构等召开的专业科技会议。这类会议规模较小，但专业性强，召开时间一般早于该学科的全国性会议或国际性会议。

（2）全国性会议：大多由各全国性的专业学会、协会召开或由几个单位联合召开。

（3）国际会议：由国际组织召开或由若干国家共同召开的会议。就报道科技成果的时间而言，基层会议先于全国性会议，全国性会议先于国际会议；就技术内容的成熟性、可靠性和概括性而言,次序恰好相反。

会议文献类型,可以分为会前出版物(Premeeting Publication)和会后出版物(Postmeeting Publication)两种。会前出版物又可分为预印本(Preprint)和文摘(Abstracts)。前者是在举办会议的单位发出征文或邀请书以后,参加会议的代表向秘书处提交的论文,一般是一篇文章一册,由大会先行印出,在开会期间分发给与会代表。后者是参加会议者除向大会提交论文以外还需提交的500字左右的文摘,有的会议不准备出文集,就以文摘向外发行。会后出版物是在会后由大会的组织机构或图书出版公司将会上论文整理汇编形成的出版物。这类文献的内容比较完整,编排也比较系统。

会议录的出版形式大概有如下几种:

(1)在期刊上刊载:会议的资料有一部分不再汇编成书,只在期刊的某一期上刊载,多是刊载在举办会议的学会、协会的机关刊物上,或作为期刊的增刊(Supplement)出版,或发表在学会、协会的会议记录丛刊(Proceedings Series)上,或作为某一刊物的特辑或专辑发表。

(2)以图书的形式出版的专题性论文集:将会议的论文汇编成册,具备图书出版的一切元素,如一个专门的书名,有ISBN、编者等且正式出版。这就是我们通常所熟悉的典型会议文献——会议录(Proceedings)。

(3)连续性会议文献(Conference Series):以定期或不定期连续性出版物的形式出版,有的直接按会议的届次顺序出版,采用会议主体名称作为出版物名称,有的通过某些学术机构的丛书形式出版,如SPIE的会议出版物。这类型的会议录在网络记录环境下,逐渐以网络数据库的形式出版,如IEEE、SPIE等。

(4)编入系统性的科技报告中发表,作为研究机构的技术报告,以某一政府机构或工商企业的技术报告形式出版。

会议录的出版载体也比较多,有印刷品、缩微品、CD-ROM、网络等。现在很多会议录,尤其是连续性的会议文献已经出版了网络数据库,且不再出版其他载体。

会议文献的出版机构,一般有3种,即学术团体、商业出版公司和大学出版社。但现在很多学术会议不再出版印刷本会议录,而是把纸本会议录的出版委托给专门的出版社。比如,Curran Associates公司出版20多家学术机构的会议录。由于会议文献数量大,报道的信息往往不一致(例如既有书名,又有会议名和丛书名),出版情况复杂,而且经常与期刊、科技报告、政府报告等重复,出版单位也经常变化,所以在订购中极易造成重订、漏订、错订的情况。而会议文献又无规律可循,无固定的出版形式,所以只能在订购时注意和分析各种情况。

从当前的学术环境看,由于网络极大地改变了人们的信息交流方式,一些会议文献的质量有所下降,其重要性也大不如前。

大多数国际学术会议都会在网上发布会议信息。因此搜索引擎,如Google等成为搜索会议信息的重要工具。而以前出版的会议文献检索工具有比如《世界会议》(*World Meetings*)等已经停刊。Curran Associates公司的网页上有关于会议录的目录,其网址为:http://www.proceedings.com/catalog.html。

五、政府出版物

政府出版物(Government Publication)是指各国政府及其所属部门发表的各种文献的总称,

又称“官方文件”或“官方出版物”,目前对其各国尚无统一的定义。政府出版物,最早的法律记载见于美国第29届国会在1847年3月通过的法律,当时规定凡由国会两院中任何一院决定出版、购买或通过其他途径获得的出版物都可称为政府出版物。1962年美国政府又规定:政府出版物这一名称表示“由政府出资或根据法律需要作为一个单独文献出版的情报资料”。联合国教科文组织对其下的定义是“根据国家机关的命令,并由国家负担经费而出版的一切记录、图书、刊物等”。这个定义内容较为宽泛,包容性较强。

可见,政府出版物并不是图书文献的一种单独类型,而是由政府出版发行的各种载体文献的总称,包括:图书、连续出版物、小册子、视听资料,只读光盘(CD-ROM)、数据库、网络文献等。出版时间分为日刊、周刊、月刊、年刊等,印刷形式也不同。这些出版物有保密的,有公开发售的,有免费赠送的。政府出版物一般以各类政府机构为著者,有的虽以个人名义发表,但仍作为政府机构的代表者。它的出版比较及时,文题严谨,资料浓缩,相对可靠。在当前信息环境下,政府出版物的数字化发布往往是政务公开、信息公开的重要组成部分,因此,政府出版物的数字化已经成为潮流。很多政府出版物都可以通过网络检索免费利用。

政府出版物分为行政性文件和科技文献两大类。前者包括法令、条约、政府报告、会议记录及调查统计资料。后者包括研究报告、技术政策、科学、教育、文化等统计资料。它们在未列入政府出版物之前,有的已经发表过。其所包括的学科和专业很广,内容极为广泛。从基础科学、应用科学直到政治、经济、贸易等社会科学,几乎涉及社会生活的一切领域。政府出版物集中反映了各国政府部门对有关工作的观点、方针、政策,是了解各国政治、经济社会、文化教育、科技情报的重要资料,对了解某个国家的科学技术和经济政策及其演变情况有一定的参考价值,所以是图书馆藏书的重要组成部分。

目前很多国家都设有专门机构负责组织专家学者编辑、印刷和发行本国政府出版物。有的由两个部门分担出版、发行工作;有的分散出版、发行政府出版物;有的只有专门的印刷机构,发行则由各官方机构自己负责。政府一般指定一些图书馆作为“寄存图书馆”或“文献保存中心”,全面系统地收藏政府出版物,以供查找和参考。

世界上公开出版发行数量最大,内容最丰富的政府出版物是美国的政府出版物(U. S. Government Publications),其出版者有美国国会、联邦法院、国务院、国防部等几百个单位,其发行机构是美国政府出版局(GPO)文献管理处(Superintendent of Documents)。美国政府出版物主要包括:行政报告、统计报告、委员会报告、调查研究报告、议案和决议案,听证录、国会议事录和会议录,法律、法规、法律汇编和法典、判词、意见,规则、条例、手册、名录和花名册,书目书单、新闻公报,地图和海图,视听资料等。按照政府出版物的产生机构可以划分为立法、司法、行政三大系统。

检索美国政府出版物的主要工具是《美国政府出版物月报》(*Monthly Catalog of United States Government Publications*),该月报1895年开始出版,2004年印刷版停刊,发展为网络版的“美国政府出版物目录”(Catalog of U. S. Government Publications,简称CGP)。该目录于2006年启动,是有关美国政府立法、行政和司法机构的电子和印刷出版物的查找工具,网址为:http://catalog. gpo. gov。CGP包括500 000条从1976年7月以来产生的记录,而且每天更新。未来将可回溯到19世纪的出版物,而且能直接链接到那些已经在线提供的出版物。CGP提供浏览、查找、新出版物等多种检索方法。如果限定“新出版物”条件检索,得到结果中既有网络电子资源又有实体资源，而且是按照特定的周期，比如，一周、两周、三周、一个月、两个月、三个月等编目列表的。“新出版物”的检索结果不包括更新的条目。另外，CGP的“新电子资源每月档案报告”是从CGP回溯资源中产生的，在下个月中提供。从2005年起，开始利用CGP数据编制这些报告。现在这些报告提供HTML格式，并和书目记录相链接。其他的检索工具还有美国盖尔(Gale)公司出版的《美国政府出版物指南》(*Guide to U. S. Government Publications*)，该书为年鉴，现在已收录35 000多条数据。

GPO的出版物在美国国内实行联邦寄存图书馆制度。我国国家图书馆也通过捐赠、交换等方式收藏美国政府出版物。

英国的官方文件也由专门的机构负责出版，特别是议会文件的出版、发行。2006年以前，英国政府出版物的印刷、发行和销售的管理机构是英国皇家出版局(Her/His Majesty's Stationery Office，简称HMSO)。HMSO成立于1786年，它是皇家版权和1889年以来的所有官方印刷品和所有议会法律文献的独家版权拥有者。即使允许私人出版商重印议会文件，但原始版权仍归其所有。其他非议会的官方出版物一般由各部门自行交由商业出版公司出版。2006年，HMSO并入英国国家档案馆(National Archives of United Kingdom)，成为组建国家档案馆的政府机构之一。HMSO有关皇家与议会法律文献版权及出版的职能也随之移交给英国国家档案馆。HMSO负责管理的法律网络发布网站(http://www. legislation. gov. uk)也移交给英国国家档案馆。英格兰及苏格兰、威尔士、北爱尔兰新颁布的法律都在该网站发布。该网站与印刷版同时，或至多在印刷版出版24小时后发布网络版法律。网络版与印刷版具有同等的法律效力，新法律是按照出版日期排列，而不是其通过日期。该网络资源可以免费利用。

英国皇家出版局是管理机构，负责管理皇家版权和签订法律与官方文献的出版合同，而具体出版事项则由The Stationery Office(简称TSO)承担。TSO是1996年从HMSO分离出来的私有化出版社。正因为如此，TSO一直是代表英国国会及其组成部分的出版社，是英国官方和法律信息的权威来源。该社目前每年发行9000种印刷出版物、CD-ROM以及相关的电子产品，是英国出版量最大的出版社①。查找英国政府出版物的主要工具是TSO出版的系列书目：《每日目录》(*Daily list*)，月度累积目录《每月目录》(*The Stationery Office Monthly Catalogue*)，TSO网页上有其免费PDF版②；1996年以前为HMSO出版的*HMSO Monthly Catalogue*，年度累积目录《年度目录》(*The Stationery Office Annual Catalogue*)和*HMSO Annual Catalogue*等。有关英国政府出版的书目数据库是TSO出版的《英国官方出版物目录》(*Catalogue of the U. K. Official Publications*，简称UKOP)。UKOP既包括英国皇家出版局的官方出版物，也包括非英国皇家出版局出版的官方出版物，是英国信息最全面和更新最快的政府出版物目录，需订购使用。该数据库包括1980年以来的450 000多条政府出版物的书目记录，包含2000个官方机构，包括议会、授权机构、政府部门、半官方机构、代理机构、国际组织，如联合国和世界卫生组织等的全部出版物目录；包括超过20 000个出版物的网络链接；超过12 000个全文文献永久存档于UKOP；而且每年还计划数字化3000多篇重要文献，如新闻稿、通函、年度报告、调查报告等，而

① 参见http://www. tso. co. uk/about-tso/our-credentials。

② 参见http://www. tsoshop. co. uk/bookstore. asp? FO = 1324416。

且随时更新①。

法国没有统一的出版发行政府出版物的机构，各个机构独自做计划并进行出版物的印刷和出版。负责出版的主要单位是国立印刷所，主要发行机构是法国文献处，在其网站能检索到法国政府出版物，其网址是 http://www.ladocumentationfrancaise.fr。

德国也没有统一的出版发行政府出版物的机构，由政府各机构独立出版发行。在德国国家书目数据库中能检索到政府出版物。

日本的政府出版物历来由各省厅出版发行，同时也有中央印刷机构。日本政府出版物多数是公开的，少数非卖品只供赠送和交换。大部分出售资料都是民间印刷所出版和销售的。检索工具有《政府刊行物目录》（由政府刊行物普及协会出版）、《纳本周报》等。

由于政府出版物在出版前后，往往以其他形式发表，所以重复率很高。许多美国的政府出版物在四大报告中公开发表过，英国几乎把政府技术报告的公开部分全部列入政府出版物。

六、学位论文

学位论文是高等院校的研究生、本科生或在研究机构攻读硕士、博士学位的人员为了获取学位撰写的学术论文或毕业设计。学位论文是作者经过一年甚至更长时间，在导师的指导下专门研究完成的研究成果。作者需要收集大量的资料，做大量的调查研究，探讨的问题一般来说比较专门，阐述也较系统详细，而且学位论文都要经过评审和答辩，因而具有较高的参考价值，是重要的情报资料。

学位论文属于非卖品，除少数印成单行本或在期刊上摘要发表外，一般不公开出版，所以收集起来比较困难，多在各授予学位的高等院校或研究机构的图书馆或专门图书馆保存。在我国，国家图书馆是教育部指定的博士学位论文收藏中心。

对于学位论文的学术水平，要视学位授予单位和学科的情况而定。如果一个图书馆不想收集所有学位论文，则要综合考虑各种因素。例如，理科的硕士学位论文一般不会有太高的水平，而文科的硕士论文则有不少论述较为深刻；又如，著名学校的学位论文大多保证质量，而一般学校的学位论文则要视具体情况而定。

各国都有博士论文的检索工具。最有名的是 ProQuest 公司的产品。ProQuest 公司的前身大学缩微公司（UMI）获得了北美洲所有博士论文和欧洲的部分博士论文的出版权，通过印刷、缩微平片、只读光盘和网络等载体向全世界发行。现在其网络资源主要有两个数据库：ProQuest 学位论文文摘与索引数据库（ProQuest Dissertations & Theses A&I）和学位论文全文库（ProQuest Dissertations and Theses，简称 PQDT）。PQDT 目前是世界上收录内容最完整的学位论文全文数据库，主要收录了欧美国家 2000 余所知名大学的优秀博、硕士论文，1743 年以来的近 100 万篇全文论文，而且每年新增 80 000 篇全文论文②。ProQuest 公司还出版纸本月刊《国际学位论文文摘》（*Dissertation Abstracts International*）。这些都需订购使用。同时 ProQuest 公司还保留了缩微业务，继续销售论文的缩微平片。

英国的学位论文检索工具为《英国和爱尔兰大学学位论文索引》（*Index to Theses Accepted*

① 参见 http://www.ukop.co.uk/aboutukop.aspx。

② 参见 http://www.proquest.com/en-US/catalogs/databases/detail/pqdt.shtml。

for Higher Degrees in the Universities of Great Britain and Ireland）。其电子版为“Index to Theses”，收录了1716年以来英国、爱尔兰授予的高等教育学位论文589 000多篇，其中355 000有文摘，5万多篇有全文①。该索引需订购使用，可以单订纸本、电子版或两者捆绑订购。

我国以国家图书馆为首的图书馆集团购买了上述的ProQuest公司的两个网络数据库，在集团内部共享。国家图书馆每年还购买3000多种博士论文的缩微平片，主要包含内容与中国有关的和著者为海外中国留学生的博士论文。

七、专利文献

专利是世界各国利用法律形式保护、奖励科学技术发明创造，使其发明创造者的正当权益不受侵犯的一种登记制度。专利文献是指各工业产权局（包括专利局、知识产权局以及相关国际或地区组织）在受理、审批、注册专利过程中产生的官方文件及出版物的总称。专利文献应该包括：公开出版的描述发明创造内容和限定专利保护范围的专利文件，如专利申请说明书、专利说明书、实用新型说明书以及外观设计说明书等；各工业产权局出版的公告性定期连续出版物，如专利公报、专利文摘、专利索引等；以及上述这些文件的电子出版物。

专利文献的种类有：专利说明书（Patent Specification）、专利申请书（Patent Application）、专利文摘（Patent Abstract）、专利分类表（Manual of Classification of Patents）、专利索引（Patent Index）以及专利刊物（Journal of Patents）等。专利文献具有以下特点：

（1）涉及范围比较广泛。专利文献所涉及的发明创造信息几乎涵盖了所有应用技术领域，从日常生活到尖端技术无所不包。

（2）内容具体完整。专利文献一般理论阐述不多，有比较详尽的工艺、技术说明，一般都附有结构示意图或有关数据。

（3）数量巨大。据统计，全世界累积可查阅的专利文献已超过7000万件。各国专利机构每年公布的专利文献呈上升趋势，2008年以后，每年出版近300万件②。

（4）出版周期短，报道迅速。专利申请一般实行“先申请制”原则，而且对专利本身要求新颖、独创性。如果公布或出版缓慢，会影响专利申请人的利益，达不到专利保护的效果。因此现在大多数国家已经实行早期公开制度，加快专利信息的传播速度。

（5）高度标准化。主要表现在专利文献的格式统一规范、文体结构标准化、分类体系统一。世界知识产权组织（WIPO）为使各国出版的专利文献信息统一，制定了一系列专利文献信息推荐标准，使专利出版的格式统一；文体结构标准要求专利说明书有统一的撰写要求、结构顺序；1971年国际专利分类法（International Patent Classification，简称IPC）问世以来，各专利机构出版专利文献时都采用或标注国际专利分类号。标准化有益于专利文献的阅读，有利于克服语言障碍，促进专利文献的快速传播。

（6）检索工具完备，查找方便。专利文献已经是比较成熟的文献载体，各国都已出版比较完备的公报、索引以及网络数据库等，查找方便。

在知识经济时代，知识产权在经济、科技发展、国民生活中的影响越来越大，专利文献传达

① 参见 http://www.theses.com。

② 国家知识产权局专利局专利文献部.专利文献与信息索引[M].北京：知识产权出版社，2013：2.

的信息也越来越受到重视。据欧洲专利局 2004 年的统计表明,80% 的科技信息首先是在专利文献中出现的[①],据美国科学基金会与日本国家统计局调查,世界上 90 % 以上新技术通过专利文献公诸于世[②],而不是首先出现在期刊、论文、会议报告等其他非专利文献上。这表明专利文献在抢占知识经济制高点中的突出地位。再如专利说明书,是专利申请人向政府专利机构提交的关于新发明创造的书面文件。由于申请人为了证明自己发明的独创性,为取得法律上的保护,往往尽量详细地说明其发明的特点、研究目的、试验过程及结论。因此,它的内容比较详细具体,在一定程度上能反映各国科学技术水平和成就,是了解世界科技发明动向的第一手资料,是科技人员非常重视的富有启发性的参考资料。因此专利文献在信息社会中的地位会越来越重要。

下面简单介绍一下出版专利文献的主要国家和地区。美国是目前世界上专利数量最多的国家。美国商务部专利商标局(USPTO)每年公布专利发明约 7 万—9 万件,约占全球专利公布量的四分之一。向美国专利商标局申请专利的除了本国企业,还有想在美国销售商品的外国公司。美国重要的专利检索工具是专利商标局的数据库和专利公报。美国专利商标局网站(网址为 http://www. uspto. gov)收录了许多美国专利信息,包括专利检索、专利公报、专利分类、专利法律等。这些信息收录在网站不同的数据库中,主要有 USPTO 专利全文与图像数据库、专利全文数据库(1976 年以来)、专利权转移数据库、专利申请全文与图像数据库等。《美国专利商标局专利公报》(*Official Gazette of the United States Patent and Trade Mark Office, Patent*)1872 年创刊,前身为《专利局报告》(*Patent Office Report*)。该刊为周刊,每月出版的各期合订为一卷,全年 12 卷。

欧洲是专利制度发源地。1474 年在威尼斯诞生了世界上第一部专利法,18—19 世纪欧洲各国专利法相继颁布。随着欧洲经济一体化的发展,协调、统一的专利制度也成为现实。1973 年欧洲 14 国签订了《欧洲专利公约》,1978 年正式生效,目前成员国有 38 个。欧洲专利公约组织是一个地区性的国家间的专利组织,只对欧洲国家开放。《欧洲专利公约》为各成员国提供共同的法律制度和统一授权专利的程序。欧洲专利文献网络资源提供者主要是欧洲专利局(European Patent Office,简称 EPO)。该机构是欧洲的专利授权机构,其网站提供的专利信息数据库不仅包括欧洲专利局、其他国家及组织出版的专利文献(专利说明书、专利公报及专利分类资料等),还包括审查过程中的文件、修正的专利文献等。比较常用的 Espacenet 检索系统免费提供来自全世界范围内的超过 7000 万篇专利文献[③],这些专利文献多为第一次公布的专利申请文献,涵盖了从 1836 年至今的创造和技术发展信息。其主要有 3 个数据库:Worldwide 数据库,收录 80 多个国家和地区公布的专利申请信息;EP 数据库,提供欧洲专利局公布的专利申请,数据库每周更新;WIPO(世界知识产权组织)数据库,可供检索 WIPO 公布的专利申请,每周更新一次。此外,检索欧洲专利的工具有《欧洲专利公报》(*Europaisches Patentblatt/European Patent Bulletin/Bulletin Européen Des Brevets*),该刊 1978 年创刊,用德、英、法三种语言同时出版,2002 年起,该刊以 PDF 格式出版。2007 年以来的专利公报通过欧洲专利局网站于每周的官方公布日公布,可供免费下载。

① 朴京顺. 浅谈专利数据库及专利文献检索[J]. 中国发明与专利,2011(9):63-65.

② 刘海航,黄碧云,等. 欧洲灰色文献系统[J]. 图书馆杂志,2003(3):22-23.

③ 参见 http://www. epo. org/searching/free/espacenet. html。

其网址是 http://www. epo. org/searching/free/bulletin/download. html。《欧洲专利分类文摘》(*Klassifizierte Zusammenfassungen/Classified Abstract/Abrègès Classès*)是《欧洲专利公报》的补充出版物,用英语、法语和德语中任一种语言报道。

在日本称专利为特许。专利说明书被称为特许发明明细书,主管专利的机构是特许厅。其网站主页网址为 http://www. jpo. go. jp/。日本特许厅将 1885 年以来公布的所有日本专利、实用新型和外观设计专利的电子文献收录在其“工业产权数字图书馆”(Industrial Property Digital Library,简称 IPDL)。IPDL 包括多个数据库,用户可以根据自己的需求检索、查找不同类型的专利文献数据库。日本出版的专利公报为《日本特许厅公报》(『日本特許庁公報』),是报道专利事务的特许厅官方公报,包括发明、实用新型、商标注册目录,发明、实用新型审查请求以及申请放弃、驳回、无效等文件,统计年报等。按各种分册发行,一般为月刊。主要包括以下几种:《审查请求目录》(『審査請求リスト』),提出审查请求的申请案的公开号目录;专利目录(特許目録)《注册实用新型目录》(『登録実用新案目録』),注册号与公开号或公告号对照目录;年报(年報)公布特许厅当年各项统计数据等。

在我国,专利文献的主要收藏、服务者是国家知识产权局专利文献馆,网址为 http://www. sipo. gov. cn/wxfw。

八、技术标准

技术标准又称标准资料,是标准化组织或有关机构对工农业生产品和零部件的质量、规格、生产过程及检验方法等所做的技术规定,是从事生产和建设的一个共同依据。一个国家的标准资料反映了该国的经济政策、技术政策、生产水平、加工工艺水平、标准化程度及资源情况等内容。通过它可以了解和研究各国工农业产品和工程建设的特点和技术水平,是全面了解该国工业、技术发展情况的重要参考资料,而且对新产品的研制、技术操作水平的改进也可起到借鉴作用。随着国际技术竞争的加剧,技术标准成为很多国家的发展战略,标准与专利、商标一样成为国家实力的体现之一,如美国专门制定了“美国国家标准战略”,把标准国际化作为战略目标提了出来。因此技术标准成为一种越来越重要的战略情报资源。

技术标准的特点有:有独特的风格和独立体制,具有法律的性质,有明确的应用范围和用途,是集体劳动的结晶,来源于生产实践,有明显的新颖性,内容简练等。它对于保证和提高产品质量,合理发展新品种,保证产品系列化和零部件通用化,促进生产技术的协作配合,提高劳动生产率,加强企业管理等都有十分重要的作用。

技术标准按审批机构和使用范围来划分,有国际标准、区域性标准、国家标准、部级标准、企业标准等。按照内容划分有:基础技术标准、产品标准、工艺标准、检测试验方法标准及安全标准、卫生标准、环保标准等。技术标准的新陈代谢非常快,随着经济条件与技术条件的改进,标准将经常不断地修改和更新。这就要求标准收藏单位及时、完整地收集各种新标准,保持技术标准的新颖性。

标准文献的特点使其很适合电子化。目前有很多检索国家标准或国际标准的数据库,如美国国家标准学会(American National Standards Institute,简称 ANSI)管理的搜索引擎“全球标准的国家资源库”(NSSN),已经开通。该搜索引擎提供来自广大标准制定者的与标准有关的信息,包括由 ANSI 授权的组织、其他美国私营标准实体、政府机构与国际组织。NSSN 已经成为关于标准的最全面的搜索引擎，有超过 300 000 条记录①。该搜索引擎可以按照制定标准的机构检索美国国家标准、ISO/IEC 批准的标准以及各种机构正在制定的标准。简单信息可免费查看，而详细的标准内容只对订购者开放，支持多用户使用，支持用户下载授权使用的内容，提供获取标准与相关技术文献的链接，提供多种搜索选择和自动 E-mail 功能。该搜索引擎对标准使用者、项目管理者、研究者、工程师等来说是很好的工具。国际标准化组织（ISO）在其网页的“标准目录”栏目下也提供检索国际标准的功能，网址为 http://www. iso. org/iso/home/store/catalogue_ics. htm。世界标准服务网（World Standards Services Network，简称 WSSN）是一个免费开放式的查询网站，提供很多标准组织的链接，网址为 http://www. wssn. net/WSSN/index. html。我国的标准文献收藏在中国标准化研究院国家标准馆，网址为 http://www. cssn. net. cn。

九、产品资料

产品资料包括产品样本、说明书、产品标准图片、设计图、产品目录、广告材料等，是说明产品性能、规格和使用方法的技术资料。它对定型的产品结构、原理、操作方法、维修方法等有详细介绍，并附有产品的外观照片、结构简图或线路图等。

产品资料通常是生产厂商为了争夺市场，通过报刊、广告、电视、电影、录像、展览会、专题技术报告、出版年鉴，特别是印发各种有关其产品介绍的出版物等来推销商品的产物。因此，产品资料通常由生产者免费赠送。它在技术上比较成熟，数据上也可靠，对科技人员选型、设计、试制、改造等有参考价值，也可为进口国外产品和设备提供参考，从中可以了解世界生产情况和发展趋势，因此是比较廉价但重要的技术情报资料。

产品资料的特点是数量大，全世界每年出版量达几十万件；发行面广；时效性强，更新频繁。产品资料作为一种主要的情报资料源，在 20 世纪 80 年代与 90 年代初期比较热门，是我国各级情报研究所必备的科技资源之一，并且有些情报所建有样本馆，其重要程度显而易见。后来由于经费紧张、收集难度太大等原因，逐渐淡出了图书情报专业资源的范围。有关产品样本的研究论文，主要来自于 20 世纪 80 年代和 90 年代初，21 世纪后难觅踪迹。90 年代中后期的图书情报高等教育也未深入涉足产品样本领域②。

目前科技部西南信息中心建有“全球产品样本数据库”（Global Productivity Database，简称 GPD）。它是我国第一个上规模的、深度建设的产品样本数据库。网址为 http://gpd. sunwayinfo. com. cn/index. asp。GPD 收录了丰富的产品样本数据，包括：企业信息、企业产品目录、产品一般性说明书、产品标准图片、产品技术资料、产品 CAD 设计图、产品视频/音频资料等。GPD 覆盖的产品范围包括：通用设备，专用设备，交通运输设备，电气机械和器材，通信设备、计算机及其他电子设备，仪器仪表及文化、办公用机械，材料与物资等七大类。收录范围为全球知名大型工业企业的产品样本。主要收录欧美地区大型知名企业，其中 70% 的产品样本包含高价值的技术文档。样本总量在 2011 年底达到 250 万件。预计年新增数据量达到 30 万—50 万件产品。数据库提供快速检索、高级检索、分类导航、学科导航、企业导航等多种检索

① About NSSN[EB/OL]. [2013 - 05 - 07]. http://www. nssn. org/about. aspx.

② 参见 http://gpd. sunwayinfo. com. cn/DataIntroduce. asp? CSID = 。

方式；提供信息聚类检索、中英文双语对照参考功能①。

十、乐谱

乐谱是用图形、线条、文字及其他视觉符号记录音乐的文献，是对音乐作品进行记录和使其再现的方式之一。因国家、民族、时代的不同，记谱法有很大的差异。乐谱有文字谱、音位谱、奏法谱、图像谱等几种。乐谱的出版形式有书型、散页等。乐谱因其形式特殊，应用范围比较专一，一般由专门机构来收藏，比如音乐学院图书馆等。

乐谱一般开本较大（大多为16开），页数较少。对于同一部作品，经常有不同版本的乐谱，例如总谱、声乐钢琴缩编谱、各乐器的分谱等。在西方国家，乐谱一般由专业的出版社出版，例如德国的亨勒出版社（G. Henle Verlag）。

十一、地图资源

地图资源（cartographic resource）是地理资料的重要组成部分，在传播地理知识方面起着"第二语言"的作用。它是按照一定的制图法则，概括表达自然、社会经济现象的分布和相互关系的图形。随着制图技术的发展，目前地图资源的范围也在不断扩展。主要有：二维地图，三维地图（three-dimensional map），详图，航空图，航海图，天空图，球仪，立体透视图，截面图，空中、卫星和空间摄影，遥感影像，鸟瞰图等。

地图主要指单幅的挂图、地形图、平面图等。如果把地图按照一定主题思想，合乎逻辑地汇编成册，则称为地图集（atlas）。地图可以单独出版，也可作为其他出版物的附录。

现代的地图被广泛地应用于许多科学领域，由此产生了品种繁多，分类不统一的状况。一般来说，地图按照比例尺、内容、区域、范围、用途等可分为几类。

按比例尺大小，可分为大比例尺（比例尺大于1:100 000的地图）、中比例尺（指比例尺小于1:100 000而大于1:1 000 000的地图）、小比例尺地图（指比例尺小于1:1 000 000的地图）。按照内容，可以分为普通地图和专题地图。普通地图指那些反映制图区域内自然要素和社会经济要素一般特征的地图，其特点是比较全面地反映各种要素，如地形、地貌、土壤、水系、植被、居民点、交通网、行政区划、境界线等。普通地图是编制各种专题地图的基础。专题地图侧重某种或某几种要素的地图，其内容、用途和服务对象有针对性。与普通地图相反，它以一种或几种相关的要素为主要内容加以详尽、系统地表现，而其他要素处于从属地位。普通地图难以表示的诸如地质、气候、洋流、民族组成和历史事件等，专题地图可以详细地表示出来。专题地图按其内容可分为历史地图、社会经济图和自然地图等类。按照用途可以分为参考图、教学图、军用图、交通图、旅游图等。按照制图范围可以划分为世界图，半球图，大陆图，国家（地区）图，省、市、县图等。

地图集的分类方法基本与地图相同。由于地图集的编制技术难度大，要求严，而且只有当某类地图达到一定数量和质量，形成一定体系时，才能编制相应的地图集，所以地图集出现的比较晚，种类和数量均较少。国外对地图集的分类兼顾内容和区域范围。分为3种基本类型：

① 参见http://gpd.sunwayinfo.com.cn/DataIntroduce.asp? CSID=。

（1）世界地图集（world or international atlases），是综合反映世界及各国自然和社会经济现象的一般特征的地图汇编。其主题由世界、各洲、各国的地图组成，一般有一定的专题地图，采用的比例尺也较小。比较知名的有：《泰晤士世界地图集》（*The Times Atlas of the World*, *The Times Publ. Co.*）、《世界各国分图》（*National Geographical Atlas of the World*, *National Geographic Society*）、《新国际地图集》（*The New International Atlas. —Anniversary ed. Rand McNally*）等。

（2）国家和区域地图集（national and regional atlases），与世界地图的区别主要有两个方面：就制图区域来说，前者只限于一个国家或一个地区、一个洲，后者则是整个世界；就内容来说，前者对自然和社会经济要素的描述要比后者详细得多。比较知名的有《美国国家地图集》（*U. S. Geological Survey. The National Atlas of the U. S. A.*）。

（3）专题地图集（thematic atlases），是相对普通地图集而言的，是专题地图的系统汇编，其特点是突出地显示某一地理要素或现象，主题繁多，专指性强，材料集中，适合专门从事相应专业研究的人员使用。如《泰晤士世界历史地图集》（*The Times Atlas of the World History*）；又如《牛津世界经济地图集》（*Oxford Economic Atlas of the World*），是迄今唯一的世界经济地图集。

随着信息技术的飞速发展，目前市场上有许多种电子地图，其功能包括：地图无级缩放、描述交通状况、智能设计任意两地间的行车路线、GPS 全球定位、链接多媒体景点介绍等。比如，当今世界最大的搜索引擎 Google 公司的 Google Maps 就是这种地图的代表。电子地图的优势是：①交互性。使用者可根据需要指定地图的显示范围、显示图层、查询内容、地图比例尺等要素。②无级缩放。一张纸质地图的比例尺一般是固定不变的，而电子地图则可以实现在一定范围内的多级或任意无级缩放和开窗显示。③无缝连接。纸质地图受纸张幅面大小的限制，图幅总是有一定范围，一个地区可能需要多张图幅才能容纳。而电子地图由于很容易实现“漫游”和“平移”，能一次性容纳某个地区的所有地图内容，所以不需要地图分幅，这样可避免由于地图分幅和接边引起的误差，因此，电子地图没有太多的范围限制。④信息丰富。由于受到比例尺等限制，纸质地图能反映的信息量较为有限，只能采用地图符号的结构、色彩和大小来反映地物的属性。而电子地图能反映的信息量则大得多，除了具备各种地图符号外，还能配合外挂数据库来使用和查询，其内容不会受到太多的限制。⑤共享性。由于数字化使信息更容易复制、传播和共享，所以，电子地图能够大量无损复制，并能通过计算机网络传播。正是 Internet 和 Web GIS 技术的出现，使得电子地图的发展和传输更为方便。在 Internet 网络上目前存在大量的地图数据库，使用者能迅速方便地查询到世界上很多地区和各种类型的电子地图。

由于电子地图具有印刷型地图所没有的这些功能，受到人们的喜爱。在日常生活的很多时候电子地图已取代了纸质地图。电子地图发行方式主要是只读光盘和网络联机检索。其网络资源非常丰富，如何收集、利用这些资源应引起图书馆的高度关注。

地图被很多图书馆，尤其是国家图书馆作为具有战略情报意义的资源而重视，常被作为特殊资料专门收藏。检索地图的工具主要有《地图与地图集书目指南》（*Bibliographic Guide to Maps and Atlases*），该书为年鉴，以美国国会图书馆和纽约公共图书馆的地图编目记录为依据收录。随着网络的发展，地图资源也可以通过一些搜索引擎，如谷歌或专门的地图信息网站，如世界地图网站（http://www.mapsofworld.com）等检索。

第二节　外文印刷型文献的纸质、开本、装订和附件

一、纸质与开本

在人类信息发展史上,纸是历史最悠久也是最主要的载体。纸的质量与文献的保存、利用有密切关系。纸张的含酸量是衡量其使用寿命的最佳指标。含酸量可以用0(酸性,表示纸张的使用寿命非常短)到14.0(碱性,表示纸张的使用寿命很长)之间的pH值来测量。pH值为7.0是中性,低于7.0为酸性,高于7.0为碱性。在正常使用和保存条件下,pH值7.0以上的无酸纸使用寿命可以达到200年左右。永久性纸张至少能够保存数百年,而且不会出现明显的变质现象。这种纸的pH值一般都在7.5以上,而且不含磨木浆,具有较高的强度和纸张性能,适合人们进行长时间的使用和保存。

工业化以来的机器纸含酸量很高,而工业化也是纸质文献大量产生的开始。随着使用年限的增长和在日光和空气中曝光次数的增多,纸张的酸性也会随之增强。这就使以含酸纸为载体的文献的保存遇到很大的困难。为了使纸质文献能长久的保存,图书馆界致力于推动出版界使用无酸纸。

美国在20世纪80年代制定并公布了永久纸标准Z39.48—1984,之后的文献用纸尤其是学术文献和政府出版物的用纸质量明显改善,后来又把其修改为永久纸标准ANSI/NISO Z39.48—1992(Permanence of Paper)。1994年,国际标准化组织负责制定永久纸国际标准的委员会ISO/TC46/SC10以ANSI/NISO Z39.48—1992为底本,发展出永久纸的国际标准ISO 9706(Information and Documentation—Paper for Documents—Requirements for Permanence),至今共出版3项关于永久纸的国际标准。而国际图联(IFLA)也将无酸纸的使用推进到国际范围。

根据Z39.48—1992,若图书纸张符合该标准,出版商可以在书内版权页添加符号“∞”(圆圈内的符号为希腊文无限之意),作为表彰并供辨识。现在还能在一些书的版权页上看到该符号。此外,在欧美国家在印刷版的图书版权页上,还会标注纸质。主要种类有:无酸纸(acid-free)、碱性纸(alk,alkaline的简写)、循环纸(recycling paper)等。印刷质量比较好的学术图书,无论精装还是平装通常以无酸或碱性纸为载体。

所谓开本,是指一本书幅面的大小,也是以整张纸裁开的张数做标准来表明书刊本子的大小。它是装帧设计的首要一步。ISO 216是国际标准化组织所定义的纸张尺寸国际标准,为今日世界上大多数国家所使用。ISO 216定义了A、B、C 3个系列的纸张尺寸。C系列纸张尺寸主要使用于信封。知名的A4纸张大小即为此标准所发展出来。

表1-1　ISO 216定义的A、B两种系列纸张的规格　(单位:mm)

A系列规格		B系列规格	
4A0	1682×2378	–	–
2A0	1189×1682	–	–
A0	841×1189	B0	1000×1414

续表

A 系列规格		B 系列规格	
A1	594×841	B1	707×1000
A2	420×594	B2	500×707
A3	297×420	B3	353×500
A4	210×297	B4	250×353
A5	148×210	B5	176×250
A6	105×148	B6	125×176
A7	74×105	B7	88×125
A8	52×74	B8	62×88
A9	37×52	B9	44×62
A10	26×37	B10	31×44

边长在 150mm 以下，允许的误差为 ±1.5mm；150 到 600mm，允许的误差为 ±2mm；600mm 以上，允许的误差为 ±3mm。ISO 216 包括一系列规格，但并非所有的规格均在实践中广泛使用。其中 A4 纸是日常办公应用中最常见的。

我国现行的图书杂志开本标准为 1999 年颁布的 GB/T 788—1999《图书和杂志开本及其幅面尺寸》替代了原来的 GB 788—87《图书杂志开本及其幅面尺寸》。这是一项综合性的基础标准，涉及出版、印刷、机械、造纸等相关标准。该标准的适应范围为一般的图书和杂志，不适用于大型画册、挂图、乐谱、地图、线装书和其他需要特殊开本的图书和期刊。该标准采用了 ISO 216定义的 A 和 B 系列，如下表。

表 1-2　GB/T 788—1999 中规定的图书杂志开本及其幅面尺寸

系列	未裁切单张纸尺寸(mm)	已裁切成开本(mm)	
		代号	公称尺寸(允差 ±1mm)
A	880×1240M	A4	210×297
	880M×1240	A5	148×210
	880×1240M	A6	105×144
	900×1280M	A4	210×297
	900M×1280	A5	148×210
	900× 1280M	A6	105×144
B	1000M×1400	B5	169×239
	1000×1400M	B6	119×165
	1000M×1400	B7	82×115

注：该标准与 GB 788—87 相比较，去掉了我国通常用的“开本”，A 和 B 后面对应的数字，表示将全张纸对折长边裁切的次数，如 A4 就是将长边对折 4 次裁切，对应的就是通常所说的 16 开。A5 就是将长边对折 5 次

裁切，对应的就是32开。

表1－3　常见开本的主要应用

开本	用途
A0，A1	技术绘图、海报
A2，A3	绘图、图表、大表格
A4	信函、杂志、表格、目录、激光打印、复印机输出
A5	说明簿
A6	明信片
B5，A5，B6，A6	图书
B4，A3	报纸，能被大部分复印机支持
B8，A8	纸牌

我国出版的书刊一般习惯用开数表示大小，后来与国际标准接轨，在标注开数的同时也标注毫米（mm）×毫米（mm）。而西方国家一般用厘米表示图书大小，英、美有时也用英寸表示图书的大小。

书籍的开本是构成整个书籍形态的重要因素，是整个书籍形象的躯体。它是装帧设计的首要一步。选择开本大小要考虑到本书的性质内容，读者的阅读便利，相应的印刷机器和有效利用纸张等诸因素。开本通常按照其大小不同，划分为3种类型：

（1）大型本：12开以上的开本。适用于图表较多，篇幅较大的厚部头著作或期刊。

（2）中型本：16开至32开（即A4与A5）之间的所有开本。适用范围较广，各类图书均可应用。

（3）小型本：36开以下。适用于手册、工具书、通俗读物或单篇文献等。

此外还有一部分以图为主的著作、大型图表册、画报、挂图、袖珍手册等的开本，需根据稿件的实际情况和纸张规格来决定，有的出版社将它们归入特殊开本类。

我们通常所见的开本均是A4（16开）以下的，因为只有不超过A4才最方便读者阅读。在实践中，同一种开本，由于纸张及印刷装订的技术条件的差异，可设计成不同的形状。如长方开本、正偏开本、横竖开本等。同样的开本，因纸张规格不同而呈不同的形状，有的偏长，有的呈方。开本大小和图书形状要根据图书的不同内容性质和阅读使用的不同方法来决定。

（1）从内容来说，工具书中的大部头百科全书、词典等厚重渊博，知识庞杂，一般应用大开本（如16开）才合适，如《大英百科全书》。小字典、手册等随时可用的书籍应采用较小的开本，方便一般读者，特别是学生使用，如语言学习类的字典、词典。学术类、经典著作或理论书籍等比较严肃的出版物，开本应大一些，常见的多是32开或大32开。文学书籍通常供读者娱乐消遣为主，读者喜欢经常带在身边，32开本合适。一般的诗集、散文集的开本可以更小一些，可采用狭长形的小开本，如42开、36开。画册的排印，一般既要将大小横竖不同的作品安排得当，又要充分利用纸张的有效面积，所以多采用正方形开本。

（2）从图书的价值来说，有些具有长期保存价值和代表一个国家出版水平的图书，如学术专著、名著、全集、文集、工具书等，开本应大一些。一般的通俗读物或临时性的小册子、简易本、缩写本等，则用 32 开或更小的开本即可。

(3)从图书的读者对象来说，图书设计应该考虑阅读对象的特点和习惯。儿童读物图文并茂，甚至图画占了绝大部分版面，特别是连环画，在注重质量的同时，还要注意节约纸张，降低成本。因此，设计儿童读物时通常采用 24 开、28 开、64 开、48 开等近于正方形的开本，形式力求新颖活泼；青年读物则应清新、简练，多采用新形式；老年读物可以开本大些，字体要醒目，力求古朴、典雅。

(4)从图书的篇幅来说，篇幅很多而又不适宜分卷出版的图书，应用较大的开本。篇幅较少的图书，开本应小一些，否则页数太少。以工具书为例，工具书的开本应根据总字数来确定，以便使图书外形有合理的比例，如果字数较多而开本较小，就会使图书太厚，不仅外形比例失调，失去美感，也不便于阅读。因此，较大规模的工具书应选用 16 开，中等规模的应选用 32 开，小规模的应选用 64 开。

总之，在实践中，选用何种开本，应综合考虑这些因素。而且这些因素对选书工作来说也是非常重要的，其中包含了关于图书的丰富信息。

二、装订

装订是把印刷好的每一个印张，折叠成原定开本的书贴，配成套后钉成书芯，包上封皮，切去毛边等工艺的总称。简单地说，即是把零散的书页或纸张加工成本子。装订形式是指用不同的装订材料并运用不同的装订工艺所形成的书籍装订样式。图书的装订是出版过程中的一项重要内容出版者往往因内容的不同或内容需要采用不同的装订形式。现代书籍的装订形式分为平装、精装、活页装、散装 4 种。

1. 平装

亦称简装。一般采用纸质封面，装订方法比较简易，成本相对低廉，适用于篇幅小，印数较大的书籍。这是我国目前采用的最普遍的一种装订形式。在外文图书中，教科书、文学作品、通俗读物、儿童读物一般采用此法。平装形式因订书材料及工艺的不同分为：骑马订(或骑缝铁丝订)、锁线订(索线订、串线订、穿线订)、平订、胶粘订(又称“无线订”)。胶粘订是目前印数较大的书刊采用的主要方式，但是不能长期保存。

2. 精装

精装是采用较厚的硬皮封面，对书芯、背脊、书封和书角进行造型加工的装订方式。它具有精致美观，牢固耐用，易翻阅，好保存的特点。精装书籍的目的，一方面是用较为坚固的封面保护书页，另一方面是用比较好的材料，增加书的美观。适于装订较厚或经常使用且需长久存放的工具书、学术著作、经典书籍等。精装书的装订按各部分加工方法的不同，有多种形式。按照书芯的加工方法可分为锁线订、胶粘订等。按书壳的加工方法可分为脊面同一材料的精装(包括全织物精装和全纸面精装)、脊面不同材料的精装和塑料封面假精装。脊面同一材料的精装书的书脊和封面均采用整片的同一材料，如纸张、织物、漆布、塑料、皮革等。脊面不同材料的精装有纸面布脊、纸面皮脊和布面皮脊等方式。

3. 活页装

活页装与平装和精装的不同之处在于封面和书芯没有固定的联结。订口切开使每一页书都成散页,可以自由取出和添进。活页装适于内容需要经常单独抽出的出版物或部分内容经常更新出版物,如法律条文类的出版物。依装订形式可以分为 3 种:穿孔结带(即纽带式)活页装、螺旋活页装、弹簧夹式活页装。

4. 散装

不用连接装订的出版物称为散装出版物。一般适用于每页单独构成一部分内容的出版物。采用散装的出版物一般有图片、单张印件、教学挂图、地图、统计图表等,每页都能独立,自成一个版面,以单幅的形式出版。此类出版物虽然不是连接成为书本,但也必须自编目录,印页码,配套成帙。散装出版物虽不需要装订,但一般要用装盛物装起来,如封套、匣子、纸夹子或纸筒等,而且要根据出版物的内容性质和需要选订和设计装盛物。

散装出版物的文字部分,如序文、图片说明、目录等,篇幅较多的可与扉页版本记录集中起来,独立装订,自成一册,附在装盛物内;如篇幅不多,只有目录或简短的说明文字,可以直接印在封袋或纸夹等上。

国外许多法律文件,为了能随时插入最新的修订条款,都采用散装的形式。对于这种文献,应由专业能力较强的图书馆员对其进行跟踪和维护。

有的时候,散装与活页装没有严格的区别。有些出版社在出版散装文献时,配送一个活页装订夹,供图书馆员使用。

以上虽然列举了 4 种装订形式,但是实践中可能会遇到一些特殊的装订形式,例如,有些出版社为了仿古的目的而留有毛边;有的出版社甚至在整个印张印刷完后直接装订,让读者自己在阅读时用裁纸刀裁开。还有一些精品图书采用豪华的装订方式,它基本上就是精装,但使用高级的羊皮制作封面,并进行烫金处理。

出版社出版图书时,一般采用其中一种装订形式。还有不少图书同时出版平装本和精装本,以适合不同读者的需要。有些法律文献的主体部分采用精装,而更新部分采用活页或散装。一般而言,大型图书馆一般首先选择精装本,以便于长期保存。如果出版社只出版平装本,有些图书馆还特意对其进行装订,加上一个硬皮封面。对于读者个人或小型图书馆,为了节省经费,一般会选择平装本图书。

三、图书的版本

图书的版本主要指一部书因编辑、传抄、刻版或装订形式的不同而产生的不同本子,因内容上的修改、传抄的年月、刻写的形体、版面的宽窄和装订的形式等表现出各种差异,正是由于这种差异,同一种书就形成了不同版本。版本是出版物非常重要的一项内容。当前西方出版的图书通常有以下十几种版本:

1. 精装本版(Hardcover Edition)

精装本是用硬皮封面装帧的版本,是西方发达国家最为普及的一种版本。无论是大众类的小说、非小说,还是科学技术类的专业图书,都会采用这种版本。其特点是:封皮用硬纸、织物或皮革制成,坚实精美,装帧考究,经久耐用,价格较高。西方不少出版社首次购得版权出版的新书,往往采用精装版,以表示此书的高雅不俗。

在出版社的新书报道目录中,精装版的代表符号有:C(Cloth),表示封皮为织物;HP(Hard Paper)、HB(Hardback)或者 HC(Hardcover),指硬皮书;Leather 表示用皮革做封面。一般图书馆藏书都购买精装本版,以便长期保存。有些书用羊皮做封面,并进行烫金处理,称为豪华版。

2. 平装本版(Paperback Edition)

平装本是用软皮封面装帧的普及型版本,因此又称为"普及平装本版"。可以说,精装本版与平装本版是最常见的两种,其他版本往往兼有精装本版或平装本版的特点。平装本的特点是封面柔软,价格较低,在装帧上没有精装本版考究。一些出版商,如剑桥大学出版社、劳特利奇(Routledge)等就经常同时出版精装本版和平装本版,以满足不同层次读者的需求,也有先出版精装本版,过几年再出版平装本版的做法,以满足普通读者的需要。其相隔时间不等,有2—3年的,有5—6年的,也有10年以上的,这需要视销售情况而定。但是平装本的装订工艺较差,容易损坏,不适合图书馆收藏。

从20世纪70年代起,不少西方国家的出版商对首次购得版权的新书,也开始出版平装普及版,以迎合经济中等的广大读者的需要。实践证明,用平装本版出版新书的做法是成功的,它可以扩大销路,使出版商拥有更多的大众读者,获行较好的经济效益。在出版社新书报道的目录中,平装本版的代表符号有P、Pb、Pbk,Paper。

3. 大众市场纸皮本版(Mass Market Paperback Edition,Pocket-size Edition)

这是用软皮封面装帧、尺寸为10 cm×17.8 cm的袖珍本版,是西方国家面向大众读者的袖珍型普及版本。这种版本比前两种更为普及,因为它开本小巧,携带方便,价格便宜。在美国,行家统称其为"大众市场平装本版"或"袖珍本版",通常简称为"纸皮本版"或"纸皮书"。这种版本是平装本版的特殊类型,即小开本的平装本版。在出版规律上,出版商对某部新作的初版一般不用纸皮本版,通常是用精装本版或平装本版推出新作,在几个月或更长的时间后,才以再版的形式用这种袖珍本版出版。

进入20世纪80年代,西方主要出版大国(如美国、英国、德国、法国等)在纸皮本版的出版活动方面,出现这样一种趋向:出版纸皮本版的出版商愿意以高价购买一些畅销书书稿,一些作者也愿意让自己的作品用纸皮本版初版,这样销售量会更大。纸皮本版主要用于出版畅销书、通俗作品、儿童作品等。这种版本的书主要是为了满足大众市场的需求,因其采用胶粘装订,质量很差,容易开裂,图书馆一般不将其长期收藏。

在西方国家中,经常可以看到纸皮书出现在公交车、地铁、火车、飞机等交通工具上,读者通常藉此打发时间。由于其价格低廉(一般为几美元)且装订质量差,许多读者看完以后就随手丢弃了,不再带回家收藏。

目前,一些西方国家的纸皮本版图书通常都是由专门出版纸皮本版图书或平装本版图书的出版公司出版的,如美国的班坦·道布尔戴·代尔出版集团公司和英国的格拉夫顿图书公司(Grafton Books)。为了便于在超市销售,纸皮版图书一般印有条形码和价格。

4. 高级平装本版(Quality Paperback Edition,Quality Edition)

这是平装本版的一个分支,同普通平装本版相比,它是一种在印刷和装订质量上都要略高一点的精美型或豪华型平装本版。其高级主要表现在封面上,即采用塑料压膜或有护封,或者用烫金来美化封皮。

5. 图书馆版(Library Edition)

这类图书通常都是精装本的图书,所谓的"图书馆版",即那种可以长期保存、在架子上立得住、可以经受许多读者阅读而不易受到损坏的版本。在西方国家,尤其是美国、英国等英语国家的出版公司往往将那些可以从各个图书馆得到大量订单的图书,专门制作成这种版本,以满足图书馆长期保存和经久耐用的需要。图书馆版的装订形式一般与其他精装版无异。

6. 限定版(Limited Edition)

这是一种印量有限的版本,印数不多,用质量很好的纸张印刷,有非常吸引人的封面,装订精美,以显示其价值珍贵。出版商并不会因印数少而亏损,相反由于不少限定版图书有较高的收藏价值,被许多图书馆和藏书家购买,出版商从而能获得丰厚的利润。

这种版本的图书,多为精美的画册、图鉴,销售对象往往是图书馆和藏书家,其价格一般比普通精装本的价格要贵很多倍。限定版有时也叫“绝版印刷版”。出版社通常为了证明其“绝版”的真实性,在一次印刷以后,当众将印版销毁。限定版图书一般都有编号,说明本书总共印刷多少册,本书是第几册。

7. 签名限定版(Special Signed Limited Edition)

签名限定版是限定版的一种特殊形式。对于某些知名度比较高的政治家、学者、作家等名人所写的新书,出版商在初版时喜欢制作成有签名的、有数量限制的版本,放在一个函套里。由于印数有限,书价自然就升高了,是普通初版书的3—5倍。这是出版商请作者本人签名从而人为地形成有别于非签名本的、数量有限的版本。签名限定版书主要是要吸引读者的购书兴趣,扩大销量。这种“签名本”与同期发行的同种图书完全一样,有相同的国际标准书号,区别就在于因有无签名而形成的价格的不同。有些出版商为了满足读者希望得到著者本人签名的愿望,还将初版的图书全部请作者签名。还有一些作者为了标新立异,也会出一些较为特殊的限定版,从而获得一定的利益。在美国有一些出版社专门出版签名限定图书,如Limited Edition Club(LEC)等。

8. 国别版(Country Edition)

这是由于在不同国家出版或为其他国家出版而形成的版本。一般有两种情况:一种是外国出版公司购买版权后,在其本国出版的图书;另一种情况是某国出版公司直接为其他国家出版的图书。

第一种情况,在美国、英国、加拿大三国之间的国别版比较复杂。如果美国公司出版了一本英文图书,就存在着美国英文版、英国英文版和加拿大英文版的问题,即美国的英文版是美国出版公司在美国出版的,如果英国、加拿大的出版公司要出版这部书,必须向美国出版商购买版权。而当英、加出版商购买了在本国出版的版权后,那么美国英文版的图书原则上不得再向英、加出口。

第二种情况,主要是美国和加拿大之间的国别版,即美国一些出版公司在出版某些图书(主要是大众图书)时,往往同时印刷、出版与美国版一样的加拿大版。20世纪80年代,一些在加拿大拥有一定图书市场的美国出版公司在美国出版某种图书时对专门在加拿大市场上发行的同一种书,另编一个国际标准书号,从而形成内容、文种、装帧、开本虽然一模一样,但国际标准书号和所标的书价却不同的加拿大版,即我们所说的国别版。如果这些美国出版公司在发行时又设立一种“展架版”,那么就会出现美国展架版与加拿大展架版的区分,从而使一本图书出现4个或更多的国际标准书号的现象。

现在随着版权贸易的活跃,国别版图书的情况也更加复杂。如中国、印度也从一些欧美出版商购买版权,用英文出版。我国引进的国外原版图书以一些热门图书、大学教材居多。由于这类图书价格比原出版国低很多，一般仅限在引进国销售，不允许出口，以免影响原出版商的销量。图书馆在购买外文图书时，应注意这一情况。但由于此类图书在我国出版的时间一般比国外晚，图书馆通常已经从国外订购了该书。

9. 大字体版（Large Type Edition，Large Print Edition）

大字体版是出版公司采用大号字体印刷图书的版本，对一些可能会拥有老年读者的图书，西方国家的出版公司在出版用一般字体印刷的图书的同时，也会用大字体印刷一批特别的版本。由于使用的纸张相应增加，页数增多，这种大字体版的价格通常略高于一般字体版。大字体版图书都有自己的国际标准书号。

10. 套盒版（Boxed Set Edition）

这是一种多卷作品、著作或丛书装在套盒内整套出售的多卷集图书。这种版本的套书，分精装本和平装本两种，通常有一个总的国际标准书号，但每一个分册有时也有各自的国际标准书号。这种套书的各分卷单独出版或发行时，也会有自己的书名和国际标准书号，容易使采选人员以为是不同内容的图书，出现重复误订。

11. 光盘版（CD-ROM Version，CD-ROM Edition）

这是采用只读光盘作为信息载体的一种版本是一种非印刷版本，或电子版本。一张光盘容纳的信息，相当于2.5万张印刷页或1500张软盘。与印刷版相比，光盘版体积要小很多，而且由于光盘成本极低，有时光盘版价格还比印刷版更便宜一些。最初光盘主要用于出版文摘、目录、词典、百科全书等工具书或内容更新比较快的图书。对于词典、百科等工具书而言，光盘版具有多检索点、多媒体等特殊功能。但现在很多工具书的光盘版逐渐被网络电子版代替。现在出版的光盘版往往是纸本图书的附件。

12. 网络电子版

随着网络技术的发展，一些出版物开始在网上被使用，形成网络电子版。网络版最初主要应用于连续出版物、文摘、目录、工具书或时效性强的出版物，但现在很多普通学术图书在出版印刷版的同时，也开始出版网络电子版，在印刷版的版权页上通常会标注 eISBN。网络版的特点是检索方便、容易使用，但要求有一定的硬件设备。图书馆收藏网络版出物，实际上仅购买了网络文献的使用权，而并没有得到真正的馆藏，其服务器或保存地往往也不在本地，只是拥有访问权。网络一旦出现故障，就无法利用文献。由于其保存问题，网络版的图书现在还很难取代印刷型图书。有的图书馆对时效性要求不高，就在文献同时有光盘版和网络版的情况下选择光盘版，以便本馆保存。

四、附件

图书的附件是指随书一起出版的附属品，主要有磁盘、光盘、录音带等。图书如果带有附件，一般被称为混合媒体出版物。随着新型信息载体的出现，混合媒体出版物越来越多，尤其是科技类的图书与教学用书。附件有的与图书的内容一样，只是形式不同；有的是为了更好地说明图书的内容而包含增加的内容或配合图书使用，如语言录音带、音乐 CD、练习簿等。现在一些网络资源也被作为图书的附件。目前带有附件的出版物主要是一些学生用书或教学参考书，如麦格劳 - 希尔、培生等出版的教材。

当然，混合媒体还有一种情况就是图书是磁盘、光盘等的附属物，图书是为了说明磁盘、光盘内容的用法而出版的，例如使用手册，不具有单独的价值。这种情况给图书采选人员带来了很大的麻烦，采选人员在新书目录报道中很难区别这两种情况，常常出现误订光盘或磁盘的情况。

第三节　非印刷型出版物

一、缩微复制品

缩微复制品（microform）以感光材料为载体，用照相复印方式，将纸书文献在感光材料上缩微复制而成，包括缩微平片（microfiche）、缩微胶卷（microfilm）和缩微卡片（microcard）等，它们是在印刷品基础上发展起来的高倍率复制文献。照相复制技术有100多年的历史，用它复制书刊资料的历史开始于20世纪20、30年代，但发展很迅速，许多国家纷纷建立了缩微出版公司，专门制作缩微胶卷与缩微胶片文献资料，供用户订购。缩微胶片（平片）是一种透明的缩微材料，将文献用缩微复制照相机拍摄于感光胶片而成。最常见的规格是105mm×148mm。缩微胶卷是由成卷的胶片连续拍摄而成，也是最先被使用的缩微复制品种。卷片规格有16mm、35mm、70mm、105mm。

1．缩微复制品的优点

（1）体积小，质量轻，信息密度高，节省存储空间。一般缩微倍率为1/20至1/40，超高缩微倍率为1/150至1/250，按照面积计算，普通缩小比例的缩小影像面积是原件的1/49至1/2304，超高缩小比例的缩小影像是原面积的1/8100至1/62500。若把以纸张为载体的信息拍成缩微胶片，并把没有长久保存价值的纸质文献销毁，可节省存储面积85%—98%。每张缩微胶片的重量仅4—6g，以105mm×148mm的缩微平片为例，记录重5t、体积为$6m^3$、100万页纸质原件所需缩微胶片的总重量仅15kg，体积仅为$0.01m^3$。这样不仅节省了保存空间，也节省了保存与管理的经费。

（2）复制性能好，记录准确。既可缩小，又可放大，可复制任意数量，不走样，不变形。缩微资料不仅能将文献原件的形状、格式、内容、字体和图形等真实地记录下来，并能再现原件的细微部分，如果使用彩色缩微胶片，还能再现原件的色调。转摄时不需要文字校对，不会出现文字遗漏，其解像力和清晰度等指标远超其他存储复制技术，具有较高的可读性。

（3）制造迅速，成本低廉。缩微复制技术能在短时间内拍摄大量原件的图形、文字等。例如，轮转式摄影机每分钟在规格统一的缩微胶片上可连续拍摄600—700页。缩微资料的价格，只相当于印刷品的1/10至1/15。

（4）规格统一，存贮标准，便于实现保管、检索与传递的自动化。将任何规格的印刷文献摄制在统一型号的缩微载体上，使文献的存贮形式整齐划一，适于机械管理、计算机检索和自动化传递。

（5）保存期长，不易变质损坏。缩微胶卷在一定温度、湿度条件下，可以保存100年以上，并且可以通过再复制，达到永久保存。据科达公司的估计，如果保存条件良好，缩微制品可以保存500年以上。

缩微复制品的缺点是：文字图像小，不能直接阅读，必须借助放大机；使用不方便、不自由、容易使眼睛疲劳,效果不如印刷品;保存条件严格、设备投资费用大。在数字技术日益发展的今天,缩微技术仍有其生命力。数字化技术所储存的图像有分辨率的限制,而缩微技术所复制出的图像的分辨率要高很多;此外,数字化图像的储存格式有很多种,难以统一,而缩微技术所复制出的是模拟图像,不会失真,也不必经过格式转换。

现在,有一些品牌(例如美能达)的缩微制品阅读/打印一体机,可以将缩微制品还原成纸张形式,其效果如同静电复印一样。如果读者需要,可以在找到有关内容的缩放复制品以后,将其打印出来,再详细阅读。

2. 缩微文献的类型

(1) 缩微平片

这是一种透明的缩微复制品,它是利用专门的缩微复制照相机将文献拍在单张的感光软片上。感光胶片规格有 105mm、75mm、70mm 和 16mm 等几种。一般使用的规格为 105mm × 148mm。缩微胶片按其对文献的缩微倍率分 3 种类型:普通缩微胶片,每张可拍摄 60—98 页文献;超缩微胶片,每张可拍摄 2500—3200 页文献;特超缩微胶片,每张可拍摄 22 500 页文献。许多善本书和档案类文献都采用缩微平片的形式进行复制。

(2)缩微胶卷

这也是一种透明的缩微复制品,它是用成卷的胶片连续拍摄而成。每卷胶卷的长度因存贮文献资料的数量与篇幅长短而定,有 30m、50m 不等。两卷同一长度的 16mm 和 35mm 缩微胶卷,可分别缩摄 1400 页和 2800 页文献。缩微胶卷适用于复制成套的文献资料,如过期的丛书、多卷书、期刊、报纸及其他连续出版物等,便于长期保存和提供复印件。

(3)缩微卡片

这是一种不透明的缩微复制品,实际上就是缩微照片。它的大小和普通硬纸目录卡片相仿,一般规格为 75mm × 125mm,它们的缩微倍率为 1/24,单面每张可摄 40—60 页文献,双面则增加一倍。在缩微卡片的上端的文献名称、编号等著录标目,肉眼能直接看清楚。按照普通硬纸目录卡片组织方法,将缩微卡片排列在缩微目录盒中,可以直接查阅使用。

在计算机技术飞速发展的今天,许多原来以缩微形式出版的出版物改用只读光盘或网络的形式出版。但是,缩微形式的出版物仍然有巨大的市场,它们特别适合于保存古旧书籍和文史档案,也可以用于保存过期的期刊和报纸。

例如,国家图书馆订购的荷兰 IDC 公司出版的《1850 年前出版的关于中国的西文图书》(*Western Books on China Published up to* 1850)就包含了伦敦东方和非洲研究学院(*School of Oriental and African Studies, London*)的藏书 654 种,其中许多是国内没有收藏的古籍善本。又如,美国莱纳出版公司(LexisNexis Academic & Library Solutions)出版的各种美国政府解密文件(《美国中央情报局研究报告》(*CIA Research Reports*)、《英国外交部机密政治文件》(*Confidential British Foreign Office Political Correspondence*)、《美国国务院机密核心文档》(*Confidential U. S. State Department Central Files*)、《美国国务院机密特别文档》(*Confidential U. S. State Department Special Files*)等是研究中美外交关系的重要参考资料,它们都按胶卷或胶片的数量计价。

此外,收购了原大学缩微国际公司(UMI)的美国 Proquest 信息和学习公司(Proquest Infomation and Learning)提供全美国所有博士论文以及其他国家部分博士论文的缩微平片,按篇计价。

由于缩微制品的特殊性和其收藏单位的专业性，出版社一般采用直接推广的办法，有针对性地发寄新产品信息给可能感兴趣的图书馆或其他机构；一般的书商也不愿意在其新书目录中报道此类出版物。在这种情况下，采访馆员的经验就显得十分重要。一般来说，除了出版社主动上门推销以外，图书馆员应经常浏览缩微出版公司的网站，获得最新信息；或者定期给这些出版社发函，索取新产品信息。缩微品一般只能成套订购，例如，上面所述的《1850 年前出版的关于中国的西文图书》这一套缩微品中，共有 654 种善本图书，但是不能选择其中某些图书订购，只能全套订购。

与普通图书不同，缩微出版物的宣传资料上一般没有价格。图书馆员应主动与有关出版社联系，索要价格信息。此外，由于缩微出版物不像图书那样印好以后放在库房里，而是先制作母本，然后根据订单制作副本。所以，订购的缩微出版物一般不会很快到货，而要有一个制作周期，并且一般都要求预付款。图书馆应做好预算计划，或者委托书商代为预付款。

采选缩微制品的工具书主要有：《在版缩微品指南》（*Guide to Microforms in Print*），2011 年改为《缩微品与数字资源指南》（*Guide to Microforms and Digital Resources*），由德国 Walter de Gruyter GmbH & Co. KG 出版。该工具书是世界上唯一的缩微品国际书目，新增加了数字扫描和电子载体的资源目录。提供了全球 225 000 个出版物，260 个出版商和发行商的信息①。列出的书目包括专著、报纸、期刊以及档案等。每一条目包括题名、次题名、著者、编者、出版者、出版时间与地点、核对信息、产品类型、价格、ISBN/ISSN 、订购号码、出版者、发行者码、主题分类等。该书既有精装纸本，也有附带电子版的纸本。

二、视听资料

视听资料（audio-visual material）又称声像资料、音像资料、声像媒体等，是以磁性、光学材料等为记录载体，利用专门的机械装置记录与显示声音和图像的文献。

视听资料按其感官接收功能可分为 3 种类型：

（1）视觉资料（visual materials）：也称录像资料，包括显示形象与视频符号的投影资料和非投影资料，如照相底片、摄影胶卷、幻灯片、无声录像带、无声影片与摄影照片、传真照片等各种形象记录资料。

（2）听觉资料（audio materials）：也称录音资料，包括播放人工语言、自然语言、声频符号的系统资料，如唱片、录音带、LP、激光唱片（CD）、录音膜、电传广播音响资料等各种发声记录资料。

（3）音像资料：也称音形资料或声像资料，就是既有图像，又有声音的信息载体，包括播放显示声频与视频同步出现的声音、形象相结合的综合资料，如有声影片、电视片、配音录像带、LD、VCD、DVD、电传录像资料等各种显像、显声录制资料。

视听资料的特点是：①直接形象、生动鲜明，具有高度的真实性。声像资料能将直接、逼真的图像和声音传递给接受者，使接受者身临其境，这是语言描述无法代替的。②不受时间、空间的限制。视听资料可以再现历史，有很多资料是历史事件、科学实验的发生及发展过程，一

---

① Guide to Microforms and Digital Resources 2012［EB/OL］.［2013-05-07］. http://www.degruyter.com/view/product/181309.

旦记录之后，可以在相应的设备上重现。③视听资料传播迅速，能广泛普及，有较好的教育与娱乐作用。科技的发展已使声音与图像能在极短的时间内传播到每个角落，这是任何文字都无法实现的。利用声像资料进行教育，既生动，又容易接受，是教育现代化重要手段。其娱乐功能更是非常普及。

随着声像技术与电子技术的发展以及专业声像资料出版社的建立，视听资料日益增多，它们在图书情报工作中的应用更加广泛普及，图书馆与情报所已将视听资料纳入文献收藏系统，而且所占的比重也日益增加。视听资料的缺点是使用不像印刷型资料那样方便，需要配备相应的视听电器设备。现在图书馆都已开辟专门的视听阅览室，扩大视听服务项目和服务对象，使阅读者、观众、听众成为三者一体的读者群系统，共享图书馆文献资源。

20 世纪 60 年代，国外发明了一种能发声的书籍，称为直感图书或有声图书(audiobooks)。这是一种纸质图书与录音膜或录像带相结合的文献。书中附有磁性录音膜，打开书本，接通小型读书器，就能一边听录音一边对照文字阅读；书中附有磁性录像带，打开书本，接通微型电视机，按电钮，荧光屏上就会显示文字、图像，同时能听到声音。

视听资料的出现，大大增加和丰富了图书品种，形成了一种出版潮流，充分体现了视听资料的生命力。音像制品与普通图书的不同之处在于同一部作品可以有许多种不同的版本(version)。例如，音乐制品有不同的唱片公司出版的不同演奏/演唱家演奏/演唱的同样的作品，或者不同乐队在不同指挥家指挥下演出的同一作品。图书馆员要根据自己图书馆的需要，通过各种因素的综合判断，来确定采购计划。

查找视听资料的主要工具书有：《视听资料市场》(*AV Market Place*)，该工具书是视听业最完整的产品与服务指南，可以说是行业的“圣经”。内容包括 6500 条与视听业有关的公司名录；《鲍克视听资料指南大全》(*Bowker's Complete Video Directory™*)，是目前收录范围最广的有关娱乐业的信息资源，有 73 000 多种电影和其他表演艺术和娱乐事件的信息①；《鲍克有声图书指南》(*Books Out Loud™：Bowke'rs Guide to Audio Books*)，包括 154 000 条有声图书信息②，是该类产品最全面、最权威的参考工具。

① Bowker's Complete Video Directory™[EB/OL].[2013－05－07].http://www.greyhouse.com/bowk_video.htm.

② Books Out Loud™：Bowker's Guide to Audio Books[EB/OL].[2013－05－07].http://www.greyhouse.com/bowk_bol.htm.

第二章　各种文献类型的编码标准

第一节　国际标准书号(ISBN)

一、管理机构

国际标准书号的英文全称为 International Standard Book Number,简称 ISBN。1966 年 11 月,西柏林第三届国际图书市场研究和图书贸易合理化会议(International Conference on Book Market Research and Rationalization in the Book Trade)上,当时的联邦德国的克莱特(Klett)出版公司的艾勒(H. J. Ehlers)提出了标准号码的倡议,这被公认为是国际标准书号的历史起点。当时,欧洲的许多出版社和图书发行商正在考虑把计算机用于图书订购和书目控制。1967 年英国在惠特克(Whitaker)公司成立了标准书号中心。1969 年 4 月国际标准组织第 46 技术委员会(ISO/TC46—International Standard Organization/Technique Committee 46)在斯德哥尔摩起草了 ISBN 方案。1971 年国际标准组织批准了国际标准书号在世界范围内实施,前后历时 5 年。

总管国际标准书号的机构是设在德国柏林国立普鲁士文化遗产图书馆(Staatsbibliothek zu Berlin—Preuβischer Kulturbesitz)的国际 ISBN 管理中心(International ISBN Agency)。该机构的主要工作之一是向下一级地区机构分配地区号码。一般的地区机构都设在国家图书馆内,但是一些大的国家和地区却不是这样。例如,英国的地区机构是惠特克公司(Whitaker),该公司在国际标准书号尚未问世前,就是英国的国家书号中心,可以说是国际标准书号的先驱;美国的地区中心是鲍克公司(R. R. Bowker);我国的地区机构设在国家新闻出版广电总局。地区机构的主要工作是接受出版社的申请,批给第二段号码,即出版社的代码。第三个号码和校验码就由出版社自己决定。

二、编码规则与应用

最初的国际标准书号由 10 位数字组成。被 3 条短横线分为 4 段,每一段都有不同的含义。第一个号码段是地区号,又叫组号(Group Identifier),最短的是 1 位数字,最长的达 5 位数字,大体上兼顾文种、国别和地区。全世界自愿申请参加国际标准书号体系的国家和地区,被划分成若干地区,各有固定的编码:“0”和“1”代表英语,使用这两个代码的国家有澳大利亚、加拿大、爱尔兰、新西兰、波多黎各、南非、英国、美国、津巴布韦等;“2”代表法语,法国、卢森堡以及比利时、加拿大和瑞士的法语区使用该代码;“3”代表德语,德国、奥地利和瑞士德语区使用该代码;“4”是日本出版物的代码;“5”是俄罗斯出版物的代码;“6”是东欧、西亚、中亚等众多国家和地区的代码;“7”是中国出版物使用的代码。组号分为 5 个档次,长度为 1—5 位数字,其具体设置范围如下:

表 2-1 ISBN 组号设置

组号位数	设置范围	可分配的组区数	每组号允许出版(种)	每档总计出版量(种)
1 位	0—7	8	1 亿	8.00 亿
2 位	80—94	15	0.1 亿	1.50 亿
3 位	950—997	48	0.01 亿	0.48 亿
4 位	9980—9989	10	0.001 亿	0.01 亿
5 位	99900—99999	100	0.0001 亿	0.01 亿
合计	–	181	–	10.00 亿

第二段号码是出版社代码(Publisher Identifier),由其隶属的国家或地区 ISBN 中心分配,允许取值范围为 2—7 位数字。出版社的规模越大,出书越多,其号码就越短。

第三段是书序号(Title Identifier),由出版社自己给出,而且每个出版社的书序号是定长的。最短的 1 位,最长的 6 位。出版社的规模越大,出书越多,序号越长。

第 10 位是电子计算机的校验码(Check Digit)。固定为 1 位,起止号为 0—10,10 由 X 代替。

四段数字之间应该用连字符(-)连接(例如:2-02-033598-0)。但是,有些图书馆集成系统不能自动分配连字符,图书馆编目人员也对 ISBN 的分段方式不甚了解,所以人们经常在书目记录中省略连字符(例如:2020335980)。

标准书号的核对方法是加权法,即用 10 至 2 这 9 个数分别去乘标准书号的前 9 位数,用 11 减去其乘积之和除以 11 的余数,就得出校验码。反之,其乘积之和加上校验码再除以常数 11,如能整除,说明书号正确,如不能整除,表明 ISBN 号错误。

要让全世界出版的书,每一种都有一个编号,又不重复,这绝不是一件易事。要把书号严格控制在 10 位以内,就必须有一套精密的设计安排。首先是地区号,世界上应用最广泛的文种英、法、德、日、中、俄都只占 1 位,目的是留下更多的位数安排大量的出版社和图书。而最小的地区,如苏里南、特立尼达和多巴哥则占用 5 位数。最让国际标准书号设计者头痛的是出版社代码。以英文为例,除了地区号和校验码,还有 8 位用来解决英文地区的每个出版社和每一种书。出版社代码定为 2—7 位,书号定为 1—6 位,各出版社国际标准书号的分配成如下格局:

表 2-2 英文地区 ISBN 出版社代码和书序号分配

出版社代码位数	出版社起始号	书号位数	可出版的图书种数
2	00	6	1 000 000
3	200	5	100 000
4	7000	4	10 000
5	85000	3	1000
6	900000	2	100
7	9500000	1	10

最小的出版社只有 10 个书号,很容易用完,用完后可向地区机构申请再给一个号码。

例：

0-13-001660-8 是美国 Prentice-Hall 出版社的一个 ISBN；

0-471-00084-1 是美国 Wiley 出版社的一个 ISBN；

2-7000-2444-3 是法国 Gründ 出版社的一个 ISBN；

4-80970-182-4 是日本东洋文库的一个 ISBN；

1-919876-03-0 是南非 NAEP 出版社的一个 ISBN；

3-9800462-3-0 是德国 Freitag für Umwelttechnik 的一个 ISBN；

981-238-187-2 是新加坡 World Scientific 出版社的一个 ISBN。

有的出版社在不同国家或地区的分社出版的同一种书，用两个不同的 ISBN。例如，德国施普林格出版社（Springer-Verlag）出版的 Introduction to the Mori Program 一书，在纽约出版用 0-387-98465-8，在柏林出版则用 3-540-98465-8。对于这个出版社，两个 ISBN 的后 6 位（书序号和校验位）都相同。对于这种情况，图书馆员要从实践中总结经验，通过多个途径检索，减少查重中的遗漏。不过，许多出版社在不同地点出版的同种书的书序号并不不同。许多出版社在不同国家或地区出版图书时，不同的 ISBN 之间并没有必然的关系。

国际标准书号问世后，很快得到推广。主要因为它是出版商首先倡议的，对出版商、书商的工作有很大的益处。其优点主要体现在：国际标准书号是机读的编码，从图书的生产到发行、销售始终如一，对图书的发行系统起了很大的作用；它的引入使图书的订购、库存控制、账目和输出过程等分支程序简化了；国际标准书号对图书馆和文献中心的对于图书订购、采选、编目和流通程序也有促进作用；ISBN 系统的引入也服务于书目信息的流动和使用，为一个国家的图书生产提供经济的书目控制；ISBN 对图书市场也有积极作用，通过它能确定国际上出版的任何图书及其出版社。在书业中习惯称 ISBN 为库藏码（Stock Number），就是因为它被普遍应用于书库管理。可见，它对书业的发展作用很大。

国际标准书号的采用对图书馆也影响重大。由于国际标准书号是书目数据中唯一可以识别一种出版物的国际通用代码，所以现在许多图书馆将其应用于采访和编目中的查重。例如，对于普通图书，各个机构的编目方式可能略有差异，出版社和书商的信息报道也不尽相同，所以我们几乎不可能让计算机通过著者或书名进行查重。但是国际标准书号具有唯一性和标准性，人们可以让计算机自动对其查重，从而省去了不少手工劳动，节省了时间。

但是出版商和书商与图书馆的着眼点不同。图书馆侧重于区别图书的品种，最好是同样内容的书只有一个 ISBN 号。这样，查重时只要查 ISBN 就能确定是否重复。但在出版商那里，一个 ISBN 说明了一本书的版本、装帧、文种、材料和出版地等内容。同一内容的书，因版本、装帧、文种、材料和出版地不同，ISBN 就不同。这样，ISBN 与图书之间就出现了一些特殊关系，一种书就出现了多个 ISBN。同一种书在不同国家出版有不同的书号，不同的装帧形式（例如平装和精装）有不同的书号，这些情况都是很常见的。还有一些特殊情况，比如丛书、多卷集等也要特别关注，有些书可能有 3 个书号（丛书书号、分丛书书号、本书书号）。例如，英国劳特里奇（Routledge）出版社出版的《文明史》（*History of Civilization: a Complete History of Mankind from Pre-historic Times*）共有 50 卷，其总的 ISBN 是 0-415-14380-2；它下面分 6 个部分，包括《希腊文明》（*Greek Civilization*，7 册，ISBN 0-415-15612-2）、《东方文明》（*Eastern Civilization*，10 册，ISBN 0-415-15614-9）等；而各个部分下的每一册也有自己的 ISBN，包括《马其顿帝国主义和东方的希腊化》(*Macedonian Imperialism and the Hellenization of the East*,ISBN 0-415-15577-0)、《中国文明》(*Chinese Civilization*,ISBN 0-415-15591-6)等。在这套书中,每本书上都印有3个ISBN。这种情况下,最好对每一个ISBN都进行查重,而且应该单本订购。对于丛书来说,其中的每本书有各自的题名、著者,内容上也是独立的,编目时也会将每种书单独编目。作为丛书出版,很多时候是出版社的营销策略。如果按丛书购买,极其容易订重。

还有一种情况是一个ISBN对应多本书。当然,这种情况在ISBN使用比较规范的西方出版业中不多见。比如多卷集图书,有的出版社一套书给一个ISBN,每本书的书号都一样。如果同时出版,在订购方面没有任何问题。但如果多卷集不是同时出版,就会出现问题了。如果订了第一卷,仅用ISBN查重,第二卷及以后各卷都会被判定为重,非常容易漏订以后的卷次。还有一些法律活页图书出版中也会有此问题,某些法律书,由于更新比较快,所以选择活页装。更新的活页不断代替已经过时的页码,若干年后书中的内容已变化很大。新书报道会以最新的出版年份来报道图书,但书的ISBN却一直没有变化,订购者容易把更新后的书看做和最早的书一样。

这些情况给图书馆采选人员带来了很大的麻烦,采选人员不能仅仅根据ISBN的不同来确定图书是否为复本,还必须与书名、著者、版本等项目相结合。

三、13位ISBN

2004年,位于柏林的国际ISBN管理中心出版了《13位国际标准书号指导方针》(*Guidelines for the Implementation of 13-Digit ISBNs*),描述了将于2007年启用的13位ISBN的概况。新的ISBN实际上就是现在的EAN号(*European Article Number*),即欧洲商品号。大家现在就可以看到图书封四的ISBN上有一个13位的号码,就是EAN号,即在ISBN前加978(代表图书),但是最后一位(校验码)与ISBN不同。正式启用13位ISBN以后,可能会增加前三位的号码(例如:978,979,980),但是后面的号码用法与过去一样。校验位的加权算法与10位ISBN的算法不同。具体算法是:用1分别乘ISBN的前12位中的奇数位(从左边开始数起),用3分别乘以偶数位,乘积之和以10为模,10与模值的差值即可得到校验位(即第13位)的值,其值范围应该为0—9。

国际ISBN管理中心在2005年修改标准时,讨论要把ISBN应用于电子出版物,把用于纸本的规则也应用于电子书。最新版的ISBN标准ISO 2108:2005的描述为:电子出版物的每一种不同的格式(例如“. lit”“. pdf”“. html”“. pdb”),如果单独出版销售就应该给一个单独的ISBN号。以国际ISBN管理中心的观点,该规则对于电子书与不同载体形式的印刷本同样重要。给每一种载体分配一个ISBN号能确保用户所订购的电子书是用户的电子阅读器或软件平台需要的,这有利于电子书的电子交易,特别是当多种格式通过同一种渠道销售时。如果没有这种唯一的身份证,销售商或图书馆要订购某种特定格式的电子书时就不得不增加额外的元数据字段,这就要求在供应链的每一次链接中做额外的处理。ISBN提供了一个很好的全球系统,简单易行,而且不用涉及新的整合工作来适应已有的系统。现在,在图书的版权页上经常能看到多个eISBN。比如,Wiley-Blackwell公司出版的图书*Reading American Novel*1865—1914的版权页上,除了本书的精装ISBN,还标有该书以不同电子格式出版的ISBN:ePDF 9781444344240;wiley online library 9781444344271;epub 9781444344357;Mobi 9781444344264。

目前,国际标准书号的使用范围是:印刷品、缩微制品、教育电视或电影、混合媒体出版物、微机软件、地图集和地图、盲文出版物、电子出版物等。有些国家还在 ISBN 上进行一些本地化的处理,如美国有 5 位附加码(Five-digit Add-on Code)。出版社把 5 位数字的附加编码印到 ISBN 条码后用来表示价格信息。数字“5”代表美元,“6”是加拿大元,“1”是英镑,“3”是澳大利亚元,“4”是新西兰元。如果出版社不想显示价格,则在附加编码处印“90000”。如附加编码是“52499”,其含义是:“5”代表美元,“2499”代表 $ 24.99。

查阅出版社 ISBN 的工具书由国际标准书号管理中心编写的《出版社的国际 ISBN 指南》(*Publisher's International ISBN Directory*)。有关 ISBN 的详细说明,可以参见 ISBN 国际中心的网站(http://www.isbn.org)。

四、中国标准书号

1982 年,中国参加 ISBN 系统,并成立中国 ISBN 中心(设在新闻出版总署)。中国标准书号自 1987 年 1 月 1 日起实施,至 1988 年 1 月 1 日完全取代原用的统一书号。

中国标准书号共分两部分,第一部分为 ISBN,是主体部分;第二部分为《中国图书馆图书分类法》基本大类类号和种次号。类号除工业技术诸类图书用两个字母外,其他各学科门类图书均用一个字母。种次号是同一出版社出版同一学科门类图书的顺序号,由出版社自行编定。类号与种次号之间用中圆点(·)隔开。第一部分和第二部分分两行排列,也可用斜线隔开,排成一行。例如:ISBN 7-144-00316-X/TP·340。

如前面所述,ISBN 代表一种图书的一个版本,甚至代表一个分册。但是当 ISBN 应用到中国以后,由于中国的具体历史情况和不规范管理,中国标准书号经常不具有唯一性,出现了一号多书的现象。有些书的所有版本都用同一个书号,有些书的所有装订形式也用相同的书号,有些多卷书或丛书只用一个书号。我们在图书采选工作中应当注意到这种情况,避免产生差错。

第二节　国际标准连续出版物号(ISSN)

一、管理机构

国际标准连续出版物号的英文全称是 International Standard Serial Number,简称 ISSN,是国际通行的连续出版物的代码。它以《美国国家标准识别号:连续出版物》为基础,1975 年国际标准化组织将其制定为国际标准 ISO 3297。

ISSN 一般印在出版物的封面、封底、题名页或版权页上,期刊的 ISSN 一般印在封面右上角。1976 年,联合国教科文组织(UNESCO)与法国政府签订协议,在巴黎成立 ISSN 国际中心(ISSN International Centre),统一管理 ISSN,负责向 ISSN 各国国家中心或地区中心分配号码,并进行汇总,建立国际连续出版物数据库。各国国家中心或地区中心的任务是为到中心注册的连续出版物分配 ISSN。ISSN 国际中心和各国分中心原来被称为 ISDS(International Serials Data System,即“国际连续出版物数据系统”)中心,后改名为 ISSN 中心。中国的 ISSN 由 1986 年成立的 ISDS 中国国家中心(现 ISSN 中国国家中心)负责分配,该机构设在国家图书馆。

二、编码规则

ISSN 由 8 位阿拉伯数字组成，前面冠以“ISSN”字样，前后 4 位数字间用连字符分隔。例如:《国际图联杂志》(*IFLA Journal*)的 ISSN 为 0340-0352,《〈图书馆杂志〉特别报告》(*LJ Special Report*)的 ISSN 为 0362-448X。

ISSN 最后一位是校验码，是为了避免转抄或印刷错误，用计算机自动校验设置的。当校验号为 10 时，用 X 表示。ISSN 校验时，先以加权因素 8 至 2 分别去乘 ISSN 的前 7 位对应数字，将乘积与校验数值相加，再除以模数 11，如能整除，则为正确的号码，否则是错误号码。

ISSN 只用来识别某一特定的连续出版物，并不表示出版国别或语种，也不反映学科类别。当某一出版物更改题名时，ISSN 也随之变动。ISSN 国家中心在给某一连续出版物分配 ISSN 时，还必须给它一个有别于其他连续出版物的“识别题名”。ISSN 既可为发行部门用于出版物征订、开发票和管理存刊，又可被图书馆用于采购、编目和检索等业务。

三、ISSN 的发展

20 世纪 90 年代末 ISSN 开始被分配给电子载体的连续出版物，如网络版、CD-ROM、DVD 等，以及持续更新、不断整合的网页、数据库等。在不断发展的数字环境下，2007 年 9 月，ISSN 国际标准第 4 版[ISO 3297—Information and Documentation—International Standard Serial Number (ISSN)]正式出版。该版标准的修订工作组(ISO/TC 46/SC 9/WG 5)成立于 2004 年 1 月，由与 ISSN 的应用和实施直接相关的代表组成，包括连续出版物和集成性资源制作、发行、索引和编目等各方面的专家。新标准的主要内容如下:

(1)明确范围。“每一个 ISSN 是确定媒介的一种特定的连续出版物或其他连续性资源的唯一标识符。”“ISSN 适用于在过去、现在或可遇见的未来出版的连续出版物或其他连续性资源，不管其出版或制作的媒介是什么。”新标准引进一种“机制”，即“连接 ISSN(ISSN-L)”，提供同一种连续性资源的不同媒介版本之间的搭配和连接。

(2)修改措辞。新标准给出了图书馆行业的术语“连续性资源”或“连续出版物”的定义，以便图书馆以外的行业能够理解。连接 ISSN(ISSN-L)的定义为:“ISSN 网络的分配使得一种连续性资源的不同媒介版本得以搭配或连接的一个 ISSN 号。”此外，还有关于“ISSN 网络”“ISSN 登记”“ISSN 元数据”的定义。

(3)连接 ISSN(ISSN-L)。新定义的 ISSN-L 的目的是“在需要不考虑具体媒介信息的情况下使用 ISSN 查找或连接一种连续性资源”。只有在《ISSN 手册》中说明的题名完全改变的严格条件下，ISSN-L 才能改变。每一种连续性资源都要有 ISSN-L，即便只有一种媒介存在。

(4)加强 ISSN 分配规则。“一种特定媒介的每一种不同的连续性资源……应该只分配一种 ISSN”，而且“ISSN 应该永远连接识别题名”。

(5)对 ISSN 印刷和显示的实际建议。ISSN 应该是两组 4 位数字，中间用连字符分隔，其前应有前缀“ISSN”和一个空格，各种资源的 ISSN 都要如此使用。

(6)ISSN 数据的提交和 ISSN 分配所需要的元数据。标准的附件中有两个表格说明了与 ISSN 分配相关的元数据问题。一个表格说明了出版社或其他申请者必须提供的元数据，另一个表格是 ISSN 各国家中心与 ISSN 注册相关的所要创建和维护的元数据。

(7) ISSN 系统的管理。标准的一个附件说明了 ISSN 国际中心和国家中心的作用和责任，说明了国际中心和国家中心根据工作协议的条款所需要履行的职能和服务。

(8) ISSN 和 ISSN-L 与其他标识符和连接系统的配合使用。附件还说明了 ISSN 和 ISSN-L 与 DOI、OpenURL、URN 和 EAN 条码之间的配合使用。在修订标准的同时，工作组还建议 MARC21 和 UNIMARC 的维护机构 MARBI 和 PUC 在 MARC21 和 UNIMARC 中正式定义相关的著录单元。

ISSN-L 的实施是 ISSN 国际中心的重要成绩，也是 ISSN 适应数字环境的新发展。ISSN-L 最初是由 Elsevier 出版社设计使用的，用于 OpenURL，它成为 2007 年通过的 ISSN 国际标准中新增加的内容，要求在 ISSN 书目数据中增加有关子字段，用以连接同一连续出版物的不同版本(例如印刷版、网络版、光盘版)的书目数据。在 ISSN-L 实施的初期，ISSN-L 是自动分配的，大多数是选取同一连续出版物的最小的 ISSN 号。根据 ISSN 国际标准，ISSN-L 可以印刷或显示在有关资源上，但这不是必须的，各个国家可以选择自己的做法。

第三节　数字对象标识符(DOI)

一、管理机构

数字对象标识符(Digital Object Identifier，简称 DOI)系统是由 3 个贸易组织——国际出版商协会(International Publishers Association)，国际科学、技术、医学出版商协会(International Association of Scientific, Technical and Medical Publishers)，美国出版商协会(Association of American Publishers)为了适应数字与多媒体的出版潮流而联合发起的。该系统在 1997 年法兰克福书展上问世，同一年发展与管理 DOI 系统的国际 DOI 基金会(International DOI Foundation，简称 IDF)创立。

国外的数字文献生产商较早采用唯一标识符来标识其出版的电子文献，并形成了很多应用在不同环境下的标识符方案，例如：连续出版物及其单篇文献的标识 SICI(Serial Item and Contribution Identifier)、图书及图书内的内容片断(章节、前言、索引、段落)的唯一标识符 BICI(Book Item and Contribution Identifier)以及出版物件标识符 PII(Publisher Item Identifier)等。但是大多标识符方案仅仅定义了标识符名称空间及标识符构成机制，尚未构成一个完整的包含解析系统的标识符系统。相对于这些唯一标识符，美国出版商协会建立的 DOI 在技术上比较成熟。它主要是针对因特网环境下对知识产权进行有效的保护和管理而产生的。在此基础上，国际 DOI 基金会制定了 DOI 标准和相应的解析系统 Handle System。

目前已经有 8 个 DOI 注册代理机构和几百个使用单位，涉及美国、欧洲和澳大利亚以及一些非英语国家和地区，应用领域也扩展到政府部门。其中中国科技信息研究所和北京万方数据研究院联合申请代理中国的 DOI。目前国外 Elsevier、Blackwell、John Wiley、Springer 等大型出版商大多使用 DOI 对数字资源进行标识，形成了比较完整的命名、申请、注册、变更等管理机制，DOI 的解析系统发展也比较成熟。在此基础上，一些生产商相继推出各种与 DOI 相关的增值服务，例如 CrossRef Search 结合 Google 检索技术与 DOI 系统的定位服务，实现了 CrossRef Search 检索结果到生产商全文之间持久、有效的链接。现在已有上千万个已经分配并解析的

DOI 号码。

二、编码规则

DOI 的编码方案采用的是美国国家信息标准化组织的标准，即 ANSI/NISO Z39.84—2000，最初在 2000 年出版，以后每 5 年重新批准一次，现在的是 2010 年的标准。标准规定，一个 DOI 由两部分组成：前缀和后缀，中间用“/”分割。对前缀与后缀的字符长度没有任何限制，因此理论上，DOI 编码体系的容量是无限的。DOI 前缀由两部分组成，一部分是目录代码，所有 DOI 的目录代码都是“10.”，即所有 DOI 代码都以“10.”开头。另一个是登记机构代码，任何想登记 DOI 的组织或单位都可以向 IDF 申请登记机构代码。登记机构代码的分配也是非常灵活的，如一个出版商可以为其所有的信息资源只申请一个前缀，也可以为其数字图书、音像制品各申请一个前缀。

DOI 后缀是一个在特定前缀下唯一的后缀，由登记机构分配并确保其唯一性。后缀可以是任何字母数字码，其编码方案完全由登记机构自己来规定。后缀可以是一个机器码，或者是一个已有的规范码，如 ISBN 号或 ISSN 号。

DOI 的主要目的是唯一标识网络环境下的各种信息资源实体（Entity），包括各种物理和数字资源。DOI 是从统一资源定位符（Uniform Resource Locator，简称 URL）发展而来，被称为“下一代 URL”。它与 URL 的最大区别就是实现了对资源实体的永久性标识。在信息内容服务行业，DOI 被形象地比喻为互联网上的条形码。传统商品靠条形码建立起全球的供应链，数字产品则依靠 DOI 建立起网络上的供应链。DOI 为网上数字物体提供了独一无二的标识，提供了指向数字物体本身的链接，方便了计算机的互操作并可以实现永久指向、动态维护。

因此 DOI 有以下特点：①唯一性。DOI 标识符作为数字化对象的识别符，对所标识的数字对象而言，相当于人的身份证，具有唯一性。这种特性保证了在网络环境下对数字化对象的准确提取，有效地避免重复。②持久性。一个数字化对象的 DOI 标识符一经产生就永久不变，不随其所标识的数字化对象的版权所有者或存储地址等属性的变更而改变。③兼容性。DOI 标识符的兼容性体现在 DOI 号码的后缀中可以包含任何已有的标识符，例如国际标准书号（ISBN）、国际标准连续出版物号（ISSN）、国际标准文本代码（International Standard Textual Work Code，简称 ISTC）、出版物件标识符（PII）等。④互操作性。DOI 的处理系统可以与任何因特网上的计算机操作系统在处理同一数据时保持一致，能与不同时期的技术系统兼容。⑤动态更新。DOI 系统可对其元数据、应用和服务功能进行快速和简便的动态更新。

三、DOI 的应用

电子期刊数据库已成为图书馆虚拟馆藏建设的发展方向，从图书馆自身角度来说，馆藏电子期刊种类和数量的增多，要求在不同的电子期刊数据库之间、电子期刊数据库与文摘数据库或自建数据库之间实现无缝链接，从而实现图书馆电子信息资源的深层次整合。通过使用 DOI 可以帮助图书馆更加有效地实现如下功能：

实现链接的本地化，把中文 DOI 系统作为本地化链接方案的一部分，通过提供指向馆藏全文信息的永久性链接来增加已获得资源的可用性，丰富其在线书目及数据库资源；

提供链接的扩展服务，图书馆会员可为学术研究、教育、个人的、非商业化的目的使用 DOI

及相应元数据；

提供一个对不同文献数据库的通用管理入口；

通过标准的方式将不同的数据库集成；

享受高效率的单边链接协议；

享受低成本的扩张，实现自有文献资源使用效益与覆盖范围的快速增长；

享受标准化带来的方便，实现二次文献、文摘信息及集成信息等与一次文献的无缝集成。

目前，DOI 的推广应用还处于起步阶段，其发展将会促进开放式的知识链接服务，是信息内容服务业的发展方向。有关 DOI 的最新发展信息可参见 http://www.doi.org。

第四节　国际标准音像制品编码（ISRC）

一、管理机构

国际标准音像制品编码（International Standard Recording Code，简称 ISRC），是 1986 年由 ISO 制定的国际性编码系统，即 ISO 3901。国际唱片业协会（International Federation of the Phonographic Industry，简称 IFPI）于 1988 年将 ISRC 编码系统推荐给其会员国，并于 1989 年被 ISO 指定为 ISRC 的管理机构。ISRC 之于录音录像资料，如同 ISBN 之于图书，ISSN 之于期刊那么重要。它可以协助录音制品、录像制品等音乐性资料的交换、传播及管理，同时保护版权所有者的权利。国际标准音像制品编码（ISRC）是有鲜明层次关系的管理系统，具体如下：

（1）国际 ISRC 中心：负责 ISRC 在全世界的推行和管理，是 ISRC 的国际注册机构。1988 年由国际标准化组织（ISO）指定将其设在英国伦敦的国际唱片业协会。

（2）国家 ISRC 中心：主要任务是向在本国注册的音像公司分配出版者码，并定期向国际中心报送出版者名录。目前有 40 多个国家已建立了国家 ISRC 中心，中国 ISRC 中心于 1992 年成立，设在新闻出版总署。

（3）音像出版公司：负责本公司音像制品 ISRC 的分配和管理，并将已分配 ISRC 的制品通知国家中心。

二、编码规则

ISRC 编码总长恒为 12 个字符，前面冠以 ISRC。编码格式为：ISRC 国家码 - 出版者码 - 录制年码 - 资料代码。其中大写字母“ ISRC ”为国际标准音像制品编码不可缺少的标志，例如：ISRC CN-M01-01-0030-0。国家码代表音像出版者所在国家，由两个大写英文字母组成，IFPI 根据 ISO 3166 国际标准的规定，将其分配给 ISRC 会员国，中华人民共和国代码为 CN。出版者码由恒长为 3 个字符的字母、数字组成，字母均为大写，范围为 A—H、J—N、P—Z；数字范围为 0—9。一般情况下，3 个字符中应至少有一位字母或数字。出版者码由出版者所在国家的 ISRC 国家中心负责分配管理。录制年码代表被编码的音像制品的录制出版完成年份，为两位数字。如 92 代表 1992 年，02 代表 2002 年。资料代码为 5 位数字，是由登记者按年代制作顺序赋予的流水号。这 5 位数字又分为记录码（Recording Code）和记录项码（Recording Item Code）。记录码标识一种音像记录在该录制年内的顺序编码，由出版者设定为 3 位或 4 位数字。记录项码标识一条音像记录中每一项独立节目的代码,由 2 位或 1 位数字组成。

需要特别注意的是:在一个 ISRC 编码中,记录码和记录项码是两个互相区别又互相联系的数据段,它们各自的长度是可变的,但其总长度恒为 5 位,这是不能变的。即当记录码为 3 位数字时,记录项码必须为 2 位数字(简称 3 - 2 组配或称 B 型码),而当记录码为 4 位数字时,记录项码应为 1 位数字(简称 4 - 1 组配或称 A 型码)。ISRC 的这一独特的编码设计是为了适应音像记录所含独立节目数有多有少的情况,亦即当一个音像记录中含有的独立节目数大于 9 时,记录码与记录项码取 3 - 2 组配,使记录项码值可从 00—99 之间取值。而当一个音像记录中的独立节目数少于 10 个时,记录码与记录项码取 4 - 1 组配,使记录项码在 0—9 之间取值。需要注意的是这个代码不能在同一录音、录像作品制作年代中重复。

为了保证音像制品 ISRC 编码的唯一性和可靠性,国际 ISRC 中心编印了《ISRC 实用指南》,对 ISRC 的分配、使用提出了若干规定和建议,其中最基本的有以下几点:

(1)一个音像制品的 ISRC 码一旦被分配即终生不变。不管时间、地点或版权的变化都不能改变它。比如一首单曲以原声母带的形式被分别录于不同的专辑中,虽然两个专辑的发行年代不一样,仍共用同一组 ISRC 编码。

(2)音像制品的任何内容发生变化都应另行分配一个新的 ISRC 码。

(3)ISRC 码不允许重复分配,一个 ISRC 码只能分配给一个音像制品。

(4)ISRC 码应在音像记录(制品)的套封、片芯、片头等重要位置印刷显示。

(5)应建立完整的 ISRC 记录数据库,每个 ISRC 记录应包括目录号、题名、表演者、著作者、播放时间等基本信息。

三、在中国的发展

1992 年 5 月,中国国家技术监督局批准了一项强制性的国家标准《中国标准音像制品编码》(GB 13396—92),该标准是由全国文献工作标准化技术委员会出版物格式分委员会在参照国际标准《国际标准音像制品编码》(ISO 3901—1986)的基础上结合中国实际情况起草制定的。标准规定,自 1993 年 1 月 1 日起中国所有音像出版社都必须在其生产的每一种音像制品(包括唱片、录音带、录像带、激光视盘等)上,对所录入的节目以及节目中每一项可以独立使用的部分编加一个以“ISRC”为标识的国际标准音像制品编码。

《中国标准音像制品编码》国家标准规定:一个中国标准音像制品编码由两部分组成。第一部分是国际标准音像制品编码(ISRC),这是 CSRC 的主体。第二部分为音像记录的类别代码,是对音像记录的记录类型和主要内容的学科分类标识,为 CSRC 的补充成分。两部分之间以“/”分隔。如:再说长江 CN A03 06 356-00/V. K。

在 CSRC 的标准及使用说明中,对 ISRC 的几个数据段的取值做了具体研究与说明。①中国的国家码为“CN”。②中国音像出版者码取第一位字符为大写字母,第 2、3 位为数字的组成方案。如:A01 代表中国唱片总公司。共可标识 2400 家音像出版单位,我国目前音像出版单位 300 个,这个数字是足够分配的。③记录码与记录项码的组配关系规定,每个出版者在每个录制年中可以分配 3700 种音像记录 ISRC 码。其中可含 0—9 个记录项的 ISRC 记录 3000 个,可含 00—99 个记录项的 ISRC 记录 700 个。

中国标准音像制品编码中的类别代码由记录类型代码和学科分类代码部分组成,两者之间用一中圆点“·”隔开。①记录类型代码:一位大写字母,A 或 V。A 代表音频记录(Audio);V 代表视频记录(Video)。②学科分类代码:按《中国图书馆分类法》的 22 个大类号(1 个大写英文字母),以及文化教育(G 类)、艺术(J 类)两类的二级类号对音像记录主要内容给出的分类代码。例如:类别代码“A·G4”表示语言教学录音带,类别代码“V. J6”表示音乐录像片。

需要强调的是:类别代码只用于音像记录的整体,而对于其中每个可单独使用的节目项的 ISRC 则不需要附加这一部分。如,ISRC CN-A05-87-317-00/A. J6 与 ISRC CN-A05-87-317-13 中,A05 是公司代码;87 表示是 1987 年制作的;317-00 是资料代码表示该音像记录中的可独立使用的节目数多于 10 个,是 B 型码;A 表明该产品是音频记录;J6 代表音乐类。而 ISRC CN-A05-87-317-13 代表该录音带中第 13 首歌曲。

随着音像产业的发展,为了更有效地发挥 ISRC 编码在音像制品版权保护和网络传播方面的优势,我国对《中国标准音像制品编码》(GB/T 13396—1992)国家标准进行了修订,制定了新的《中国标准录音制品编码》(GB/T 13396—2009)国家标准及其实施办法,于 2012 年 1 月 1 日起正式实施。现行标准在编码结构、适用范围、ISRC 编码功能等方面进行了调整,与国际标准保持一致。为了更好地管理 ISRC,2012 年 2 月中国 ISRC 中心正式挂牌成立。中国 ISRC 中心是新闻出版总署批准设立的《中国标准录音制品编码》(GB/T13396—2009)国家标准(以下简称“新版 ISRC 国家标准”)的执行机构,由中国版权保护中心建设和管理,具体负责录音制品和音乐录像制品的国际唯一标识符——ISRC 编码的分配、管理与维护以及相关数据库的建立和运营维护;同时,遵守国际 ISRC 管理机构章程,履行中国国家注册中心的相应职责。在数字网络环境下音像产业的变革发展过程中,中国 ISRC 中心在保护相关权利人的合法权益,促进录音制品和音乐录像制品的传播,推动音乐相关制品的输出和引进,实现与国际音乐产业界良好的衔接和交流,提高国产音乐的国际市场竞争力等方面发挥着重要作用。有关 ISRC 的最新发展信息可参见 http://www.ifpi.org。

第五节 国际标准视听产品号(ISAN)

一、管理机构

国际标准视听产品号全称 International Standard Audiovisual Number,简称 ISAN,是视听作品原作及其改版的唯一标识码。ISAN 是由国际标准化组织 ISO TC46/SC9 工作组开发,标准号为 ISO 15706。分为两部分:ISO 15706:2002《信息与文献——国际标准视听资料号》和 ISO 15706—2:2007《信息与文献——国际标准视听资料号 第二部分:版本标识符》。

目前,国际标准视听产品号的国际管理机构是 ISAN 国际中心(ISAN International Agency,简称 ISAN-IA),设在瑞士日内瓦。于 2003 年由国际视听作品集体管理协会(简称 AGICOA)、国际作者和作曲家协会联合会(CISAC)和国际制片人协会联合会(FIAPF) 共同创立。ISAN 国际中心负责以下几方面的工作:维护 ISAN 编码中心库、运营和管理 ISAN 编码系统、在世界范围内委派 ISAN 编码注册机构、在各注册机构的协助下推广 ISAN 编码。

二、编码规则

ISAN 编码由 96 个字符(bit)构成,分成 3 个片段:根、类和版。根分配给核心作品,源于同一根作品的电影或电视剧可以具有相同的根,但属于不同的类(如果核心作品没有相关的类作品,类片段为零)。以某种方式对原作品及其类作品进行修改,如配音和用其他语言配字幕,具有不同的版。当 96 个字符的 ISAN 编码用十六进制表示时,它有 24 位数,如:0000 0001 8947 0000 0000 0000。然而,供人阅读的印刷体的 ISAN 编码总是以 ISAN 作为标签开头,中间用连字符将不同的数字组分开,再加上两个校验符(由字母 A—Z 构成)以鉴别抄写错误。最终的数码如下: ISAN 0000-0000-D07A-0090-Q-0000-0000-X。ISAN-IA 已经开发出了 96 像素正方形二维条形码。

ISAN 编码是集中注册和永久性配给编码,它所引用的作品或内容可通过在 ISAN-IA 注册的元数据组进行鉴别。ISAN-IA 及其指定注册机构联合防止同一元数据组重复配码。ISAN 元数据组包括标题(原来的和改过的)、演职人员(导演、演员、制片人、字幕制作人等)、作品类别(电影、纪录片、电视剧、娱乐表演、体育比赛、游戏等)、持续期、生产年份和许多有关作品的其他方面。这种元数据应用于所有类型的视听作品,包括有关的版作品,如节录、影像和广播。

ISAN 是视听资料内容的全球性标识符,是视听资料作品的唯一的永久性标识符。它的适用范围广,涵盖了电影、纪录片、电视剧、动画片、教育培训视听资料、广播、游戏、广告、宣传片等多种视听资料作品;它不受出版情况的限制,可以在视听资料产品从计划到生产、发行以及消费的全过程中永久使用。ISAN 可以帮助权利所有者分配专用权使用费;跟踪视听作品的使用状况,用于信息检索、反盗版,如检验题名注册情况、提供版本依据。ISAN 的使用,可以有效提升视听资料产业链效率,使视听资料作品得到更广泛的使用,有利于规范视听产业市场,尤其是对网络上发展迅速的视听作品的规范和监控。

三、在中国的发展

我国的 ISAN 编码的注册和分配由北京创源编码研究院负责。该机构是由文化部文化市场发展中心、中国版权协会、中国标准化协会等共同发起成立的。根据国家标准的规定和相关国际组织的授权,该机构作为第三方国家标准实施主体负责我国境内国际标准音乐(ISWC)、文本(ISTC)、视听资料(ISAN)编码的注册和分配。有关 ISAN 的最新发展信息可参考网站: http://www.isan.org。

第六节　国际标准乐谱号(ISMN)

一、管理机构

国际标准乐谱号全称 International Standard Music Number,简称 ISMN。是对以印刷形态存在的音乐作品进行标识的编码系统,是根据国际标准 ISO 10957 定义的唯一标识印刷乐谱出版物的号码。它是全世界所有乐谱出版物的唯一标识,无论作品是用于销售、租用还是免费使用,无论是分谱、总谱还是多媒体套件的一部分。该标准的最新版本是 ISO 10957:2009。

国际 ISMN 中心(International ISMN Agency)是 ISMN 系统的注册管理机构。ISMN 设有三级行政管理机构,即国际 ISMN 中心、地区或国家 ISMN 中心和出版者。国际 ISMN 中心成立于 1993 年,现有 53 个地区或国家中心。地区或国家 ISMN 中心的标识范围由国际 ISMN 中心进行分配,出版者标识符由地区或国家 ISMN 中心进行分配,出版者则对其出版的作品进行编码标识。我国目前还没有加入 ISMN 系统。

二、编码规则

2008 年以前 ISMN 是 10 位,分为 4 段:M－出版者编码－音乐作品编码－校验码。例如,M-2306-7118-7。M 前缀是区别于其他标准编码的符号,2306 是出版者代码,7118 是出版者给特定音乐作品乐谱的身份编码,7 是校验码。从 2008 年 1 月开始,ISMN 启用 13 位编码,以 979-0 开始。以前的 10 位编码增加 979 前缀。以前编码中的 M 被 0 取代。13 位 ISMN 的编码规则与 13 位 ISBN 的编码规则一致,也是用 1 和 3 分别去乘从左到右的前 12 位数的得数之和,再以 10 为模数,计算校验码。例如:如果 ISMN 的前 12 位为 979-0-9016791-7,则算式为:$1\times9+3\times7+1\times9+3\times0+1\times9+3\times0+1\times1+3\times1+1\times6+3\times7+1\times9+3\times1=9+21+9+0+9+0+1+3+6+21+9+3=123$,123 除以 10 余 3,$10-3=7$,则该 ISMN 的校验码为 7。ISMN 校验码的取值范围为 0—9。与 ISBN 不同的是,10 位 ISMN 转为 13 位时校验码保持了一致。

三、ISMN 的应用

出版物的每一个可单独提供的组成部分都要有其自己的 ISMN,包括:乐谱、分谱、套谱、能单独提供的部分、乐谱集、其他媒体(一个乐谱出版物不可分割的部分,例如,一部交响曲的各部分的录音带)、与乐谱相配的歌曲或歌词(单独提供)、与乐谱相配的评论(单独提供)、歌曲本(可选项)、音乐出版物的缩微制品、盲文音乐出版物、乐谱的电子出版物等。

但以下产品不在 ISMN 的范围内:录音、录像制品(除非有特别注解),已有 ISRC 标识的单独的录音制品,有 ISAN 标识的视听作品,有 ISBN 的音乐图书,期刊等。但有些乐谱出版物通过图书渠道发行,也可增加 ISBN。而且有些时候,某些书比较难以鉴定其是乐谱还是图书,如歌曲集、专辑等,可以两个都标识。如果有 ISSN 的连续出版物中有一部分是乐谱,与乐谱有关的部分也可分配 ISMN。

每一个不同版本的出版项都要有独立的 ISMN。比如,不同出版社的影印复制、缩微版、印刷作品的不同种类(声乐谱、演奏谱、总谱等)和不同的装订形式(如精装、平装、盒装、无封面装)等都要有单独的 ISMN。

以下情况要申请新的 ISMN:作品的音乐或文字内容有所改变,除非是少数错误订正;音乐作品必不可少的组成部分的文字内容改变了;增加、删除或修改了文本内容的翻译部分,即使文本或音乐没有改变;为了制造新的完整或小型的乐谱版本而改变物理尺寸的单项。

有关 ISMN 的情况可见 http://www.ismn-international.org。国际 ISMN 中心出版的《音乐出版商国际 ISMN 目录》(*Music Publishers' International ISMN Directory*)收录了 99 个国家近 18 000 家音乐出版商及相关机构的联系方式,是关于印刷音乐出版最全面、最新的参考工具书。

第二篇　外文文献资源采访工作的理论与环境

第三章　国外文献采访思想的发展

文献采访是图书馆最重要的基础工作之一，是信息资源建设的首要环节。文献采访是由图书采访拓展形成的概念。在图书馆学术语中有若干词语，如图书采访、图书采选、藏书补充、文献收集等意义相近的表达方式。文献采访词义较宽，包括了更多载体类型，比较通用。文献采访理论是在长期的采访实践中形成的。

在古代，文献采访思想主要通过处于分散状态的藏书家个人的选书实践活动表现出来。我国古代藏书楼时期，图书采访是极为重要的事情。古代藏书家不仅注重实践，还注意对实践进行系统的总结。我国比较系统的藏书建设理论和方法是宋代以后出现的，而明清时期私人藏书比较发达，私人藏书家的有关著述影响最大。我国古代比较著名的文献采访理论有宋代著名的目录学家郑樵提出的“求书八法”，明代著名藏书家祁承㸁提出的“购书三术”与“鉴书五法”等。

欧洲自 1450 年德国的约翰·古滕堡发明活字印刷术开始，图书出版量的增加为图书馆藏书提供了来源，教会图书馆、私人藏书也兴盛起来。一些有关图书选择的理论观点也随之出现。到了近代，图书馆向社会开放之后，文献采访活动日益复杂，选书活动在实践中积累了丰富的经验，文献采访理论开始形成。西方传统的文献采访理论可以追溯到 17 世纪，19 世纪末，国际图书馆界选书思想理论发展成不同流派，彼此展开了激烈的争论。20 世纪初，图书选择理论被美国哥伦比亚大学和德国哥廷根大学纳入专门课程，从而确立了选书理论在图书馆学中的地位，也促进了选书理论的进一步研究，使选书理论在 19 世纪末到 20 世纪初出现了研究高潮。在选书理论发展过程中，形成了不同的思想流派，如藏书绝对完整理论、图书价值理论、图书选择理论、图书需要理论、文献采访控制理论、文献合作采访理论等，而其中的许多理论与观点至今仍指导着图书馆采访工作，成为图书馆进行文献采访活动的理论基础。选书理论体系内容广泛，包括选书思想、选书原则、选书依据、标准以及选书组织与人员结构等。下面介绍一些不同时期的具有代表性的观点。

第一节　17 世纪到 19 世纪的选书理论

一、诺德的理论

被誉为图书馆学开山鼻祖的法国图书馆学家加布里埃尔·诺德（Gabriel Naude，1600—1653）于 1627 年出版了第一部组织和建设图书馆的指南手册——《关于创办图书馆的建议》。诺德陈述了他选择图书的原则，即强调图书馆不要仅限于收藏古籍珍本，更为重要的是要大力收藏近现代文献。他还认为，馆藏不应当有倾向性和排他性，无论新书或旧书、异教著作与非异教著作、宗教图书与一般图书，都要一视同仁。所有知识领域的主要著作和名著都要搜集其原著和译本，还应配备最优秀的注释本、辞典、字典、书目等参考工具书。提出文献选择应充分听取具有图书知识的人的意见，要根据大众的需求收集文献，选择文献时要注意文献最本质的东西。这一论述对后世的选书理论影响较大。

二、价值论与需要论

1667 年至 1716 年在德国图书馆工作的数学家莱布尼茨(Gottfried Wilhelm von Leibniz) 在阅读了诺德上述关于组织图书馆的著作之后，提出“有学术价值的新书刊，应及时地、连续地、均衡地补充采购”。这是价值论的雏形。

1808 年，俄国学者奥列宁提出国家图书馆藏书绝对完整性的概念，把帝国公共图书馆视为一座涉及俄国历史的文献库。其拥护者是时任大英博物馆图书馆馆长潘尼兹(Antonio Panizzi, 1797—1897)。他认为：大英图书馆应当收藏世界上所有语种的有用的珍贵图书，英文藏书应为世界第一，俄文藏书应属俄国境外第一，其他外文收藏亦当如此。容易被人们忽视的地图、乐谱、报纸及官方文件也应在收集之列。绝对完整论主要是针对国家图书馆来说的，但是在知识爆炸的时代，其理论与现实似乎越来越远了。

美国图书馆学家杜威(Melvil Dewey,1851—1931)发展了莱布尼茨的价值论，成为价值论的代表人物。杜威在 1876 年提出“以最少的开支，买最好的图书，为最多的读者服务”作为图书选择的原则，这被称为“三最”原则。他强调图书的价值，应该选择科学性或艺术性价值最高的出版物。他承认图书馆的教育职能和文化职能，认为图书馆藏书是作为社会“严肃的、教育的基本资源”而存在，必须收集内容价值最好的出版物，给读者以最大的教益。在 19 世纪末以前，“价值论”观点在欧美图书馆界占优势。

在 19 世纪，需要论同样具有一定的影响。需要论主张图书馆应选择图书馆需要收藏和读者需要的图书。1826 年，俄国莫斯科大学图书馆馆长雷斯(Ф. Ф. Рейсс)提出了图书馆需要论。他认为图书馆首先需要选择在科学上最新、最有价值的图书。需要论的代表人物是美国的普尔(William Frederick Poole,1821—1894)与克特(Charles Ammi Cutter,1837—1903)。普尔认为公共图书馆的目的是为各阶层人群提供图书，为了满足人们多方面的需求，在选书时应重视读者的各种需要。克特主张选择出版物应以适合读者为宗旨，应挑选适当的图书，而不是所谓的最好的图书，应重视读者的需求，不强调出版物本身的价值。他认为，读者的兴趣、水平、修养、年龄不同，需求各异，图书馆员不能以自己的观点强加于人。所以，需要论认为应根据读者的具体情况，选择适合读者的藏书。

价值论、需要论都有各自的支持者，在美国形成了不同的理论流派。需要论在 19 世纪末以后，逐渐占据上风，尤其是在 20 世纪，需要论进一步确立了在图书馆界的地位。但二者都有其自身的局限性，价值论主张选择有价值的图书，图书的价值从不同的角度会有不同的解释，其含义也不同。就图书的内容来说，图书的价值指图书的科学性、学术性、艺术性等方面；就图书馆的角度看，图书的价值可以分为收藏价值、使用价值；从图书的外观，如封面设计、装帧、开本大小、载体材料等方面看，也有其外观价值。当然与内容相比，外形是次要的。因此，图书的价值本身就比较含糊，而且价值论只重视出版物自身的价值，不重视读者的实际需要，很难达到“最多的读者”。需要论认为“只要读者需要，质量不高的书也应该收藏”，显然忽视了图书馆社会阅读的导向功能。

第二节　20 世纪选书理论的发展

20 世纪的选书理论在继承 19 世纪的理论的基础上，进一步多样性。在欧美、印度、苏联等国家和地区产生了更加丰富的选书理论。

一、麦考文的价值需要论

英国公共图书馆学家麦考文(Lionel Roy McColvin,1896—1976)在 29 岁时发表了《公共图书馆选书理论》(*The Theory of Book Selection for Public Libraries*)一文，将需要论和价值论结合起来，发展了二者的思想，提出了价值需要论。

他认为，图书选择是图书馆中最基本的任务或职能。优良的图书选择会引导出优良的读者服务。选择图书时除了要注意书籍在知识上的价值地位，还要顾及书籍在社会中的需求性。图书馆应适应社会公众需求的原则，首先，公共图书馆是为适应需求(包括预期的需求)而建立的，它们的服务是从需求出发的；其次，选书过程包含供给与需求两方面。所以，图书馆有双重职能：发现和估量需求，并且需要满足这些需求。

麦考文提出纯理论的“图书选择评分法”，从图书的知识价值和社会需求方面进行综合评分，尤其强调图书的使用价值。基本选书准则有 7 条，其选书思想理论具有辩证观点，受到很多专家的赞赏，成为现代选书理论的主流。英、美许多图书馆专家以麦氏理论为基础，从理论到实践进一步发展了综合选书思想。但不少学者认为，他的论证在实践操作中难以执行。因为各种图书的知识价值和社会需求评分不可能精确计算，只是一种推算或估计。而且图书馆不可能对每本书进行计分，选书也不是互相排斥，而是全面兼顾。但也有人认为，图书选择评分法虽有不足之处，但具有较高的科学性，它把定性方法与定量方法结合了起来，比单一的定性方法好。评分虽然不能精确计算，但比随意圈定选购或单凭领导个人主观决定选购好。基于上述两方面的论述，麦考文的选书理论被称为价值需求论或综合计分法。

二、维拉德的社会调查选择说

英国图书馆学家维拉德(James Howard Wellard,1909—1987)提出了社会调查选择说。他认为，图书选择的社会需求性应通过社会环境调查和读者需求调查来确定，这是对需求理论的补充和深化。维拉德为选书的社会环境调查确定了 5 个项目：图书馆区域人口密度与读者分布、城市发展、工业发展、社会发展；为读者需求调查确定的 5 个项目：读者类型、读者数量、阅读兴趣、阅读内容及其原因等。他提出的两项图书选择调查，对公共图书馆有重要影响，在今天仍具有现实意义，但实践中，图书馆可能做得很少或根本未做。

三、阮冈纳赞的读者使用概率论

印度的著名图书馆学家阮冈纳赞(Shiyali Ramamrita Ranganathan,1892—1972)提出了读者使用概率论。他发表了《图书馆学五定律》，提出图书馆学的 5 个定律：

(1)书是为了用的；

(2)每个读者有其书;

(3)每本书有其读者;

(4)节省读者的时间;

(5)图书馆是一个生长的有机体。

这五方面都是围绕书展开的。从用的角度考虑每一本书,从书的角度研究其读者量,从宏观管理方面研究采访管理,从人的角度研究采访人员的思维过程。总之,他强调图书馆是为读者服务的,贯穿着“读者第一”的思想。

因此,“图书馆在选择图书时要充分考虑读者的兴趣和需求”,他提出可以根据以下因素推断读者的兴趣和需求:

(1)直接来自读者的建议;

(2)助理人员在咨询台记录下来的读者建议;

(3)咨询人员在平常值班时所做的记录;

(4)本地区读者的主要职业;

(5)国家和地区即将发生的重大事件;

(6)与当地领导人以及其他人交谈时所获得的印象。

1966 年,他在《图书馆书刊选择》(*Library Book Selection*)中指出“负责图书采购的图书馆员或教师,应该注意到选购图书对于读者使用该书的概率”。即选择符合读者需要,使用率较高的图书,这就是说以读者使用图书的概率大小为原则。他的读者使用概率论是对图书选择社会需求理论的补充和发展。

四、苏联的选书理论

在苏联,由于图书馆事业的飞速发展,也产生了其特有的选书理论。其中具有代表性的理论包括补充原则和复选理论。

补充原则。主要是由苏联学者提出的。20 世纪初到 20 世纪 70 年代,图书馆学者们一直对藏书补充问题进行研究和探讨。列宁关于藏书补充的完整性、高效性的思想,党性原则,集中化原则的提法,对苏联的现代选书理论和补充原则的确立起到了奠基作用。列宁的夫人克鲁普斯卡娅(Надежда Константиновна Крупская)一直主持图书馆工作。作为前苏联著名的图书馆学家,她在工作实践中研究文献采访问题,提出补充藏书的只能是那些提供“最大的知识量,而所耗最小”的出版物。在 20 世纪 70 年代末,斯多利亚洛夫和阿列菲耶娃在合著的《图书馆藏书》中,也提出了共产主义党性原则,专门化和协调原则、系统性和计划性原则的藏书补充理论。

复选理论。由苏联学者格里戈利耶夫教授在 20 世纪 60 年代提出。以他为首的学派认为,藏书补充是不断更新和剔除出版物的辩证统一过程。补充的过程就是对出版物的初选和复选过程。初选指补充过程开始阶段对出版物的入藏选择;复选指补充过程后一阶段复查藏书是否符合图书馆任务和读者的需求,充实不足部分、发展实用部分、修正失误部分,剔除失效部分。复选是在馆藏书刊中进行的,有助于提高馆藏质量,并为下一步初选工作提供信息反馈,使藏书体系更加完善。

五、资源共建共享论

资源共建共享论是20世纪图书馆资源建设中的重大理论，直到今天仍在被研究、实践。资源共建共享理论是在信息爆炸环境下，因文献信息数量急剧增长与图书馆有限的收藏能力的矛盾日益尖锐而兴起的，是文献采访工作的新理论。该理论提倡摒弃一馆独立采访的“广而全”的传统做法，突破馆与馆的界限，实行多馆合作采访和区域合作采访。美国是最早实现采访协作的国家，著名的法明顿计划（Farmington Plan）从1948至1972年延续了24年。北欧的“斯堪的纳维亚计划”（Scandinavia Plan，简称SP），1958年开始实行，该计划主要内容是斯堪的纳维亚半岛四国的公共图书馆、专门图书馆和研究图书馆合作采集外文图书，被认为是法明顿计划的“北欧翻版”，开创了国际间文献资源共建共享。国际图联也于20世纪70年代提出了国际资源共享（UAP）计划，以促进全球性的资源共享。近年来，随着数字时代的到来，关于数字环境下的信息共建共享新模式的讨论方兴未艾。各种有关资源共建、共享的实践活动也不断发展，各种图书馆联盟不断涌现，丰富着资源共建共享论的理论与实践。在世界范围内比较有影响的OCLC（online computer library center，联机计算机图书馆中心）是当前比较成功的典范；我们国内，中国高等教育文献保障系统（China Academic Library & Information System，简称CALIS）、国家科技图书文献中心（National Science and Technology Library，简称NSTL）也取得了很大的成就。

21世纪，文献采访理论还有待于在实践中不断总结经验而得到升华，理论应适应历史的发展和图书馆事业的变革，不断对研究内容加以丰富与更新。

选书思想争论的核心基本上是图书馆应以读者为中心还是以馆藏为中心进行资源建设。这实际上不仅仅是选书理论，而且涉及馆藏资源建设的原则。不同的理论可能适用于不同类型的图书馆，例如，价值论比较适合于国家图书馆，而需要论则比较适用于公共图书馆和大学图书馆。不过，随着信息社会的到来，资源数字化的发展，图书馆资源共建共享的发展，这种争论可能会逐渐失去意义。

第四章　外文文献资源建设的依据与内容

第一节　图书馆的类型与外文文献采访特点

图书馆的性质和任务应由法律来规定，而不是自行认定。关于图书馆方面的立法，有的国家由立法机关如议会、国会等颁布；有的由国家行政机关以行政法规的形式颁布。我国就属于后者，如1978年国家科委颁布了《科学技术情报工作条例》，1981年，国家教委颁布了《中华人民共和国普通高等学校图书馆工作条例》，1982年文化部颁布了《中华人民共和国省（自治区、市）图书馆工作条例》，应该说图书馆的性质与任务是其制定采选政策的根本依据。

图书馆类型的划分实质上是对自然形成的图书馆类型的整序，其目的是掌握不同类型的图书馆的不同特点和发展规律，充分发挥各类图书馆的作用，为图书馆在日新月异的社会环境下如何发展提供理论依据。

图书馆类型由于采用不同的标准而有较大的差异。常见的标准有：

（1）根据图书馆所属部门的性质，可以划分为：学校图书馆、科学院图书馆、企业图书馆、政府机关图书馆；

（2）根据信息资源体系的覆盖面，可以划分为综合性图书馆、多科性科学技术图书馆、专科图书馆；

（3）根据用户特征，可划分为儿童图书馆、青年图书馆、盲人图书馆、少数民族图书馆等；

（4）从经费来源来说，可以分为公立与私立图书馆等。但实践中，图书馆类型的划分很少采用单一的标准，不同国家常常兼顾本国的历史发展，综合几种标准以形成本国图书馆类型的划分，这样也形成了各具特色的类型划分。

为了避免因图书馆类型划分标准的不同而给图书馆统计和图书馆国际交流造成困难，在联合国教科文组织（UNESCO）的支持下，国际标准化组织与国际图联（IFLA）从1966年开始就图书馆统计的国际标准进行了合作。1974年，《ISO 2789—1974（E）国际图书统计标准》颁布实施，现采用的是1991年的版本（ISO 2789:1991：*Information and Documentation—International Library Statistics*）。在该标准中，专门有“图书馆分类”一章，将图书馆分为六大类型：国家图书馆、高校图书馆、其他主要的非专门图书馆、学校图书馆、专门图书馆和公共图书馆。这个标准颁布后，得到了国际上部分国家的赞同，但也有相当一部分国家因种种原因未采用该标准。分析一下可以发现，该标准所选择的划分标志杂乱而且不具有代表性，它似乎想包括所有国家（主是西方国家）图书馆类型的现实存在，但结果不符合大部分国家的实情，譬如“其他主要的非专门图书馆”就令人不知所云。

美国、英国、苏联因各自图书馆的历史发展、社会政治体制、文化传统及国家战略的不同，图书馆类型划分各有特色。美国图书馆界一般将图书馆划分为公共图书馆、中小学媒体中心、高校图书馆和专门图书馆四大类型。此外，美国的三所国家图书馆皆被划为专门图书馆。英国则将图书馆划分为国家图书馆、公共图书馆、学校图书馆、工商业图书馆、信息和咨询中心五大类型，这实质是一种图书与情报一体化的分类结构。而苏联的图书馆则突出为居民服务，根据读者来划分。

在我国，图书馆一般以图书馆的主管部门为主要依据，结合图书馆的性质、读者对象和藏书范围等标准来划分。我国的图书馆主要包括国家图书馆、公共图书馆、高校图书馆、科学和专门图书馆、工会图书馆、军队图书馆、学校图书馆七大类型。其中，文化部及各地文化局系统的公共图书馆（主要是县级以上公共图书馆）、各级教育行政部门所属的教育系统的图书馆、科研系统的情报所和图书馆被称为我国图书馆的三大支柱体系。但这些类别的图书馆并非都入藏外文文献。下面主要介绍我国各类图书馆外文文献的收藏任务和特点。

一、国家图书馆

在各类图书馆中，国家图书馆是最重要的图书馆，但是我国现在还没有关于国家图书馆的立法。联合国教科文组织在《关于图书馆统计国际标准化的建议》中对国家图书馆的定义是：凡是按照法律或其他安排，负责搜集和保管国内所有重要出版物的副本，并且起到贮藏图书的作用，不管其名称如何，都是国家图书馆。1976 年 8 月，联合国教科文组织针对国家图书馆在国家信息系统和国际信息系统中的作用这一核心问题，通过了一项政策声明，认为“国家图书馆应是图书馆事业的首要推动者，是各类型图书馆的领导，国家图书馆应在全国图书馆工作的各项规划中起到中心作用”。

有关国家图书馆职能的传统描述是：国家图书馆是国家总书库，是全国书目中心，是全国图书馆信息网络中心，是全国图书馆业务辅导和图书馆学研究的引领者，是图书馆界国际交流的国家代表。国家图书馆的资源建设任务是：

（1）全面无遗漏地收集、入藏本国出版物；

（2）编制本国出版物的全国性总书目；

（3）拥有并更新一个大型的有代表性的外国文献馆藏，包括有关本国的图书；

（4）编制全国性的联合目录，回溯性的全国总书目。

总之，在一个国家的图书馆系统和文献信息资源保障体系中，国家图书馆处于中心地位，它是保障人民群众基本文化权益和基本文献信息需求的最终后盾，是国民寻求知识、获得信息、丰富思想的最终保障机构之一。

然而，网络信息技术的发展对传统国家图书馆的职能带来了严重的冲击。数字化资源、网络资源的大量发展赋予了文献信息资源新的内涵，使国家图书馆文献资源建设任务有了新的内容，职能有了新的发展。网络电子资源的收集、保存被纳入国家图书馆的职能范围。

我国的国家图书馆的主要职责也是如此。此外，我国的国家图书馆还是联合国及其所属组织出版物的接受与保存馆、与其他国家签订文化合作协定的有关条款的执行馆、ISSN 中国国家中心。

由于中国的公共图书馆事业相对不发达，国家图书馆不得不承担部分公共图书馆的职能。因此，我们在藏书建设中，应适当考虑这方面的因素，在重视图书收藏价值的同时，兼顾读者的使用需求。在我国，国家图书馆的外文文献馆藏不论从数量还是质量上都应该是国内一流，在国际上能代表中国特色。基于我国国家图书馆的这些任务特点，其外文文献采选具有以下特点：

1. 文献信息资源的内容全、新、精，有层次性

国家图书馆作为全国外文文献的最终保障地，承担文献的战略保存任务，在文献信息内容上要做到全、新、精，同时要有层次性。

“全”主要指覆盖的地理范围、语言文种、学科。入藏文献内容的地理范围应该是全球性的，不论国家大小、地域远近，不论是小岛还是海洋，全球任何一个地方的资料都要有所储备。虽然目前英文在信息资源的语言载体上占有优势地位，但世界文化是多样的，国家图书馆的文献内容必须是多语种的。尽管不可能收集齐全世界所有的语种，但也要尽可能地做到，有些语种的信息内容是不可替代的。目前，中国国家图书馆收藏的语种有 132 种，和美国国会图书馆的 300 多种语言相比还应有很大的发展空间。国家图书馆是综合性图书馆，理论上应该收集所有学科的文献资源。

“精”是指文献信息内容相对的重要性，有永久的利用、保存价值。“外文求精”历来是国家图书馆的方针。国家图书馆不可能入藏所有的资料，只能入藏最好的、最适合的资料。

“新”指最新的文献信息资源内容。把国际上最新的信息提供给本国读者是国家图书馆义不容辞的责任。因此，国家图书馆的资源建设要关注全球社会的发展，关注国际学术的最新发展动态，发展趋势。因此，要注重入藏文献的时效性。

2. 文献采访的经费多并且有保障

基于国家图书馆肩负的历史重任及重要地位，其运行经费一般是国家财政拨款。为了要保障其完成任务，国家财政要拨付大量的资金，其文献购置经费通常是本国单馆中最多的，而且基本上是专款专用，使图书馆资源建设更加有保障。

3. 载体多样化

在文献载体发展的历史过程中，任何出现过的信息载体，从最早的甲骨到当前的网络信息资源，都是国家图书馆的入藏对象。因此，其载体对象比较多样化，也比较全面，几乎囊括了所有类型的载体。纸本、缩微、光盘、磁带、声像制品、网络等各种载体都是重要的馆藏资源。

4. 重视书刊国际交换工作

由于历史原因，各国国家图书馆都很重视书刊交换工作。国际书刊交换是补充馆藏的重要来源之一，也是获取一些珍贵资料的有效方法。作为国家的文献信息中心，国家图书馆经常要代表我国参与国家间文献交流活动。对于文献信息收集困难、渠道不畅的国家与地区，国际交换发挥了巨大的作用，比如非洲、拉美地区。在某些特殊年代，如 20 世纪 50、60 年代，国际交换是我国国家图书馆最重要的文献入藏方法。

二、公共图书馆

公共图书馆在图书馆系统中是非常重要的类型，它规模大，数量多，遍布全国，服务面广，读者类型复杂。关于公共图书馆的含义，不同国家有不一样的理解。按照国际标准化组织 ISO 2789—1974(E)国际图书馆统计标准，公共图书馆指那些免费或只收轻微费用为一个团体或区域的公众服务的图书馆，其经费主要来自纳税人，全部或大部分接受政府资助。国际图联和联

合国教科文组织1994年通过的《公共图书馆宣言》[①]强调“公共图书馆,作为人们寻求知识的重要渠道,为个人和社会群体进行终身教育、自主决策和文化发展提供了基本条件”,明确提出公共图书馆的主要使命为:

(1)从小培养和加强儿童的阅读习惯;

(2)支持个人自学以及各级正规教育;

(3)为个人发展创造力提供机会;

(4)激发儿童与青年的想象力和创造力;

(5)提高对文化遗产的认识,对艺术的鉴赏力以及对科学成就与发明的了解;

(6)提供通过各种表演艺术来表现文化的途径;

(7)促进文化间对话和文化多样性;

(8)发扬口述传统;

(9)确保居民获得各种社区信息;

(10)向当地的企业、社团和利益集团提供必要的信息服务;

(11)提高利用信息和使用计算机的能力;

(12)支持和参与并在必要时组织不同年龄组的扫盲活动与计划。

公共图书馆的资源建设政策基本是围绕这些使命制定的。努力满足基于使命的信息需求是图书馆的任务。而数字时代,公共图书馆仍然是“终身教育”的重要机构,继续发扬其传统的社会使命。

我国的公共图书馆是指面向社会公众开放的图书馆,由国家建立,为广大人民群众服务。它是按行政区划建立的,接受政府各级文化部门的领导。我国的省、直辖市、自治区级图书馆,地(市)级图书馆,县(市)级图书馆,乡镇、街道图书馆等都属于公共图书馆。由于我国公共图书馆是由多层次组成的系统,每个层次的公共图书馆都有其各自的特点、职能、文献收藏范围,主要收藏外文文献的图书馆是省级、某些经济比较发达地区的地(市)级图书馆。

1982年的《省(自治区、市)图书馆工作条例》明确指出,省馆是“综合性的公共图书馆”,“是向社会公众提供图书阅读和知识咨询服务的学术性机构,是全省的藏书、图书馆目录和图书馆间协作、协调及业务研究、交流的中心”。省馆的主要任务有6条:

(1)宣传马列主义、毛泽东思想,宣传党和政府的政策、法令,向人民群众进行共产主义和爱国主义教育;

(2)为本地的经济建设和科学研究提供书刊资料;

(3)传播科学文化知识、提高广大群众的科学文化水平;

(4)收集、整理和保存文化典籍和地方文献;

(5)开展图书馆学理论和技术方法的研究、对市(地)县(区)图书馆进行业务辅导;

(6)在省(自治区、市)政府有关部门的领导下,推动本地区各系统图书馆间的协作和协调。

根据这些任务,省级公共图书馆文献采访的主要特点如下:

---

① 教科文组织公共图书馆宣言　1994年[EB/OL].[2013-05-07].http://archive.ifla.org/VII/s8/unesco/chine.pdf.

1. 文献采选应为本地区经济、社会、文化等各方面的综合发展服务

公共图书馆的服务对象有鲜明的地域特点，即以本地区读者为主，因此其馆藏应以满足本地区读者需要、满足本地区经济建设和科学研究的信息需求为目标。本地社会、经济、文化的发展特色又决定了读者的需求内容。因此在制定文献采选政策时要考虑本地实际情况，如本地区的自然地理环境、经济特点、社会文化特色，今后的发展优势、方向等。文献资源建设要围绕这些特点有选择地收藏，例如，上海图书馆作为上海市最大的公共图书馆，应尽力收集所有有关上海历史和文化等各个方面的图书。由于上海工业较发达，科技类图书需求量比较大，在采选时应重点考虑此类图书。2010 年上海举办世界博览会，而有关的文献信息的收藏就成为其重要任务。

2. 注重地方文献和地方出版物的收集

省级公共图书馆由于所处地区的自然环境、社会、经济、文化、历史等方面的特殊性，在地方文献、地方出版物等方面具有鲜明的特色，形成了独特的藏书体系。为了保持这一特色，必须对本省的出版物和有关本地区的文献资料进行全面的收藏，作为特藏部分，达到完整级并永久保存。在外文文献资源建设中，要尽量全面入藏国外出版的关于本地区的文献资源。

3. 综合性、通用性的文献资源要占一定比重

省馆作为当地的文献信息中心，承担本地区文献保障任务，要满足不同层次读者的需求。因此，还要收集一些综合性、通用性的资料，比如，工具书、文学作品等。既要有研究性、学术性资料，又要有通俗的、普及性读物。

三、高等学校图书馆

高等学校图书馆在所有图书馆类型中比较单纯，是高等学校的文献信息中心，是高校教学辅助机构。《国际图书馆统计标准》规定：高等学校图书馆主要服务于大学和其他第三级教学单位的学生和教师，是为教学服务的。具体来说，高校图书馆的特征是：

(1)用户构成单一。其服务对象主要是本校教师、学生和教辅人员。教师和教辅人员一般比较固定，学生有流动性，但其年龄、文化水平、学习的课程等方面具有高度的同质性。

(2)信息需求稳定。高校教学内容主要是围绕培养目标、教学计划和教学大纲进行的，而且高校的专业设置一般比较固定，这些因素决定了用户信息需求的稳定性。

(3)信息利用的阶段性。教学工作是有计划、有步骤、阶段性地进行的，无论是教师还是学生对图书资料的利用大体上也是与之相对应的。

由于高等学校的种类分综合性大学、多学科文科或理工科大学、专科性大学，因此，各个学校的图书馆在文献的收藏重点上有差异。

1981 年教育部颁布了《普通高等学校图书馆工作条例》，其第一章第一条和第二条对高等学校的性质、任务做了规定。条例指出，高等学校图书馆是学校的图书资料情报中心，是为教学和科学研究服务的学术性机构，它的工作是教学和研究工作的重要组成部分。高等学校图书馆应贯彻党的教育方针，为培养社会主义建设人才，发展教育科学文化事业，建设社会主义物质文明和精神文明做出贡献。“高等学校图书馆应根据教学和研究需要及馆藏基础，通过多种途径，有计划、有重点地补充国内外书刊资料”，“采集书刊资料应以教学、科研用书为主，兼顾课外阅读的需要”。这就是说，其主要任务是为教学和科研服务，在制定采选政策时必须结

合学校的特色、专业特点。因此,高校图书馆文献信息资源的采访特点是:

1. 馆藏的文献信息资源学科与本校的专业设置相匹配

高校图书馆要有重点、系统地入藏本校专业及相关专业所用的教学、科研用书。在外文资源方面,更要强调学科资源的精挑细选。

2. 多层次按比例入藏教学参考用书

高校图书馆必须注意从不同年级和不同专业的学生阅读需求出发,合理地购置专业设置、课程设置所需要的必读类和选读类主要教学参考书,适当入藏课本与教学参考书。

3. 网络电子资源购入比较多

鉴于目前大多数电子资源通过 IP 地址控制,特别适合在校园网使用。因此,高校图书馆电子资源的便利性、利用率远高于国家图书馆和普通的公共图书馆。

四、专业图书馆

专业图书馆,又称专门图书馆,我国称科学和专门图书馆。专门图书馆是各类图书馆中最为复杂的一类。《国际图书馆统计标准》指出:专业图书馆收藏的大部分是有关某一领域,如农业、化学、医学、法律等学科的文献资料。它实质上是多种行业图书馆的总称,是指政府部门、协会、科学研究机构(大学研究所除外)、学术性学会、专业性学会、事业单位、社会群众组织、博物馆、商业公司、企业等或其他有组织的集团所属的图书馆。专业图书馆具备 4 个特点:

(1)藏书专门化;

(2)为专门的读者服务;

(3)拥有受过特定学科或特定方法专门训练的人员;

(4)提供专门化——通常适合个别需要的服务。

我国三大图书馆系统之一的科研系统的情报所和图书馆最具备专门图书馆的特征,是我国最为重要的专门图书馆。1978 年通过的《中国科学院图书情报工作暂行条例》指出,图书情报工作是科学研究工作的耳目、尖兵和参谋,必须走在科学研究工作的前面。图书馆系统的主要任务之一,是紧密结合本院、本地区、本所的研究方向任务,重点收藏有关学科和相关学科国内外科技文献,调研国内外与本单位、本部门有关的科研情况和发展趋势,收集国内外科技情报进行分析、研究,为全院、地区、所制定科技政策、规划、计划,确定研究课题,为科学研究工作服务。

专业图书馆最重要的职能是传递科学信息,为科学研究和生产技术服务。专业图书馆的服务对象主要是某专业领域的科研人员,他们的外语水平一般较高,大多从事着尖端或前沿课题,因而需要大量的外文资料和最新的情报服务,在我国是外文文献信息资源的重要需求者。

专业图书馆文献采访的特点是:

1. 文献信息资源的内容比较"专""深""系统性"

"专"指文献内容的学科专业性很强,文献采访具有很强的目的性和针对性,严格按照本单位的科研、生产方向建立文献情报收藏体系。一般有明确的学科指向,学科范围不是很大。例如,中国科学院数学研究所图书馆应订购所有反映数学及其相关学科最新研究成果的文献,包括图书、期刊和网络资源,但一般不订购其他学科的图书。

"深"通常指入藏研究性、学术性的资源。对普通教材、通俗读物等一般不会入藏。

“系统性”即要求系统、全面地收集能全面反映学科的发展历程以及最新的科学研究成果的文献 。因此,既要有学科发展的基础理论文献及参考工具书,又要有最新的期刊、电子资源,保证品种全,系统完整。

2. 文献采访注重“新”

“新”指文献采访注重先进性和时效性。在文献采集时,重点采集反映国内外最新科学理论和技术成果的文献资料,其藏书体系反映本学科发展动向和先进水平。由于某些学科的发展比较快,有些资料时效性很强,文献选择时注意精挑细选,避免购入过时的文献。

3. 网络电子资源在馆藏中占优势地位

网络电子资源的特点与科研系统图书馆的需求有很好的契合点,因此,网络电子资源已经成为科研系统图书馆资源的主要构成,超过了纸质文献。

第二节　图书馆服务对象与用户需求调查

传统图书馆时代,图书馆的具体使用者是读者。广义地说,凡有阅读能力并从事阅读活动的社会成员都可以被称为读者。但图书馆的读者群属于特定范畴,是社会读者群的一部分,特指与图书馆发生联系的阅读者。凡是利用图书馆从事阅读活动的一切社会成员,包括个人、集体、单位,都是图书馆的读者。在进入数字化时代的今天,图书馆使用者的范围远远超越了读者的概念。虚拟用户、远程用户等非到馆使用者已经成为图书馆服务对象的重要组成部分。因此图书馆学学者提出用“用户”来表示比传统意义上的“读者”更广泛的图书馆资源利用者。

图书馆的用户可以简略地分为个体用户和群体用户两大类,一般而言,图书馆是为群体用户服务的;虽然从形式上看图书馆的服务对象多为个体用户,但这些个体用户彼此之间都有这样那样的联系或共同的归属感,这种归属感使群体内部成员彼此认同,并使成员与非成员有所区别。在分析用户信息需求之前,图书馆首先应确定自己所服务的用户群体的范围,这样可以确定不同的用户概念。

一、“法定用户”和“社会用户”

所谓“法定用户”,是指根据某项法律或规定属于图书馆服务范围的个人或组织,或对图书馆财政资源做出贡献的个人或组织。图书馆需要掌握“法定用户”的信息需求,这是图书馆信息资源体系形成和发展的主要依据。不同性质的图书馆的“法定用户”也不相同,各类图书馆都有其相应的服务对象。

就国家图书馆而言,目前我国还没有立法规定国家图书馆的服务对象。理论上讲,全国人民都是其服务对象。现在的有关描述是经过几十年延续下来的约定俗成的说法:主要是以中央党、政、军、群领导机关和重点科研、生产单位为服务对象,同时也为一般读者提供一定范围的服务。应该说这个“主要”服务对象应该是“法定用户”,但是由于我国的图书馆事业比较落后和发展不平衡,国家图书馆实际上在很大程度上是国内最大的公共图书馆,其为普通用户服务的功能占据了很大的比例。所以国家图书馆的服务对象有很大的不确定性。用户成分的多元化、用户信息需求的多元化对国家图书馆来说已经成为不争的事实。而且,随着信息技术的发展,网络信息资源的出现与网络技术的应用极大地改变了国家图书馆的传统服务对象与服务范围。目前,随着远程登录网络资源与全国授权电子资源的发展,国家图书馆的服务对象越来越广,时间、地域对用户的制约越来越小,离服务全国人民的目标也越来越近。这进一步要求国家图书馆及时分析用户信息的变化,适时调整采访政策,真正能够满足全国范围内用户的需求,真正承担起国家信息资源中心的重任。

对于高校图书馆,根据《普通高等学校图书馆工作条例》,高校的主要服务对象即“法定用户”是本校教职员工,学生,服务对象比较单纯,素质较高,用户信息需求相对具有稳定性,有规律性。我国的高校图书馆目前一般不对社会用户开放,而一些发达国家,如美国的高校图书馆对社会用户开放。

对于专业图书馆,其“法定用户”更为单一,主要是本系统、本部门、本专业的人员。用户的信息需求比较专业。

对于公共图书馆,按照《省(自治区、市)图书馆工作条例》的规定,主要为当地的经济、教育、文化建设服务。理论上所有本地区的有阅读能力的人都是其服务对象,各行各业的人都可能是“法定读者”,因而成分比较复杂,但用户的地域特点明显、服务范围有限。这是公共图书馆制定藏书政策的重要依据。

与“法定用户”相对应的就是“社会用户”。相对来说,“社会用户”不是图书馆的主要服务对象,图书馆服务也不以能否满足“社会用户”的需求来衡量其服务水平。但随着网络信息技术的发展,资源共建共享从理论走向了实践,使图书馆的“法定用户”与“社会用户”的概念越来越模糊。各种类型的图书馆的服务对象都有所扩张,越来越多的“社会用户”出现在图书馆。例如,高校图书馆与专业图书馆的“法定用户”比较单纯,现在越来越多的非本校、本专业系统的读者即“社会用户”通过应用网络技术、馆际互借、文献传递等方式利用高校图书馆和专业图书馆的信息资源。当然,图书馆仍然以其“法定用户”为主要服务对象,不会因这些“社会用户”的加入而改变馆藏发展政策及特色,而是以其为“法定用户”服务的信息资源服务于“社会用户”。

二、“现时用户”和“未来用户”

“现时用户”与“未来用户”的概念反映的是图书馆的历史使命,不同类型的图书馆在整个图书馆事业中承担的职责也不同,其历史使命也就不同。对于承担着文献保存任务的图书馆来说,“现时用户”与“未来用户”的需求同样重要,必须协调发展;而对于那些没有保存责任的图书馆来说,首先要满足的是“现时用户”的需求。

在我国,承担文献保存任务的图书馆主要是国家图书馆和省级公共图书馆。“保存文献信息资源”对于这类图书馆来说是根本的社会功能,它们保存的相当一部分信息资源不应随时间的流逝而过时。因此,这类图书馆在考虑为读者服务时,不仅要设法满足当代读者的需求,还要考虑其未来的读者,在信息资源收集方面既要具有前瞻性,又要考虑永久性,时效性强的信息与永久性的文献信息资源要协调发展,只有这样,才能保障图书馆用户服务的可持续发展。

另一方面,随着时间的推移与社会的发展,图书馆读者的构成可能发生变化,因此,图书馆还要通过研究、分析,掌握潜在的、未来的读者情况,考虑读者需求的发展变化。

三、用户调查的直接方法

为了能更有效地为用户服务，图书馆应该对其读者的需求与阅读兴趣的变化有深刻的了解，所以需要进行用户需求调查，读者调查包括直接调查法与间接调查法，直接调查法包括问卷调查法、座谈访问法、实地观察法。

1. 问卷调查法

问卷调查是用户调查的最主要方法。问卷调查法是把预先印制好的问卷分发给被调查者逐项回答，以此获得用户情况的第一手资料，亦称书面调查法。既可以通过现场发放问卷，也可以通过 E-mail、网页等网络方式。图书馆在调查读者需求时，可以利用这种方法，提问读者的年龄、职业、文化程度、外语水平、需要文献的学科及类型等。这种调查方法一般采用不署名的方式，被调查者基本能实事求是地填写，使主观成分减少，便于详细分析，从而得出有关图书馆与读者关系方面各问题的结论。其主要缺点是不能随时反馈提问，且调查的结果很大程度上取决于调查内容的设计和被调查者的心理素质、文化水平等。

北京图书馆（现国家图书馆）于 1997 年采用现场调查的方式，进行了一次读者问卷调查①。对读者的年龄结构、职称结构、学历结构、工作单位结构、外语能力、读者获得信息的媒介、读者拥有计算机的情况、读者对文献内容的需求、对传统服务方式的需求、对现代服务方式的需求、读者查阅文献的困难和问题、读者对文献信息服务的看法、读者希望提供的培训内容等方面进行了调查。从这些内容可以看出读者需求的特点，对图书馆改进服务提供了参考。2001—2002 年为了调查西文图书的利用情况，国家图书馆又一次对读者进行了问卷调查②。这次调查利用电子邮件把非到馆读者列入了调查范围，也使读者更具有代表性。

2. 座谈访问法

座谈访问法是通过座谈会或进行个别访问等信息交流方式获得第一手资料。这种方法能比较快速、省力地获得所需的调查结果，且调查结果比较全面，有代表性。图书馆经常召开读者座谈会，就是利用这一方法了解读者的要求和意见。但是，这一方法依赖于参加座谈会的人选，在某种程度上缺少客观性。

3. 实地观察法

实地观察法是到被调查对象中去，通过调查者的直接观察和询问，得到被调查者对象的初步印象，然后再反复分析研究，从而得出被调查者的基本情况。例如，要了解外文新书阅览的情况，就可以到该阅览室观察有哪些类型的读者，他们主要看什么学科的图书，他们对自己所需学科的资源有什么意见，还有什么需求等。这种方法的优点是，可以直接解决一般调查方法不能解决的问题，克服诸如不易计量、瞬间即逝的随机现象等带来的调查中的困难。

四、用户调查的间接方法

1. 统计分析法

统计分析法是通过对某现象进行数量方面的统计分析来获取有关资料，取得对该现象活

① 富平. 转变服务观念，改变服务格局[J]. 北京图书馆馆刊，1998(2)：7 - 12.

② 王珊，吴碧华，等. 国家图书馆西文图书利用分析及思考[J]. 国家图书馆学刊，2004(3)：60 - 65.

动规律的认识。例如利用读者的索书单或其他借阅记录，可以统计分析在某一个时期内的主要读者群是什么，所需文献的类别是什么，有助于把握各种年龄、职业、文化程度、兴趣爱好的读者的阅读习惯，从而找出读者需求的规律。这种调查方法的优点是比较客观，可长期持续地进行，不易产生人为的误差。但由于图书馆的读者群可能因时间的不同而变化，读者类型也比较复杂，这种方法仍有一定的局限性。

在20世纪80年代末，北京图书馆（现国家图书馆）曾经采用过这种方法，定期统计读者填写的索书单，然后进行分析。但是，其缺点是手工劳动过于烦琐，要耗费大量的人力。如果在图书馆集成系统中设计并开发了有关的功能，则可以方便地获得有关统计信息。但目前集成系统的统计功能还不是很完善。

2. 读者数据库调查法

在电子计算机及相关技术飞速发展的今天，图书馆可以利用一些自动化的方法进行读者调查。图书馆应建立读者数据库和馆藏资源数据库，并慎重对待读者库所含的信息。理想的状态应该包括职业或职称、专业、学历、主要信息需求情况，而且越详细越好。但这些数据可能涉及读者的隐私，出于对信息泄露的担忧，一般情况下图书馆在要求读者填写信息时，往往没有这么详细，使读者数据库的有效性大打折扣。图书馆通过读者数据库可以分析出读者群体主流是什么。这对读者成分复杂的公共图书馆和国家图书馆尤其重要。通过分析主流读者的成分及其对资源的需求情况，可以了解哪些文献利用率高，能及时向采访部门提供信息，使采访部门在购买资源时做到有的放矢。例如，如果在读者数据库中有读者的专业数据，而某类专业的读者数量较多，而且都是研究生以上学历，那么，外文图书采选工作人员就应当考虑适当增加此类图书的订购量，以充分满足读者的需求。

当然，这种方法目前还有难度。一方面，个人信息泄露已经成为当下一大社会问题，图书馆不敢冒这样的风险。另一方面，图书馆要把馆藏文献数据库与读者库结合起来，做到自动统计借阅需求，也不是一件易事。但即使难度很大，也应该努力这样做因为这是发展的方向。

读者调查是图书馆工作的一项重要内容。能否满足读者多元化、多层次的需求是图书馆发展能否适应时代的标准之一。为了图书馆的可持续发展，图书馆应重视读者调查工作，追踪读者需求的变化，提高读者对馆藏资源的满意度。

第三节　图书馆服务内容与馆藏调查

一、图书馆服务

图书馆服务是通过向用户（读者）提供馆藏资源，满足其文献信息需求的活动和行为。图书馆工作的服务质量，应该从用户的角度出发，用户的评价才是最终的、最权威的、最有说服力的。因而图书馆服务必须关注其服务对象，尤其要关注服务对象的主观和内心感受。

就图书馆的服务而言，最主要的特征有两个：一是不可感知性，即图书馆服务的特征及组成服务的元素是无形无质的，人们无法看到或触摸到其存在，用户使用服务后的利益也很难被觉察，或是经过一段时间后享用服务的人才能感觉到服务带来的利益。二是差异性，由于服务是通过人（服务提供者和服务接受者）来完成的，而人类的个性差异（心理、知识、偏好等）使得提供的服务往往因人而异。因此服务质量是一个主观的范畴,这给对其的评价带来了极大的难度。

提高图书馆服务质量需要整个图书馆各部门的通力合作,而不仅仅是读者服务部门的事情。首先,图书馆必须认识到,用户的服务是一个整体的概念,它包括三方面的内容:

1. 核心服务

核心服务指提供借阅、咨询等文献信息服务,即以文献信息服务为媒介满足用户对知识和信息的需求,这种服务可以说是图书馆的实质服务,这是用户需求的核心。对于核心服务的质量人们一般以一些统计公式来衡量。

(1)图书保障率

即本馆正式读者平均占有馆藏图书数量的比率,是用一定时期的图书馆藏书总册数除以读者总人数的比值。

图书保障率 = 全馆藏书总册数/全馆读者总人数 ×100%

图书保障率是从数量的角度来评价馆藏的一种指标,不足以反映馆藏质量。

(2)读者满足率

读者满足率是本馆读者在一定时期内已被满足的藏书数量占全部合理要求的总数的比率,是用读者已借到的图书数量除以读者合理借书要求总数得出的比值。

读者满足率 = 读者已借到图书数量/读者合理借书要求总数 ×100%

(3)读者拒绝率

读者拒绝率是本馆读者在一定时期内未借到的藏书数量占全部合理借书要求总数的比率,是用读者未借到的图书数量除以读者合理借书要求总数得出的比值。

读者拒绝率 = 读者未借到图书数量/读者合理借书要求总数 ×100%

读者满足率和读者拒绝率反映了藏书质量的高低,图书馆需要把二者结合起来进行评估,可能有几种情况:①如果读者满足率高,而拒绝率低,表明馆藏质量与数量都比较好;②如果满足率与拒绝率都高,表明藏书的完备性不够或复本量不足;③如果满足率低,而拒绝率高,说明馆藏质量有问题,需要进一步从内容、结构上提高馆藏质量。

核心服务的质量是图书馆质量评价的最根本因素,也是直接与图书采选工作人员质量相关联的。提高核心服务的质量必须从源头抓起,即提高图书采选人员的素质,只有这样才能提高图书馆的馆藏质量,提高图书保障率和读者满足率,最大可能地降低拒绝率。

2. 形式服务

形式服务指以某种方式(如态度、效率等)满足用户心理和精神上的某种需要和愿望。这种服务主要通过与读者直接见面的工作人员体现,其质量好坏与这些工作人员的素质有密切关系。

3. 附加服务

指为用户阅读、休息、饮食等提供各种便利条件。这是利用图书馆的一些外围硬件设施的服务,图书馆的这些设施是否齐备将决定其服务质量。

形式服务和附加服务应围绕核心服务来展开,辅助核心服务。同时,这三者的质量构成密切相关的统一整体,核心服务质量低,多好的形式服务和附加服务都难以弥补;形式服务和附加服务的欠缺将影响核心服务的效果。因此,对三方面的工作均应给予必要的重视,将其纳入图书馆整体服务体系之中。

二、纸质文献的馆藏调查

馆藏是图书馆服务的生命线，为了做好图书馆的核心服务工作，必须做好馆藏调查工作。发展是一个动态过程，一方面，在藏书补充过程中，应该经常地、有计划地对本馆基本馆藏情况进行调查，以便摸清家底，找出原有藏书的薄弱环节，查明现存藏书的实际水平和能力；另一方面，还要在继承原有馆藏特色的基础上，根据时代的发展预测未来藏书的发展方向，适时调整馆藏结构，以满足读者需求。馆藏情况调查，包括藏书数量与质量两方面。

1. 馆藏数量的调查

调查项目包括：馆藏的绝对规模，即藏书总量，图书、期刊、特种文献等各类文献的数量，馆藏的增长量，馆藏的流通率，各种文献的复本率等。

藏书总量指截止到某个时间图书馆所有馆藏经过积累达到的数量，一般指总复本数量，包括各种载体类型。其中，还可以统计馆藏中不同文献类型，如图书、期刊、缩微文献以及其他类文献的数量及其在总量中的比例。

调查方法包括：①从图书馆馆藏的各类载体文献登录薄的记录可以得到图书馆藏书的统计数字。②从图书馆工作的总结中获取资料。图书馆一般都有年度总结，统计该年度入藏各类文献资料的情况。由此也可得到图书馆的馆藏数量。③通过计算机技术来实现。如果图书馆的计算机集成管理系统中开发了统计功能，图书馆员就可以很方便地获得各种统计数据。

馆藏的增长量是指一定时期内图书馆增加的馆藏数量，如年增长量。馆藏的流通率是指全馆藏书一年中流通的册次与全馆馆藏总数之比。流通率越高，说明馆藏的利用率越高。馆藏书刊的流通量很不平衡，有的流通次数很多，有的长年难得流通一次。流通量的统计比较困难，而且情况复杂。尤其在开架的阅览室，很难计算流通量。不过现在随着计算机在图书馆流通工作中的广泛应用，流通量的统计变得相对要简单一些，可以通过图书馆软件系统的流通功能直接计算流通量。

就藏书数量来说，并不是越多越好，增长越快越好。藏书数量太多，新书与旧书、流通率高的书与流通率低的书混合排在一起，增加了工作量，降低了工作效率。若藏书增长太快，与藏书增长相配的工作人员、设备、空间、管理并不能随之增长，就会产生一系列的矛盾，大大降低馆藏增长带来的效益。因此，数量并非越多越好。

2. 馆藏质量的调查

藏书质量主要是从图书馆藏书整体的科学价值上考虑的，是就馆藏的内容、实用性、效益而言的，主要包括文献的入藏比例，重点学科文献的系统收集、完整程度，满足读者需求的能力（读者文献需求的保障率），含有最新情报的文献在藏书中的比重，文献的使用情况等。

藏书的内容质量，主要反映在馆藏文献本身的知识价值，看其是否具有科学价值、现实价值和参考价值。科学价值指馆藏文献在学术性、思想性、论证方法以及材料等方面的科学性。现实价值指文献与当前现实情况和需要的适应程度，即对现实是否有用及有用的程度。参考价值指文献的长远参考价值和使用价值。选择馆藏文献，最好是兼备这三种价值，具备其中两种的次之，再次应有其中一种价值。对于没有这些价值的文献，图书馆则不予入藏。

性质、任务不同的图书馆对藏书质量应有不同的价值判断标准。例如，国家图书馆等具有保存功能的图书馆可能很重视文献的参考价值，而一般服务性的图书馆可能更重视现实价值。不同的图书馆在选择其馆藏文献时会有不同的标准，同一种文献在不同的图书馆的价值参考可能也会不同。因此，藏书质量的评价必须考虑图书馆职能，在做藏书质量调查时也应以图书馆的性质作为主要依据。藏书质量的调查方法有如下几种：

（1）对照标准书刊目录

通常可以利用各种书目工具特别是核心书刊目录来对照检查本馆的藏书，看本馆馆藏在多大程度上覆盖了书目所列出的文献。所谓标准书目，主要指有关权威机构编制的，说明进行有关学科的学习或研究所必备的文献目录，或专门为图书馆编制的必备书刊目录。一般来说，不同类型的图书馆都可以有自己的标准书目和核心书目作为馆藏评价的指南。例如，国外有许多标准书目和核心书目，包括《大学图书馆常用书》（*Books for College Libraries*）、《公共图书馆常用书》（*Best Books for Public Libraries*）、《科技核心图书与期刊目录》（*Core List of Books and Journals in Scnce and Technology*）等。

此外，还有一些专业标准目录，即某一学科或专类的目录，对改善某一部分馆藏更有帮助。不同类型的标准书目适用于不同类型的图书馆。通常，用标准书目和核心书目对藏书进行比较后的结果很有说服力，往往可以揭示藏书的空白点或薄弱环节，为提高藏书质量提供参考。但标准书目、核心书目也完全可能遗漏部分重要的书刊，而且书目的编制总是落后于馆藏建设，新书新刊往往不在书目之内，对新入藏的书刊无法做出及时的评价；各图书馆的性质、任务、藏书范围不尽相同，而核心书目、标准书目则是对一般图书馆的共性而言的，容易产生偏差。

（2）专家评价

请有关方面的专家、学者提出某些学科范围应入藏的书刊来对照馆藏。在对馆藏的深度和广度进行评价时，最好请学科专家。国家图书馆近年成立了专家咨询委员会，但这种方法的主观性较大，各学科专家偏重于自己所研究的领域，所评价的藏书的范围很窄，不会综合考虑馆藏。

（3）著名人物的著作是否收藏或全面

各种学科流派的代表人物、各个学科的领头人物、诺贝尔奖获得者、普利策奖获得者、龚古尔奖获得者、著名政治家等各种比较重要人物的著作收藏得是否齐全，也是反映藏书质量的一个方面。例如，国家图书馆外文图书采选工作人员曾经根据一些权威的工具书核查各种著名奖项获得者、著名哲学家著作的收藏情况，对缺藏的图书根据在版情况予以订购，并逐渐形成了制度，跟踪每年各种奖项的颁布情况，从而保证了这方面馆藏的全面性和权威性。

（4）馆际互借

馆际互借是当前资源共享的重要手段，是利用外部资源的主要途径之一。通过对借阅请求的数量、所请求图书的分类和主题进行精确的统计，可以发现本馆资源的优势与不足。通过对互借的具有馆藏特色的、重点范围内的藏书的统计分析，可以深入了解目前馆藏是否能满足需要的情况。

这些方法是针对一般图书馆而言的，具体的图书馆可以根据自己的藏书特点，制定适合自己的调查方法。图书馆应利用各种方法对馆藏资源进行定期或不定期的调查。因为对图书馆来说，搞大规模的全面馆藏调查要消耗大量的时间和人力，调查的成本就比较高，一般情况下很难做到。因此图书馆可以化整为零，在某个阶段调查某一类或某个主题的馆藏；在某个特殊时期调查某个特殊主题的藏书等。总之，图书馆应适时地使用不同的方法，达到馆藏调查的目的。

3. 馆藏数量与质量的关系

第一，互相依存。从图书馆馆藏的整体来说，没有一定的数量难以达到一定的质量，一定的质量又往往表现在数量上。藏书保障率和读者满足率对藏书的数量和质量都提出了要求，只有数量和质量有机地统一起来，才能使这二者达到最佳，才能做好图书馆的核心服务。

第二，相互矛盾。数量与质量在衡量馆藏方面是两个不同的概念。数量是可数的，可计量的；质量指内容优劣，是不可数的，不可计量而可以评价。藏书数量的多少与质量高低没有一定的比例关系，数量多少并不代表质量的高低。在一定的经费支持下，如果盲目追求数量的增加，就可能导致质量的下降，另一方面，如果忽视一定数量的保障，就会增加拒绝率，失去读者。因此，片面地追求某一方都会导致藏书保障率和读者满足率降低，进而降低图书馆的服务水平。

数量与质量应该协调发展。在实践中，普遍存在重视数量忽视质量的情况。因为数量往往更能直观地反映馆藏，给人一种藏书丰富的感觉，而质量高低并不能直接反映出来。人们在衡量馆藏时往往只说有多少数量，很少提到质量。在我国，人们尤其重视数量问题。在实践工作中，大量流通率低的书存放于图书馆，不仅浪费资金、人力、空间，也降低了工作效率。因此要改变重数量、轻质量的观念，建立合理的藏书结构，提高馆藏质量，控制数量。

此外，馆藏调查还有以下意义：① 馆藏调查是实现馆际协调合作的基础。通过馆藏调查，可以认清本馆的特色、优势、薄弱点，为馆际协调采访提供依据，有助于在藏书发展上，继续发展特色，发挥优势，避开弱点。② 通过对藏书的调查和评价，可以检验采访政策是否落实，采访工作的质量如何，同时也为采访工作提供了参照，使采访工作有的放矢。③ 为馆藏评价提供参考。馆藏评价是大型图书馆计划工作的一部分，是图书馆持续发展的必备条件之一。馆藏评价必须建立在全面了解馆藏的基础上。

文献的等级结构、学科类型等方面应该根据读者需求的变化适时调整。但任何藏书结构的设计，都是在原有馆藏的基础上规划未来的藏书发展。

第四节　外文文献信息资源的出版环境

要做好文献信息资源的采选工作，必须从源头，即文献信息资源的出版情况进行研究。文献信息资源的出版状况决定了文献资源建设的内容，因此，出版业的发展是制订图书馆文献资源建设政策的重要依据。总结、了解出版业的发展规律与趋势，对文献信息资源的采选具有重要的指导意义。

一、当前文献出版的整体特点

1. 数量大，增长迅速

二战以后，各种文献信息资源快速增长，仅以印刷品的图书为例，全世界出版的图书数量20世纪50年代是20万种，60年代是40万种，70年代为60万种，80年代80万种，现在已经达到100万种。全世界的期刊,20世纪50年代约2万种,60年代约4万种,70年代约8万种,80年代约15万种,现在已达20万种。科技期刊的增长速度尤其迅速,倍增周期只有7—8年①。快速发展中的新兴国家对这种增长贡献最大。

最近几十年,一些专家对文献迅速增长现象进行了大量的研究,得出一些规律性的结论,最有代表性的是文献增长指数规律。美国科学史学家、文献学家普赖斯(D. Price)在研究科学历史进程时发现,科学期刊自1665年产生以后,在近200多年的增长呈一定的规律:1750年为10种,1800年达到100种左右,1850年有1000多种,1900年约为10 000种,几乎是每50年增长10倍。同时,普赖斯还对文摘性期刊进行了统计,发现自1830年第一种文摘刊物出版后,它基本上也是按照50年增长10倍的规律在增长。普赖斯在分析、综合了大量统计资料的基础上,以历史年代为横轴,以文献量为纵轴,建立了直角坐标系,把不同年代的文献量在坐标系中逐点标出,然后用一平滑曲线将各点连接起来,从而得出著名的"普赖斯曲线"。这条曲线近似地反映了科学文献随时间增长的规律。通过对曲线的分析,普赖斯得出文献增长与时间成指数函数关系,其数学表达式为:$F(t) = a \cdot e^{bt}$。

式中:F(t)代表时刻t的文献量,a代表统计初始时刻的文献量,e表示自然对数底(e = 2.718…),b表示时间常数(持续增长率)。当然,文献增长指数规律只是一个理想模式,实际上,文献不可能无止境地按照指数增长。这个规律只能反映科学发展某个阶段文献增长的客观情况,不能用于预测未来期刊的增长和一切学科、一切载体文献的增长。

"普赖斯曲线"是在研究以纸为载体的期刊的基础上总结出来的,随着科学技术的发展,人类现在已处于信息社会,网络资源的发展已成为获取信息的重要渠道,信息资源的增长必将出现新的特点、规律。

2. 载体多样化

随着科学技术的发展,在文献信息出版业,除传统以纸为载体的印刷型出版物外,还出现了缩微资料、声像资料、多媒体、CD-ROM、网络等多种载体出版物。由于新出现的各种载体相对于传统的纸本文献来说各有优势特点,又不能完全相互取代,各国出版商为了满足不同层次、不同需求的用户,竞相生产各种载体形式的文献。每种形式所需的硬件设备、网络支持条件、收费及使用时所需的技能等都不完全相同,尤其是费用方面差别更大。这就使图书馆面临着一系列的新问题。

首先,载体的多样化使图书馆仅购买一种载体的文献很难满足各个层次、各种需求的读者,面临着资源的重复购买与资金紧缺的矛盾。购买适合本图书馆主要读者使用的文献载体,是图书馆文献信息资源采选的新课题,它对采选人员提出了更高的要求。其次,一些新载体文献的保护及今后长期利用的问题目前还没有解决好,尤其是网络电子资源,虽然现在已经有无法记数的电子资源,但其长久保存问题还没有得到很好的解决。即使是作为实体资源载体的CD-ROM,其保存问题依然存在。这在一定程度上制约了新载体取代传统载体的进程。但不管怎样,目前非纸质资源迅猛增长已经是不争的事实和潮流,图书馆不能忽视这个现象。

3. 文献信息内容交叉重复,集中分散并行

① 肖希明. 信息资源建设[M]. 武汉:武汉大学出版社,2008:17.

现代学科的发展是分化与综合并行，分化的结果是愈分愈细，分支愈来愈多；而综合的结果各个学科又相互交叉渗透，出现了许多边缘学科，交叉学科。文献内容重复的主要原因是：

第一，各国政府部门、学术机构以及其他研究单位的科研选题互相重复，反映其科研结果的文献内容也出现了重复；

第二，各国出版商竞相出版内容相同的热门及尖端科学书刊资料来提高自己的声誉或获得更多的利润；

第三，因文献载体的形式多样，同一出版物以各种不同的形式出版；

第四，版权贸易活跃，导致跨国出版增多，同一文献在多个国家出版或以多种语言出版。根据联合国教科文组织的翻译索引数据库（Index Translationum Database）统计，2005 年全球图书翻译总量是 120 357 种，达到历史最高值，而且 2000 年到 2007 年的年均翻译数大大高于 20 世纪 90 年代①；

第五，再版和修订出版的数量也很多。每年出版的重版、改版图书已占总量的 20% 至 30%。

由于科学研究发展的分化与综合，各分支学科又相互渗透，使文献信息的分布既集中又比较分散，主要表现是：第一，同一专业的文献刊登在不同专业的刊物上。如，根据美国麻省理工学院统计，电工学文献有一半登载在电工专业文献上，另一半发表在物理、机械、化工、生物等其他专业文献上。第二，许多专业性刊物发表的文献涉及多种学科领域，使不同学科分支的研究成果集中在同一文献上。据统计，内容涉及 4 个学科以上的期刊占期刊总数的近 60%；内容只涉及两个以下学科的，仅占期刊总数的 25%。

文献内容的重复给图书馆的采选人员带来了很大的困难。采选人员必须时时避免购买内容重复的文献资源，以免浪费资金。

4. 时效性强，文献信息资源更新快

现代科学技术的飞速发展导致知识不断地被更新，使得文献的有效使用时间大大地缩短，尤其是工程技术为甚。如电子计算机技术方面的文献，自 20 世纪 80 年代以来，无论软件还是硬件都在飞速发展。例如，有关计算机操作系统的使用手册，从 Windows 系统开发以来，每一到两年就有更新版出现。新版出来后，旧书自然无人问津。而有关 DOS 操作系统的图书，现在已经很少有人使用。一些文献采访、加工周期比较长的图书馆，可能会出现书还没有上架，就已经过时的情况，这种现象被称为文献老化现象。对于老化了的文献，使用的读者越来越少，逐渐就失去了使用价值，这是一种客观存在的现象。

但文献信息资源更新快是否一定意味着文献的老化速度加快，还需要进一步的研究。关于文献老化的研究是伴随着科学技术的快速发展而展开的。从 1940 年 Cosnell 研究文献老化现象以来，围绕文献老化的机理、度量指标、数学模型及其影响等的研究陆续展开。在 20 世纪 50 年代末，人们开始寻求描述文献老化的定量指标和方法。1958 年，英国科学家贝尔纳（J. D. Bernal）第一次借用放射性元素过程中“半衰期”（half life）这个术语来描述文献的老化速度。1960 年，美国图书馆学家伯顿（R. E. Burton）和物理学家凯普勒（R. W. Kebler）合作，通过对科

① Index Translationum database [DB/OL]. [2013 - 08 - 08]. http://www.unesco.org/xtrans/bsstatexp.aspx? crit1C = 2&crit1L = 4&nTyp = min.

技文献使用的引文进行统计分析，对文献的半衰期进行了深入的研究。所谓的半衰期，是指某学科或专业现在仍被利用的所有文献中较新的一半是在多长的时间内发表的。它是一个时间长度，如物理学文献的半衰期为4.6年，即目前仍在被人们利用的全部物理学文献，有一半是在4.6年内发表的。可见半衰期大体与该学科文献一半的失效期相当。因此，半衰期是对某一学科或专业领域文献的总和而言的。不同学科的文献半衰期是不一样的。伯顿与凯普勒等人通过统计，推出的主要学科文献的半衰期如下(仅限于自然科学学科)：

表4-1　主要学科文献半衰期

学科	半衰期(年)	学科	半衰期(年)	学科	半衰期(年)
生物医学	3	冶金	3.9	物理学	4.6
化工	4.8	机械制造	5.2	生理学	7.2
化学	8.1	植物学	10	数学	10.5
地质学	11.8	地理学	16		

与半衰期有关的另一个衡量文献老化的数量指标是普赖斯指数。即在某一学科领域内，对发表年限不超过5年的文献的引用次数与总引用次数的比值。其计算公式为：

P(普赖斯指数)=出版年限不超过5年的文献的引用次数/被引文献总量

一般来说，某学科文献的普赖斯指数越大，其半衰期就越短，其文献老化的速度也就越快。普赖斯指数既可以衡量某一学科全部文献老化的速度，也可以用于衡量某种期刊、某个机构、某个作者甚至是某篇文章的老化情况。

文献的载体类型也是影响老化速度的重要因素。据苏联《发明问题》杂志统计，各类型文献的平均使用有效期是：图书10—20年，期刊及连续出版物3—5年，科技报告20年，学位论文5—7年，技术标准5年，产品样本3—5年①。

在当前的电子资源飞速发展的环境下，有关文献老化出现了两种不同的观点。一种认为，科学文献的半衰期要缩短了，而电子资源和开放存取信息资源的出现也加剧了这种趋势。但另一种观点认为，数字化手段将提高陈旧文献的可利用性，从而延长了文献的半衰期。我国有学者通过研究发现，1980—2009年文献老化趋势总体呈现逐渐减缓的迹象，同时老化速度依据学科性质不同差异明显，新兴学科高于传统学科，应用性学科高于基础性学科。同时文献增长因素受学科知识更新缓慢与文献数字化的双重影响，与文献老化速度呈现显著的正相关关系。最为重要的是，文献介质类型因素对于近30年的老化趋势产生了日益重大的影响，逐渐成为左右文献老化趋势最为重要的因素②。这似乎印证了第二种观点。

但文献老化是一个复杂的现象，不同学科、不同内容类型、不同载体的文献老化情况是不一样的。如前面所述，应用学科比基础理论学科的老化速度快；期刊、论文的老化速度比图书快；还有的研究表明，评论性文献比研究文献的老化要慢。某些原生的网络信息寿命更短，目前甚至还无法研究其老化现象。有的学科的文献老化速度放缓，可能与该学科的发展放缓有

---

① 程焕文，潘燕桃. 信息资源共享[M]. 北京：高等教育出版社，2004：65.

② 游毅，索传军，等. 科技期刊长期老化趋势与影响因素实证研究[J]. 图书情报工作，2011(6)：140－144.

很大关系，因此不能一概而论。

文献半衰期研究对图书馆信息资源建设具有指导意义。了解文献的半衰期和新陈代谢规律，可以减少图书馆文献情报价值的损失，延长文献的使用时间，提高文献的利用率。

以上4个特点对图书馆的文献采选工作提出了更高的要求，增加了采选人员的工作难度。尤其对于外文图书采选来说，我们同时面临着这几方面的困扰。由于资金有限，我们必须从浩如烟海的外文出版物中，精选出相对少量的出版物来最大限度地满足读者的需要。在多种载体的出版形式中，只能选出最符合本图书馆读者阅读方式，又节约资金的出版形式。重复出版既增加了采选人员的工作量，也使重复购买的机会加大，容易造成资金的浪费。文献的半衰期使我们必须考虑外文图书的现时利用价值和馆藏价值，协调两者的发展。

二、国际出版业的发展趋势

为了搞好外文文献的采选工作，应当了解国际出版界的最新情况。进入20世纪90年代以来，国外出版界也出现了一些新变化、新趋势。主要表现在以下几个方面：

1. 网络信息技术对出版业产生了巨大影响，传统出版业受到了强有力的冲击

20世纪90年代以来，随着信息技术的发展，出版业已经完成了从铅与火向电子计算机、网络化的转变，从编辑、印刷到销售实现了全部流程的计算机化、网络化。传统的出版流程被网络技术打破，按需印刷、电子书、网络出版等如火如荼地发展起来。网络技术的发展直接影响到出版业的各个环节，从作者、出版方式、发行、销售到阅读都产生了革命性的变化。作者可以通过网络自助出版，将作品直接传递给读者；出版社可以出版网络电子书，发行可以通过电子商务，销售可以通过电子零售商；读者也可以通过网络或电子阅读器进行阅读。在这种情况下，传统纸质出版业受到了强大的冲击。一些内容的纸质载体已经被电子资源所取代，如文摘、名录、索引以及一些参考工具等二次、三次文献。图书、期刊等也呈现传统纸质载体与网络载体并存状态。

电子出版物已经成为出版业的重要组成部分。现在各大出版集团，如Elservier、Springer、Cambridge、Taylor & Francis等纷纷建立自己的电子出版物网络服务平台，从传统的专业出版商向数字内容服务商转变。而规模较小的出版社则将电子出版物销售委托给大型的电子出版物集成商。比较著名的集成性电子书平台有MyiLibrary、Ebsco Ebook Collection（原Netlibrary）。前者收录了世界上400多个学术和专业出版商出版的图书，主要服务于学术研究者和高校学生等。现在已有250 000多种的各类电子书在销售，每月新增加约5000种图书①。

近几年电子书的出版数量猛增。以美国为例，2008年出版的各类电子书总计为35 496种，2011年增长到111 150种②。从销售额看，2008年电子书的销售额占总销售额的比例为1.17%，到2010年，飙升到8.32%③。与此同时欧美部分大型出版集团的数字收益在其总收入

① 参见http://www.myilibrary.com。

② Bogart, Dave. Library and Book Trade Almanac, Formerly the Bowker Annual 2012 [M]. Medford: Information Today Inc, 2012: 529.

③ German Book Office New York. The United States Book Market [EB/OL]. [2013-08-08]. http://www.buchmesse.de/pdf/buchmesse/buchmarkt_usa.pdf.

中所占的比重迅猛上升。2007—2008 年,汤姆路透集团收入的 69%,励德·爱思唯尔集团收入的 70%,来自数字出版及相关业务①。电子书的激增导致传统的纸质出版受到严重压缩,数字出版显示出强大的发展潜力。

2. 兼并成风使出版业全球化发展成为趋势,一些大型出版公司垄断势头强劲

从 20 世纪 60、70 年代开始,出版业的并购越来越频繁,很多大传媒集团纷纷并购出版社。如时代华纳(Time Warnar Inc.),拥有科特尔·布朗图书公司;迪士尼旗下有亥伯龙出版公司(Hyperion Books)。而且并购金额也越来越大,在世纪之交达到了高潮。以美国为例,1960—1969 年间,发生并购交易 233 笔。1970 年—1979 年间共 177 笔,1980—1989 年间共 213 笔,1996—2000 年间发生的并购,出资 10 亿美元以上的共 324 家②。如培生集团花 46 亿美元并购了西蒙与舒斯特公司。大规模的强强并购意味着一些超级大公司的出现。20 世纪 90 年代初,英国的励德国际公司(Reed International PLC)与荷兰的爱思唯尔公司(Elsevier NV)合并,组成了励德·爱思唯尔集团(Reed Elsevier Group PLC),该集团并没有停止扩大的步伐,1998 年斥资 16.5 亿美元并购了马修·本德出版公司,2000 年又出资 45 亿美元收购了哈考特教育出版公司。

出版业的并购导致出版业的结构产生了显著的转变,从独立的、家族控制的产业转变成全球化产业。并购使出版社的规模越来越大,严重挤压了独立出版社的生存空间,使其成为被兼并的对象,被卷入到全球化的并购潮。比如,斯普林格(Springer)出版社,曾经是比较有名的德国家族企业,几经并购,现在其持有者已经和德国没有任何关系。而且许多大型媒体公司也渗透到出版界,成为信息领域的巨人。

并购使出版业中出现了“超级巨人”。一些大集团旗下的品牌多达几十个,如励德·爱思唯尔集团、泰勒弗郎西斯集团、斯普林格出版社。高质量的学术出版越来越集中在少数大集团手中,这些大集团在世界各主要国家和地区都设有分公司、代表处。主要学术图书、期刊市场被少数的几家出版社占据。在科技类学术图书市场,励德·爱思唯尔集团、泰勒弗朗西斯集团、斯普林格出版社、约翰·威利父子出版公司、剑桥大学出版社等几家大出版社每年的新书出版量都在 2000 种以上,占据了相当大的市场份额。期刊方面,2012 年约有 28 100 种同行评议学术期刊,但排名前 100 位的出版社出版了 67% 的期刊,排名前 5 的出版社出版了 35% 的期刊,励德·爱思唯尔、斯普林格和 Wiley-Blackwell 3 家出版社(数据库)分别出版超过 2000 种期刊③。由于这种垄断的形成,学术期刊、图书价格持续上涨,严重影响了图书馆的文献收藏。

出版公司的兼并可能导致一些出版风格、特点的改变。新的所有者为了追逐高利润,不惜放弃原有的出版特色,出版高利润的图书。如哈珀科林斯出版社在 20 世纪 60 年代经常出版严肃的历史、政治类书籍,而在 1987 年被默多克的新闻集团(News Corporation)收购后,很快改变出版方向,开始把重心放在极其商业化的图书,尤其是与默多克的娱乐集团有关的图书上。现在哈珀科林斯出版社已经被人们看作是出版指南类、娱乐类等完全商业化图书的出版社。

3. 在新技术条件下,网络出版、按需印刷、自助出版发展迅速,极大地改变了出版格局

---

① 王亨军. 科技期刊国际化研究[M]. 北京:中国地质大学出版社,2011:78.

② 魏龙泉,邵岩. 纵览美国图书出版与发行[M]. 北京:中国经济出版社,2007:20.

③ Ware M, Mabe M. The stm report: An overview of scientific and scholarly journal publishing[R/OL]. Hague:STM,2012[2013-08-15]. http://www.stm-assoc.org/2012_12_11_STM_Report_2012.pdf.

数字技术的发展使出版变得相当容易，网络出版随着互联网的发展蓬勃发展起来。这里的网络出版是直接利用网络发布出版物。一种方式是自助出版或自行出版，这种模式下，作者就是出版人、发行人。作者将自己的作品，通过加密软件，制成可供交易的电子书，发布到网站上，供读者下载，付费阅读。较有代表性的是美国的斯蒂芬·金，他的《骑弹飞行》成为全球第一本网络出版物。还有一种情况是微软公司创造的电子图书经营模式，即广告商掏钱支付作者、出版商的制作费用，读者免费阅读电子书，条件是看书时同时也看广告。

按需印刷（POD），又称按需出版，是指出版社或图书销售商对无版权保护图书或绝版图书在有读者需求的情况下，重新印刷出版，既有纸本又有数字出版。按需印刷是一种新的方式和手段，它集中体现了当代出版业的高科技特征，它实质上是数字出版、网络出版与传统纸介质出版的统一体，是建立在当代高技术平台上的编印一体化的高效快速出版模式，尤其适合于出版印数少、印次多、出书时间紧迫的专业书、礼品书、样品书和有特殊要求的个人著作，它能满足作者和读者个性化的出版和阅读要求。目前，美国的主要出版社、大型出版集团和传媒集团都开展 POD 出版业务，另外还有一批专门的 POD 出版商和网络出版商，比如 BiblioBazaar、General Books LLC、Kessinger Publishing 等。美国最大图书馆批发商英格拉姆集团储存的数字图书达几十万种，即使只有一本的订单也会起印，价格通常与市场销售价一样。按需出版不仅使需求量很少的图书得以出版，而且使绝版图书重新出版，图书出版量大增。2008 年非传统的按需出版量首次超过了传统纸质出版①。

自助出版（self-publishing）指作者自己要承担所有的通常由出版社人员负责的事项。包括获取 ISBN、编辑手稿、设计图书的内部与封面、库存、发行与营销等。自助出版需要投入大量的时间、金钱和努力。自助出版由来已久，但数字技术使其迅速发展起来。电子书的出现使自助出版变得简单，其投入成本要比出版社出版低很多，却更容易使更多的读者了解作品，这就使电子书成为自助出版的很好形式。因此，在数字环境下自助出版发展非常迅速。在美国从 2006 年起，每年以近 3 倍的增幅发展，到 2011 年共有 235 000 种自助出版图书②。自助出版使出版变得简单易行，人人都可能成为作者，但也使图书的内容更加鱼龙混杂，质量难以保障。这给以入藏高质量文献为己任图书馆等文献机构提出了更多的难题，加大了文献选择的难度。

三、国际出版业的最新概况

每年出版界都要对前一年业界的发展做总结，这些信息资源能为我们提供最新的出版信息动态。目前还没有一个比较权威的工具对全球出版业进行统计和分析研究。联合国教科文组织（UNESCO）曾经出版过《联合国教科文组织统计年鉴》（*UNESCO Statistical Yearbook*），但由于种种原因，在 2000 年停刊。目前各出版大国都有关于本国的出版业的统计工具，关于美国的有《出版家周刊》（*Publishers Weekly*），《鲍克年鉴：图书馆与图书贸易》（*Bowker Annual: Library and Book Trade Almanac*），2009 年更名为《图书馆与图书贸易年鉴》（*The Library and Book Trade Almanac*）；关于英国的有《书商》杂志（*The Bookseller*）；关于法国的有《法国图书》

① German Book Office New York. The United States Book Market[EB/OL]. [2013 - 08 - 08]. http://www.buchmesse.de/pdf/buchmesse/buchmarkt_usa.pdf.

② 参见 http://www.bowker.com/en-US/aboutus/press_room/2012/pr_10242012.shtml。

(*Livres de France*);关于联邦德国的有《图书与图书贸易数字统计》(*Buch und Buchhandel in Zahlen*);关于日本有《出版年鉴》。但是,在使用这些资料时,要注意以下一些问题:

(1)统计标准不统一。UNESCO 规定了统计标准,但所用的数据不一定是按统计标准统计的。例如,关于小册子,UNESCO 的标准是 48 页以上为书,5—48 页为小册子,5 页以下的为散页,但各国的执行不一。我国的出版年鉴把各种图片包括在内;俄罗斯的统计把小册子也包含在内;英、美的统计数字只统计商业出版社,不包括政府出版物。

(2)因使用的分类方法不同,关于各学科门类图书的统计差距很大。美国《出版家周刊》分为 23 类;英国的《书商》分为 135 类,是分类最细的一种,如小说又细分为 8 类;德国的统计分为 9 类;日本的统计分为 8 类;UNESCO 的统计年鉴分为 10 类。

(3)公布的时间不一样。有的一年发布一次,有的一年数次。如《出版家周刊》三月发布上一年度的初步统计,十月发布最终统计。

(4)出版物的重复统计现象严重。由于大量跨国公司的出现和联合出版、版权贸易,使重复出版的数量激增,如英国出版物中有 27% 是与美国重复的。

总之,在出版业方面还缺少比较权威的、能够得到普遍认可的统计资料。但这些信息资源可以使我们了解世界各主要出版大国的宏观情况,有助于我们掌握出版业的发展规律。

四、国外各种类型主要出版机构的出版特征及计划

全球的出版公司数量庞大,根据《出版社国际标准书号指南》(*Publishers Internatinoal Isbn Directory*)第 39 版统计,全球有 800 000 个仍活跃的出版社①。但比较著名的或适合图书馆需求的出版社数量就有限了。采选人员在工作中可以根据采选政策,参考核心期刊的方法,确定一些与本图书馆馆藏政策相适合的核心出版社,然后重点研究、追踪这些比较重要出版社的出版特征、出版计划及其发展情况。对于专业图书馆来说,这应该是提高选书质量比较有效的方法。但对于类似国家图书馆这样的综合性强的大型图书馆来说,难度就比较大。

具体到某个出版社,可以通过有关出版商、书商的期刊或利用互联网来查找。《出版家周刊》和《书商》这两本杂志每期都有一些出版业动态的介绍。各大出版社经常会编制一些宣传手册或书目来扩大自己的影响,而且现在绝大部分的出版商都已注册了互联网地址,它们通过网络介绍本出版社的历史沿革、出版特征,发布最新的出版计划、发展动态,还可以查找本出版社的书目等。网络的发展使采选人员能很快获得这些以前难以掌握的信息。

第五节　图书馆文献信息资源发展政策的制定

一、文献信息资源发展政策研究概况

文献信息资源发展政策,是图书馆以书面的形式系统地确定本馆文献资源长期发展策略以及具体实施规范的纲领性文件。信息资源建设是从藏书建设、文献资源建设等概念发展而

① 参见 http://www.degruyter.com/view/product/180453。

来的。在欧美国家,"藏书发展"(collection development)是一个含义比较宽泛的概念,已经涵盖了文献信息资源建设的主要内容。20 世纪 70 年代以来,以美国为代表的西方图书馆界积极研究和制定藏书发展政策,在理论和实践方面都取得了不少成果。1977 年,美国图书馆学家奥斯本(C. B. Osburn)论述了馆藏发展政策的功能和目的,以及达到目的应注意的问题,并提出一个制定馆藏发展政策的计划。20 世纪 80 年代以来,藏书发展政策研究进一步发展,研究领域不断拓宽。图书馆学家系统地探讨了藏书发展与藏书发展政策的定义、价值功能、内容范围、基本框架,制定书面藏书发展政策的必要性和目标、制定程序及原则等。我国图书馆藏书发展政策制定工作也得到迅速发展。截至 1993 年,72% 的高校图书馆和 78% 的公共图书馆已制定了藏书发展政策①。

20 世纪 90 年代以来的信息化浪潮中,文献资源数字化、虚拟化给图书馆馆藏发展政策带来了冲击和挑战。藏书发展或馆藏发展这些词汇更容易让人将其与纸质文献联系起来。许多图书馆学家针对新的信息环境给图书馆藏书带来的影响和变化,提出了新的馆藏发展政策,主要包括:建立超文本信息图、电子文献采访的技术化和专门化、确立筛选数据库资料的基本标准、建立虚拟图书馆、发展资源共建共享等。因此在 21 世纪初,开放存取成为图书馆界研究的热点问题。图书馆出现了修改馆藏发展政策的高潮,各图书馆纷纷把远程访问网络资源、非本馆数字资源等纳入到馆藏建设中,制定有关数字资源的采选政策,进一步拓展了馆藏的含义。而且随着数字资源的飞速增长,一些图书馆甚至提出了用电子资源取代纸质资源的设想。这种环境下,"馆藏发展政策"更多地被"信息资源的发展政策"所替代,以显示其包含的范围更广泛。

我国对藏书发展政策的关注始于 20 世纪 80 年代初期。在 1982 年,肖自力先生翻译介绍了美国图书馆协会制定的《藏书建设方针规范指南》。但之后虽然有一些研究,但进展缓慢,而且也没有应用到实践中。例如在 20 世纪 90 年代,美国图书馆掀起制定藏书发展政策的热潮,而在我国,除国家图书馆外还很少有图书馆有自己的馆藏发展政策。即使是国家图书馆,也仅制定了《文献采选条例》,其详细程度也与国外的馆藏政策说明无法相比。许多图书馆没有自己比较系统的馆藏发展政策,多年来只是凭着采访人员的经验积累,约定俗成地进行文献采选。这充分反映了我国图书馆管理方面的薄弱环节,即缺乏完备的藏书发展政策。这种情况直到进入 21 世纪后才有改观。

2002 年,肖希明主持的国家社会科学基金项目的最终成果《中国图书馆藏书发展政策研究》出版,该书是我国第一部系统研究图书馆藏书发展政策的专著。2005 年,教育部高等学校图书情报工作指导委员会组织专家研究制定《普通高等学校图书馆文献资源发展政策编制指南》,旨在为国内高校编制文献资源发展政策提供一份指导性文件,使图书馆资源发展规范化,同时编制的还有《电子文献发展政策指南》等共 8 个指南。最后这些文件于 2007 年以《文献资源发展政策研究》为名结集出版。进入 21 世纪,不少高校都制定了馆藏发展政策。应该说,21 世纪头 10 年是我国图书馆制定馆藏发展政策的高峰,而数字资源的发展政策已经是这轮政策高潮的重要内容。这说明我国的馆藏政策制定虽然较晚,但在数字资源方面与欧美国家相比并不落后。

① 肖希明,袁琳. 中国图书馆藏书发展政策研究[M]. 南京:南京大学出版社,2002:7.

二、制定外文文献信息资源馆藏发展政策的依据与内容

1. 制定外文文献信息资源馆藏发展政策的依据

(1)图书馆的性质和任务

图书馆的性质和任务是决定文献资源建设的根本性因素。在我国政府及有关部门颁布的图书馆工作条例、规程中对图书馆的性质、任务已有明确的规定。国外图书馆在有关馆藏政策的描述中,首先要陈述图书馆的使命及其任务。各类图书馆还应该根据各自的实际情况,将这些任务具体化,增强在实践中的可操作性、针对性。

(2)服务对象的特点

确定图书馆的服务对象、服务范围是制定馆藏政策的必备条件。一般来说图书馆服务对象的特点包括两方面内容:

① 地区特点或机构特点

各级公共图书馆和各机构(学校、科研单位、企业、事业团体及国家机关等)所设的图书馆是为所在地区和所属机构服务的。因此,各地区的地理、历史及经济、文化特点和机构的性质、任务等因素,是制定藏书发展政策的基本依据。图书馆首先应该对此进行分析。

例如,公共图书馆要分析所在地区的自然条件和资源优势、经济发展水平和特色、产业结构、科学技术水平及重大科研或工程项目、教育发展情况、历史和文化特点、本地区的经济和社会发展的整体战略等;有些省、市图书馆应注重收集与本省、市的支柱产业相关的各类图书;高校图书馆应根据本校的发展规划、专业设置、重点学科等因素制定采选条例,围绕教学和科研收藏图书。具体来说,中国国家图书馆理所当然要收集世界上出版的所有有关中国的图书,上海图书馆则要努力收集有关上海的文献资料,科研机构图书馆要尽力收藏与本学科有关的所有资料。

② 图书馆用户的特点

虽然图书馆有比较明确的“法定用户”,但因为用户是流动的,是组成图书馆最活跃的因素,其特点和需求在微观上总是在变化,不像地区特点或机构特点那么简单明确。因此,图书馆有必要对读者进行分析,内容包括读者的数量、类型、结构、需求变化、特点等。为此,图书馆要适时地、有针对性地进行读者调查分析。

(3) 原有馆藏体系的特点

图书馆已经形成的馆藏资源格局是馆藏持续发展的现实基础,制定文献信息馆藏发展政策必须以此为基础。这要求图书馆制定政策时必须全面调查馆藏资源情况,了解各类型载体的馆藏结构,掌握各学科出版物在文献类型、语种、地理范围、内容水平等方面的情况,掌握原有馆藏体系的基础、优势、特色与薄弱环节,摸清现有馆藏被利用的程度和对用户需求满足的程度等。

对于原来特色、优势,应尽力保持,或进一步增强优势;对于原来的薄弱环节,如果不是政策因素,也应努力补充缺藏。

(4) 馆藏发展目标

发展目标是对图书馆一段时间后馆藏发展应出现的结果所做出的规定或预期。一些图书馆,尤其是不少国家图书馆制定了馆藏发展 3 年、5 年甚至更长的规划。如美国国会图书馆曾

制定了《国会图书馆2008—2013年战略规划》《国会图书馆2011—2016年战略规划》，而且每3年就更新一次；大英图书馆制定了《大英图书馆2008—2011年发展战略》《大英图书馆2011—2015年发展战略》，而且发起了更为长远的2020战略计划。中国国家图书馆也编制了《"十二五"规划发展报告》。这些战略规划往往是从宏观上指导图书馆的发展，馆藏发展也是其重要内容，同时对馆藏发展重点、方向、目标等做出规划。馆藏发展目标一般包括：

① 数量目标：即在一定时期内馆藏数量的增长应达到何种指标，入藏文献对各学科文献的覆盖率达到什么比例。

② 质量目标：即对入藏文献的科学价值、现实使用价值和参考价值提出明确的标准，对入藏文献要达到的广度、深度、新度和各类信息载体的比例提出明确的要求。

③ 馆藏特色化目标：图书馆应根据本地区的地理、历史、文化特点，图书馆的服务任务，本馆读者的需求，藏书协调组织的资源共建安排等因素，确定本馆馆藏的特色，并对特色化形成的各项指标做出具体的规定，制定特色馆藏的目标。

2. 文献信息资源建设政策的内容

制定文献信息资源建设政策就是以书面形式明确规定图书馆文献信息采选所涉及的各方面问题。不同的图书馆其政策内容也会各有特色，放眼全球，世界各大图书馆都有自己的采选条例或采访政策，有的较为简练，有的则篇幅很大。例如，美国国会图书馆和澳大利亚国家图书馆的采访政策都有数十万字的内容。总体来说，文献资源建设政策主要包括这几个方面：

（1）总论。包括图书馆的性质、任务或使命陈述，服务对象说明，馆藏现状与发展目标说明，馆藏范围、重点、特色说明及文献采选的总原则等信息。例如美国国会图书馆在馆藏政策说明中陈述其使命是"满足美国国会和美国人民获取和使用其馆藏资源的需要，并为子孙后代维护和保存全人类的知识和创新成果"。

（2）各种载体类型的采选说明。各种载体包括：图书、期刊、手稿、地图、乐谱、缩微品、照片、音视频资料、实体与虚拟电子资源等。文献信息资源类型在不同类型的图书馆的作用与地位不同，采访政策也不同。因此，图书馆应对于不同的资源载体的采访政策做出详细的说明。如，美国国会图书馆、大英图书馆都对不同载体的入藏标准有详细的说明。

（3）各学科文献信息资源采选的语种、范围、内容要求、收藏级别等。这是文献信息资源建设政策的核心内容。图书馆的文献信息资源采选政策基本上是以学科内容为主线，结合收藏级别制定的，如，大英图书馆的"海外文献入藏政策"。

（4）文献采选方式。主要采访方式有：购买、呈缴、交换、捐赠、国内调拨、征集、复制等。资源建设政策说明要对不同的采选渠道的操作原则、规范做出说明。

（5）采选工作的人员职责、工作规则、工作岗位要求等。这部分主要规范文献资源采选人员的行为。

（6）资源共建与联合馆藏说明。对于有分工合作协议的图书馆来说，这部分内容是必不可少的。如美国国会图书馆、美国国家医学图书馆与、美国国家农业图书馆制定了联合馆藏政策说明，对于各自的分工、交叉学科的选择等作出了规定。

（7）文献信息资源管理。如图书剔除标准等。

对于国外图书馆的文献资源建设政策的实例，可以参考《世界各国图书馆馆藏发展政策精要》。中国国家图书馆的《国家图书馆文献采选条例》虽然没有被命名为"文献信息发展政策”,但实际上起到了同样的作用。国家图书馆最早在1996年制定了《书刊文献采选条例》,经历了2003年、2010年两次修改,最新的版本是2010年发布的《国家图书馆文献采选条例》。《国家图书馆文献采选条例》有以下几方面的内容:

(1)总则。主要对图书馆文献采选的原则进行宏观性说明,包括,文献的类型:印刷型文献(图书、期刊、报纸、学位论文、图片等)、稿本、抄本、墨迹、缩微文献、视听文献、数字资源(电子出版物、数据库、网络信息资源)等;文献采选的总原则(中文求全,外文求精;国内出版物求全,国外出版物求精;多品种,少复本);文献采选具体原则;文献的计划性;有关文献复本的原则;对采选工作人员的要求等。

(2)各类文献采选。这部分又分为国内印刷型文献、国外印刷型文献、特藏专藏文献、缩微文献、视听文献、电子出版物、数据库与网络信息资源等8类。每一类都比较详细地规定了采选的范围、原则及馆藏级别等。

(3)文献采选方式。包括接受缴送、购买、文献交换、接受捐赠、征集文献、接受调拨、复制、网络信息采集、数字化转换、竞拍等方式。

(4)文献复本及复本分配。主要是对不同类型文献的入藏数量及用途、馆藏分配等进行说明。

(5)附则。就与该条例相关的内容做说明。

这个条例从宏观上规定了文献采选工作涉及的各个方面,是指导实践工作的重要规则。2010版的最大特点是对新型载体,尤其是各种类型的电子资源的采访政策做出了比较详细的规定,可以说是适应了时代发展的需要,也为国家图书馆电子资源的发展指明了方向。

三、制定外文文献信息资源发展政策的意义

在图书馆馆藏的可持续发展过程中,文献信息资源发展政策的意义无论怎样评价都不过分。具体说来,可以总结为以下几点:

首先,在宏观上对馆藏文献的发展进行规划和控制,使馆藏发展沿着计划的轨道有目的地运行,不因采选人员的更换而偏离发展方向。馆藏发展是一项连续性很强的事业,制定出科学的馆藏发展政策,可以从制度上保障其相对的稳定性。

其次,可以使文献选择有法可依,有章可循,克服随意性,增强科学性。文献选择工作过程中的个人主观因素起重要作用,采选人员的个人好恶可能会对对藏书造成影响,馆藏发展政策可以尽可能地避免个人因素的负面作用,降低个人因素对馆藏发展的影响。

再次,突出馆藏重点,加强协调发展,把有限的经费最大限度地用于本馆的重点馆藏。资源的共建共享将是今后馆藏发展的必然道路,馆藏政策一般都详细规定了图书馆自身的馆藏重点、特色馆藏及其采选原则,这就为资源共建共享提供了依据。各图书馆互相了解对方的藏书政策以后,就可以积极参与协作和协调。

四、文献资源建设政策的修订发展

文献资源建设政策是图书馆规范文献采选的“法律”,一方面具有稳定性,另一方面也应该随社会信息资源的发展不断发展。因为图书馆作为社会文化信息资源的储存地,社会信息环境的变化、读者需求的变化、社会提供给图书馆的条件的变化以及图书馆协作组织的发展等都

会对图书馆的馆藏发展产生影响。图书馆要想适应各种社会变化，保持其生命力，必须使馆藏文献发展与社会发展同步，甚至可以引导社会文化的发展。那么作为保障文献信息资源发展的图书馆馆藏文献信息资源发展政策，就必须适应社会信息环境的发展，在保持稳定性的同时，也要适时地修改。

进入21世纪以来，随着网络与电子资源的快速发展，国内外图书馆界掀起了修改馆藏发展政策的高潮，这次修改主要是针对网络电子资源进行的。图书馆纷纷把有关电子资源的发展政策、标准写进馆藏发展政策。

国家图书馆2010年新修订了文献采选条例，也是为了适应新的社会信息环境而采取的措施，删除了一些不合时宜的内容，增加了有关网络信息资源采选政策的内容。

文献信息资源建设政策的修订反映了馆藏政策的某些变化。在当前情况下，制定采选政策时应防止两种错误的观点：一是固守传统的藏书模式，无视图书馆信息资源、结构的变化，对新型的文献信息载体的搜集和网络资源的获取持消极的态度；一是认为网络资源可取代馆藏文献资源，因而忽视馆藏实体资源的建设，即所谓的“存取”替代“拥有”。目前的实际情况是图书馆的网络资源与馆藏实体资源是相互依存、相互补充的，在满足读者多元化的信息需求中，各有其功能和优势，还不能互相取代。所以，要合理安排两种资源的比例，实现资源的最佳配置，使它们能发挥最大的作用。

第五章　外文文献信息资源的收藏级别

任何一个图书馆，不论其性质如何，规模多大，都不可能收集所有类型的文献资源。所以，在选择文献资源时，都是有重点地采选。各种类别的文献信息资源，在图书馆整个馆藏体系中，具有不同的地位和作用。因此，从图书馆的整体结构功能出发，要求各种文献的入藏范围、数量、水平分别达到一定的标准。按照需求程度，将各种馆藏文献信息资源划分为有层次的收藏级别，并规定各级别所应达到的收藏目标。

第一节　美国图书馆的藏书级别及其实践

一、美国图书馆的藏书级别

1976 年，美国图书馆协会下属部门制定并通过了《藏书发展方针规范指南》，提出五级藏书框架模式。这个模式，按照读者需求种类和保存任务，结合原有藏书密度和现在的搜求深度，分别用 A、B、C、D、E 5 个代码表示五级藏书的不同标准要求。关于级别的定义，该书指出："一份书面藏书发展方针对任何图书馆都是重要的：① 可使选书人员的工作与既定目标始终保持一致，从而形成较强的藏书，更合理地使用资金；② 可以告知图书馆人员、读者、行政人员、托管人员和其他人现存藏书的范围和性质，以及资源发展的计划；③ 有助于预算分配的情报。"其具体含义是：

A——完整级。图书馆在需要的、明确而有限的领域中，尽可能合理地努力搜集包括全部记录知识的有意义的著作。这种搜索的目的是保持一种特藏，即使达不到目的，也要努力做到。

B——研究级。这一级藏书要搜集撰写学位论文和独立研究所需要的重要出版物及原始资料，包括研究报告、新发现、科学实验结果和其他对研究者有用的情报，也包括该领域中的重要参考书、广泛选择的专著、期刊、主要的索引和文摘。

C——学习级。是保证大学本科生和研究生课程的需要、满足独立学习要求的藏书，能保持有限的或一般目的所需要的学习知识就够了，比研究级程度要低一些。它包括有关该学科的范围广泛的基础专著，较重要的著作全集、有代表性的期刊、参考工具书和基本书目资料的精选品。

D——基础级。是高度精选的藏书，用以介绍和认识学科，并指出其他地方的各种可用材料，包括该领域中主要的字典、词典、百科全书、历史概述、重要书目和一些主要期刊。

E——最低级。除了某些学科领域的基本著作外，基本上不再选购其他图书。

有些学科领域可能完全在图书馆的入藏范围之外，这些学科的类号在分析中可以划去，或用"0"表示不入藏。

关于级别定义的实用性，《藏书发展方针规范指南》指出，"只有在一种很客观的意义上使用”,“大多数图书馆完全可能在任何领域都不具有完整的藏书。同样,不负责博士培训计划的学院图书馆和不面向专业研究的其他类型的图书馆可能没有任何藏书能属于这里定义的研究级。定义的目的在于描述资料题目和形式的范围与差异,并不解决同一种书出现复本的可能性问题”。

二、藏书级别的实践与发展

藏书级别提出后,被很多欧美图书馆采用,它们在制定本馆的馆藏发展政策时都以此为据提出本馆的藏书级别,而且将其作为馆藏评价的一个重要标准和工具。美国国会图书馆是应用五级藏书体系的典范。其馆藏政策说明按照学科类别、载体类型对馆藏级别做了比较详细的规定,全面阐释了美国国会图书馆的收藏级别。美国各类学校也有不少应用藏书级别来制定本馆的馆藏政策。关于更多国外图书馆的实践,在很多图书馆的官方网站上都能找到有关馆藏发展政策的资料,也可以参考《世界各国图书馆馆藏发展政策精要》一书。

1996 年到 1997 年,美国图书馆界对收藏级别进行了修订。修订后的指标统一适用于所有学科,本次修订还对非印刷载体的收藏级别做出了规定。根据数字馆藏的需要,收藏级别中对访问权限进行了界定,定义了对电子资源的存取从有限级别到广泛级别再到更广泛级别的发展。实践中,很多图书馆把数字资源也纳入了馆藏级别体系。虽然在实践中很难对馆藏级别的应用情况做出精确评估,但其仍不失为一个馆藏发展的指导性政策。

第二节 中国学者的理论与中国的实践

一、中国学者的理论

我国的学者肖自力在参考美国五级藏书级别的基础上,针对我国的现状,也提出了五级藏书级别。

甲级(完整的藏书):努力搜集某专题领域的所有知识记录,不管其内容的水平、语种、出版形式、著作形式如何,以搜集齐全为标准。

乙级(研究水平):乙级藏书以满足独立研究的需要为目的。对高等院校来说,要能满足教师、研究生和高年级学生学习和研究需要。因而必须收集该专业领域的各种不同学派的有代表性的全部著作,包括主要的外国文种资源。

丙级(大学水平):以满足大学生和个人自学大学课程的需要为目标。应当搜集全部基础著作,重要著者所写的全套著作和有关的评论、优秀教科书、参考书、工具书、书目资料、范围比较广泛的基础期刊,也包括经过精选的外文教科书。

丁级(基础水平):这是经过精选的藏书,以介绍不同的专业领域为目标,应搜集公认的代表作家的基本著作、基础教科书、参考书、书目资料、代表性的期刊。原则上不收外文书刊。

戊级(最低水平):这是藏书范围之外的专题领域。只收少量很基本的著作或工具书,以备不时之需。

二、国家图书馆的实践

无论美国的五级藏书体系,还是我国学者提出的新五级藏书方案都是针对整个图书馆藏书结构的,对图书馆的信息资源选购提供了理论指导。在我国把五级藏书体系应用于实践的主要是国家图书馆。

对于国家图书馆来说,因为承担保存中国出版物的职责,对中文文献资料必须全面收集,其藏书级别就主要体现在外文资源的选购上,国家图书馆制定的采选条例比较详细地说明了外文文献的采选级别。国家图书馆根据自身的情况,对五级体系做了变通,实施的是四级藏书体系。具体来说就是:全面采选、重点采选、适当(一般)采选、不宜入藏。其详细内容如下。

1. 全面采选的文献

(1)国际共产主义运动著名领导人的著作(包括较大文种的全集、选集),以及中国共产党和国家领导人著作的各种文本;

(2)研究中国和华人的文献;

(3)国际法、国际条约和各国宪法、重要法律、法令;

(4)著名国际奖项(如诺贝尔奖)和重要国家级奖项(如龚古尔文学奖)获得者以及国家院士级学者的著作。

2. 重点采选的文献

(1)研究国际共产主义运动著名领导人以及中国共产党和国家领导人的学说、思想和生平的著作;

(2)研究民族解放运动、工人运动、社会主义和国际共产主义运动的著作;

(3)各国国家、政府、主要政党、重要社会团体首脑人物和各界有影响的人物的著作;

(4)大型综合性百科全书,大、中型字典、词典,国际性和国家级的人名词典、地名词典、世界性和国家级年鉴;

(5)海外出版的中文文献以及译成外文的中国古今重要文献;

(6)海外华人著述、翻译、编辑的有重要参考价值的文献;

(7)世界各国的国家级政府出版物,重要国际组织的出版物;

(8)国际性和国家级学术组织的出版物及学术会议录,重要学会、协会组织编辑出版的具有较高学术水平的出版物;

(9)各学科有参考价值的工具书、学术著作和刊物;

(10)图书馆学与信息管理等有参考价值的文献;

(11)有关我国周边国家政治、经济、文化、民族、宗教、军事、地理等情况的文献。

3. 适当采选文献是:

(1)普通文艺作品;

(2)学科基础知识读本;

(3)科普读物;

(4)高等学校教材;

(5)旅游与娱乐类书刊。

4. 不予采选的是:

(1)普通儿童读物；
(2)中小学教科书；
(3)硕士及硕士以下学位论文；
(4)一般性工业技术标准；
(5)一般性科研报告、技术报告；
(6)专利文献；
(7)产品样本、商业广告；
(8)纪念册、日历、交通时刻表、气象日志；
(9)迷信、荒诞、淫秽文献。

国家图书馆的藏书级别与欧美相比，比较简单，也没有按照学科分类划分，但也综合了馆藏重点、载体因素，这与国家图书馆收藏的学科比较齐全有关。而且如果规定太细，在操作中可能也难以做到。在这四级藏书体系中最难操作的就是适当采选，对采选人员来说把握“适当”这个度并非易事。

三、其他图书馆

国家图书馆是综合性的大型图书馆，所以采选的内容、范围都比较广泛。对于其他类型的图书馆，可以根据自己的性质和任务，在藏书级别理论的指导下，借鉴国内外图书馆的有关规定，制定自己的文献源采选密度级别。对于各种收集外文文献资源的图书馆，限于资金，藏书级别不一定要五级或四级，应根据实际需要制定，可以只制定两级，即全面采选与重点采选。

如高校图书馆，全面采选的应该是：本校教师、本校毕业的学生在国外出版的图书，有关本校的图书或反映本校图书馆特色馆藏的文献；重点采选的可以是本校重点学科、重点实验室所需的图书等。省级公共图书馆应突出其地区特色，全面采选的应该是：国外出版的研究或有关本省的文献资料，关于本省知名人士的图书等。重点采选的可以是本省经济、社会、科技等各方面发展需要的文献和与本地特色相关的文献等。对于这些图书馆来说，由于资金因素，全面采选的文献范围极小，重点采选的文献更为重要。

四、制定外文文献信息资源采选级别的意义

1. 指导选书人员工作

选书是一项主观随意性比较大的工作，如果有比较详细的采选指导，就可使工作人员在选书过程中做到有的放矢，明确重点，而不是随意画圈。

2. 有效地利用购书经费

我国的大部分图书馆资金都比较紧张，采购的外文图书数量有限，制定一个合适的馆藏采选级别，能够把有限的资金用在刀刃上，更加有效、合理地利用资金。

3. 衡量图书采选质量时有据可循

对图书采选质量的评价历来众说纷纭，没有标准。实际上，由于各种类型的图书馆任务不同，对所选图书的范围、质量要求都不同。而制定比较适当的采选级别就是衡量选书质量的一个重要依据。如果采选人员比较好地完成了全面采选和重点采选的任务，就表明他们的采选质量较高。

第六章　外文文献信息资源的出版与发行

第一节　外文图书出版概况

一、美国图书出版业

美国图书出版业在全球图书出版业中的地位举足轻重，代表了世界出版业的主流和方向。从20世纪90年代起，其不论在数量还是产值上都一直稳居世界图书出版业的霸主地位。2008—2012年的图书出版量分别是18万、17.8万、18.6万、19万、和18.5万种。2008—2012年出版社净收入(包括印刷版和数字版)分别为123.28亿、121.32亿、121.88亿、122.33亿和133.98亿美元;2008—2012年出口图书金额分别是16.3亿、15.4亿、15.57亿、15.69亿和16.38亿美元①;2010年美国的图书出口量占世界图书总出口量的30%，是名副其实的图书出口超级大国②。

美国的出版业发达，不仅出版社数量众多，而且国际化程度高，所有跨国出版集团都能在美国出版。美国有80 000多家出版社，具体来说，有六大出版巨头：兰登书屋(Random House)，企鹅集团(Penguin Group)、西蒙与舒斯特(Simon & Schuster)公司、阿歇特出版集团(Hachette Book Group)、哈珀科林斯(HarperCollins)出版社和麦克米伦(Macmillan)出版社，其中4家是外国公司;有300—400家中型出版社;还有86 000个小型、自助出版社③。如此多的出版社，水平自然是参差不齐的，规模相差很大，有些一年仅出几种书，而大的出版社年出书量达几千种之多。通常，年出版量50—100种的为中型出版社，年出书量100种以上的为大型出版社。出版社主要分布在纽约、波士顿、芝加哥、加利福尼亚州、马萨诸塞州、伊利诺伊州、得克萨斯州、佛罗里达州等沿海地区，其中以纽约和加利福尼亚州最为集中，这里是当代美国出版业的中心。出版范围涵盖了从大众图书、平装书、参考书、专业图书、教材、教学辅助用书等所有领域。

美国作为世界出版大国之一，不仅拥有数量众多的世界知名出版社，而且其历史也很悠久。如利平科特－雷文(Lippincott-Raven，1792年成立于费城)、约翰·威利(John Wiley & Sons，1807年成立于纽约)、哈珀科林斯(Harper Collins，1817年成立于纽约)、霍顿·米夫林(Houghton Mifflin，1832年成立于波士顿)、利特尔 & 布朗(Little, Brown，1837年成立于波士顿)和麦格劳－希尔(McGraw-Hill，1873年成立于纽约)等，社龄均在100年以上。此外，还有

① Bogart, Dave. Library and Book Trade Almanac, Formerly the Bowker Annual 2012[M]. Medford: Information Today Inc., 2013: 436, 452, 454.

② 崔斌箴. 政府助力美国成为图书出口大国[J]. 出版参考, 2012(1): 56.

③ The United States Book Market[EB/OL]. [2013－08－08]. http://www.buchmesse.de/pdf/buchmesse/buchmarkt_usa.pdf: 13.

历史悠久的大学出版社，如哈佛大学出版社（Harvard University Press）、约翰斯·霍普金斯大学出版社（The Johns Hopkins University Press），加利福尼亚大学出版社（University of California Press）、普林斯顿大学出版社（Princeton University Press）、纽约大学出版社（New York University Press）、麻省理工学院出版社（Massachusetts Institute of Technology Press）等。

随着出版业全球化的发展，美国出版业的并购现象愈演愈烈。最近20多年来国际出版业界的并购现象和集团化规模扩张一直在发展蔓延。从20世纪90年代末开始，美国出版界掀起了一个新的并购高潮。1990—1995年共有48次出版并购交易，1996—2001年有36次并购交易。仅1998年，就发生了8起引人注目的重大出版兼并事件。1998年初，世界著名教育图书出版商培生（Pearson）集团宣布兼并美国维亚康姆集团旗下最大的图书出版商西蒙与舒斯特（Simon and Schuster）公司，由此成立了培生教育。不久，纽豪斯家族把美国最大的一般图书出版社兰登书屋卖给了德国的贝塔斯曼出版集团，这一交易轰动了当时整个美国出版业和国际出版界。

这些并购案的发生带动了出版资源和出版物市场结构的战略性调整，有利于出版资源的优化配置，使得某些出版集团的资本规模、市场垄断能力和竞争力通过并购迅速壮大。比如，贝塔斯曼集团收购美国兰登书屋（Random House）之后，将它与矮脚鸡·道布尔戴·戴尔（Bantam Doubleday Dell）出版集团合并，保留了兰登书屋的名称，组建了一个全球年销售19亿美元、美国本土年销售14亿美元的多学科的超大型出版社。借这次并购，美国成为贝塔斯曼集团最重要的市场，贝塔斯曼也成为英语世界最大的商业出版社。同年的另一宗超级并购案——世界最大的教育出版商培生集团收购世界出版巨头，1997年纯图书销售收入达24.7亿美元的美国西蒙与舒斯特公司的教育图书、职业图书和工具参考书等出版部门，进一步提升了培生集团对美国教育图书市场的垄断能力。

不断的并购使出版业呈现大型化、集团化垄断的趋势。大量出版社的并购与重组，形成了资金、人员间相互融合，老牌的强者希望以此来继续保持传统的优势地位和开拓新领域；新生的力量也想借此来扩大市场的份额。在美国出版行业每年都会有大量新出版社成立，同时也会有许多出版社宣布倒闭破产或被兼并重组，出版活动已打破国界、地域和文化的限制，这种变化也使得当今的出版活动的国际化、大型化、集团化和垄断化经营趋势变得愈发明显。正如麦格劳－希尔公司经理特里·麦格劳所说的那样："要想在竞争中立于不败之地，你必须立足于各个出版领域，不管是教育图书、专业图书还是一般图书出版。"培生集团收购了西蒙与舒斯特公司的教育、专业和参考书出版部后，其在美国教育图书出版市场上的竞争力大幅度提升。目前，美国的教育图书出版市场基本上由培生集团、麦格劳－希尔公司、休顿·米福林（Houghton Mifflin）出版公司等少数几家公司所控制。在专业图书出版领域也是如此。美国的专业图书出版市场基本上是威科（Wolters Kluwer）集团、励德·爱思唯尔集团和汤姆逊集团（THOMSON Group）这几家公司的天下。

二、英国的出版业

作为传统的出版大国和强国，英国出版业历史悠久，它在大众、教育、学术和专业书籍方面有着庞大的国内、国外市场。同时，作为世界通用语言的英语，使英国出版业具备得天独厚的优势，在全球出版业市场中占有很大的份额。据ISBN出版社前缀登记统计数据显示，2009年英国出版社为3007家,而2007年和2008年分别是2876家和3142家。这其中,销售额超过100万英镑的出版社有290家,而销售额超过500万英镑的出版社则有90家。根据英国尼尔森图书系统统计,2009年英国出版新书133 224种,而2007年和2008年分别出版新书119 465种和129 057种。据英国2009年出版商图书销售额统计数据显示,英国图书销售发票统计值为30.53亿英镑左右,图书销售册数约为7.63亿册。从2007年到2009年的销售额统计值来看,内销基本徘徊在19亿英镑左右,出口则在12亿英镑左右,而且内销逐年下降,出口逐年稳步上升①。显然,从英国的图书销售数据可以看出,英国的图书对外出口比例是非常高的,这在很大程度上显示出英国的殖民文化对当今世界还有着巨大的影响,另外英语教学类图书在海外市场也占有较大的份额。

英国是现代出版业的发源地,拥有世界上出版历史最悠久且始终保持活力的出版社,如创立于1584年的剑桥大学出版社,创立于1585年的牛津大学出版社,它们现在每年仍然保持1000种以上的出版数量。伦敦是英国出版业的中心,绝大多数出版社集中在伦敦,另外在牛津、剑桥、爱丁堡和格拉斯哥也有一些重要的出版社。英国主流出版社或大型出版公司有:麦克米伦(Macmillan)出版社、牛津大学出版社(Oxford University Press)、企鹅集团(英国)(Penguin Group UK)、培生教育(Pearson Education)、哈珀科林斯(Harper Collins Publishers)、剑桥大学出版社(Cambridge University Press)、泰勒弗朗西斯(Taylor & Francis)等。英国主要的政府出版机构是皇家出版局(Her/His Majesty's Stationery Office)。

在英国图书通常分为3类:大众读物、教育图书、学术和专业图书。大众读物主要指的是消遣类和娱乐类图书,如小说,销量很大,约占英国图书销售总额的74%;教育类图书主要包括中小学教材和学习指导图书,约占图书总销售额的19%;学术和专业图书,约占图书总销售量的7%②。学术和专业出版物出版量与发行量较少,但盈利颇丰。这都得益于英国有一个较为完善的学术出版体制,使得大学出版社和独立出版社愿意涉足学术出版领域。牛津大学出版社和剑桥大学出版社是其中的佼佼者,他们已成为英国出版业的代表,在世界学术出版界占有十分重要的地位,不仅出版数量大,在盈利能力上也非常突出。在跨国公司一步步控制出版界的今天,英国的大学出版社和独立出版社依然能够保持很强的实力和良好的发展前景,优秀的出版物和良好的运作及其品牌效应是至关重要的保证。

经过数百年的发展,英国出版业已形成一整套市场运作模式,并随着经济全球化,呈现出国际化、集团化、专业化、网络化的新发展趋势。与美国出版市场相似,20世纪90年代以来,英国的出版业也一直处于兼并与反兼并的动态之中。独立的学术出版社在英国出版业中发挥重要的作用,比较著名的有牛津大学出版社、剑桥大学出版社、劳特里奇(Routledge)出版社、麦克米伦出版社、布莱克威尔出版公司等。但为了保持在竞争中的优势地位,这些公司纷纷与世界著名的出版公司联合重组。劳特里奇出版社被泰勒弗朗西斯收购重组,布莱克威尔出版社被约翰·威利收购等。而牛津大学出版社、剑桥大学出版社由于其隶属于大学,其定位为非营利机构,从而保持了独立。

---

① 尤建忠.英国图书出版概况[J].中国出版,2011(9):72-74.

② 英国出版业调研[EB/OL].[2013-07-31].http://www.mofcom.gov.cn/article/i/ck/201202/20120207965543.shtml.

不断的兼并使垄断成为英国出版产业最显著的特征之一。英国出版产业基本被大跨国公司所控制。如,新闻集团(News Corporation)、培生(Pearson)集团、励德·爱思唯尔、汤姆逊集团、泰勒弗朗西斯集团等。在英国,大出版集团占有市场的大部分份额,但更多的出版社是中小型出版社,他们以灵活的机制、对市场需求敏捷快速反应和高质量的专业图书在某一细分市场做得有声有色。

英国出版业的繁荣与英国政府对出版业采取的扶植政策密不可分。在税收方面,对出版物实行"零税"政策,即零增值税政策,该政策已有100多年的历史。长期的出版物"零税"政策使英国出版业得到长期、稳定的发展环境,对英国跻身于世界出版大国之列功不可没。此外,政府部门还设立专项基金和补贴,扶持图书出版和对外出口。英国政府为向世界推广英国文化,大力支持出版业占领世界图书市场,还设立了文化委员会,每年拨出百万英镑的图书推广费,鼓励、资助英国出版公司的图书出版,在海外举办或参加各种图书展览。英国投资贸易署每年也向部分英国出版公司提供几十万英镑的图书出口补贴。近年来英国政府一直酝酿改变这一状况,但没有成功,这其中有出版社、书商和作家的反对因素,也有英国政府对出版物性质的认识的因素,在英国"图书是商品还是特殊商品"的争论一直没有停止。

三、欧洲其他国家

德国、荷兰尽管不是英语国家,但是其出版业十分发达,在世界出版业中占有重要的地位,出版了许多高质量的英语学术图书。法兰克福和莱比锡是德国图书出版业中心,每年一届的法兰克福国际图书博览会是世界上最大规模、最具影响的图书出版界的盛会,可以说是全球出版业的风向标,出版界的发展趋势、最新动态、热门话题以及新技术的应用都可以在这里找到。

据德国国家文献和德国可供选购图书目录VLB的数据显示,德国各出版社出版的初版新书量,2010年为84 351种[①],2011年这一数字为82 048种,2012年79 860种新书[②]。据德国书业协会统计,2010年德国书业的销售额达到97.3亿欧元。2012年,经书店和网上渠道销售的图书带来的收入达到95.2亿欧元,这一销售额与2011年相比下降了0.8%。2012年各类图书的市场份额分别是:小说35.0%,儿童和青少年图书15.6%,指南类图书13.8%,非小说类文学作品9.3%,中小学教科书8.9%,旅游类图书6.1%,自然科学、医学、计算机科学和技术类图书4.4%,人文科学、艺术和音乐类图书4.4%,社会科学、法学和经济学类图书2.5%。

德国出版业中最有影响力的是三巨头:贝塔斯曼集团(Bertelsmann GmbH)、霍尔茨布林克集团(Verlagsgruppe Georg von Holtzbrinck)和斯普林格集团,它们都是2011、2012年全球排名前20位的企业,都是由家族创业,通过现代化市场运作,成为跨国集团的典型代表。施普林格现在的投资者已经不是德国公司,已经不算传统意义上的德国公司,但2012年其收入的29%仍

① 德国书业最新统计[EB/OL].[2013-08-18].http://www.biz-beijing.org/news.php?year=2011&id=238.

② 2012年度德国书业统计数据出炉[EB/OL].[2013-08-18].http://www.biz-beijing.org/news.php?year=2013&id=316.

来源于德国、奥地利、瑞士这些德语区①。在人文社科出版领域,引领风潮的却并不是以贝塔斯曼等三大集团为代表的大型出版企业,而是为数众多的中小型出版企业和独立出版社,如苏尔坎普出版社(Suhrkamp Verlag)、费舍尔出版社(S. Fischer Verlag)、费利克斯·迈纳出版社(Felix Meiner Verlag)、雷克拉姆出版社(Reclam Verlag)、马修·赛驰出版社(Matthes & Seitz Verlag)、罗沃尔特出版社(Rowohlt Taschenbuch Verlag)等。这些中小出版社作为独立的出版机构,保持了对文学的独到见解和自身的创造性,它们不仅仅把图书当作在市场上流通的商品,更将其视为文化的载体和象征来对待,一些不知名作家的作品和深奥的学术著作往往得到他们的支持与出版。德国图书在过去被认为过于严肃和充满学究气。20 世纪 80 年代,受美国文化影响,德国出版物市场充斥着大量美国作家的作品,人们渴望了解美国人的观点和想法,一些不知名的美国作者在德国却大受欢迎,现在这种情况有所改变,德国出版社在依然对美国作品感兴趣的同时,更多地转向本国和欧洲挖掘素材,这就带来了一些创作方面的变革和出版社结构的转型,以期迎合竞争激烈的市场需求。

荷兰是欧洲的一个小国,却是出版业最发达的国家之一。荷兰出版业起始于 16 世纪。据史料记载,爱思唯尔(Elsevier)是荷兰最早的出版商之一,成立于 1580 年。这个出版商就是现在世界著名出版商励德·爱思唯尔(Reed Elsevier)集团的前身。到了 17、18 世纪,荷兰已成为世界出版业和国际书市的中心,许多在别处无法出版或被禁止出版的杰作都在荷兰得到出版和发行。因此,荷兰也被称为"思想和知识的转运港"。2010 到 2012 年世界十大出版公司前五位中的两位,即励德·爱思唯尔(Reed Elsevier)和威科(Wolters Kluwer)集团的母公司都在荷兰,足见荷兰在世界出版业的地位。

荷兰历史上有着良好的传统,其出版环境宽松,市场开放,政府干预少,各项税收政策优惠,出版发行销售体系完备通畅;荷兰的国民阅读率较高,据统计,74% 的荷兰人有阅读习惯;语言优势和国际化是荷兰出版传统的一个重要组成部分,荷兰的英语出版物占相当的比重,因此海外市场对荷兰出版商来说意义重大,各行业协会作用明显,积极鼓励出版企业向外发展,参与国际市场竞争。20 世纪 50 年代起,以爱思唯尔科学出版公司(Elsevier Science Publishers)和克吕韦尔学术出版集团(Kluwer Academic Publishers Group)为主的一些科技出版社开始以其优质的英文科技图书与期刊专供出口,一步步向海外拓展,成为荷兰出版业的一大特色。

荷兰各类出版机构达 1800 多家,其中商业出版社 600 多家。荷兰大型出版社约 30 家,出书量占全国出书总数的 60%②。2010 年年出书量是 11 500 种,出版量最多的年份是 2008 年,为 14 435 种(包括新书和重印),图书价格实行 fixed book prices 。荷兰出版的图书种类繁多,其中文学作品、翻译作品占有很大比例,版权交易也十分活跃,出版物以荷兰文为主,其次是英文、法文、德文和西班牙文。出版社主要集中在阿姆斯特丹,其次是海牙、乌得勒支、哈勒姆、鹿特丹等地。

荷兰最主要的大出版社有享有国际声誉的出版集团——励德·爱思唯尔集团、威科集团。其他主要的大型出版社还有 WPG 出版集团(WPG Uitgevers)、VBK 出版集团(Veen Bosch &

① Total revenue 2012 by region[EB/OL].[2013 - 08 - 18]. http://www. springer. com/about + springer/company + information/key + facts? SGWID = 0 - 175806-0-0-0.

② 崔斌箴. 荷兰:地理小国出版大国[J]. 出版参考,2011(9):43.

Keuning Publishing Group)等。此外,荷兰还有各具特色的独立出版社,如德赫斯(De Geus)出版社是独立出版社中规模最大的,每年出版约100种图书;布里尔出版社(Brill Press)成立于1683年,是荷兰最古老的出版社,其出版物主要以英语学术性图书为主。

法语作为英语以外世界上使用国家最广泛的语言,其出版物在世界出版物市场占有十分重要的地位。法国是最重要的法文出版物出版国和输出国,2011年世界十大出版公司中法国公司占有一席之地。

法国的出版业也具有垄断特征。20世纪法国出版业经历了两次合并运动,50、60年代,出版业形成了阿歇特(Hachette)、伽里玛(Gallimard)和西岱出版社(Les Presses de la Cité)三足鼎立之势。80、90年代,法国著名的高科技和传媒领域的拉加德尔集团(Lagardère Groupe)掌控了阿歇特41%的股权。西岱出版社历经数家之手,最后被维旺(Vivendi)集团控制,其母公司维旺环球出版公司(Vivendi Universal Publishing)又吞并了Larousse、Nathan等多家出版社。之后伽里玛渐渐无法与此两大巨头竞争,落入了第二阵营。在此阵营中有弗拉马里翁(Groupe Flammaron)、阿尔班·米歇尔出版社(Group Albin Michel)和塞伊出版社(Seuil),这6家公司一共控制着法国出版物市场75%的份额①。

21世纪伊始,法国出版业又经历了一次大的合并运动。2002年拉加德尔集团在购得了维旺环球出版公司之后,成为了法国出版业的垄断集团。它占据了82%的教科书市场和98%的字典市场,在图书发行业中也拥有60%的份额②。2006年2月它参与收购美国时代华纳出版集团(Time Warner Book Group)的业务,使其出版的触角又延伸到了美国的出版市场。它旗下的阿歇特出版集团则成为法国第一大出版商和全球第三大大众读物出版商,年营业收入超过20亿欧元。阿歇特还是世界出版业的十强公司,在2011和2012年分别排名第5和第6位。2010年法国有近8000家出版公司,其中300家公司占有90%的市场份额,而两大集团占据了40%的市场份额,可见其垄断程度③。

2010年法国出版图书67 278种,销售收入41.9亿欧元,占据市场份额比较多的图书类别是:文学类图书27%,青少年读物16%,休闲、实用生活类12%,社会科学、技术类11%,漫画和娱乐11%。法国大多数出版社集中在巴黎,其次是里昂。

第二节　外文期刊的出版

一、外文期刊出版概况

虽然期刊的出版晚于图书,但其发展速度却非常的快。20世纪初期刊的发行量就已远远超过了图书,成为影响人们生活及思想观念的主流媒体。但是,全世界每年到底出版有多少种期刊,却是一个很难确定的数字,这是由期刊出版的特殊性决定的。据不完全统计,全世界每年大约有2000多种新刊出版,但是实际上能够成功地持续出版下去的并不多,停刊、合并的期

①②　杨贵山.国际出版业导论[M].北京:北京大学出版社,2010:115.

③　The publishing sector in France[EB/OL].[2008-08-20].http://www.france.fr/en/arts/article-old/publishing-sector-france.

刊约占每年新刊总数的一半。即使是出版多年的期刊也可能由于出版社倒闭、被并购，成本增加、内容调整及出版载体变化等原因而合并、改名或停刊。这也就使得期刊出版的数量随时有可能发生变化，导致期刊出版数量为一个动态值。比较权威的世界期刊出版数据来自美国鲍克公司编辑出版的《乌利希国际期刊指南》，据其2010年统计，全世界有近30万种连续出版物在出版，其中期刊约为10万种。世界期刊出版大国主要有美国、英国、德国、荷兰和日本等。

美国期刊出版业一直居世界第一位。2007年美国出版的杂志已接近2万种。《时代周刊》(*TIME*)、《读者文摘》(*Reader Digest*)、《商业周刊》(*Bussiness Weekly*)、《财富》(*Fortune*)、《国家地理》(*National Geographic Magazine*)、《科学》(*Science*)等，都享有世界性的声誉。

英国作为出版强国，期刊出版量居世界前列，据英国期刊出版商协会对2006年英国消费者杂志(consumer magazine)和商业杂志(business to business magazine)的统计，全国共出版期刊8558种，其中消费类期刊3445种，商业类期刊5108种。出版有《时尚》(*Vogue*)、《大都会》(*Cosmopolitan*)、《魅力》(*Glamour*)等国际著名品牌杂志。著名期刊《经济学家》(*Economist*)也出自英国。

德国每年出版期刊也有8000多种，它主要分为大众类、专业类和教会刊物。大众期刊内容广泛，包括信息和娱乐，读者对象为广大民众，这类杂志约在6000种左右；专业期刊的内容主要包括科学技术领域，为某一特定的读者群体提供信息，这类期刊有2000种左右；同时还有少量的教会刊物，它是以某种宗教信仰为出发点、以各类宗教团体为主要对象，与某宗教信仰相关联的印刷刊物。

荷兰有综合性和专业性期刊4000多种。2007年，荷兰出版的期刊数占全球总期刊数的9.1%，仅排在美国和英国之后。荷兰拥有世界上最负盛名的科学、技术和医学期刊出版商——爱思唯尔公司(Elsevier)，而世界上著名的斯普林格和泰勒弗朗西斯(T&F)等出版商都在荷兰设有办事处。

据日本杂志协会的不完全统计，每年在日本出版物市场上流通的杂志有4000多种，日本出版业曾经建立在一个以杂志为主体的“刊重书轻”的结构之上，杂志销售占整个出版营业总额的60%左右。但是，经济不景气使得日本出版业销售大幅度下降，伴随着原油的价格上涨，日本纸张的价格也在持续上涨，杂志的整体出版成本大幅增加，也导致传统杂志出版量的萎缩。

二、期刊出版的特点

计算机及网络技术的飞速发展带来了期刊数量的剧增和载体形式多样化，其出版发行呈现出新的特点。

1. 出版的集团化和规模化

20世纪后期，外文期刊出版业垄断范围和势力急剧扩大，从过去的纸本期刊业迅速波及电子期刊、数据库行业。出版集团规模不断扩大，许多出版集团开始实施兼并重组跨国发展战略，垄断和集团化趋势进一步加强。期刊出版的集团化和规模化实际上是出版社为了应对全球出版业的激烈竞争，在市场上获得更大的份额得到更多的利润而采用的一种策略。如：2007年2月约翰·威利父子出版公司(John Wiley & Sons)并购了英国的布莱克威尔出版公司(Blackwell Publishing)，将科学、技术、医药与学术出版业务合并，建立了专门从事国际科学、技术、医药和学术出版的 Wiley-Blackwell 公司，它成为全球最大的学协会出版商。而最负盛名的当属荷兰爱思唯尔出版公司，在近 40 多年的时间里，先后将 North Holland、Excerpta Medica、Pergamon、Mosby、W. B. Saunders、Churchill Livingstone 和 Academic Press 等知名期刊出版社都纳入其公司的旗下。这些出版集团共同的特点是资金雄厚、规模巨大、拥有高额市场占有率、品牌形象深入人心，在外文期刊市场上起着主导作用。近年来，期刊市场通过并购和重组，已形成垄断的局面，大约 80% 的期刊出版集中在 20% 的出版社手中，也就是业内通常所说的“二八原则”。市场垄断造成的后果是出版商拥有大量的市场占有率，运用自己独立的销售策略优势，向客户高价销售产品，从而获得高额利润。

2. 内容的专业化和精细化

伴随着出版规模的不断扩大，期刊内容的学科划分越来越细，特别是专业性强的科技类期刊，因其能迅速反映本学科的最新学术信息和情报，深受专家学者和科研人员的欢迎。而原有的一些综合学科或受交叉学科发展影响的期刊，也在逐渐按专业分科出版，这种现象，无论是在欧美还是在第三世界国家，都非常普遍。如美国电气电子工程师协会（IEEE）的期刊已增加到 150 多种，内容涉及电气技术在各个领域的研究。又如 *Institution of Mechanical Engineers*（《英国机械工程师学会会刊》），1947 年创刊时仅为 A—D 辑，现在已经分成了 A—P 共 16 个分辑。

3. 出版的数字化

随着信息技术和网络的飞速发展，传统的出版模式迅速向数字化出版模式转型，实力雄厚的出版社越来越倾向于选择放弃纸版或光盘版的出版模式，而将其产品完全数字化、网络化。例如，由美国化学文摘服务社（Chemical Abstracts Service，简称 CAS）1907 年创刊的 CA（化学文摘），在 2012 年彻底完成了“纸本—光盘版—网络版”的转变，2010 年开始停止出版 CA 纸本，2011 年保持 CA on CD 的出版，2012 年由网络版替代了原来的纸本和光盘版。学术期刊的出版由印刷型优先演变为电子版，这给图书馆印刷型期刊的订购带来了巨大的冲击。

4. 出版周期越来越短

随着高新技术的迅速发展，学科覆盖面已遍及自然科学的各个学科和工程技术领域的许多专业，为了能够跟上科技发展的速度，国外期刊越来越重视信息的传播速度，特别是对一些重大的科技信息的报道，因此，很多快报已成为某些学科的核心刊物。从外文期刊的出版可以看出，周刊在期刊中特别是科技期刊中占有很重要的位置。如美国的《物理评论快报》、荷兰的《化学物理学快报》、英国的《酶快报》、新加坡的《表面科学评论与快报》等。

5. 办刊方式国际化

国外期刊普遍实行“国际化”政策，著名学术期刊都是采用作者、审稿、读者国际化、一体化的办刊方式。大多数国外科技期刊的编委都是来自不同国家的高水平的专家、高水平的审稿者。从作者投稿的取向来看，作者首选发行量大、出版周期短、享有较高学术声望、内容质量高的期刊。因此，这种办刊方式实质上是激发当今世界上最优秀的科学家的竞争。竞争的结果是著名的刊物稿源越来越充足，高水平论文集中，刊物的影响也越来越大。

6. 定价模式多样化

近年来，外文期刊市场销售呈现出纸本期刊与电子期刊并列发展的局面，纸本与电子两种载体的期刊之间成为日趋紧密、互为联系的整体，捆绑销售或打包销售已成为销售商惯用的销售方式。

为了获得更多的利润，期刊出版商不断地推出各种版本的定价模式，如：纸版价、网络版价、纸版加网络版价，还有个人定价、机构定价、分级定价等，定价模式呈现了多样化。

三、外文期刊出版社的类型

1. 学会、协会出版机构

学会、协会等机构出版社一般是在学会、协会的基础上组建而成，其办社方针和出版重点都是围绕着该学会或协会的学科领域进行，它的期刊代表了该机构的学术水平，反映了他们当前的研究任务和发展方向，因此他们出版的期刊都具有较高的学术水平。

学协会出版的刊物数量较大，学术性很强。例如美国电气电子工程师协会（IEEE）、国际电器工程师学会（IEE）、美国物理学会（APS）、英国皇家物理学会（Institute of Physics）、美国化学会（ACS）等。

2. 大学出版社

世界上绝大多数大学都有自己的出版社，不同背景的大学出版社，情况各不相同。他们在期刊出版方面，以自己的重点学科为基础，力求体现自己的办学特色，体现自己在新兴学科建设与发展方面的参与精神和探索能力；很多大学出版社出版的刊物在内容、水平和形式上都与学会、协会的期刊相近，他们与许多学术团体保持着密切的合作关系，有相当一部分期刊受专业研究学会委托出版，其学术价值较高。比较著名的大学出版社有：剑桥大学出版社（Cambridge University Press）、牛津大学出版社（Oxford University Press）、约翰·霍普金斯大学出版社（The Johns Hopkins University Press）、芝加哥大学出版社（University of Chicago Press）、加州大学出版社（University of California Press）等。

3. 大型商业出版社

大型商业出版社在期刊出版中占据突出的位置。他们以历史悠久，规模大，资金、编辑、出版力量雄厚，学科覆盖面广、数量大为主要特点。比如荷兰的爱思唯尔出版社、斯普林格出版社，威利·布莱克威尔（Wiley-Blackwell）公司。

4. 行业、企业出版社

国外的很多工矿企业为了增加利润、推销产品、争夺市场、扩大宣传等目的，都出版有自己的内部刊物。这些刊物主要刊登行业消息、人员动态，生产技术研究及成果等内容，比如美国的 *The Bell System Technical Journal*、日本的《三菱电力技报》等。国外企业刊物数量很大，品种也很庞杂，读者对象包括企业的领导人员、技术人员、雇员、顾客及各界人士。

5. 政府机构出版部门

政府出版的期刊数量大，涉及面广，它主要包括政府公报、会议录、法律、调查报告以及其他文件。美国政府出版局（GPO）、英联邦农业局（CAB）等机构都出有期刊，这些期刊大多都有英文版和法文版。

第三节　国外出版社的运行机制和外文图书的价格构成

一、国外出版社的运行机制

1. 国外出版社的市场定位

西方发达国家的出版社和书商都是在完全市场化的条件下运作的。依据其所服务的市场，可以大致分为6个不同的领域：①大众图书；②大众平装书；③图书俱乐部和邮购图书；④参考书和专业图书；⑤中小学教材；⑥大学用书。由于每一个领域都有自己特定的编辑和市场结构，规模稍大的出版社基本涉及上述所有领域。相比之下，中小出版社大都专注某一领域图书的出版，经营的图书包括小说、商业用书、心理学、宗教图书等。也有一些规模较大的出版社仅侧重教材或工具书的出版。通过市场细分，出版特点与目标更加明确和突出，利于各自优势的发挥。出版社的宣传机制和市场机制，也会根据最终用户的不同而不同。

根据最终用户或读者对象的不同，出版社要明确定位、形成自身的出版特点需要几十年甚至上百年的积累和发展。例如，德国的斯普林格出版社擅长出版各类学术性图书，在学术界有很高的声誉，出版物经久不衰。但是，在德国了解该出版社的人并不很多。相比之下，更多的德国人了解像蒂姆（Georg Thieme Verlag）这样的出版社，因为它出版了大量针对大众和一般读者的医学图书。由此可见，这两个出版社属于完全不同的类型，市场定位不同，服务的读者不同，但均在各自出版物市场取得了良好的口碑，获得了巨大的成功，这与他们对市场准确的把握和定位是分不开的。

2. 国外出版社的选题

国外出版业与其他行业一样，通过市场这只无形的手实现利润最大化，赢得最大的利益。把市场放在第一位，满足市场需求是出版选题过程中的最高目标。因此，在做出决策时，出版社常常要进行自我评估和外部环境评估。首先，准确分析所面临的外部环境变化，如政治因素、经济政策、社会变化、技术发展等；其次，分析本社以及图书的优势、特色、劣势、将面临的机遇和风险等，由此做出准确的市场定位。在此基础上，出版社最终确定出版目标、市场目标和经济目标，如出书品种、市场份额、投资总额、成本核算、销售收入、利润指标、投资方收益等目标。选题作为出版工作的基础和开始，都紧紧围绕这些目标展开。

国外出版社的编辑分工层次分明，编辑部主任：负责编辑部门组织管理工作，协调与其他部门的关系，研究图书市场信息。高级编辑：又称策划编辑，是选题策划专家，市场营销的高手，编辑力量的核心，负责选题的策划与组织工作，寻找合适的作者并与之签订出版合同。文字编辑：协助策划编辑具体负责书稿的案头工作，落实作者的稿子，审读书稿，对书稿提出修改以及出版意见和建议；审看校样，与生产部门联系，负责设计、印刷、出版等事宜。

国外出版社一般都有自己的出版范围，只出版自己所擅长领域内的图书，不盲目出版自己所不熟悉的图书，尤其是学术图书出版社。因为学术图书读者面窄，销量低，印数一般不会超过5000册，它的出版很大程度取决出版社以外行业专家的建议和意见，作者不会因为经济原因而写书，这些是与一般普通图书最主要的区别。因此，有专家认为：出版社在出版学术图书前必须考虑三方面因素，作者知名度或以往作品的质量、专家对该作品创新方面价值的评价和该作品前期显现的价值。学术图书的出版不能完全套用普通图书营销和选题模式。

3. 国外出版社的营销和销售

目前国外的出版社特别是商业性出版社和大型出版公司，都非常重视图书生产过程的经营管理和市场营销等关键环节，所有的出版社都设有图书营销部和图书销售部，有的在营销部下再设发行部。营销部是出版社最重要、最受重视的核心业务部门。营销部是沟通编辑部门与销售部门的桥梁，它既与编辑部门打交道，又与销售部门打交道，但更多的是与编辑部门打交道，销售部则更多的是与图书消费者打交道。销售部收集的读者意见也要通过营销部反馈给编辑部门。营销部的工作，就是要在认真分析每个选题特点的前提下，会同有关部门，制定出一个包含上述营销要素的、可操作的营销方案，并且建立一套比较成熟完善、高效运转的市场化运作机制。主要表现在以下几个方面：

(1)越来越多的出版商认识到出版盈利不仅仅来源于图书本身销售收入，还来源于相关出版权的转让和有偿使用，比如海外版权、合作出版权、图书俱乐部版权、电子版权、网络版权、影视版权、翻译权、连载权、重印权等。通过对这些相关衍生权益的积极营销，同样可以获得可观的利润。因此，许多出版公司都专门设立负责版权经营和版权贸易的部门，努力扩大这项业务。

(2)国外出版社非常重视图书的宣传营销工作，并从经费开支、机构设置、人员配备上提供保障。一般图书的预算营销费用，相当于出版社净销售收入的20%，包括作者宣传活动费、广告费、有奖促销活动费、网络宣传费等。他们还针对不同的书制定周密的营销计划，充足的经费和周密的计划保证图书宣传营销活动的顺利开展①。在美国出版社各部门人员所占比例大致为：编辑15%，设计和生产人员10%，销售人员26%，发行人员34%，行政人员15%②。也就是说，营销发行人员数量是编辑人员的4倍，由此可见他们对营销工作的重视。

(3)出版社的图书宣传营销措施周密，手段多样化，主要的图书营销措施包括3类：①投放广告，出版前在全国性或地方性主要报纸、广播电台、电视台发布广告。②造势宣传，通过全国性或区域性的作者签名售书活动、纸质媒体书评、作家介绍、专题报道、作者电视节目访谈等形式。③主动促销，包括网上特别促销和互动性宣传活动，参与作者个人网站互动，向书友会推荐书目或赠送样书，在书店大堂集中陈列，或在同类书中预告宣传或附部分章节等。由于连续不断的媒体轰炸和全方位的宣传促销，能迅速提高图书的知名度和吸引力，促使它成为畅销书。

(4)扩大销售渠道，按不同的发行渠道配备发行人员、进行专业分工。近年来，美国出版商越来越重视对书店之外的非传统图书卖场的拓展开发，例如，将食谱、菜谱之类图书放到厨房用品店销售，把健身类图书放到体育用品商店销售，儿童图书放到玩具商店销售，效果很好。他们认为，这些非常规的图书卖场越来越重要，作用不亚于书店；销售人员应当确保自己的图书不仅仅在书店有售，也在其他卖场销售；负责专业商店、读者俱乐部、图书馆等非零售渠道销售的发行人员，也经常上门进行促销宣传。同时积极开拓海外国际市场，积极组建当地代表处或成立海外分支，了解当地的读者需求和市场情况，与当地的出版社和作者合作出版图书。这

① 魏龙泉，邵岩. 纵览美国图书出版与发行[M]. 北京：中国经济出版社，2007：243－244.

② 魏龙泉，邵岩. 纵览美国图书出版与发行[M]. 北京：中国经济出版社，2007：84.

方面如斯普林格出版集团、牛津大学出版社、约翰·威利父子出版公司等都有过这样经历。市场经济条件下的出版社,要以读者需求,市场变化为导向,以市场营销带动选题开发和整个出版社的运转。只有通过营销占领市场,把图书推销出去,出版社才能实现可持续发展。

二、外文图书价格的制定与构成

图书是一种特殊的商品,是非生活的必需品,图书的价值主要体现在它的内容,而不是承载图书内容的纸张,读者对于图书的需求来源于图书的内容,价格对于图书供求关系的影响很小。其价格的确定为市场行为,作为出版市场参与主体的出版者,在确立自己的市场目标时有着清晰的定价策略。欧美发达国家的图书定价或销售建议价,是由出版社制定的,定价制度的关键是出版社拥有图书的定价权。

而在销售环节,为了保证公平竞争多数国家通过行业协会制定的行规、行约强制性实行定价销售的规则,以保证大小书店或经销商获得同等的生存条件,读者在不同地域、时间获得同等的待遇,从而形成平等有序的市场秩序。近年来,英、美等国家实行图书自由售价,零售商在批发价的基础上自由加价销售。

在西方发达国家,市场经济已经十分成熟,书商大都采用定价(Fixed Price)销售的方式,也就是经销商必须按出版社的定价进行销售。过去,在图书行业运行机制并不成熟的情况下,经销商为了竞争的目的互相压价,致使一些小的经销商难以生存。大经销商垄断市场以后,就对出版社的书价进行干预,影响图书市场的正常运作,造成市场混乱。后来,市场行为得到了规范,出版社有定价权和价格变动权,经销商必须按出版社的定价销售。这样,中小书店都有了生存的空间,保证了图书供应链的完整。

图书价格是以成本为主要依据制定的,在以成本定价的基础上,要以市场因素为导向,不同类别的图书要有不同的定价策略。一般情况下,图书出版过程可以分为 3 个步骤:文稿的准备与编辑加工、图书的制作、发行与市场营销。这其中,第一步和第三步的成本计算是相对困难的。例如,书稿的准备和编辑加工的成本主要是编辑的劳动,编辑和作者的认真程度和默契程度都会在很大程度上影响此项成本的变动。同样,图书发行和市场营销的成本会有较大不确定性因素。除此之外,在计算图书成本的时候,还必须要计算作者的版税,以及出版社正常运转的管理成本,这些可以在确定其他成本的总量后再按一定比例计算。

一本书的定价是由主管部门、市场部门、编辑人员、销售部门等开会讨论决定的。一般来说,在新书目录发布时,讨论决定的书价是暂定的书价(list price),其依据是参会人员对该图书的读者情况、市场情况和以往经验的分析和预测。在经过对征订工作的市场信息反馈、预订单的数量情况、市场的具体需求分析后,最后确定的价格即为销售价格,它与图书在出版前的暂定书价(list price)可能会有不同。外文图书的价格构成大致如下:在一本图书的价格中,作者的稿费(版税)、编辑费、印刷费共占约 15%;发行、经营、宣传等费用约占 35—40%;给经销商的折扣约 20—35%;利润约占 10—20%。

国内各外文图书进口公司图书价格也是以国外出版社定价为依据,还要包括以下几部分:中间商的代理费:如果该进口公司与出版社没有直接的联系,要通过中间商代理,代理商要收取一定的手续费,有时可达 20%。运输费:所订购的图书一般采用空运的方式运输,每本书的运输费按上一年本公司运输费的平均价格计算,约为书价的 5%。进口环节增值税:为书价的

13%。报关及提货费：如果委托专业的报关公司代理报关时，收费为一票700元，平均摊入每一本图书中。经营成本：约30%，其中包括给订户的折扣、经营费和利润等项。具体算法有以下几种方式。

1. 统一加成汇率

在改革开放之前，由于汇率长期比较稳定，价格政策施行统一价格汇率。即以一本书的外币价格乘以该汇率，得到图书的本地结算价格，所有出版社出版的图书比价都一样，此种方法计算方便、简单，但没有考虑不同出版社图书的差异。

2. 随行就市加成费率

随着形势的变化，进口图书数量增加和客户需求呈现多样化，原有的统一加成汇率政策不能很好地满足不同用户的需要，图书进口商根据从不同出版社得到的不同折扣，给用户不同的加成比率，只要保证一定百分比的利润即可。在这种政策下，有些图书的加成比例较低，有些图书的加成较高，特别是一些出版业不发达国家和地区的出版物，由于渠道不通畅、信息少，订购成本会较高。此种方式规定了一个封顶价，即最高到1.35倍的标准汇率。

3. 竞标综合费率

近十几年随着招标采购方式引入到图书文献采购工作中，图书的结算方式也发生了一些变化，目前国内各外文图书进口公司的图书结算价格基本上是在国外出版社或代理商的进货发票价格的基础上，乘以对外付款时的外汇汇率和中标包号确定的综合手续费率。综合手续费率是经过评标以合同的形式固定下来的，在合同有效期内不变。此举确实为图书采购单位节约了一定的资金。

图书结算价＝外币定价×综合手续费率×实时外汇汇率

国内外书商的定价结算计算方法不完全相同，也通过不同的方法给用户让利。如有些书商给用户免除手续费和邮寄费；还有一些在出版前促销，如果在某个日期前订购，可享受一定百分比的折扣（这种情况对于大套的高价图书特别常见，折扣一般为20%—30%）。另外国外印刷型图书的价格每年要上涨一定的幅度。图书出版后，书上一般不印价格，实际定价可能要高于出版时的价格。所以出版社在目录上，经常印有如下的文字“Publication dates and prices are subject to change without notice”（出版日期和书价变动，恕不通知）。值得注意的是，国外出版社更愿意与经销商做生意，可以节约成本提高效率，让经销商有一定的生存空间，这是为了保护经销商的利益。通常出版社也会给他们提供较多的折扣，如果图书馆直接从出版社订购图书，一般得不到同样的折扣，还需要按其要求建立专门资金账户。由于外文出版社数量众多，图书馆为它们逐个建立账户需要大量人力成本的投入，所以图书馆往往会选择从经销商处订购图书。

第四节　国外出版物的发行与销售

国外图书发行采用多渠道发行和销售，手段灵活。根据不同的市场运作方式和对应的读者群，采取不同发行渠道和方式。主要可以分为以下几种：出版社自办发行、专业图书代理和批发商、零售书店、图书俱乐部、特殊发行渠道、网上发行、专业用品商店、邮购直销等。销售的手段有:新书报道单方式、通告性书目、格式订单、样书或图书护封等,出版社有时会将重点书的样品寄给书商,供书商征订和宣传。图书护封简明直接,是广告宣传最好的卖点。另外近些年在图书博览会和专业图书展览上,参展的出版社开辟了现书、现货和版权展示交易区,大大方便了参加图书博览会的相关领域的专业人员,也方便了图书馆、书店和批发商、出版社等专业单位选书订书以及寻求合作。这种做法为出版社展出、宣传新书和项目策划提供了很好的平台,收到很好的效果,是扩大销售的一种极好的手段和方法。

一、出版社自办发行

国外出版社都非常重视发行销售工作。在美国大部分出版社设有自己的发行或零售部门,特别是一些大中型出版社都建有自己的发行部门,并在国内乃至世界拥有发达的发行渠道和销售网络,可以将其出版的图书迅速地推广到世界的各个角落。如麦克劳 - 希尔国际出版公司的推广发行部每年销售的图书价值 3 亿多美元,其中大部分是直接批销给零售书店的。此外,一些大型出版社,如美国著名的兰登书屋(Random House)、约翰·威利父子出版公司和英国麦克米伦(Macmillan)出版公司等也建有自己的书刊发行系统或促销中心。建立自己的发行系统需要投入很大人力和财力,相当于组建一个专业的图书批发公司。它不仅发行本社的出版物,同时还为一些中小出版社提供代理图书发行业务的服务。出版社书刊发行中心负责书刊预订、处理订单、收款、发货等工作。出版社的自办发行有其独特的作用,可以直接为书店、学校、图书馆提供图书,使得他们可以以更优惠的价格和更快的供货速度得到图书,用户也可以更早地从出版社得到更准确的图书出版信息。

自办发行的出版社中直接去书店、学校、图书馆推销书刊的发行人员称为销售代表,有社内和社外(独立销售代表)两种。一般说来,只有年营业额达到 500 万美元以上的出版社才会雇用自己专门的销售人员。许多小型出版社和专业图书出版社都依靠大型出版社的发行销售渠道为其销售图书,或采取聘用独立销售代表和直接邮购来发行图书,这比自己建立发行体系更经济,也体现了专业化分工的优势和特点。

二、专业图书发行机构

图书发行机构是专门从事图书流通的集散中心,在这里汇集了成千上万家出版社的数万乃至数十万种图书。通过它可以很方便地找到不同出版社在不同时期出版的书,甚至是已绝版的图书。图书馆在这里可以得到各种专业化服务,甚至个性化的定制服务。2008—2010 年,专业图书发行机构所占的市场份额在 30% 以上①,其中有些是以供应零售书店为主的“零售服务”批发公司,有些是以供应图书馆为主的“图书馆服务”批发公司,如,隶属于美国最大的两大图书批发代理商之一贝克与泰勒公司(Baker & Taylor International Ltd.)的 YBP (Yankee Book Peddle) Library Services 公司就是专门从事图书馆业务的公司,它服务图书馆界已有 40 余年了,是世界上领先的图书馆服务供应商。另一家就是著名的英格里姆图书公司(Ingram Book Company),它成立较晚,但发展较快。这两家公司销售量占美国市场总额的四分之一。大的图

① The United States Book Market[EB/OL].[2013 - 08 - 08].http://www.buchmesse.de/pdf/buchmesse/buchmarkt_usa.pdf:29.

书发行公司均有自己的发行网点和库房,如果出版社缺货,它们通常可以在自己的书店或库房里找到用户所需要的图书,有些图书公司还提供绝版图书的搜索服务。如果用户所需要的图书暂时缺货或没有找到,它们还可以利用其发行网络的库存信息在全世界范围内查找配货,最大限度地满足客户需要。

图书发行机构或图书批发公司可以提供各家出版社的已出版图书或新书通报信息,因此通过图书发行机构购书,可以方便地了解到不同出版社的图书出版情况,甚至不同国家的出版社的出版情况。这对于大中型图书馆和情报机构是非常方便的,特别是收藏范围广、数量小的单位和机构更为适宜。图书批发商还可以根据用户的要求提供某一类或几类的图书信息。另外,图书发行公司可以通过发行网络收到较多的订单,从出版社那里得到更加优惠的价格,图书馆和不同的客户也可以从中受益,而单个订户是不可能从出版社拿到优惠的。

三、连锁书店零售

20 世纪 80 年代以前,图书的售价都是由出版商以协议的方式决定的,所以没有竞争、没有营销。1997 年,在英国延续近 100 年的以《净价书协议》(Net Book Agreement)为基础的定价制度被打破。允许书价打折后,大型零售和连锁书店开始出现并抢占了大量的市场份额。大中型图书零售店和连锁书店在欧美图书零售业中占有重要地位。连锁书店是图书零售业不断竞争的结果,大型连锁书店的迅速兴起并对图书市场呈现了垄断态势。据《美国图书购买者调查》显示,79% 的读者到连锁书店购买过图书,其中 50% 将去连锁书店购买出版物作为主要购买方式。

连锁经营是一种规模化、集约化的经营方式。规模的连锁经营可以大批量地进货,从而获得出版商最优惠的价格,降低经营成本,获取更多的利润。连锁书店实际上就是几十家甚至几百家零售书店联合起来,使用同一个招牌,有的还用相同的装饰,分布在全国各地,协同经营。连锁经营的最显著的特征是"六统一",即统一管理、统一物流、统一信息、统一财务、统一店貌、统一服务理念。其中最重要的是统一管理和统一服务理念。不能统一管理就将造成混乱,就形不成规模经营,连锁就会形同虚设。没有统一服务理念,就形不成品牌,就无法形成连锁经营的优势。国际著名连锁书店大多通过卖场大型化和管理精细化增加销售品种,拉动销售额,提高经营效益。这也要求经营者具有较为雄厚的资本,从目前连锁书店经营的情况来看,国外成功的连锁书店大多数都采取了合股经营的方式。美国的巴诺、鲍德斯等同时也是股份制的上市公司。

美国的三大图书零售店巴诺书店(Barnes & Noble)、鲍德斯(Borders Group)、百万书店(Books-A-Million)都是大型连锁店。2010 年,美国连锁书店的净收入为 30.6 亿美元,占据美国图书零售市场约 21.8% 的市场份额[①]。在英国,25 家连锁书店控制了图书零售市场一半以上的份额,位居前两名的连锁书店分别是 W. H. 史密斯(W. H. Smith)和沃特斯通(Waterstone)。此外迪龙(Dillons)连锁书店和奥塔卡(Ottakars)连锁书店也具有相当的规模。2000 年后大量的英美独立书店倒闭,就与大型连锁书店对它们的挤压有关。

目前,在网络书店的冲击下,传统实体连锁书店面临着巨大的挑战。美国的第二大连锁书

① The United States Book Market[EB/OL].[2013-08-08]. http://www.buchmesse.de/pdf/buchmesse/buchmarkt_usa.pdf:26.

店鲍德斯集团公司在2011年倒闭，在业界引起了极大的震动。美国连锁书店2010年的净销售收入比2009年下降了14.6%，市场份额从2009年的25.6%下降为21.8%，就是受网络书店冲击所致①。

四、图书俱乐部

图书俱乐部（book club）实质是一种商业服务系统，是出版社业务的一种延伸，图书俱乐部（或读者俱乐部）作为图书发行的一种方式，可以追溯到上世纪20年代的德国。当时由于经济不景气和图书价格的不断升高，出版社为了吸引读者降低图书成本，建立了最早的一批图书俱乐部，并提供图书俱乐部版图书，它比一般平装本要便宜，使图书俱乐部会员人数不断增加。1924年德国有4家图书俱乐部，到1933年总会员达80万人②。图书俱乐部版图书的销售量也稳步上升，到1933年总会员达80万人，成为图书发行销售中不可忽视的力量。与此同时，美国也出现了比较成功的图书俱乐部，有每月图书（Book of the Month）俱乐部和道布尔戴（Doubleday）图书俱乐部，和后来被道布尔戴图书俱乐部买下的文学会（Literary Guild）等。其中，道布尔戴公司经营20家图书俱乐部，总会员达300万人③。它们拥有庞大的读者资源和惊人的消费能力。

相当数量的图书俱乐部是属于出版社的。尤其是一些大出版社，旗下往往有多个图书俱乐部。如传媒巨头贝塔斯曼集团就正在实施读者俱乐部、网络书店与连锁书店相结合的战略。即使是独立的图书俱乐部，也与出版社有着千丝万缕的联系，图书俱乐部是出版社销售自己产品的重要渠道，而出版社是图书俱乐部的供货源。双方合作，加快了图书的流通和销售。图书俱乐部通常采用会员制，交纳一定的会费，会员可以优惠购书。也许正是这个原因，图书俱乐部得以逐年发展壮大。每个出版社都有自己的基本出书范围和读者群。出版社可以通过图书俱乐部这种形式使销售有更强的针对性、目的性，实现双赢。

总而言之，图书俱乐部是欧美多年来行之有效的购书方式，它吸收爱书人士组成一个长期稳定的出版物消费团体。但随着网络零售业的兴起，传统的图书俱乐部受到了极大挑战和冲击。如亚马逊以低价、服务、书评与社群经营抢走了许多图书俱乐部的顾客之后，图书俱乐部终于不得不正视这个事实。许多图书俱乐部开始经营自己的网站，让顾客可以在网络上试阅章节、与其他顾客互动，提供更完善、更快速的送书服务，定期组织新书推介会和读书活动引导读者读书、买书行为，培养长期、稳定的读者群。通过促销折扣、免费寄送书目信息和无店面的销售方式在读者和俱乐部之间建立了一个良好沟通的桥梁。但图书俱乐部所占市场份额的下降却已成为不争的事实。

五、特殊销售渠道

特殊销售渠道就是出版商除了通过实体书店这一传统渠道销售图书外，还通过其他众多

---

① The United States Book Market[EB/OL].[2013－08－08].http://www.buchmesse.de/pdf/buchmesse/buchmarkt_usa.pdf,28.

② 杨贵山.国际出版业导论[M].北京:北京大学出版社,2010:40.

③ 杨贵山.国际出版业导论[M].北京:北京大学出版社,2010:41.

的渠道来卖书——包括在大宗商品销售点、直邮网点以及一些特定商店销售图书的方式。这种非传统发行方式正在渗入各种可能的渠道。最常见的网点有超级市场、博物馆、艺术中心、文具办公用品店、玩具店、古玩店、体育用品店、咖啡店甚至服装店等。近年来这种方式在图书的零售业中扮演越来越重要的角色,已经成为国外众多出版社重要的利润增长源。近年来,美国出版商在图书销售方式上推出了不少重大的创新,星巴克随咖啡销售图书,服装品牌店内推出"绅士必备藏书",出版社的特殊渠道都在尽力把图书和尽可能多地新业务结合起来,以开辟新的收入来源。

特殊渠道卖书扩大了潜在的图书市场消费群,对出版商而言,最明显的优点就是把特定内容的单本和系列图书与相关商品放在一起,使顾客在购物或接受服务过程中接触到相关的图书,从而刺激他们的购买欲望,为这些图书找到市场定位和消费群体。从数量上看,这类网点已达到传统零售书店的水平。出版商的合作伙伴遍及各行各业,零售商、电脑软件业、娱乐业、金融保险、民航业都可能成为出版商们的搭档。据统计,非书店零售店除了销售图书外,也带动了相关产品和服务的发展,如儿童用品、食品、饮料业、电脑软件行业是出版商们机会最多的领域,当人们不把阅读作为一个孤立的活动,而是作为不断获取知识的手段时,不管在什么地方只要图书的题材符合店中顾客的口味,即使是在非传统书店也同样取得很好的销售效果。美国出版业向来以"销售第一"为其经营原则,只要能够扩大销售为其出版的图书找到更多顾客,什么销售途径都可以尝试。"采取一切办法,使最犹豫的读者也能买到最好的图书"——这就是美国出版界的口号。

六、网上发行与销售

20 世纪 90 年代是网上书店快速发展的时期。计算机技术和互联网技术在出版业和普通家庭的普及应用,空前地扩展了出版业的发展空间,推动了网络书店的兴起,开辟了网上图书营销发行的新途径。从经营规模、影响和效益来看,美国最著名的网上书店有亚马逊、巴诺等。亚马逊网上书店开办于 1995 年 7 月,为美国纳斯达克证交所上市公司。它率先在网络上开办书店,起初只是在网上销售图书,现在从事电子贺卡、上百万种图书、CD、DVD、玩具、游戏和电子产品的网上销售和网上拍卖。从近年来美国网上书店销售排行榜来看,亚马逊稳居第一。网络不仅开辟了图书销售的新途径,而且成为图书营销和展示的新媒体和新窗口。在美国,不仅有亚马逊、巴诺这样的专业图书销售商的网络书店,而且几乎所有的出版商也都利用热门网站和自办网站宣传、发行、促销自己的图书,网络销售日益成为图书营销的主要手段和时尚方式。网络书店严重挤压了实体书店的生存空间,2009 年美国网络书店的市场份额为 9.8%,2010 年增加到 14.3%①,到 2012 年,市场份额猛增到 44%,而连锁书店的市场份额下降到不足 20%②。这进一步证明了网络销售的强大实力,它已经成为不可抗拒的潮流。

目前网络发行主要销售对象既有印刷型出版物,也有电子书。印刷型图书是通过网络完

---

① The United States Book Market[EB/OL].[2013 - 08 - 08]. http://www.buchmesse.de/pdf/buchmesse/buchmarkt_usa.pdf:28 - 29.

② Online Retailers Gained, While Brick-and-Mortar Lost In Wake of Borders Exit[EB/OL].[2013 - 08 - 15]. http://www.bowker.com/en-US/aboutus/press_room/2013/pr_08062013.shtml.

成图书的检索和网上订购过程，发行送货是传统方式。网上发行、销售图书高效、便捷、方法多种多样，读者可以检索书名、作者、国际标准书号或者出版社、图书分类号、关键词等。同时可以看到书刊的封面、内容提要、出版日期、价格等，信息实时更新，使读者可以了解到即时的新书信息，并提供二手书信息。对那些需要十分明确的读者，网上有快捷搜寻服务；而对那些目标不太明确的读者，网络书店也没有专门的图书检索途径，以满足不同读者的需求。真正实现足不出户，遍知天下群书。网络发行与销售传统图书受到一些具体技术条件的制约，如计算机和网络技术发展水平、信用机制的建立和确认、网络安全性的保证等。从目前看，网络书店更适合个人或小型图书馆的购书需求，可以满足个性化的订购需求。对于大、中型图书馆而言，由于数量较大，售后的要求较高、环节较多，网上发行、销售的不足在此方面显现出来，但电子书的销售却不存在这些限制。因此电子书的销售成为网络销售的主力军。为了进一步扩大电子书的销量，亚马逊、巴诺等网络书店还开发了电子书阅读器，这都促进了电子书的销售。

七、古旧书店

古旧书店（或称二手书店）是获得古旧、二手、绝版图书的一种重要的途径。一般来说，古旧书店是从个人手中或一些机构、图书馆或出版社那里收购图书，也有经营者本身是图书收藏者，将其个人收藏拿来出售的。古旧书店整理、编制目录，定期向固定的客户发送。古旧书通常被认为是有一定收藏价值或学术研究价值的旧书，而非一般意义上的二手书，或者指按客户要求收集的某一类或某种书。所以，古旧书店在前期需要投入较多人力、物力和财力去搜寻图书、去整理目录。因此，目录从编制到推出要花较长的时间，有时也不能保证供应，通常这些书数量较少，用户看到信息决定选购时，相应图书可能已经售罄了。现在，有了计算机网络作为手段，古旧书店可以随时把新采购到的图书信息公布在自己的网页上，或者通过电子邮件及时通知有关客户或感兴趣的读者。

另外，选购古旧图书需要有一定的经验和对该书的相关出版情况、价值有所了解，古旧图书定价并没有一定之规，较珍贵的往往通过拍卖来定价。一般来说，其定价取决于它的收购价和出版年代，年代越久远的图书价格越贵，例如，17 世纪以前印刷的图书价格有时候达几万欧元以上。另外，印刷数量和流传下来的数量对图书的价值有很大影响，有时候图书虽然出版年代较早，但印量大，就会很便宜。由此可以看出，其价值主要还是取决于该图书的稀有程度和完好程度。不同的，古旧书店所提供的服务是不同的。有信誉的古旧书店目录中不仅包括图书的书目信息，还包括详细的物理外观信息等。书的完好程度对其定价也有一定影响，如外观是否完好，有无破损、污渍等情况，古旧书店在销售古旧图书时，通常要收取 10% 以上的手续费。

计算机网络的发展使古旧、二手书的网上销售活动十分活跃，自从亚马逊网上书店率先将古旧、二手书列为销售重点之后，古旧、二手书已经成为网络顾客购物的重要目标。许多美国的网络书店都已经展开二手书的业务，亚马逊之外，主要有巴诺书店、eBay、Alibris、Abebooks 等，吸引了成千上万的网络族加入二手书贩卖的行列。亚马逊书店与巴诺书店是最具知名度的。规模比较小但影响大的有 Alibris、Abebooks，这两家网络书店不仅在各自的网站上销售二手书，同时也担任大型网络书店的顾客与数千家二手书商之间的桥梁，甚至连亚马逊与巴诺书店都通过这两家书店进货。这两家书店近年来的经营销售业绩非常不错。Alibris 成立于 1997

年，并且在2000年开始迅速扩展，每年营业额成长率高达45%—50%。Alibris所销售的图书中，绝版书以及珍藏本占30%，其余70%营业额全都来自二手书市场。Abebooks在北美、澳洲、法国、德国、英国都设有网站，其中北美网站拥有12 000多名卖方提供的6千万本新旧书、珍藏本与绝版书。Abebooks大约3/4的营业额来自于自有网站，剩下1/4则是由该公司所供应的合作伙伴所创造。销售的图书种类中，约一半为绝版书与珍藏本，另外一半则是新书还在流通热销中的二手书。网上书店的一大特点是不仅经营旧书，同时也提供新书，满足顾客的多样化需求。以Abebooks为例，当顾客搜寻某一特定的书时，可能有100多种新旧书价格出现，便于他们做出更合理的比较、选择。

八、国际书展

1. 国际书展的发展历程

国际书展是由中世纪欧洲地区的商业集市逐步发展而来的。近代国际书展起源于19世纪初叶的德国莱比锡书展。当时书展仅是书业界、书商、出版商与印刷商接洽生意的地方，直到第二次世界大战结束之后，才发展成为既可卖书又可以增进国际关系的场所。1948年莱比锡成功举办书展，成为工业展览的一部分。但1949年德国一分为二，书展改在法兰克福举行，这一重要改变使法兰克福成为国际出版商购买不同国家语言版权的场所。1950年之后，由于法兰克福地处欧洲中心，金融、航空以及交通运输均十分发达，书展逐渐由德国国内书展扩大为欧洲地区书展，并进一步成为国际书展。现在，国际书展已经成为出版业的一项重要活动，每年举行的有影响的国际书展就有几十个。

国际书展的组织者或主办者主要是出版商协会、书商协会、图书贸易公司和展览公司等，这些机构有专门的部门和人员负责组织和安排。国际书展的展览内容有图书、音像制品、多媒体电子出版物；参展者有出版社、书店等；与会者有书商、出版社、作者、版权代理商、图书馆人员、包装商等。书展期间，主办者都会举办许多专门的活动，包括研讨会、学术讲座、专题会议、新书发布会、颁奖仪式、早餐会和酒会等。

2. 国际书展三大作用

国际书展的三大作用包括：

- 在出版实务方面，国际书展为版权贸易提供了最重要的场所；
- 在文化交流方面，国际书展为各国出版商提供了一个展示自身实力的舞台，进而显示本国的经济文化实力，提高国家知名度；
- 在信息获取方面，国际书展为参展商提供了更多的机会结识各地同行，选择合作对象，而且可以了解出版界的最新行业动态以及国际趋势。

经过长期的发展，国际书展从组织到运作日臻完善，并对各国出版业发挥着至关重要的作用。它不仅是各国开展版权贸易、合作出版、图书贸易的主要渠道，而且还是掌握国际出版市场信息的重要手段，同时有助于各国增进文化了解、促进文明交流。总之，国际书展已经成为国际出版经贸运营必不可少的重要环节，成为显示各国出版业发展状况的晴雨表。具体说来，国际书展主要有以下几个方面的作用：

首先，在出版实务方面，国际书展为版权贸易提供了重要的场所。据统计，在法兰克福书展上达成的版权交易占世界全年总量的75%以上。国际版权贸易是国际间进行的一种知识产权贸易,即两个不同国家的出版公司通过购买某书的国外版权和翻译版权并最终达成协议来完成这种交易。版权贸易开展的原因主要是寻求多种收益、扩大作品的传播范围。“比较成本理论”为版权引进的原则提供了参考。自己做不了的、做了也没有人家做得好的、自己做比人家做成本高的,在这些情况下,做书不如买书,买书不如买版权。其次,版权贸易有助于合作出版的洽谈。合作出版有很多形式,从选题开发、内容编辑到出版印刷都可以开展合作。这种形式有利于增加印数、减少生产成本、降低市场风险,因此被广泛采用。而国际书展为合作出版提供了最为直接的交流方式,寻找项目、共同拟定生产计划或者是交易条件的讨价还价等。再者,国际书展是一种有效地推销各种图书的形式,参展商以看样订货、现场选购的形式促销图书,这也直接推动了图书贸易与进出口贸易。

在文化交流方面,国际书展为各国出版商提供了一个展示自身实力的舞台,进而显示本国的经济文化实力,提高国家知名度。国际书展不仅是国际上重要的文化盛事,而且还是一种文化外交,促进了各国人民之间的友好关系,促进了人类文明的发展与社会的和平与进步。

在信息获取方面,国际书展为参展商提供了更多的机会结识各地同行、选择合作对象,而且可以了解出版界的最新行业动态以及国际趋势。在多方的交谈中,参展商们既开拓了思路,又增进了感情。正如一句俗语所说:“因为大家都到法兰克福来,所以每个人都到法兰克福来”,这正显示出在我们这充满电话、传真、电子邮件和因特网的时代里,人和人之间面对面的接触仍旧是非常重要的。

综上所述,国际书展这种形式对各国出版业的发展与繁荣发挥了巨大作用,这是毫无疑问的。但这种面对面的直接交流与时间、人力、物力的高度集中是以庞大的交通、展位支出为代价的,而这一切都是要计入生产成本的。应当指出的是,国际版权贸易的主要工作都是在平时的版权交易中进行的。而国际书展是各个出版机构版权交易人员的定期聚会,很多人更喜欢在这里签订最终的版权交易协议,并希望在此结识更多的同行、发现更多的好书。

3. 国际书展的新规模和新特点

国际书展的特点包括:

- 从展品类别来看,国际书展可以分为综合性国际书展和专业性国际书展;
- 从交易形式来看,国际书展分为版权国际书展和展销型国际书展;
- 规模扩大、电子出版物地位上升、版权贸易势头强劲是近年来国际书展呈现的一些新特色。

从展品类别来看,国际书展可以分为综合性国际书展和专业性国际书展。综合性国际书展是指展品类别的多样性,各个国家和地区的各类图书都可以参加展出和交易,如法兰克福国际书展;专业性国际书展是指参加展出和交易的图书限定在某一类专门的题材领域,如波伦亚国际儿童图书博览会。

从交易形式来看,国际书展分为版权型国际书展和展销型国际书展,前者以参展的出版商之间洽谈版权交易与合作出版业务为主,如法兰克福国际书展;后者则是前来参展的出版商向书商、图书馆、公众推销图书的图书交易会,同时文学代理人还可以进行手稿交易,如美国书展。国际书展多数是商业性的,但也有一些非商业性的文化交流意义上的国际书展。在这方面,德国政府尤为重视。例如,20 世纪 90 年代以来,德国在东欧和中亚举办的一些书展,就属于文化交流意义上的书展,此类书展结束之后,主办者通常将图书赠送给书展所在国。从国际上来看，经过多年的发展，国际书展在原有的模式基础上又形成了一些新的特点：

（1）书展众多，规模扩大

现在国际书展的举办地遍布五大洲，重要的书展都是定点、定期举行，并形成了几十个著名的国际书展。而且，世界上各大书展的趋势是越办越大，参展人数也是越来越多。

（2）版权贸易兴旺

版权贸易历来是国际书展的主要目的之一，近几年来尤为红火，而且越来越成为书展的重要功能，甚至超过了信息传播功能。其原因，一方面是出版业发展的全球化趋势的要求所致，另一方面是因为出版原创性作品的风险提高，而买卖版权的图书已经被一个市场检验过了，其收益的不确定性大大降低。

（3）电子出版物发展迅速

电子出版物的优势和前景是有目共睹的，尽管其发展遭遇到一些困难和问题，但是自从1993 年法兰克福书展开辟专门的电子出版物展台以来，国际上各大书展都纷纷效仿，同时还设立电子出版奖项以及举办相关的讲座和会议。

（4）部分书展的新动向

一是举办周期的变化，像北京国际图书博览会从 2002 年起由两年一届改为一年一届。二是展览模式的变化，一些书展由版权型向展销型变化，如日本东京国际书展在 1999 年把原来以版权贸易为主的模式变为以现场销售图书为主，兼顾版权贸易。

当今世界，知识和信息成为社会的核心资源，从信息工业的跃进到媒介产业的发展都足以显示出工业化生产方式的巨大力量：不断地产生信息，不断地进行信息循环，再不断地生成新的信息，从而迅速地改变着世界。因此，一方面是全球化、一体化、标准化，出现了全球同时同步享受麦当劳、“哈利·波特”的局面；另一方面是地域化、多样化、民族化与个性化。人们越来越顽强地保持自己的文化风格与传统，保持自己的独立性。这种特点在各国出版业中更是得到了充分体现，加强出版交流与合作的意义也就更加重大：既是对国际国内两种资源、两个市场的充分利用，又有利于人类文明多样性的发展。从这个意义上说，国际书展这种形式，无疑会得到更加充分的运用，其运作模式也会越来越成熟。

但是，随着网络等新技术对出版领域广泛而深入的渗透，其潜在的巨大信息量、即时性、交互性、低廉的交易成本等优势得到越来越充分的显现，于是一些人士预言在线版权交易将会取代传统的国际书展。事实如何呢？2001 年 10 月，subright. com、rightcenter. com 等国际知名的版权网站却相继倒闭，使人们不得不重新审视。或许，网络仅仅是个工具，在线版权交易的使命既不是取代版权代理商和文学经纪人，也不是代替传统的国际书展。它的功能和目标是最大限度地提高版权交易各个环节的工作效率，同时降低经营成本。正如 E-book、CD-ROM 无法满足人们对散发墨香的纸质图书阅读的需要一样，传统书展中人与人的直面交流所展示的文化人的知识、智慧和热情，无论如何是冷冰冰的在线版权交易所无法比拟的。

第三篇　外文传统文献资源采访工作实务

第七章　文献信息资源的采选计划、购置经费、机构及人员设置

第一节　外文文献资源的采选计划

一、文献采选的长期计划

图书馆的馆藏资源是需要不断更新和补充的，只有这样才能够更好地为读者服务，才能更好地满足时代发展的要求，发挥好其应有的社会文化功能，满足自身生存发展的需要。为了实现上述目标，需要制订相应的采选工作计划并提供相应的人力、物力的保证。为使采选工作有计划、有步骤地进行，就必须确立馆藏藏书建设总原则、收藏范围、工作标准，结合现有馆藏藏书的现状、特点、读者需求和使用情况，考虑文献购置经费、出版情况、发行动态等因素来制订藏书建设计划。这个计划是今后较长一个时期内文献采选工作的纲领性文件，是对今后采选工作的指导。有了这个指导性的计划，才能使藏书建设避免盲目性，合理地、有计划地使用文献购置经费，科学地分配各种文献的采选比例，保证重点藏书的质量，避免藏书采选工作中的"大起大落"及脱节现象。因此，制订一个周密而合理的长期资源建设计划是做好采选工作的重要保证。

采选计划制订和执行情况如何，直接影响着图书馆今后的发展和图书馆的文献保障能力和各种功能的实现。它的制订应结合国家经济发展方针、政策和该阶段的中心任务；要符合基本国情，考虑现实社会政治、经济、军事、文化、教育与科学技术的发展水平；结合馆际协作、协调的现状和发展趋势；考虑图书馆性质、任务以及已有的馆藏基础和特点。同时应考虑读者在今后较长一个阶段对文献的需求变化状况，文献购置经费情况、人员、设备、书库空间的条件，结合馆藏学科结构的主题属性、等级结构的完备程度、时间结构的更新频率、文种结构的构成性和类型结构的种类组成做出规定。这样可以从不同角度，不同的方面确定收藏文献的各种数量指标、品种、类型特征等，指导文献采访人员更加有目的地、有步骤地开展工作，使入藏的文献保持连续性和系统性并具备完整性。它应对今后较长时期内的文献采访的内容、重点、数量和目标及文献购置经费的使用起到建设性和指导性的作用。

二、年度计划与执行

在确定了长期采访计划后，需要制订年度采访计划，年度采访工作计划是具体的、微观的。前者的任务是大致确定这一时期内文献补充与发展的主要目标和结果，通常包括：文献总增长量、文献采访的重点及数量、文献残缺部分的补充计划、文献购置经费来源等，是对文献补充过程进行宏观控制。后者是一种内容具体、切实可行，具有可操作性的实施计划，包括文献采访过程的方法手段和步骤，年度各类文献的补充数量和文献购置经费使用进度及完成任务的日期和责任人，是对当年文献采访工作进行微观管理和控制。

图书馆藏书建设都会遇到制订年度图书采访计划的问题，因为它是与年度文献购置经费

预算紧密结合的。实际上,除常见的年度计划之外,还有从不同角度制订的藏书发展计划。按时间划分的藏书发展计划有中期计划、短期计划和临时计划,按采访方式划分有文献购置计划、文献交换计划和文献征集计划等。中期的文献采访计划的目标是通过若干年度计划的实施来实现的,年度计划是在中期计划指导下的具体实施方案,是中期计划在文献采访过程中的具体体现。中期采访计划具有相对的长期性与稳定性,年度计划具有相对临时性和变化性,年度工作计划是针对一年中的工作制订的计划,一般应根据上一年文献采访完成情况、文献购置经费使用情况、人员变化情况、文献出版的实际情况来制订。年度工作计划应突出可操作性的特点,因此内容要翔实具体,通常应包括以下内容:

(1)年度文献采访工作总任务与总要求;

(2)各类入藏文献的数量;

(3)文献的类型、文种、载体形式等要求;

(4)各类文献复本量的规定;

(5)各种类型文献资料采访的经费分配比例或额度;

(6)完成计划的方法、步骤、人员设备和文献购置经费使用进度;

(7)其他有关事项。

年度采访计划一旦制订出来,它将成为这一年工作当中的指导性文件,实施的好坏将直接影响藏书建设的发展和馆藏特点的形成,所以在实施的过程中必须要加以监控。这当中包括静态和动态监控两方面,静态监控包括监控采访方针的执行情况和对它的修改、补充,采访机构的设立和采访人员的配备;动态监控包括随时掌握文献购置经费的使用进度和到书量预测,每月、每季度订单发寄数量,到书率情况,到书的周期、数量、质量的完成情况等,因为在实际工作中经常会遇到各种随时变化和情况,如文献购置经费的临时追加或削减、外汇汇率的变化、出版计划调整、书商提供服务的变化、书展集中购书或大批量赠书,都会对原有采访计划造成影响,必须及时进行调整,确保全年采访计划中的各项任务和数量指标的顺利实现。

对于连续性的出版物,如期刊、报纸来说,制订期刊年度订购计划的延续性非常重要。要注重期刊的连续性、系统性,不能随意停订。当订购需要做出较大调整时,则必须征求专家的意见,制定详细的调整方案交图书馆资源建设委员会讨论,并上报馆长审批。

第二节　外文文献资源的购置经费

一、文献资源购置经费的来源

随着载体多样化发展,文献资源的采选不再局限于纸质载体,包括各种正式出版的图书、期刊、报纸和会议录、声像资料、缩微制品以及近年出现的电子出版物、网络资源等新兴载体,这些都是图书馆馆藏的重要组成部分。所以传统的“购书经费”这一提法容易让人产生误解,将其称为“文献信息购置经费”可能更加合理,因为它涵盖的范围更广泛、更全面,更能反映实际工作的情况。

文献信息购置经费是图书馆运行经费的重要组成部分,也是基础条件,在整个图书馆的经费中占有重要的地位和比例。目前,我国各图书情报机构、图书馆的文献购置费大致有以下几个来源:国家、地方财政拨款,政府专项资金,单位事业及科研经费,各界捐赠和自筹资金。

不同类型的图书馆资金来源或资金名称可能不同。公共图书馆作为社会公益性的非营利单位,是社会福利事业的组成部分,也是把纳税人的钱返还一部分给纳税人的一种形式,是一种投资文化建设事业,造福社会的政府行为。其经费理应由中央或地方政府全额拨款,特别是国家级图书馆和省级公共图书馆更是如此。而代表一个国家科研教学最高水平的科研机构和大学图书馆的文献购置费,应由政府划拨的专项文献购置经费支持,如我国的高校图书馆、专业图书馆。各企事业和科研院所、学校根据本单位本系统的工作和学习需要,也会拨出一定数量的事业或科研经费支持文献资源的购置,满足本单位科研、文化学习的需要。这三类资金虽然名称不同,但追根溯源,其源头大部分还是国家和地方财政拨款。因此,财政资金是图书馆最主要的文献购置经费来源。这就导致图书馆的文献资源购置经费与国家的经济实力和经济形势紧密相连。购置经费不足是图书馆常常面临的一个重大问题。最近几年随着我国经济实力的加强,我国图书馆每年文献购置经费都保持较高的增加速度,使文献资源建设有了基本保障。

为了弥补财政资金的不足,图书馆还要想方设法广开财源,接受捐赠就是重要的渠道之一。在这方面,国外的经验值得借鉴。美国有比较完善的有关捐赠的法律,鼓励捐赠活动,并对捐赠者给予相应的回报,使人们愿意投身其中。例如美国著名的钢铁大王安德鲁·卡内基捐资建设了一所图书馆,并捐款186万美元支持14所图书馆的建设。他一生共捐资超过4100万美元用于图书馆的建设。另外美国有各种私人基金2.6万个,每年向图书馆捐资达3600多万美元。我国国内不少大学图书馆都曾接受过一些知名人士的捐款。如香港爱国人士李嘉诚就曾捐资1.1亿港币用于建设汕头大学图书馆,并从其中拨出500万港币用于购置文献资料。目前我国还没有相关法律法规来支持、鼓励捐赠行为。随着国内经济的发展,有关部门应研究出台相关政策鼓励有能力的个人或团体积极捐助图书馆事业,并向捐赠人提供一些政策优惠和扶持。

另一方面,有些图书馆在文献资源的深层次开发利用和有偿服务上取得了较好的经济效益,在一定程度上可以弥补文献购置经费的不足,提高图书馆自身的造血功能和可持续发展的自身动力。文献资源购置经费短缺是图书馆的永恒话题。图书馆应积极争取多方面的经费来源。

二、经费的分配原则

文献购置费一般由图书馆财务部门、业务主管部门与文献采访部门根据图书馆业务发展的长期规划和年度计划,共同研究制定出文献购置经费额度分配方案。各类文献资源购置费占总经费的数额或比例是由图书馆的性质、任务、规模和特点决定的。要保证文献采访工作不因文献购置经费问题而受到干扰和影响,确保各种文献入藏的稳定性、延续性和完整性。

如何科学、合理地分配有限的文献购置经费,使其发挥最大的效益是图书馆的一大问题。为此,不少图书馆学者或工作人员甚至应用了各种模型、数学公式等加以研究。但各图书馆的情况千差万别,很难以统一的方式分配经费。不过一般来说,文献购置经费也会遵守一些通用的原则。主要有以下几方面:

- 重点优先原则。经费的分配必须与馆藏发展目标与规划一致。馆藏是图书馆最重要的资源,应该优先保障。因此,首先要保证图书馆的核心文献或全面采选文献、重点采选文献入藏所需的经费。

- 合理分布原则。即兼顾学科门类、专业的均衡性。虽然图书馆一般都有各自的入藏学科重点,但也要兼顾馆藏学科的全面性,否则就会造成学科失衡,成为“跛足”。此外,还要考虑文献的深度、广度及通用性。
- 满足需求原则。要依据服务对象对文献的综合需求进行分配。要进行用户需求分析,对高流通率的文献资源的学科类型、载体类型等予以考虑。
- 互补性原则。要考虑多种载体的协调发展、互相补充。印刷资源、电子资源、缩微文献等构成了馆藏文献的统一体,在经费分配时要考虑发挥各种载体的优势,互为补充,使各类载体在馆藏保障中达到优势最大化。

当然,不同类型的图书馆遵循的重点原则也不同。此外,还要考虑文献资源建设的一些客观因素,如:价格浮动、汇率变化、读者对各种文献资料需求的变化、电子资源的数量变化等。

三、连续性资源经费分配的特殊性

对期刊、数据库等连续性资源的采访的经费分配,要考虑其特殊性 。对外文期刊的订购尤其如此。

首先,为了保证期刊订购的连续性和完整性,通常都不能随意停订期刊品种,由于期刊的价格每年都会随成本的增长、刊期的变化等因素有一定幅度的增长。采访人员在每年进行经费预算的时候,价格的涨幅是必须考虑的重要因素之一。

其次,由于外文期刊的价格是由期刊的外币价、汇率、手续费率等因素决定,其中汇率的变化对外文期刊的价格会产生较大的影响,当人民币升值时,可能会抵扣部分期刊价格的涨幅,使得期刊的价格保持相对的稳定,而外币升值,则有可能导致期刊价格猛涨,导致订刊经费紧张。因此汇率变化也是必须考虑的因素。

再次,外文期刊的订购与中文期刊不同,中文期刊在订购时都有明确统一的定价,无论通过什么渠道订购,同一种期刊的价格不会发生变化。而外文期刊大多是通过具有进出口资质的代理商订购,不同的订购渠道、不同的订购规模、不同的折扣率都会造成期刊价格的不同。

与期刊订购相类似的还有数据库、电子期刊等电子资源。在编制经费预算时,必须考虑这些特殊性,更合理地分配经费,从而保证其资源的连续性。

总之,如何合理有效地使用经费是摆在图书馆面前的一个重要问题,也能体现图书馆的管理水平。图书馆既要按照既定的馆藏建设方针做好采访工作,也要考虑文献购置经费的使用和学科范围的合理分配;既要根据社会信息环境的发展及时调整采访方针,也要注意保证图书馆资源的系统性、延续性;既要保证重点馆藏资源入藏,也要满足大多数读者的需求。总之,要使文献购置经费使用效益达到最大化。特别是在文献购置经费短缺的情况下,更要注意提高入藏文献的质量和利用率,这是一项较为复杂的长期性工作,需要各方面的密切协调配合。

第三节　文献采选的机构及人员设置

一、图书采选机构及岗位设置

图书馆的馆藏更新是一项常规工作。凡具有一定规模的图书馆或文献收藏单位,都设立专门的业务部门并配备一定数量的专业人员负责文献采访工作。该部门因图书馆规模大小和文献购置经费的多少以及采访数量的不同,会有不同的组织形式。如果是专门负责图书采访,该机构一般被称为图书采访部或图书采编部;如果是负责多种类型文献的采访,则被称为资源建设部;还有一些图书馆是按文种将其划分为中文采编部和外文采编部,分别负责中、外文各种载体文献的采访;另外,也有按载体形式分为图书、报刊、音像和电子及网络文献采访部门的。总之,不论如何分工、机构如何设立或命名,采访部门所担负的工作任务大体相同。此外,有些图书馆还设立了书刊资料采访委员会或馆藏建设指导委员会等高层机构,负责馆藏建设方针的研究和中长期采访计划制订以及重要图书和大宗采访计划及招投标采购计划等的制订。还有社会各界专家、学者组成的专家咨询委员会,定期或不定期对各学科文献发展建设做出评价,对馆藏建设提出建议,并对重要、珍贵和高价图书的采访提出参考性的意见。该机构一般是非常设机构,不参与图书馆日常具体的采访业务工作,在高校图书馆比较常见,各学科专家经常对图书馆的文献采选提出建设性的建议或意见。

图书馆的文献采访部门是本馆资源建设的执行者,是决定馆藏质量的基础和重要环节。因此,必须严格按照规范的业务工作流程具体实施这项工作,配备相应的机构和专门人员。

不同规模的图书馆的采访工作量的大小或工作流程存在差异,不同文献的采选对人员、岗位的需求也不同,各工作岗位如何配备人员,应根据实际需要而定。大型图书馆可以为某一岗位配备一名乃至几名工作人员,而中小型图书馆可以指派一名工作人员同时承担一个或一个以上工作岗位的任务。通常情况下,图书采访工作要设置以下的岗位:

1. 图书选择岗位

图书选择岗位的主要职责是选择入藏图书,英文称为 selector。其任务主要是按照本馆的馆藏政策和工作计划,通过各种书目信息,选定适合本馆入藏的图书。同时要深入地了解馆藏,能够在工作中持续、有针对性地补充缺藏图书;对读者推荐的图书进行筛选并及时反馈意见。文献选择工作的优劣,直接影响着馆藏质量的好坏和读者满意程度的高低。因此,这是图书馆采访工作中专业性最强、技术性最复杂、对人员综合素质要求最高的工作岗位。该岗位对学历、知识面、责任心和工作经验都有较高的要求。通常情况下,该岗位的人员需要有较丰富的学科知识背景;较高的外语水平或相关语种的水平,能够及时了解学科发展水平和前沿动态,了解有关出版社出版动态和特点;有一定的科研分析能力等。对于该岗位的学历,我国并没有统一的规定,但应尽量安排具有硕士及以上学历或具有高级职称的专业人员负责。在美国的很多大学图书馆,从事该岗位的人员一般被要求有博士学位或双硕士学位。有关这方面的情况在第十章“第一节　选书岗位的性质与选书员的素质要求”中有详细的说明。

2. 文献发订岗位

文献发订岗位的职责主要是:对已选定的文献比对馆藏进行查重;对确要订购的文献按有

关标准格式在图书馆集成系统中进行书目记录制作和保存，创建、填写订购记录；定期跟踪订单执行情况，对长期未能订到的文献记录进行清理。岗位要求主要是：熟悉图书馆集成系统的使用和操作；熟练掌握机读目录（MARC）格式与基本的编目规则，能独立建立符合标准的书目、订单记录，对在馆藏系统中发订查重的各种情况能做出正确的判断和选择；由于可能面对多种语言文字，需要适当掌握常见文种、语言的基本知识。该项工作通常由熟悉馆藏目录体系且具有较丰富经验的馆员担任。

3. 文献验收、登记岗位

文献验收、登记岗位的职责是：对通过购买、赠送等各种渠道到馆的文献资料进行外观验收，核对实物与书目记录，需要时做出修改；核对发票、清单数目和金额；对到错、到重、缺卷和与订单不符的文献进行记录，并将情况及时反馈供书商，联系解决；对验收无误的文献加盖馆藏章、粘贴条形码、夹粘磁条；在图书馆系统中建立总发票，并在原订购记录的基础上，对每本文献进行记到，添加价格、单册等信息；完成这些流程后，做好移交编目前的清点准备工作。该岗位也要求熟悉图书馆集成系统，掌握在计算机自动化系统中建立发票、记到等基本操作；应具有一定的外语知识，能判别图书的语种并能够从书中查找相关版权、出版信息。文献验收、登记岗位的工作，一般由馆员或助理馆员完成。

4. 经费管理和财务岗位

经费管理和财务岗位的职责是：整理核对到书发票与清单；根据供书商提供的发票和清单，对验收合格并审核完成的文献，按馆里支付计划额度分配方案和相关财务制度，办理对外支付和馆内请款报销、签字手续。对于国家图书馆来说，还有直接从国外购买图书的渠道，因此该岗位还要审核外汇到书发票、清单，定期办理国外付款的有关银行支付事宜和申请外汇使用的手续，并将付款信息及时通知对方。该岗位要求在岗位人员熟悉各项财务制度和银行的有关制度，一般由有经验的馆员担任。

5. 文献采选审校岗位

文献采选审校岗位的职责是：审核各种对外提交的订单，对即将订购的图书进行质量控制；处理、解决日常采访工作中遇到的业务问题。该岗位是选书流程中要求最高的工作：该岗位的工作人员首先要全面掌握采访工作的流程；对本馆采访政策有全面、深刻的理解，熟悉国家相关法规政策，能够对馆藏建设和采访工作提出好的建设性意见；掌握国内外主要图书出版情况和学科发展动态；还应具有较高的外语文字水平，能用外语书写，与国外书商和出版社联系相关事宜。该岗位应由具有高级职称和丰富采访工作经验，责任心强的人员担任。

总之，机构的设置应从办馆方针、服务对象和实际工作需要出发，结合全馆的未来发展规划，也要有一定的科学性和前瞻性，避免设置职能和任务相重叠的机构或岗位，造成人浮于事、工作效率低下、责权不清的情况。岗位的设置首先要服从整个采访工作的需要并便于工作的顺利开展，要对各个工作流程、环节进行科学分析，并根据工作性质、采访的任务量、具体业务标准和要求、人员应具备的素质等需要做出最佳安排。不能因人设事，因人设岗。

二、期刊采访机构及岗位设置

期刊管理经历了300年的图书期刊“混合管理期”，之后又经历了40年的采、编、阅、藏为一体，被称为“一条龙”的“单管时期”。20世纪80年代末90年代初，由于电子文献大量涌现，图书馆多载体文献收藏大幅度增加,导致图书馆掀起了新一轮机构调整的热潮。许多图书馆纷纷撤销期刊部,将采访部与期刊部合并,将原期刊部的阅览服务工作归入读者服务部门。时至今日这种整体上的变化仍在进行当中。目前图书馆期刊管理机构设置大致可以分为以下几种:①单独的期刊部;②将期刊管理机构设立在其他部门里;③无期刊部,只有专职人员从事连续出版物的管理工作;④无期刊部,无专门从事连续出版物管理工作的人员,只有其他部门的管理员兼管连续出版物管理工作。事实上,无论图书馆期刊管理模式是怎样的,无论其是否设有单独的期刊管理机构,期刊采访人员的工作内容都是基本相同的,采选人员的岗位设置也不会有太大的不同。对于报刊的采访工作来说,采访岗和收登岗是必不可少的。

1. 采访岗

采访岗主要职责是:期刊的经费的预算、年度续订、新刊选定、催缺、刊价结算,并随时就期刊的到货、出版变化、价格等问题与代理商进行沟通。负责此项工作的工作人员应具有较强的外语水平。如果期刊的选定是由图书馆员决定的,则更要求工作人员具有较强的责任心、较高的研究能力和业务水平。如果期刊选定是通过专家委员会决定的,采访人员则应及时做好与专家的联系工作,并利用自己所具备的出版业知识,为专家提供有效的信息。

采访岗还要求工作人员具有高度的责任心和敬业精神,了解本馆的专业与读者对象,熟悉本馆馆藏及其收藏体系,了解各个学科的发展趋势,有较广泛的知识,熟悉期刊变化特点,了解世界出版动态,了解本馆采访经费情况,具有期刊编目的基础知识,具有一定的计算机技能。

2. 收登岗

收登岗主要职责是:负责期刊的验收、核对、记到和日常催缺。该岗位要求工作人员需有较强的工作责任心,有一定的外语基础,熟悉报刊的变化特点,了解期刊编目原则,具有一定的计算机知识。

外文期刊的采访工作大多为年度集中订购,一般从5月份开始,10月份基本结束。人员的设置是根据图书馆所订期刊的数量决定的。在一些小型图书馆,由于订购数量比较少,不可能设置专门的采访人员,因此订购、催缺、收登工作往往都由一个人来完成;而对于大中型图书馆来说,每年的订购量可能达到几千甚至上万种,如此大的工作量只靠一个人是不可能完成的,因此工作必须细化,需要配备采访人员、收登人员、编目人员等。具体到采访人员来说,一般每2000—3000种期刊设置一个专职采访人员比较合适。

第八章　外文文献信息资源的采访渠道——购入方式

第一节　图书的招标采购(政府采购)

《中华人民共和国招标投标法》和《中华人民共和国政府采购法》分别于2000年和2003年出台,其中规定对各级国家机关、事业单位和团体组织,凡使用财政资金采购依法制定的集中采购目录以内的或者采购限额标准以上的货物、工程和服务的行为以及大型基础设施、公用事业等关系到社会公共利益、公众安全的项目,均需进行招标采购。图书、期刊等文献资源的采购也在目录指定的范围内。因此,图书馆文献信息资源的招标采购成为图书馆的热点和重大课题。

招标采购是指采购方作为招标方,对所要采购的物品或货物事先提出采购的条件和要求,公开发布招标信息,邀请众多企业(法人)参加投标,然后由采购方按照规定的程序和标准一次性从中择优选择交易对象,并与给出最有利条件或综合评价最优的投标方签订供货合同的采购方式,整个过程是公开、公正和公平的,并接受有关部门的监督指导。

一、招标的种类与实施过程

招标过程可分为公开招标和邀请招标:

公开招标,是指招标人在报纸、广播、网络等公共媒体上以招标公告的方式邀请不特定的法人或者其他组织参与投标。

邀请招标,是指招标人以投标邀请书的方式邀请三家及以上特定的法人或者其他组织参与投标。其特点是:一是可以缩短准备期,使采购项目更快地发挥作用。二是减少工作量,降低成本,有利于提高工作效率。当采购项目比较复杂或特殊,招标方式不影响提供产品的供应商数量时,或采购金额较低,所需时间和费用不成比例时,可考虑此方式。

招标实施过程可以由招标方按有关规定和程序自主独立完成,也可以采用招标代理制,即招标人自行选择,并委托其招标代理机构办理招标事宜。招标代理机构是从事招标代理业务并提供服务的社会中介组织。

招标采购基本程序一般为:①招标方提出编制计划,确立目标,并经有关部门审核批准;②招标方与招标代理机构办理委托手续,确定招标方式;③了解市场情况,与招标方确认采购项目后,编制招标文件;④发布招标公告或发出招标邀请函;⑤出售招标文件,审核投标人资格;⑥接受投标人标书,召开招标说明会;⑦在公告或邀请函中规定的时间、地点公开开标;⑧投标人自述答辩,由评标委员进行评标;⑨依据评标原则及程序确定中标人;⑩向中标人发出中标通知书;⑪中标人缴纳履约保证金,与招标方签订合同;⑫依合同进行监督、管理,解决中标人与采购单位的问题和纠纷。

二、图书招标的特殊性

招标采购制度本身已不是新鲜事物了,在其他行业领域均有成熟的做法和经验,但招标采购引入文献采购是近十几年的事情,它是将图书文献作为招标对象的采购方式。图书文献招标采购除具有招标采购的一般特点以外,还具有自己的一些特殊之处。

1. 标的物的不确定性导致的分包问题

图书文献作为招标采购的对象,即标的物,与其他货物、设备等标准化物品相比,有其不确定性。因为文献的出版本身有很大的不确定性,文献招标人并不能事先确定要招标采购的图书文献的名称、数量、种类和语种等具体指标,这是图书招标与其他招标项目最大的不同之处。不同单位的采访方针和重点不同,对投标者提出的要求也不同。因此科学合理地分包是招标工作的基本必要条件,不同招标人或单位要根据自身收藏范围、服务对象、馆藏建设方针和经费的实际情况确定分包的方式。目前有按国家、地区、出版社、学科、语种或整体划分的分包方式。

2. 寻求最优性价比

图书采购不同于一般的设备采购或现货采购,后者是在保证质量和服务及交货时间的前提下,价低者中标。由于图书文献采购的特殊性,图书文献订单是分批发出的,采购的图书文献是由成百上千家出版社出版的,是多品种、多批次的采购,是在一定时期内持续的过程,而非短期或一次性行为。它最终目标是把需要的文献采购到馆,价格不是决定因素。图书文献招标不是单纯的价格竞赛,而是投标人综合实力的比拼,如果只有较低的价格,但招标人需要的图书文献订到率得不到保证,那么这样的投标人绝不是招标人最好的选择,因此需要全面综合地考量。

3. 持续的书目信息提供能力

图书招标与其他领域招标的另一点不同是,招标方不会明确提出采购对象,而是由投标人提供图书目录或清单,应具备进出口许可资质、营业资格、一定资金规模、固定的营业场所等硬件条件外,更重要的要有一支素质较高的了解国外出版动态和发展趋势的专业人员队伍,他们须有较强的信息搜集、分析加工和编辑能力,以保证提供符合招标方需求的书目。同时投标人须对招标方的需求和馆藏定位有较全面的了解,具备主动了解和理解图书馆需求的能力,并能够根据图书馆的特色和需要提供比较个性化的服务,这是采购能持续开展的必要保证,也是投标人“软实力”的体现。

三、标书实例

为了更明确地说明图书招标的特点,下面列举图书馆招标文件中具有普遍意义的部分内容供参考。

1. 关于评标

(1)评标委员会

采购人根据有关规定及项目特点组建评标委员会。评标委员会成员由采购人代表和有关技术、经济等方面的5人以上单数专家组成。其中技术、经济方面的专家数量不少于成员总数的三分之二。评标委员会负责对投标文件进行评审。

（2）评标原则

①坚持公平、公正、科学、规范的原则。

②坚持反不正当竞争的原则。

③坚持回避原则：与投标单位或者其主要负责人有亲属关系、经济利益关系的人员，曾任项目主管部门或行政监督部门人员，在招标、评标以及其他有关活动中有违法行为而受过行政处罚或刑事处罚的人员均应予以回避。

④坚持保密原则：对评标过程和结果以及供货商的商业秘密有保密义务，自开标至授予供货商合同为止，不得向供货商或其他与评标无关的人员透露与招标相关的信息。在评标期间，供货商企图影响采购人和投标委员会的任何活动，将导致其投标被拒绝，并由其承担相应的法律责任。

（3）评标方法

综合评分法，即评标委员会按照招标文件规定的评分指标和标准进行综合评审。以评标总得分由高到低的排序来确定中标候选人的评标方法。评标指标具体如下：

表 8－1　评标指标

<table>
<tr><th rowspan="2">序号</th><th colspan="2">评分指标</th><th rowspan="2">评分标准</th><th rowspan="2">分值</th></tr>
<tr><th>一级指标</th><th>二级指标</th></tr>
<tr><td rowspan="10">1</td><td rowspan="10">供货商基本情况（×分）</td><td rowspan="3">供货商注册资金（×分）</td><td>注册资金≥10 000 万元人民币的</td><td>×分</td></tr>
<tr><td>5000 万元人民币≤注册资金 <10 000 万元人民币</td><td>×分</td></tr>
<tr><td>注册资金 <5000 万元人民币的</td><td>×分</td></tr>
<tr><td rowspan="3">供货商财务状况（×分）</td><td>财务状况良好</td><td>×分</td></tr>
<tr><td>财务状况一般</td><td>×分</td></tr>
<tr><td>财务状况差</td><td>×分</td></tr>
<tr><td>供货商类似业绩（×分）</td><td>类似业绩指供货商自 20×× 年起，为国内大型图书馆提供所投分包的进口西文图书的服务业绩。每项业绩得×分，最多得×分。业绩数量以供货商提供的证明材料为依据</td><td>×分</td></tr>
<tr><td rowspan="2">供货商综合实力情况（×分）</td><td>供货商在行业内声望高，合同履约情况好，综合实力强</td><td>×分</td></tr>
<tr><td>评委根据其他情况酌情评分</td><td>1—2 分</td></tr>
<tr><td colspan="2" style="display:none"></td></tr>
<tr><td>2</td><td>投标报价部分（×分）</td><td colspan="2">满足招标文件要求且投标价格最低的投标报价为评标基准价，其报价得分为满分。其他供货商的报价得分统一按照下列公式计算：投标报价得分＝（评标基准价/投标报价）×30%×100</td><td>最高×分</td></tr>
<tr><td rowspan="3">3</td><td rowspan="3">技术部分（×分）</td><td rowspan="3">与国外出版社合作经验（×分）</td><td>与国外出版社合作时间长，合作模式先进、成熟</td><td>×—×分</td></tr>
<tr><td>与国外出版社合作时间较长，合作模式较先进、较成熟</td><td>×—×分</td></tr>
<tr><td>与国外出版社合作模式一般</td><td>0—×分</td></tr>
</table>

续表

序号	评分指标		评分标准	分值
	一级指标	二级指标		
3	技术部分（×分）	书目信息报道能力（×分）	书目信息搜集、整合能力强，书目信息覆盖率高、有效、质量高、针对性强；对采购人馆藏资源建设及采访政策理解准确全面，对采购人采购方针调整适应能力强，专题目录提供能力强	×—×分
			书目信息搜集、整合能力较强、书目信息覆盖率较高、有效、质量较高、针对性较强；对采购人馆藏资源建设及采访政策理解较准确全面，对采购人采购方针调整适应能力较强，专题目录提供能力较强	×—×分
			书目信息搜集、整合能力较差、书目信息覆盖率较低、有效性差、质量较差、针对性较差；对采购人馆藏资源建设及采访政策理解片面，对采购人采购方针调整适应能力弱，专题目录提供能力弱	×—×分
		图书供货方案（×分）	图书物流和验收登记流程清晰合理，各项指标（到货率等）保障方案完善，拟派人员综合能力强，针对性强	×—×分
			图书物流和验收登记流程较清晰合理，各项指标（到货率等）保障方案较完善，拟派人员综合能力较强，针对性较强	×—×分
			图书物流和验收登记流程混乱不合理，各项指标（到货率等）保障方案不完善，拟派人员综合能力不强针对性不强	0—×分
		服务保障措施（×分）	图书订单发订、过程跟踪、质量检查、送货、退换货等流程中所能提供的服务及其保障方案有力、合理，有功能完善、性能稳定的专业化电子商务网站，服务保证措施承诺完善、全面	×—×分
			图书订单发订、过程跟踪、质量检查、送货、退换货等流程中所能提供的服务及其保障方案较有力、较合理，有功能较完善、性能较稳定的专业化电子商务网站，服务保证措施承诺较完善、较全面	×—×分
			图书订单发订、过程跟踪、质量检查、送货、退换货等流程中所能提供的服务及其保障方案不合理，没有专门提供网络服务的服务网站，服务保障措施一般	0—×分
		现场陈述（×分）	现场陈述及演示，满分×分。评委根据现场陈述及演示情况酌情给分	0—×分

说明：由于各图书馆的具体指标要求可能不同，分值也不同，本表格中有关内容的分值均以×代替，仅供参考。

2. 货物内容及要求

(1)采购需求

供货商应具备多品种、多文种、多学科的供书能力及与之相匹配的专业人员和技术力量,了解国际出版物市场的发展和潮流,与各大主要出版商、图书代理商以及中小出版社保持稳定的业务关系,在业界营造良好的信誉。

供货商应具有良好的图书信息渠道和信息搜集能力,要做到书目学科范围广,出版社覆盖率高,加强对中小出版社、大学出版社以及学协会出版物的报道能力,对书目及时编目加工处理能力强。了解采购人西文图书的采访方针和重点建设学科,能及时提供月度最新、全学科、多文种的新书目录,定期出版专题(如中国学、中国问题、缩微产品等)目录和所需出版社指定年代的回溯目录,通过电子版和纸质两种方式提供信息,同时提供符合图书馆采编系统要求的MARC 数据。

现报图书在订单发出后 4 个月内应到货,预报图书应于出版后 4 个月内到货,平均到货率应不低于 90% 。对于书名、著者、页码和 ISBN 有变化的图书,对外订购前应通知采购人确认。对于单本图书价格上涨超过 30% 的,或者单本图书预计结算价格在人民币 1 万元以上的,对外订购前应通知采购人确认。对采购人发出 1 年以上未到书的订单,应主动对外做好催询工作,定期将结果通知采购人,指明将注销的订单,并说明原因(绝版、暂时缺货、推迟出版、出版计划取消等)。

对于成套和连续性出版物、会议录的报道应完整准确,应提供尽可能详细的出版信息,包括成套书名和 ISBN、卷数和各分卷书名和 ISBN(如有),连续出版物、会议录提供丛书名、ISBN、正书名、卷次和出版年、届次等,对所报道的最新连续性出版物、会议录,应提供以往 5 年该出版物的出版信息,以方便采购人查漏补缺。

供货商应指派专人负责处理、解答采购人在订购中遇到的各种问题,并能保持经常性的沟通和联系,随时了解掌握采购人的需求变化。

供货商应承诺为订购图书提供某些增值服务,所需材料须达到采购人的规范要求。

供货商应按照采购人要求提供专用的数据和加工服务。

(2)图书质量

供货商供货的西文图书应符合国家关于国外出版物进口的相关标准和规定。供货商供货的西文图书应符合采购人的要求,如出现印刷、装帧方面的问题,采购人有权要求退换。供货商应保证其供货为正版西文图书,否则,所引起的一切法律纠纷及费用(包括但不限于由此产生的诉讼费、律师费等费用)及给采购人造成的损失应由供货商承担。

(3) 收书、验书

供货商应提供良好完善的配送服务,为到书提供发票和简洁、完整、清晰的总清单(一式两份),包括书名、书号、种/册数、订购日期、外币价、人民币价、单价、总价、总件(箱)数。双方各执一份,有采购人(验收人)签字的一份,作日后报销、结账之用。

采购人在验收中发现的缺书、错书、残书,供货商应及时补齐或调换,对因供货商原因造成的重书应给予退换。对已入藏并进入流通后发现的残、错书,在接到采购人通知后,应先行与国外出版社联系调换,待新书到后,换走残书。

采购人在收到供货商送到的图书且清点总件数无误后须在发货单上签字或盖章,双方各持1份,以作为采购人的收货凭据。采购人在验收供货商所送图书过程中,如发现与发货清单不符或出现图书质量问题,应及时通知供货商,供货商应在3个月内予以配货或调换。供货商应承诺免费送货、无条件退货。

第二节　图书购买方式的选择

图书作为文献中最常见的种类,其采购方式与期刊、电子资源等文献信息资源不同。一般情况下有两种选购方式,即现购与订购。

一、现货购买

现货购买,简称现购,就是直接选购,选书人员直接到出版、发行部门或在书展时从书架上挑选购买图书。

现购的优点是:简便易行,避免了预订的一些手续,可以直接鉴定图书内容的质量,据此来决定取舍,并且马上能够入藏。缺点是:①货源数量、质量受限制,只能从现有的图书中挑选,数量有限,容易遗漏重要图书;由于书商为了避免图书积压,往往只进一些大众化的图书。②时间仓促,有可能无法对照馆藏查重,容易造成复本。不过,这个缺点现在随着网络的发展而渐渐被弥补。采购人员可以利用因特网、笔记本电脑随时查看本馆的馆藏信息。因此,该方法对于经费不足,采购人力少、购书量小的小型图书馆来说,是一种主要的购书方法。对于经费较多,购书量多的大中型图书馆,只是一种辅助性的方法。

对于外文图书来说,现购的机会就更少了。只有国际图书展览时,才有可能现场订购。随着我国经济实力的提升和国际交流的频繁,各种书展的数量也有所增加,选书人员直接选购的机会也多了起来。因此,在外文资料的购买中,该方法逐渐受到重视。尤其对于那些经费有限,所购图书内容比较单纯的图书馆,有可能在大型的高水平的书展一次性完成购书任务,比较适合采用该方法。

二、订购

订购是大型图书馆购买图书的重要方式,也是图书馆有计划地补充馆藏的最经常、最可靠的方法。图书馆从图书出版商、发行商提供的目录中选择,向出版发行单位发出订单,由出版发行单位按照订单所预订的种、册数供应图书。订购图书的优点是:时间充足,可以根据本馆的采访方针、馆藏情况、读者需求等各个方面情况进行斟酌,而且可以预先查重,避免重复。缺点是:仅能根据目录选择,看不到图书,容易造成误选,而且图书到货需要一定的时间。订购的方式主要有以下几种。

1. 常规订单(Regular Order)

常规订单又称一次性订单,即一种书一个订单,书到后付款。具体操作方法是:由书商提供订单目录,经图书馆采选人员选择、查重后返回给书商,书商照订单供书。这是一般图书馆最主要、最常用的订购方式。这种方法简单明了,易于操作。缺点是:容易出现误订和到书不全。这是由于书商提供的书目信息经常是提前报道,造成信息不准确,在操作过程中容易出错;如果遇到出版社取消出版计划的情况,订单就无法执行。负责任的书商在出版社计划有变化时,会在供货前询问用户是否还需要执行原有订单,从而避免错误的发生。

2. 提类订单(Blanket Order)

提类订单即按类订购,又称总括订单。提类订单是非选择性的,图书馆把选书的责任交给图书代理商,一般情况下图书馆没有退货权。

一般的做法是:图书馆提出一个图书采购的大纲(或称纲目)(Profile),由书商或代理商根据大纲的要求自动选择送书。这种订购比较适合入藏学科范围较窄,或者有足够经费作保证的图书馆,一般的图书馆难以承担。美国国会图书馆就采用这种订购方法。该馆在订购图书的目标国挑选一个代理商,付一定的佣金,根据国会图书馆提出的选购范围,委托代理人为其采购所需的出版物。因此,国会图书馆的选书工作是在图书资料进馆以后进行的。从他们的实践来看,这种做法可能比自己出去选书或从订单中选书节省人力成本。这种订购方法在20世纪70、80年代的美国、澳大利亚等国的图书馆比较流行,但后来随着书价的迅速攀升,图书馆在资金方面出现困难,现在基本停止了这种订购方法。图书馆缺少自主权,不能退货也是其最大的缺点。对于中国的图书馆而言,由于人力成本较低,图书成本较高,故很少采用该方法。

3. 纲目订购(Approval Plan)

纲目订购通常的做法是书商提出一个大纲,图书馆从中选择所需的类别建立自己的纲目,亦即确定自己所需要的主题和非主题。非主题一般包括书的读者层次、出版社性质、装订方式等。一旦纲目确定,图书公司就会自动根据主题和非主题确定图书的范围,提供新书报道单。图书公司根据从出版社收到的新书通报来确定每一本图书的主题和非主题,根据最新出版的图书或图书的校样进行校对,然后才向用户提供新书报道单。因此,提供的信息既迅速又准确。

纲目订购的前期过程与提类订单基本相同,只是书商不是直接向图书馆提供图书,而是按照纲目的要求提供新书报道单,在图书馆确认订购以后,再正式提供图书。与提类订单相比较,纲目选书的优点是图书馆具有更多的自主权,但是由于选书、发订需要一段时间,图书到货会受到延误,有时还会出现缺货的情况。纲目订购与提类订单最大的不同点是在必要时可以按一定比例进行退货。如果图书馆退货的图书数量太多,就需要修改原来确定的纲目。

4. 长期订单(Standing Order)

长期订购即连续订购,类似于期刊的预订。国外书商对多卷集图书和连续出版物往往采用此方法,主要适用于分期、分卷、不定期连续出版的图书以及每年出版的年鉴、名录、手册、指南等工具书。对于这些图书,图书馆要求连续订购,不能中断。长期订单是保证入藏连续出版物完整的重要手段。其优点是:手续简单,一次订购,长期有效;到书率高,不会遗漏;到书及时,享有优先寄送待遇;节约经费,享受10%—30%的优惠等。但长期订单一旦被执行,不能随意中止或取消。所以,图书馆在考虑是否采用此办法时要慎重,要考虑文献的实用价值、学术价值、出版物类型、出版频率、自己的经济状况等多种因素。在长期订单的执行过程中,如发现内容不适合馆藏需要、利用率太低或价格太高等情况,应及时通知书商或出版商,取消订单。

长期订单执行的好坏,与书商服务的优劣有重大关系。书商要保证无遗漏、无缺卷,图书馆要注意查重。有的长期订单所涉及的连续出版物,不仅是总书名,其分卷书名,丛书书名等,也会在出版商、书商的目录中被单独报道,若多家书商报道不一致,就容易造成重复。因此长期订单在实际执行中常常出现缺卷与重复的双重问题。图书馆选书时一定要注意这种情况,尽量不要将可能出现重复报道的图书用长期订单订购。

5. 书展预订

书展选购分为两种，一种是现货购买，前面已经论及；另一种是预订，亦即书展主办者将出版社的展品预先制作成目录，供图书馆选择。

书展预订不同于普通的预订，图书馆采访工作人员可以在书展正式举办以后，看到图书的真实情况，如果与自己预订时候的预期情况不符，可以向书展主办者退订。

此外，书展还为图书馆员提供了一个了解世界出版业概况的机会。如果采访人员对某个出版社有兴趣，还可以与该出版社的参展人员直接交流。如果图书馆员自己想翻译某些图书，也可以在书展上洽谈版权事宜。

第三节　报刊采购招投标

外文报刊的招投标，是由采购方（图书馆等文献采购单位）通过发布招标公告或邀请必要数量的代理商参加投标，并按照法定或约定程序从中选择出一家或几家外文报刊代理公司的采购模式。《中华人民共和国招标投标法》《中华人民共和国政府采购法》《中华人民共和国政府采购法实施条例（征求意见稿）》等一系列法律文献的颁布和实施，为图书馆文献招标采购提供了良好的制度保障和法律依据，使图书文献采购管理不断规范化，经过近 10 年的实践，招标采购已经逐渐成为图书馆购买文献的主渠道。

招投标采购体现了公开、公平和公正的原则，它的实施使文献采购市场不断规范，抑制了文献采购过程中的腐败现象。招投标采购的方式在代理商之间引入了竞争机制，促使代理商想方设法降低代理成本，为图书馆提供更优惠的价格。图书馆则可以选择资信优良、服务质量优异的代理商为自己提供高质量的服务，从而提高报刊的入藏质量。

我国的文献招投标主要包括公开招标、邀请招标、竞争性谈判、单一来源采购、询价及国务院政府采购监督管理部门认定的其他采购方式。其中公开招标是政府采购的主要形式。《中华人民共和国政府采购法》第二十七条规定采购人采购货物或者服务应当采用公开招标方式的，其具体数额标准，属于中央预算的政府采购项目，由国务院规定；属于地方预算的政府采购项目，由省、自治区、直辖市人民政府规定；因特殊情况需要采用公开招标以外的采购方式的，应当在采购活动开始前获得设区的市、自治州以上人民政府采购监督管理部门的批准。

采用货物招标方式一般要对所需采购货物进行明确的分包，且一个分包只能有一个中标人，代理商中标后采访人员对其进行调整的可能性很小。而服务招标的方式使代理商通过综合实力和服务水平的竞争而获得代理的资格，并没有具体的货物指向，这种形式使得采访人员在一定范围内仍掌握着订单分配的主动权。

文献招标采购的主要工作程序包括：确定采购标的（标段的划分）、确定采购方式（采用政府集中采购，招标代理采购还是自行招标采购）、建立招标采购工作小组（由审计人员、采访人员、财务人员组成）、编制采购文件（技术需求和服务标准，投标书商资格，综合评分标准）、发出采购邀请（招标文件、谈判邀请等）、评标（由专家组成的评标小组按照评分标准评标）、公示、公布结果、签订招标合同等。招标、投标、评标、定标、法律责任等内容在《政府采购货物和服务招标投标管理办法》中都做了明确详细的规定,外文报刊采购招标工作必须严格遵守相关规定,其工作程序与图书及其他文献大致相同,在此不再赘述。在此只针对报刊采购的特点对期刊招标的一些技术需求和服务标准等问题进行简单的阐述。

一、标段划分

所谓"划分标段"是本着提高招标质量和效果的宗旨,根据实际工作的需要,将原来属于一个整体的招标项目按照一定的标准,科学地划分成若干个较小的"标段",分别进行招标采购的行为和方法。科学、规范地运用好"划分标段"的招标采购方式,不仅有助于招标采购人得到质高价廉的采购项目或产品,还有助于供应商充分发挥其专业和技术特长,更有助于采购代理机构提高其采购工作效率。

外文期刊标段划分的目的是要有效利用各个代理商的优势,在降低成本的同时提高配套服务质量。目前图书馆外文期刊采购的标段划分方式主要有两种:

一种是一刊一标的方式,这种方式实际上就是由采购方在符合招标资质条件的代理商中选择价格最低者中标。它通常只是让代理公司直接报一个综合费率或折扣率,然后通过逐刊比对价格,从中选取刊价最低者中标,这种模式实际上是按照期刊单品进行招标。一刊一标方式的优点是能够得到最低的价格,但过度追求低价格很容易带来代理商服务水平降低的隐患,同时也会增大采访人员的管理难度。

另一种是按照出版社、文种、出版地区、码洋、是否与电子刊捆绑等划分标段。这种方式多用于采购量较大的图书馆,标段的划分可以通过码洋的分配来体现,也可以将外文期刊的整体采购项目按照出版社、文种、出版地区等划分成小的标段。按照出版社划分标段时通常是将大出版社单独划分为一个标段,如 Elsevier、Springer、Wiley 等大型出版社。而对于中小出版社来说,如果都单独划分标段的话,标段就会过多过细,可将多个出版社汇集在一起划分为一个标段。而按照文种和出版地区划分标段,有利于更好地利用代理商的优势,降低成本并提高配套服务质量。由于代理商的实力不同,代理能力不同,特别是一些中小国家、小语种期刊不是所有代理商都有能力代理的,为了达到最佳的招标效果,在划分标段的时候可按照文种或地区划分标段,这样既可以降低采购成本,减少代理商报价的复杂度,也可以减轻图书馆等采购方管理的难度。

另外,很多出版社为了在外文期刊采购中获得更多的利润,越来越多地采用纸质期刊与数据库捆绑销售订购的模式,如 Elsevier、Springer、Wiley、CUP、OUP 等,这些出版社的数据库价格都与纸质期刊的价格相关联。对于这一类期刊的标段划分,不同图书馆有不同的处理方法,有的采用将纸质期刊与数据库捆绑在一起划分成一个标段,也就是将两种载体的期刊交由同一代理商代理;而有一些图书馆则是将纸质期刊和数据库分开招标,两种载体可能会由不同的代理商代理。采用哪种形式更有利,要看怎样才能使采购方得到更多的价格优惠或便捷服务,也就是说,标段划分既要规范也要有适当的灵活度,只有这样才能获得最优的性价比。

二、代理商的选择

为了使报刊招标采购达到最佳效果,选择一个具有优良的资信、优异的服务能力及优惠的价格的代理商最为关键。由于期刊采购与其他文献相比更复杂,因此对代理商的评价要考虑其特殊性。

1. 代理商的资信

对代理商资信的评估实际上就是对代理商履约能力的评估，评估内容主要包括代理商的资质状况、注册资金、人员配备、资信情况、财务能力、履约能力、业绩等方面，目前国内具有外文文献代理资格的代理商屈指可数。对于期刊这种连续出版物来说，它的连续性决定了代理业务更具有复杂性和特殊性。因此，代理商的代理经验在评估时就显得尤为重要，这是因为连续出版物的供货渠道、服务网络、售后服务的建立是要经过长期积累才能逐步形成。因此评估代理商时，其服务业绩占有较大的比重，也就是说在评价代理商资质时，成熟的连续出版物代理经验是必须认真考虑的因素。为了更准确地做出判断，图书馆应注意收集其他图书馆对代理商的评价信息，这些评价能够从一个侧面反映代理商的服务水平，图书馆也能从中看出代理商是否具有专业化的团队来处理图书馆在订购中遇到的问题。

2. 代理商技术和服务能力

考察代理商的另一个重要依据就是代理商的服务能力，对于代理商服务能力的评估包括期刊到货情况、物流、催缺以及编目数据和加工等增值服务。

(1)订到率

订到率是衡量期刊代理商与出版发行机构间合作情况的指标，综合实力强的代理商经过多年的发展在国外建有自己的分公司，与国外代理商建立了良好的协作关系，能够保证图书馆订购期刊的货源，从而保证代理期刊品种的订到率。

(2)到货率和到全率及到货时限

期刊是传递世界最新科学知识、先进技术及科研动态的主要载体，以文献信息量大、内容新、传播速度快而受到科研人员的关注，期刊的到货率和到全率以及到货时限是考察图书馆期刊馆藏连续性、完整性的重要指标。图书馆要求代理商在期刊出版发行后，以最快的速度将其送达图书馆，以保证读者阅读的时效性。因此，在招标采购合同中，到刊的完整性和时效性是考核代埋商的一个硬性指标。

到货率(%) = 指定时间段内已到货的报刊种数/发订的报刊种数 ×100%

到全率(%) = 指定时间段内到全的期刊总数/订购的外文期刊总数 ×100%

(3)配送要求和验收

代理商应该按照图书馆的要求将所订报刊免费送至指定地点，同时须在包装箱内附发货清单，接收人员在收到代理商送达的报刊后，应将其数量、质量清点无误后在发货清单上签字验收，避免因中间环节造成期刊丢失、破损等情况。

(4)期刊质量

文献资源的质量是图书馆服务质量的保证，代理商应该保证所供报刊符合国家关于国外出版物进口的相关标准和规定，保证所供报刊为正版报刊。当发生配送报刊在运输过程中造成的损坏，由于印刷、装订、污损、缺页等造成的质量问题，配送的报刊与订单不符或与发货清单不相符，由于代理商原因而导致的重复订购或错误订购等情况时，代理商应予以无条件退换。

(5)期刊变更情况及信息反馈

期刊在出版发行过程中，经常会出现停刊、休刊、合刊、改名、改频次、改订购刊号等变更情况，期刊代理商应及时将掌握的变更信息并反馈给订户，以便订户及时做出调整。

(6)期刊催缺、补缺

代理商应主动负责订购期间的刊物的催缺工作，并将催缺结果形成书面报告。定期提供到货统计数据报表，并就缺期情况说明缺期原因。当期刊在发行或运输过程中出现漏寄、脱期等缺刊现象时，代理商应及时采取补救措施，尽最大努力保障期刊的完整性，代理商对缺期期刊的补缺能力应作为考察代理商的重要因素之一。

(7)网络服务

代理商能否为订户提供专业服务网站是衡量其提供服务的技术实力的标准之一。代理商的网站应能够通过订户代码登陆，并及时提供最新的、检索便利的目录查询、期刊变化、订单执行、信息发送、数据下载、上网期刊、供货报告、网上催缺和结算账目等服务，代理商可以通过网络平台实现与客户信息的实时互动。

(8)数据服务及加工

目前，文献加工已经社会化，一些技术含量较低的加工工作可以在招标时由供货商提供，如 MARC 数据的免费配送，免费贴条码、夹磁条等加工服务，图书馆只需提出具体要求即可。

以上所涉及的只是期刊订购中一些比较共性的需求，而由于图书馆可根据自身特点提出一些特殊的要求，如：国家图书馆作为国家总书库，文献保存功能相对其他图书馆来说要求更高，因此在招标时会提出首户号的要求，也就是说代理商所收到的期刊第一复本要首先发给国家图书馆。此类特殊要求都应在合同中明确说明。

3. 价格及结算

虽然近年来国家对文化教育事业投资不断增加，图书馆文献购置经费也有所增加，但由于报刊文献的价格每年都在以 7%—8% 的速度上涨，图书馆文献购置经费的增长仍然赶不上刊价的增长，因此招标采购是节约经费，提高期刊价格优惠幅度，最大限度地保障文献资源建设的有效方法之一。

通常外文期刊的价格构成主要包括原始刊价(外币价)、汇率、综合费率或折扣率、税率、贷款利息等因素。目前在报刊招标中报价方式常用的有：折扣率、综合费率或一刊一价。折扣率是在出版社价格的基础上给予一定的折扣优惠；综合费率是在外币的基础上，综合考虑服务费、手续费等因素，报出一个百分比，结算时都要在外刊原始刊价的基础上乘上外汇汇率和综合费率得出结算的刊价；实际价格则是按照每个标段报最终的付款价，即便将来由于各种原因造成价格变化也不会改变付款价格。

价格在招标中具有比较重要的作用，优惠的价格对图书馆来说具有很强的吸引力，但作为图书馆来说，不能只追求低报价，而应该考虑价格的合理性，只有合理的价格才可能保证其服务质量，否则代理商的服务承诺很难兑现。

代理商的最终选择是需经过由专家组成的评标委员会根据招标文件的具体要求和投标文件进行认真、严格地评议才能确定，评分标准是由招标工作小组制定的，他们根据图书馆的需求设立了多项评分标准，由评标委员会成员分别打分，最终根据综合打分情况确定中标代理商。

三、招标考核中应该注意的问题

1. 合同制定要科学严谨

采用招投标的方式购买期刊最重要的一点就是要以合理的价格购买到优质的期刊，要想保证期刊招标的质量，从制定合同起就要力求科学合理、严谨细致。特别要注意在招标采购合同中明确服务承诺和违约责任，措辞要准确，避免发生歧义。在制定合同时除了对代理商的到货、价格、服务提出要求，还要认真考虑在合同执行过程中有可能发生争议的细节，在制定合同时要明确双方的责、权、利，详细规定违约补偿条款以及弥补措施等，如：期刊到货率达不到要求给图书馆馆藏带来损失时，代理商需要承担什么样的责任。同时应制定相应的罚则，且应在合同中将其细化，使其更具可操作性。总之，合同条款的科学合理可促使各方认真履行合同职责，保证期刊采购质量。

2. 综合考虑代理商的服务能力，切忌单纯追求低价格

在考虑代理商的报价时不能一味地追求低报价，不能把价格作为唯一的衡量标准，而是要考虑其合理性。多年的实践证明，过低的价格往往会带来服务质量的降低。价格越低就意味着供货商利润空间越低。当利润空间小到代理商无法承受时，代理商必然会降低服务标准从而降低成本。因此，在招标时要平衡供需双方的利益，将期刊价格定位在一个合理的范围内。在评标时评标小组应该认真考察代理商经营情况、资信度、网络技术水平等因素，将代理商以往代理连续出版物的经验、与其他图书馆的合作情况、服务的态度和质量等作为考察代理商的重要因素。

3. 外文期刊招标不宜太频繁

外文期刊属于连续出版物，保证其连续性和完整性是十分重要的指标，也就是说代理商必须保证期刊的到货率和到全率指标的实现，而频繁的招标有可能造成代理商的频繁更换，由于每个代理商的订购渠道不尽相同，渠道的调整往往会影响期刊的到货，也就会直接影响期刊的完整性，因此期刊采购不宜频繁招标。通常两到三年招一次标比较合适。

4. 做好招标合同的履约管理

采访人员要随时关注代理商履行协议的情况，随时跟进到货情况，跟踪监督和定期评估。特别要重视期刊的到货情况，要求代理公司定期提交到货报告，随时提供出版变化信息，发现代理公司未按照合同要求履行协议时，要及时提醒他们进行整改，从而保证到货的完整、及时。

另外，在每年续订之前都应要求代理商严格对照招标合同进行自查，并提交自查报告。图书馆采访人员则应在代理商自查的基础上对其合同执行情况做进一步的核查，形成考核报告，将考核情况作为代理商下一年度能否续标的依据。考核报告的内容主要包括报刊的到货时限、期刊质量、服务态度、目录提供情况、增值服务质量、原始刊价及手续费等。

此外，期刊多为预订且大多数图书馆都是采用预付（如果采取后付款则要付贷款利息）的付款方式，这样就导致对于价格和服务的质量只能在结算时才能做出最终评价，虽然采购合同中都会制定明确的违约责任条款，且代理商都有违约保证金作为抵押，但真正采取法律手段追究供货商的责任却有很大的难度。因此，履约管理必须贯穿年度订购的始终。

当然，合同履行的质量不只是代理商单方面的责任，图书馆也必须加强自身建设，努力使期刊管理更加规范。期刊采访管理要从期刊的选定，采访数据的录入，到刊的验收、记到，催

缺、补缺入手,保证每个环节管理到位,只有这样才能更有效地对代理商的到货和服务进行监控,从而保证期刊采购合同的履行效果。因此,图书馆必须加强各道工序的管理,并定期对期刊的订到率、送到率、到全率、准确率、到货时限、催缺、补缺、反馈效率等进行跟踪、分析、备案,做到事事有案可查。同时要将这些工作常规化、制度化,提高双方的责任意识,保障期刊采购合同的履行效果。

第九章　外文文献信息资源的采访渠道——非购入方式

第一节　接受缴送

一、概念

缴送也称呈缴,英文术语为 Legal Deposit,译为"法定缴存",另有称为样本缴送,是指依据国家或地方颁布的法律或法令规定,出版者每出版一种新的出版物,都要在规定的期限内向指定图书馆或出版主管机关无偿缴送一定份数的样品。这种缴送的样品就被称为呈缴本或缴送本,这种制度就是出版物呈缴制度,或者称法定缴存制度。接受缴送,能保障一个国家或地区完整地收集和保存本国或本地区的全部出版物,保证国家和地区文化遗产的完整保存。

在中国,缴送本基本为中文文献,因此接受呈缴首先是我国图书馆中文文献馆藏构成的主要渠道,而对于我国的外文文献采选而言,它只是作为购买方式之外的一种必要的馆藏补充渠道。随着国际出版集团的不断发展、中外出版机构日益密切的合作、国内出版机构的出版行为日趋国际化、国际版权交易日渐繁盛、出版引进与出版走出去格局日益立体化,我国的出版机构与国外出版机构合作出版或者在国内独立出版的外文文献数量与日俱增。因此,我国的外文文献采访工作,不仅不能忽视接受缴送的这部分外文文献,而且应该形成相应的工作规范和交接制度,外文文献采访人员也应该了解和掌握其业务范围。

二、制度支撑

一般认为,法国是最早实行图书呈缴制度的国家,而历史上最早的图书呈缴法是 1537 年 12 月 28 日由法国瓦罗阿亚王朝国王法兰西斯一世(François I)亲笔签发的《蒙特斐利法》,它规定凡在法国注册出版的图书,必须向皇家图书馆呈缴若干册①。后来,书刊呈缴制度逐渐在世界各国得到普及。根据国家体制和呈缴范围的不同,接受呈缴本出版物的图书馆首先是行使国家职能的国家图书馆,如美国国会图书馆、大英图书馆、德国国家图书馆、法国国家图书馆、日本国立国会图书馆、中国国家图书馆等,其次是行使地方职能的州、省、市级图书馆,如德国巴伐利亚州立图书馆、广东省立中山图书馆等。

早在 10 多年前,互联网资源的采集和缴存问题就已经引起联合国教科文组织的注意,其分别于 1996 年和 2000 年公布的《电子出版物法定缴存》及《法定缴存立法指南 2000 年修订

① 崔彤. 图书呈缴制度及其在我国的实施[J]. 国家图书馆学刊,1993(Z2):86-93.

版》两个指导性文件,均对在线出版物的缴存有所涉及。据大英图书馆于 2010 年 8 月公布的一项问卷调查报告,已有挪威(2001 年起)、爱尔兰(2003 年起)、丹麦(2004 年起)、爱沙尼亚、法国、德国、拉脱维亚、立陶宛、斯洛文尼亚(皆从 2006 年起)和芬兰(从 2007 年起)共 10 个欧洲国家通过了相关立法,授权本国的国家图书馆采集互联网资源①。

我国在政策法规方面的呈缴制度,最早出现于 1927 年 12 月 20 日,当时的大学院制定了《新出图书呈缴条例》,但没有得到很好的实施。1952 年 8 月 16 日,中央人民政府政务院公布了《管理书刊出版业、印刷业、发行业暂行条例》,指定当时的北京图书馆、中国科学院图书馆为接受呈缴本的单位,直至此时,呈缴本制度的实行才以法规的形式得到确立和保障。为了进一步完善呈缴制度,国家出版事业管理局在 1979 年 4 月 18 日颁发的 193 号《关于修订征集图书、杂志、报纸样本办法的通知》第二条中又进一步明确规定:"凡出版社、杂志社编辑、出版的各种图书、杂志、报纸,均应在出版物出版后即向国家出版事业管理局版本图书馆及北京图书馆缴送出版物样本。"并且详细规定了缴送各种书刊的册数。国家出版事业管理局、新闻出版总署曾先后多次发布有关出版物样本缴送的通知或规定。国务院最新修订的《出版管理条例》和《音像制品管理条例》已于 2011 年 3 月 19 日公布并实施,对出版单位和音像出版单位"应当按照国家有关规定向国家图书馆、中国版本图书馆和国务院出版行政主管部门免费送交样本"做出了明确规定。目前,有些省、市人民政府也规定了地方出版社向本省、市级公共图书馆送交样本的制度。2012 年 5 月 1 日正式颁布施行的《公共图书馆服务规范》对此的表述是:省级公共图书馆负有依法接受所在省(市)出版机构呈缴出版物和保存地方文献版本的职能。

总的来说,世界上许多国家都已经把出版物呈缴制度写进法律,归纳起来大体分四种类型:即写进版权法、出版法、图书馆法或单独的呈缴本法。目前,我国的《公共图书馆法》以及《图书馆法》正在紧张的起草和制定过程当中。而且,出版物呈缴制度已经从传统的印刷型文献扩展到电子出版物和互联网资源的范畴。随着立法的不断完善,收集和保存本国和本地区出版物的工作,拥有越来越有效的制度保障,接受呈缴的图书馆和出版主管机关将更好地履行其对国家和社会的责任与义务。

三、现状与问题

目前,国际上通行的出版物呈缴制度规定的呈缴数量是最少 2 份——1 份保存,1 份利用。根据我国目前的政策法规,出版单位需要向国家图书馆、中国版本图书馆和国务院出版行政管理部门免费送交出版物样本,总数量是 5 份。但是,我国出版物的呈缴现状并不尽如人意,缺缴、漏缴、迟缴、拒缴等情况仍然存在,究其原因,主要有以下几个方面:

(1)出版社经济成本控制,造成高价书漏缴;

(2)重印本与新书难以区分;

(3)国内出版的外文书缺缴严重;

(4)出版社内部管理混乱,重视程度不足,呈缴工作规范性不够,随意性较大;

(5)缺乏有效的监督和惩处机制,使得缺册缴送现象严重;

---

① British Library: International Survey on Electronic Legal Deposit [EB/OL]. [2010-11-16]. http://cdnl.info/2010/CDNL_2010_-_BL_international_survey_on_e-Legal_Deposit.pdf.

(6)现行缴送制度的不合理性造成不良现象,如出卖书号、协作出书、多头呈缴、制度空隙等,导致一定数量的漏缴。

为了能使呈缴本及时如数收集齐全,图书馆首先要与各出版社签订合同,定期核查出版社提供的最新出版物清单,防止漏缴。其次,图书馆对于收不到的高价出版物,可以给出版社一定的经济补偿,这样既考虑了出版社的利益,又可以调动其呈缴的积极性,以保证呈缴本文献的完整性和连续性。再次,图书馆为保证呈缴本及时、完整的收集,应设立专人负责该项事宜,并建立出版社呈缴档案进行跟踪,每年度进行检查核实,如出版社未履行合同,图书馆有责任督促其及时解决。同时还要加强馆内管理、严格要求,提高出版物呈缴率和质量。

第二节　交换

从交换地域上看,出版物交换可以分为国际交换与国内交换两种,对于外文文献采访形式来说,尤以国际交换具有重要的意义与作用,因此本节叙述将以国际交换为主。

一、国际交换历史综述

国际交换是国际学术和文化合作的一种重要方式和体现形式,是图书馆采访工作的必不可少的组成部分,而且是图书馆补充外文馆藏十分有效的辅助渠道。它有利于不同国家、不同民族和不同地区之间的学术、文化机构通过官方或非官方的渠道交流学术动态、情报信息、文化成果和文化思潮。其主要交换内容是出版型或复制型,其交换关系可以是双边互换式的,也可以是单边赠送式的,但最重要的是双方对此达成一致。

纵观出版物国际交换的历史会发现,它的产生与发展从来就不是孤立的,而是受到科学知识、学术出版、图书馆政策、外交关系与国际合作形势等多方面因素的影响。关于国际交换历史的著述在国内外也并不鲜见,其中最重要的是联合国教科文组织出版的《出版物国际交换手册》,已先后出版五版,分别是 1950. 1956. 1964. 1978 和 2006 版,较新的中文版是 1988 年由中国对外翻译出版公司出版的该手册第四版的中文译本。在此期间,在“欧洲出版物国际交换大会”、IFLA 世界大会以及国内外图书馆专业刊物上,关于国际交换史的研究和学术成果也逐渐丰富起来,各国以及各馆的国际交换经验交流越来越频繁,这为理清出版物国际交换史并促进交换业务的开展,创造了理论环境并奠定了实践基础。根据历史文献资料的记录[①],出版物的国际交换历史可以大致划分为以下 5 个阶段:

1. 萌芽阶段:17 世纪——学术团体的产生与学术出版的发端

早在几百年前,中世纪时期的图书馆之间就出现了互相交换手稿或手抄本的现象,但系统、正规的出版物交换行为还是要从学术团体的产生和学术出版的发端开始算起。17 世纪初,在欧洲启蒙思潮的影响下,学术信息交流的需求推动了学术团体和学术、专业图书馆的产生与发展,并成为学术印刷出版的助推器,后二者进而共同成为学者们之间交流、交换学术信息所

① Lilja, Johanna. History of the International Exchange of Publications [M]//Ekonen L, Paloposki P, Vattulainen P. Handbook on the International Exchange of Publications. 5th ed. Munich: K. G. Saur, 2006: 49 – 68.

必不可少的土壤与途径。最初,个人之间的交流形式往往是以通信的方式进行的,信件内容通常是有价值的学术信息和研究成果,随着交流频率的提高和交流范围的扩大,个人往往难以持续开展这种活动,于是学术团体间有目的、有规律的交流活动开始形成,手稿信件变成了印刷信件,服务于学者信息交流的学术图书馆也开始运作,个人的学术成果通过这种交流和交换得到广泛传播。随着此种方式的传播范围越来越广,学术成果创作者的个人权利开始遭受侵害,于是学术期刊应运而生。至此,学术思潮的交流与传播演变为印刷型学术作品的交换,这就是最早的出版物交换的原型。一般认为,法国是最早实行图书馆馆藏交换的国家,早在 1694 年,法国的皇家图书馆就用复本书交换英文、德文图书。

这一现象一直持续发展到 18 世纪初,而且这时期的交换还有一个特点,就是实行书刊赠送、交换的图书馆或学术团体往往仅对本团体会员开放,还谈不上公开和公益,商业出版和学术市场也还远远未能形成。

2. 拓展阶段:18 世纪到 19 世纪下半叶——大学、个人、团体的非官方努力

18 世纪以前,由于受到资金、宗教、战争、政变等因素的影响,大学图书馆的主要任务还不是为学术研究提供当代文献的支撑与服务,而是作为传统古籍或宗教文献的储藏室,而且馆藏一旦受损或销毁就很难得以复建。相较于此,个人图书馆则可以通过售卖或交换其图书复本或馆藏来丰富它们的藏书,也因此拥有更大的生存空间。受此影响,大学图书馆也开始寻求更广阔的发展空间。它们建立新馆、改革政策、筹集资金、更新馆藏,依托其教学氛围和研究环境,尝试走上为学术研究提供文献支持的道路。

然而,制约这时期图书馆发展的一个重大障碍是用以购买书刊文献的资金非常有限,于是交换馆藏成为一个便利、经济的解决之道。1745 年,瑞典几所大学间建立的学术图书复本交换组织(commercium literarium)就是交换行为常规化的良好楷模,尽管可能存在邮寄、运输、通联等方面的困难,但是这种大学间的交换形式仍然蓬勃发展了两个多世纪。1817 年,德国大学效仿瑞典成立了学术交换协会(Akademischer Tauschverein),而且吸引了来自俄罗斯、波兰、斯堪的纳维亚半岛的其他国家、荷兰、比利时、瑞士、奥地利、意大利、英国、美国、澳大利亚和法国等众多国家的大学加入该协会。到 1882 年,该协会每一种用于交换的出版物复本达到 50 册之多。直到 19 世纪末,由于加入协会参与交换的国家和图书馆太多,交换所需的图书复本量太大,该交换协会不得不解散,但是许多大学之间建立的国际交换关系却延续了下来。

19 世纪上半叶,对于欧美出版物国际交换理念的普及和交换关系的拓展、常规化起到不可或缺的推动作用的,还有一个重要人物,他就是当时著名的法国口技演员和慈善家亚历山大·瓦特马尔(Alexandre Vattemare,1796—1864)。由于工作需要,瓦特马尔在宫廷贵族、中产阶级和普通公众里都拥有广泛的交际圈,而且经常出入图书馆、博物馆等场所。当他发现这些藏书室和图书馆的外文文献数量极其有限后,便开始帮助法国私人藏书家们通过交换的方式获得国外的文献资料,名声大震。后来,他有规模地组织不同国家的图书馆、政府机构、教育机构、科学团体间的交换行为。交换内容覆盖了文艺作品和自然科学成果等。他以法国为中心,建立了一个包括俄罗斯在内的遍及整个欧洲的庞大的交换圈。在他的宣传和努力下,出版历史较短的美国也加入了这个交换体系,美国用自然产物、专业技术来交换来自欧洲的先进文化成果,1814 年遭大火重创的美国国会图书馆这时也从中获利,从被动地接受捐赠变成主动预留复本用于国际交换。还有加拿大、古巴等国也都加入了瓦特马尔的交换体系。1827 年,瓦特马尔

开始组织图书馆利用馆藏复本开展国际交换。

直到 1848 年法国大革命爆发后，法国当权者坚决反对通过私人关系而非外交途径进行国际交换。继而随着美国南北战争的爆发，瓦特马尔苦心建立的国际交换体系终于瓦解，出版物国际交换发展史上非正式、非官方的兴盛阶段也逐渐告一段落。

3. 规范发展阶段：从布鲁塞尔公约到第二次世界大战

1886 年的布鲁塞尔公约标志着出版物国际交换从此走上了官方发展和规范发展的重要阶段。从时代背景来看，当从法国发端的国际交换体系遭到法国当权者的抵制，从红火走向衰败的时候，美洲土地上兴起的交换行为却受到了包括美国国会在内的政府机构的大力支持。1849 年开始，建立于华盛顿的一个交换机构正式开始出版并与其他各洲的国家机构交换它们自己的连续出版物，不久美国各大机构的出版物纷纷加入进来，并获得国会法案的免税优待和政府出版物复本政策。与之前的民间、高校、个人、学术团体的交换情形不同的是，这时期的国际交换开始更注重政府间的官方合作，政府出版物和学术出版物齐头并举。19 世纪下半叶，动荡、纷乱的欧洲国家也开始意识到通过交换途径获得其他国家的政府出版物，对于政策改良、社会稳定以及政府管理都有诸多裨益。

在这样的背景之下，第一个出版物交换国际协议于 1886 年在布鲁塞尔签订，当时的签署国包括比利时、巴西、意大利、葡萄牙、塞尔维亚、西班牙、瑞士和美国，协议分为两部分，分别是《官方文献、科学和文学出版物国际交换公约 A》和《官方期刊、议会年鉴和政府文献即时交换公约 B》，总称布鲁塞尔公约。布鲁塞尔公约规定了协约国之间交换文献的职责义务、机构设置、内容形式、承运等问题，将国际交换定位到了国家中心的层面，从而避免了瓦特马尔交换体系的类似弱点，成为各国——包括非协议签署国——开展国际交换的范式与国际通则，是出版物国际交换史上的里程碑。

除此之外，其他国家也纷纷开始建立负责国际交换的国家机构，例如 1877 年的法国国际交换服务中心、19 世纪末的拉美国家图书馆交换中心、1899 年的芬兰（当时是俄罗斯帝国的一部分）国家交换中心等。许多新的国际交换协议陆续签订，其中有的是单边协议，例如 19 世纪 90 年代比利时与法国、荷兰、卢森堡、匈牙利签订的协议。还有很多是重要的多边协议，例如 1902 年由阿根廷、玻利维亚、智力、哥伦比亚、哥斯达黎加、多米尼克、厄瓜多尔、萨尔瓦多、危地马拉、海地、洪都拉斯、墨西哥、尼加拉瓜、巴拉圭、秘鲁、美国和乌拉圭共 17 国签订的墨西哥公约，以及 1936 年底又新增了巴西、古巴、巴拿马、委内瑞拉共 21 国签订的布宜诺斯艾利斯公约。

布鲁塞尔公约企图建立的完美的国际交换图景，虽然由于种种原因未能在世界范围内实现，但它确实为将国际交换关系提升至官方、正式的国际关系做出了重要的贡献，为各国间的国际文化合作和跨文化合作提供了途径，但是这些努力和好的影响最终也由于第二次世界大战的爆发而中断。

4. 重建与壮大阶段：战后初期到 20 世纪 90 年代——官方推动与国际协约

第二次世界大战的爆发，几乎完全破坏了国际出版物交换的既定方针和既有模式，尤其是对大学图书馆和一些小国图书馆的恶劣影响,远远超过对大国的国家图书馆的影响①。战争虽然会破坏图书馆的建筑和藏书,但绝不会摧毁人们学术交换和文化交流的信念。

于是在战后,学术文献的交换需求更加得到了世界各国政府和国际组织的普遍重视,国际交换合作开展得更加活跃和广泛。1945 年 11 月,联合国教科文组织筹备会在伦敦召开并通过相关文件,其中出版物交换的问题就得到了关注与讨论。1947 年,联合国教科文组织成立出版物信息交流中心,它成为当时全世界各机构之间直接交换出版物的最有力的推动者。1947 年开始发行的《联合国教科文组织图书馆公报》中还设有"出版物需求""出版物交换"以及"免费赠送"等栏目。1950 年,《出版物国际交换手册》以英、法双语的形式出版,它简要叙述了出版物交换的发展历程,列出了一份交换机构联系方式列表、一个交换中心名单、一份政府出版物书目以及一个愿意交换出版物的机构分类表。尽管该手册在首次出版时受时局的影响,效果十分有限,但它的内容的确非常实用。在后来的数十年时间里,该手册得到不断更新、再版以及翻译,目前已先后再版四次,分别是 1956、1964、1978 和 2006 年版,1988 年中国对外翻译出版公司出版了该手册第四版的中文译本。

除了联合国教科文组织,还有许多国际组织和机构此时开始积极致力于推动出版物国际交换的官方合作与常规化运作。1947 年起,IFLA 继续鼓励发展博士论文的交换,随着德、法等国开始不再强制性印刷出版博士论文,缩微胶片成为博士论文得以继续交换传播的新载体。1948 年,美国图书交换公司(USBE)成立并帮助各图书馆解决收发学术图书和学术期刊的问题。1956 年版的《出版物国际交换手册》中提到的愿意开展交换工作的图书馆协会、专业组织、宗教团体和学术团体等多达 94 个。欧洲经济合作组织(OEEC)制定了一个宏大的《文献交换规划》,经多国签署于 1950 年付诸实施,1959 年被废除②。它旨在通过共享技术研究成果来平衡各成员国多个工业领域参差不齐的技术水平,贸易和工业也需要在非卖品占多数的学术出版领域分得一杯羹。

二战后,国际社会还签订了 1945 年的阿拉伯联盟公约、1953 年的马德里公约这样的涉及出版物交换的多边文化协定。可以说,二战后直到 20 世纪 50 年代初期,是出版物国际交换工作消除战后影响,在世界范围内重建并从区域性自发走向国际化官方合作的飞速发展阶段,为以后出版物交换国际范式的形成奠定了重要的基础。1958 年,联合国教科文组织在法国巴黎召开了第 10 次会议,就出版物的国际交换问题进行了专门研究,并通过了关于出版物交换的两个公约,即《出版物国际交换公约》和《各国官方出版物和政府文献交换公约》,这两个公约自 1961 年起正式生效。该会议号召全体与会国广泛开展科技、教育、文化领域的官方和非官方机构出版物的非营利性交换工作。在此后不久的 1960 年,又在布加勒斯特就国际交换问题召开了一次专门会议,1972 年在维也纳召开了全欧国际交换会议。这几次国际性的会议对推动国际交换工作在世界范围内的广泛开展起了重要的作用。

总的来说,在战后国际政治、经济、文化各方面局面发展整体趋向稳定的背景下,在国际组织与各国官方机构的共同维护与协作下,东西交流、南北合作日益频繁。一方面许多国家纷纷

① Harris M H. History of Libraries in the Western World[M]. Laham:Scarecrow Press,1984: 197 - 200.

② Ekonen L,Paloposki P,Vattulainen P. Handbook on the International Exchange of Publications[M]. 2nd ed. Paris:Gisela von Busse,1956: 44 - 48, 207 - 214.

加入或参与签订了国际协约和多边文化协定，另一方面许多国家图书馆开始从国家职能的角度考虑出版物交换的国际影响与战略地位，其交换形式和交换内容得到不断扩充，交换关系长期稳定。因此，出版物的国际交换工作在这个阶段得到了前所未有的蓬勃发展。

5. 数字时代的国际交换：机遇与挑战并存

伴随着图书馆本身、学术出版业、外交关系和文化关系的不断变迁与发展，出版物交换经过400多年的发展，已经成为各类型图书馆文献采访不可或缺的重要渠道，成为信息时代图书馆自身发展并服务社会的有力保障。

进入21世纪的数字时代，计算机和网络技术的发展，带来了学术出版、文化交流之技术与手段的革新，以及阅读方式、搜索习惯甚至是生活观念的改变。于是，国际交换在21世纪进入了又一个新的发展时期，各国国家图书馆、公共图书馆、大学图书馆、科研机构图书馆等单位普遍开展国际合作，以适应社会不断发展的需要。交换工作中传统的通联方式、物流方式、交换内容都在不同程度上发生了数字化的变化，提高了工作效率，丰富了交换成果。但是另一方面，考虑到出版业的数字化转型、图书馆预算的缩减、信息利用的权限等问题，世界各国图书馆之间的出版物交换业务，在最近这几年时间里面，还是面临纸质出版物交换量萎缩、数字出版物交换前景不明朗等一系列问题。展望未来，出版物国际交换工作的发展可谓是机遇与挑战并存。

二、我国出版物国际交换史概述

1. 萌芽阶段：16世纪末至20世纪初

据了解，我国出版物国际交换的发端，起自明末清初。16世纪末开始，以利玛窦、金尼阁等一批传教士为代表的西方宗教和文化、知识的传道士，开辟了“西书东传”的源头，后来清政府也曾通过传教士将中国书籍赠送给法国王室，这就是我国最早的出版物国际交换的雏形。直到20世纪初，我国的出版物对外交换行为都是零星发生，不成体系，也没有专门的人员或机构负责，更多的是依靠个人力量和偶发性机会，而且以赠送的形式为主，非以交换为主要目的。

2. 成长阶段：20世纪上半叶

专门的交换机构的成立，是这一时期的一大特色与进步。1905年，在美方积极与我国建立交换关系的情形之下，我国第一个专职负责国际交换的机构——换书局正式成立，由洋务局管辖，主要负责与美国的图书交换事宜。1920年，换书局改为“中美交换书报处”，改由外交部管辖，仍然专职于中美书刊交换事项。受布鲁塞尔公约和国际交换大好局势的积极影响，中国也开始筹备加入国际组织。于是1935年11月5日，教育部设立“出版物国际交换局”，专事与公约缔约国交换书刊报，此后不久中国便正式成为了布鲁塞尔公约的成员国。至此，中美交换书报处的一切事务交由出版物国际交换局接管，并委托北京图书馆（后更名为国家图书馆）为交换出版物的接收单位。这标志着中国开始加入国际出版物交换的全球体系，尽管后来时局不济，好景不长①。新中国成立以前，我国已经与日本、苏联、波兰、美国等国的一些研究所、科学院、大学图书馆有了书刊交换往来。

① 吴洁. 1949年前我国出版物国际交换概况[J]. 图书馆杂志，2003(5)：43－45.

3. 新中国阶段:1949 年至 1976 年

新中国成立以后,我国越来越重视开展与国外的文化交流,也开始有计划、大规模地开展出版物国际交换工作,北京图书馆、中国科学院图书馆、中国科学技术情报研究所、北京大学图书馆、清华大学图书馆等单位先后开始履行对外开展书刊文献交换的职责。这几个单位分工是,北京图书馆可以用全国各出版社的出版物进行交换,其余几个单位原则上只交换他们自己出版的书刊。其中,北京图书馆和中国科学院图书馆分别从 1949 年和 1951 年起,正式开展出版物的国际交换工作,1951 年底,北京图书馆正式在采访部下设交换组,是当时我国图书馆交换业务实施较早、工作较活跃、交换成果较显著的代表,在人员、经费、联系国家和交换出版物数量上均居全国第一位①。到 1954 年底,与北京图书馆建立交换关系的国家和地区就多达 21 个,交换单位 74 个②,包括苏联国立列宁图书馆、苏联科学院图书馆以及东欧国家的一些图书馆,如德意志民主共和国的柏林国家图书馆、波兰国家图书馆、捷克国家图书馆、罗马尼亚国家图书馆和匈牙利国家图书馆等。1954 年的日内瓦会议和 1955 年的万隆会议后,国际形势发生了重大变化,我国的国际地位空前提高,除社会主义国家的图书馆外,一些资本主义国家的图书馆也先后来函要求与北京图书馆建立交换关系。如美国哈佛法学院图书馆、法国国立图书馆、日本国会图书馆以及意大利、瑞典、丹麦等国家的一些图书馆也都是在这一阶段和我们建立起联系的。

1956 年,在党中央"向科学进军"口号的号召下,北京图书馆积极承担起文化部提出的图书馆要为科研服务的任务,交换工作的重点由扩大国际文化交流,大面积补充馆藏转向积极主动地代国内科研单位交换他们所需的书刊,有意识地发展同科技发达国家的学术单位联系,开辟交换书源。这一时期,北京图书馆同美国加利福尼亚大学图书馆、纽约州立图书馆、斯坦福大学图书馆、大英博物馆、伦敦大学图书馆、日本东京大学图书馆、日本东洋文库、日本中国研究所等单位先后建立了交换关系。

这一时期的交换成果也很突出,德意志民主共和国于 1955 年把收藏在莱比锡的 3 册《永乐大典》送还我国。世界闻名的敦煌写经等文献资料,被帝国主义掠夺,失散于世界各地,其中存于英国的有近 7000 卷。1954 年,北京图书馆通过交换,从英国剑桥大学图书馆换回了藏在英国的敦煌资料(胶卷),不但补充了馆藏,更为敦煌艺术研究提供了第一手资料。我国收藏的世界孤本回鹘文《菩萨大唐三藏法师传》仅有 240 面,另外的 278 面藏于法国的淇美博物馆,同样是通过交换,我们补齐了所缺的部分③。

但是"文革"期间,我国出版物交换工作遭受严重挫折,仅能勉强维持。国内书刊出版工作基本停顿,书刊出版锐减,能提供交换的书刊则更少。我国可以向外寄出的文献量减少,因而国外单位也陆续减少或停止给我们寄书刊。这时期,北京图书馆的交换单位甚至减少了三分之一,整体馆藏也受到很大影响。

4. 成熟阶段:1977 年至 20 世纪末

"文革"结束后,随着拨付经费的增加,北京图书馆逐渐恢复了与各国国家图书馆、科学院

---

① 李哲民,等. 国际书刊交换工作的回忆[J]. 北图通讯,1982(3):36.

② 许绵. 北京图书馆国际书刊交换回顾[J]. 北图通讯,1979(3):8.

③ 李建刚. 国家图书馆国际书刊资料交换工作的新思考[J]. 国家图书馆学刊,2002(4):33 – 38.

图书馆和大学图书馆的交换业务，交换质量也有所提高。改革开放以后，我国出版行业开始复苏，众多刊物逐渐复刊，国内出版物品种日趋繁荣，经济形势日趋活跃，国际往来日渐频繁，有利的外部环境大大促进了我国国际交换工作的恢复与壮大。

到20世纪末，北京图书馆已与世界上100多个国家和地区的500余家单位建立并保持着交换关系，中国科学院文献情报中心同45个国家的1300多个机构建立了交换关系，与北京大学图书馆建立交换关系的有30多个国家300多所大学及科研单位，清华大学建立的交换关系也涉及30余个国家400多个图书馆①。我国的国际交换工作从国家馆、科研院所图书馆到大学图书馆都处于一个新的发展时期。

5. 文化大发展、大繁荣阶段：21世纪以来

进入21世纪，世界继续在知识经济的高速跑道上飞速发展，文献信息量的增加呈几何级数递增，同时互联网技术、计算机技术在图书馆的应用也日益广泛，世界各国对我国的文化需求发生了一些变化，于是我们的国际出版物交换工作就需要做出合乎时宜的妥善应变，也因此面临着更大的机遇与发展空间。

另一方面，随着国家文化外交战略的进一步深入，出版物国际交换岗位作为我国对外进行文化交往的重要窗口之一，也承担了更加重要的任务。近年来，国务院新闻办公室为扩大中国文化在国外的影响，举办过不同形式的赠书活动，受赠对象主要是有影响的海外图书馆和一些文化机构。"十一五"(2006—2010)期间，国务院新闻办公室与国家图书馆联合举办了"中国之窗"赠书计划，免费向国外图书馆赠送图书，以期让世界更好地了解中国，宣传我国改革开放的成就，弘扬中华文化，进一步提高我国的国际地位和国际影响力。目前，在以国家图书馆为首的多家图书馆及其交换部门的积极参与和努力下，"中国之窗"项目正在全世界100多个国家彰显其重要的文化影响力。在未来，我国的出版物国际交换势必还将发生顺应时代潮流、合乎国家使命的新突破或转型，让我们拭目以待。

三、国际交换的意义与作用

首先，国际交换是图书馆等机构补充文献资料不可取代的一种非贸易方式。通过国际交换，能弥补通过书商购书的诸如征订目录不全、书目来源有限、购书市场受限、商业不良竞争等各方面缺陷。通过国际交换不仅可以获得许多市场上流通的外文原版书刊、小语种图书，节约购书经费，丰富馆藏，更重要的是可以获得一些通过贸易渠道难以获得的政府出版物、学术科研机构出版的非商业出版物、限量图书和绝版图书，也是过刊补缺的重要途径，为补充图书馆必要的文献资料提供了一定的保障。

第二，国际交换是学术领域交流科研成果不可或缺的一个交换渠道。从国际交换的发展史来看，学术出版以及学术科研成果的交流本身就是出版物国际交换得以成熟发展的源头和助推器。学术成果和政府出版物是国际交换最原始也是最重要的两个工作内容，其中尤以学术成果为著。学术机构、科研院所自己出版的一些学术刊物、科研论文、非商业图书一直以来都是国际交换的重要内容，其到书效率和过刊补缺的效率常常是通过购买渠道难以企及的。

① 刘蓬.出版物国际交换述略[J].山东图书馆季刊,2003(1):17－21.

从20世纪50年代起,北京图书馆就开始积极承担为科研服务的任务,有意识地发展同科技发达国家的学术单位联系,通过交换为国内科研单位获得他们所需的书刊。目前,国家图书馆交换入藏的在版学术期刊达千余种,为国内科研活动提供了必要的文献支撑。

另外,国际交换是国家日益重视的文化外交的一个战略窗口。作为对外进行文化交流的窗口,国际交换工作因其特殊的对外交往职能和国际合作对象,具有外事通联频繁、涉外政策性强、外联内容丰富、内联头绪复杂、交往涉及面广等特点,在图书馆业务工作中具有特殊的使命与重要的地位。从新中国成立初期到改革开放以来,国际交换工作一直承担了一定的对外文化宣传的职责,采用赠送的方式向外推广我国的优秀出版物和学术成果。

四、交换业务实操

1. 交换原则

通行的出版物国际交换原则与国际关系和国际贸易的基本原则保持一致,即“平等互利”的交换原则。在交换内容的选择上,依照“以我所有,换我所需”的方针,交换单位互通有无,调节余缺,以达到补充和丰富馆藏的目的。

在交换方式上,一般遵循的交换原则传统上分为以件易件、以页易页这样的等量交换以及以价易价这样的等值交换两种。虽然在实际工作中不一定体现出一对一的绝对等量或等值,但基本上都是以这两种方式为调整交换方案、平衡交换内容的基本原则。

2. 交换形式

从交换层面看,交换形式可分为官方交换和非官方交换两种。我们通常讲的国际交换一般是指一个单位与国外的单位建立定期或不定期的长期文献交换关系,这属于非官方交换。而官方交换则是根据国际间的协定,由一个单位承担并履行协定职责,代表国家开展书刊交换工作,这个单位就成了这个国家对外书刊交换的通联中心和集散中心,担负着国内外书刊资料的通讯和出版物的采购及外发任务。

从交换内容的确定方式来看,交换形式又分为赠送型交换和目录型交换两种。前者是指双方无明确内容约束地向对方赠送文献资料,而后者则一般通过目录选定或内容指定的方式寄送对方需要的书刊资料。实际操作中,这两种形式很可能结合采用。

就活动现象而言,图书馆之间进行的国际交换工作,可分为三种形式:双边交换形式、联系中心形式、服务中心形式。

(1)双边交换形式

双边交换形式是指图书馆之间订有合同,相互之间平等互利地交换本地、本系统或本单位出版的文献资料。这种方式是文献交换最常用的方式,即基于互惠互利和友谊。书刊的授受者之间直接进行的交换,也称直接交换。有些图书馆之间不十分计较出版物的等值问题,而以友谊为大前提,这种情况最后大多都发展成一种互赠行为。目前我国的国家图书馆、中国科学院国家科学图书馆等大多数单位与客户建立的都是这种形式下的交换关系。

(2)联系中心式交换形式(多边交换)

联系中心交换形式是指图书馆之间通过交换书目中心获得有关交换书刊资料的信息,间接进行书刊交换的方式。这种做法是,各图书馆将他们可提供交换和想获得的书刊资料目录告诉交换中心,经中心整理后再发给各图书馆,作为各自选择适当交换单位的媒介。联合国教科文组织建立的出版物交换所(UNESCO Clearing House for Publications)就是这样的组织。在进行双边交换中,各个单位(图书馆)可能会发现一些难以解决的问题,如信息不灵和交换的范围有限,整理交换目录费时费力,找不到合适的交换对象等。为解决这些共同存在的问题,由一个中心单位来整理交换书目分发给各单位参考,作为各个单位之间书刊交换的信息桥梁,即形成了联系中心的交换形式。这种形式可以说是双边交换形式的扩大,所以又称为多边交换。

(3)服务中心式交换形式

服务中心式的交换形式是指在一个区域内,由一个单位集中人力、财力,统一处理各单位交换的书刊,并传递交换信息,各图书馆把自己可供交换的和所需要的书刊通知给交换中心,由中心集中进行书刊交换的方式。以会员形式发展的非营利机构美国图书交换中心(USBE—United States Book Exchange,Inc.,后更名为Universal Serials and Book Exchange,Inc.)就属于这种形式,它接受世界各国图书馆的书刊资料交换业务。

服务中心式与联系中心式的最大区别在于,前者较后者除了提供通联和书目转发等类似联络站的服务之外,还要包揽交换信息匹配、经手交换文献以及书刊收发等实际工作,交换主体行为的发生地已经从交换双方单位本身转移到了服务中心。

3. 交换职责

出版物国际交换是对外文化交流的重要窗口之一,是采访工作的一个重要组成部分,是补充馆藏的有效途径。国际交换岗位主要负责与国外各类型图书馆、研究所和文化机构开展文献交换工作,其主要工作职责如下:

(1)负责与国外交换单位进行通联,以建立、维护、调整与国外交换单位的交换关系;

(2)负责编制中外文书刊交换目录并寄发给交换单位供其选择,同时向对方索要交换目录;

(3)负责与相关业务部门沟通,将本馆采访需求及时反馈给交换单位;

(4)贯彻本馆的文献采访方针,完成各语种交换文献的采访选书工作;

(5)负责交换获得的图书、期刊、舆图、光盘、平片、胶卷等文献资料的记到工作;

(6)负责针对交换连续出版物的缺期、缺号情况向交换单位进行催补;

(7)负责定期将交换书、刊、报等寄往交换单位;

(8)负责回应交换单位的来函,及时回复和处理对方的交换需求;

(9)负责完成交换档案的随时更新、整理、备案与统计,根据交换客户的特点和需求制定和调整交换方案,根据每年的交换统计数据动态调整和平衡交换内容;

(10)执行与其他国家签订的文化协定中的有关本馆文献交换的条款,促进中外文化交流。

4. 交换内容

按照“以我所有、换我所需”的原则,除对方主动赠送的书刊资料之外,交换工作中要根据本馆文献资源建设的特点和采访方针采选本馆所需。这时候常常会涉及的一些需要区分的文献属性包括:图书或期刊、纸版或电子版、何种语言、哪些学科等。在不同的历史时期和政策形势下,需要或能够交换采选的文献内容也可能会不一样。

以国家图书馆为例,新中国成立初期,交换采选对象尽量选择那些在国内订购不到的外文书刊,凡是在国际书店能买到的,就不再交换。如从前苏联换回来的《莫洛托夫动力学院学报》《机器研究所学报》,从英国牛津大学换回的《技术史》《原子能》,从法国换回的《实验航空工程》《无线电辞典》等。1958—1965 年,北京图书馆(今国家图书馆)和资本主义国家书刊交换关系发展很快,这一时期收到大量国外出版物。改革开放以后,交换文献的优势更加明显,除以政府出版物和学术文献为交换重点之外,还兼顾购书经费的充分利用,一般能通过交换渠道获得的书刊,就不再购买。随着网络技术和电子出版物的普及,新世纪的交换内容更为丰富,一些国外的电子学术期刊也通过开放 IP 段的方式经由交换渠道加入到国家图书馆的数据库资源中,供读者远程访问。

5. 交换流程

国际交换工作由于其特殊的双边角色和对外交往职能,具有外事通联频繁、涉外政策性强、外联内容丰富、内联头绪复杂、交往涉及面广等特点,在图书馆业务工作中具有特殊的使命、重要的地位以及复杂的工作流程。以国家图书馆出版物交换工作为例,其工作内容主要涵盖通联、采访、记到、外发四大板块,工作流程如下图所示:

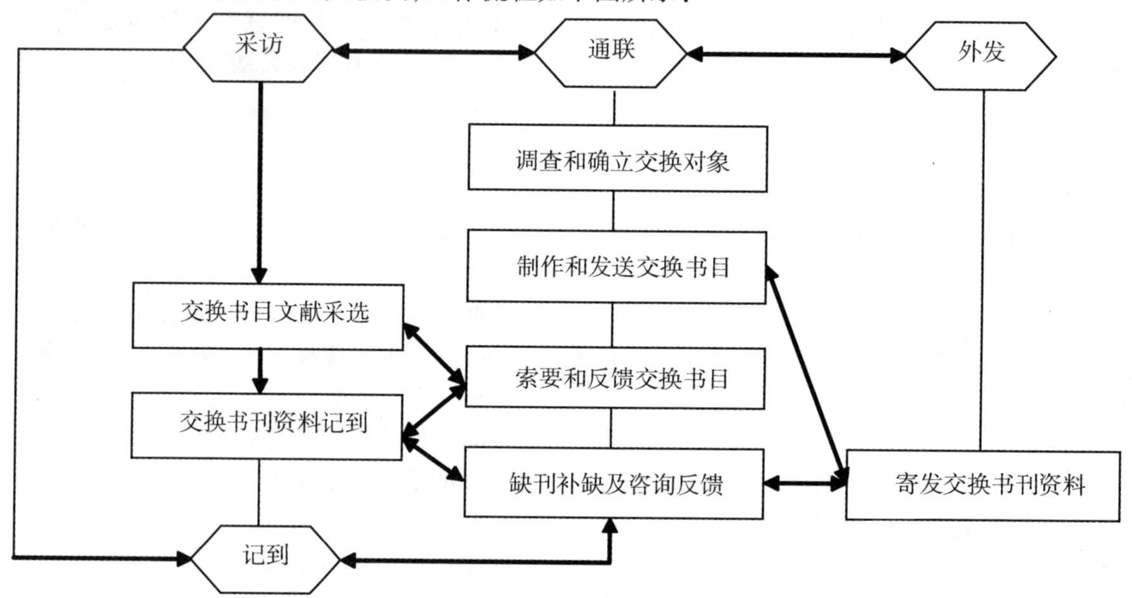

图 9-1　国际交换工作流程图

整个交换活动的发生、交换质量的保证以及交换意义的体现都建立在交换人员之间通讯联系的基础之上。以通联为核心,才可能展开其他建立和维护交换关系的流程。在实际交换活动中,首先要配合本馆制定的采选方针政策,研究确定交换对象范围,选择我方感兴趣的国外图书馆、科研机构、博物馆、出版社等,主动发函与对方取得联系,告知我方希望建交的意愿并询问对方态度。如果对方也愿意,接下来双方就应该相互了解需求,并商定交换细节,可签订交换协议以落实交换关系。需要商议的交换细节主要涉及:交换内容的载体形式、语言范围、学科范围,如有连续出版物应事先约定书刊名称和连续起始时间;每年交换出版物的数量或每年的交换金额;交换条件是等量交换、等值交换还是计量方式;交换出版物的水平是专业学术型还是普及一般型;交换出版物性质是机构自有出版物、非商业出版物、政府出版物还是一般商业出版物;其他需要商议的交换事宜。

交换关系建立后，就开始进行具体的交换活动。首先需要准备供对方选择的交换书刊目录，也请对方提出具体需求，同时要求对方提供书刊资料目录供我方选择。收到对方书刊目录后要及时采选，因为如果对方进行的是复本交换，往往遵循的是先到先得的原则。交换选书工作要根据各馆自身的采选方针和文献资源建设政策选择本馆所需，将结果发函通知对方。我方接到对方的交换需求后，要随即根据需要采购或调拨交换所用的中外文书刊，然后寄出书刊资料给对方。遇到海关、收发、询址、补刊等各种具体事务还可用固定的格式信件进行相互之间的联系和业务处理。

收到交换进来的书刊资料后，交换人员要对其进行拆包、分户、核对、登记、记录入档以及录入系统等处理，并将收到的书刊资料转交给相关科组或部门。另外，还应定期整理、追踪并发函询补缺期、缺号的书刊资料，以保证连续出版物的馆藏完整性，应与相关采购科组及时沟通采选现状，最大限度地提高采选效率，减少不必要的复本出现。

此外，为保证与每一个交换户的交换史都有案可查、有迹可循，交换人员要在通联、交换工作中随时注意交换往来数据的记录和档案更新，每年要对所有交换单位的交换情况进行统计，根据双方实际交换书刊的数量，进行动态的平衡与调整。由于每个交换单位的特点与需求各不相同，工作人员要针对这些不同的特点和需求来制定和调整交换方案。传统的记录交换档案的卡片工具如刊片、单位片、地址片等，它正逐渐退出历史舞台，取而代之的是数字化档案，交换人员要注意保留历史记录和数据备份，以形成完成、可靠的数据链。

6. 交换人员

正如前文所说，交换关系的建立、交换质量的保证以及交换意义的体现都建立在交换人员之间进行通讯联系的基础之上。因此，交换人员的素质和能力，很大程度上决定了国际交换工作是否能清晰、高效、畅通、全面地开展，这是由国际交换岗位的特殊性质所决定的。

首先，较清晰的政策解读和把控的能力是做好交换工作的前提基础。受特殊岗位角色的影响，身处对外文化交流窗口之中的交换人员，需要随时了解国家的文化发展形势和国际关系时局，及时跟进、学习对外文化政策，涉及外事问题要有坚定的立场和适宜的态度。历史上中美出版物交换关系就曾随着中美邦交正常化而打开新的局面，而政策上的扶持与领导的重视，也是国际交换工作顺畅开展的有力保障。

其次，较高的外语水平和较突出的表达能力是开展交换工作的必备技能。熟练掌握一门外语是开展外事通联必不可少的语言基础，交换人员同时还应具备通过信函准确表达诉求、有礼有节地传情达意和独立处理外文往来函件和外文书刊目录的能力，此外还需要相应地了解交换国的政治、经贸、科技、人文形态以及交换对象的情况、特色等，突破语言的障碍独立开展交换工作。

再次，较扎实的图书馆专业知识和技能是保证交换质量的业务基石。交换工作是文献采访的一个渠道，是图书馆文献资源建设的有力组成部分，因此相应的文献资源建设知识和能力不可或缺。交换人员只有心有采访方针，心系馆藏特色，心怀馆藏结构，才能真正履行好“换我所需”这样的交换职责和采访职责，才能称之为一名合格的交换馆员。同时，掌握本单位集成系统下的采访查重技能和一定的编目知识，也是交换业务流程之必需。

最后，较开阔的国际视野和较敏锐的情报意识是交换工作开拓创新的助推器。做好交换工作需要有意识地了解、搜集交换国以及国外交换对象的基本情况、学术特点、出版现状、交换需求,要及时跟踪掌握对方的学科发展、专业动态和学术水平。针对不同的图书馆类型,需要掌握的专业知识可能会有所差别,但总的来说,较全面的综合知识水平、较开阔的国际视野和较敏锐的情报意识都有利于我方积极主动地向对方索取我们需要的文献资料。

另外,熟练的计算机操作技能和优秀的信息处理能力是交换业务自动化发展对交换人员提出的必然要求。当今社会已经处在信息高速公路织就的网络大环境下,现代化的计算机操作方式和信息处理能力已经融入各行各业,改变着人们的工作方式甚至思维习惯。交换工作又是一项头绪纷繁复杂、历史延续性强、信息数据量大的基础业务,因此,用恰当的计算机处理方式来优化、细化、集成处理我们的交换工作,已成为交换人员的一项基本功。

五、数字时代的国际交换工作

1. 电子邮件与纸信通联

数字时代对交换业务的影响,首先体现在通联方式的变化上。随着计算机和网络的普及与开放,人们逐渐开始接受并习惯采用网页或客户端的方式登录邮箱账号,发送电子邮件以代替纸质信件。而且,许多机构的交换书目也都开始采用 Word、Excel 或 PDF 等电子文档的制作方式,更便于用电子邮件发送给交换单位。很明显,电子邮件是一种便捷、高效的函件传递方式,它大大提高了通联效率,加快了交换节奏,但缺点是不够正式。所以,当涉及交换协议等一些正式函件的传递,仍然需要采用纸信这样的书面通联方式。一些机构由系统自动生成的书刊催询函,也仍然以纸信的形式发送。目前,欧美发达国家和东亚、东南亚等国的机构和图书馆较习惯采用电子邮件式的通联方式。

2. 数字化交换平台的开放

随着互联网高速路的架设和普及,交换工作中的通联征询、交换书目、海关函件等都逐渐告别纸质版,开始走上电子化、数字化的道路。在网络大环境利好的趋势下,许多机构和图书馆都建立了自己的网站或数字图书馆,交换业务也因此得到了良好的政策推动和技术支持,数字化交换平台应运而生。它通常可以具备三个层面的功能:一是能比较直观地展现本单位的交换业务现状,如交换户数量、分布、业务量等;二是能有效整合本单位的文献交换资源,可发布电子版、网络版的交换书刊目录;三是能自动集成交换选书结果和在线交换需求,实现交换信息的即时交换和共享。许多交换单位,尤其是发达国家的交换单位,一方面在建设网络交换平台方面一马当先,另一方面也会相应地促进其交换对象在交换网络平台功能方面的提高,例如中国国家图书馆、美国国会图书馆、芬兰文献交换中心等都建立了自己的网络交换平台,极大地改善了传统交换业务的范式。

3. 数字资源网络访问权限的远程开通

在这个变革迅速的新时代,数字技术扮演着越来越重要的角色,其对全球出版业的影响可谓巨大,各国数字图书馆的发展也异常迅猛。经过不断的尝试和沟通,一些图书馆已开始将通过网络可以访问的数字资源纳入国际交换的范围。从访问权限方面看,这部分以数字期刊为主体的数字资源通常分为开放获取式、账号权限式和 IP 权限式 3 种。国际上许多科研机构和学术图书馆都已尝试将自己出版的数字期刊以赠送访问权限的方式供交换对象的用户访问。例如中国国家图书馆已经通过交换协议,获得匈牙利国家图书馆 5 个期刊数据库的全馆 IP 段远程访问权限。尽管数字出版的未来还存在诸多挑战,网络数字资源的交换获取方式也还有待尝试,但数字资源及其共享精神的成型已经迈出了重要的一步,国际交换工作身处其中必将受到日益显著的影响。

4. 交换档案的电子化管理

图书馆采编业务早已告别传统的卡片目录,进入机读目录的时代,采编数据自动化、系统集成化已经从无到有地进入了比较成熟的阶段,一系列国际标准也已制定并在不断完善之中。相较之下,作为采访业务一部分,交换采访工作受惠于集成系统各项功能的程度则十分有限。除了书刊查重、上机记到等业务外,国际交换工作还涉及交换户档案管理、外发地址管理、缺刊查缺补缺和来书来刊分户分类统计等重要环节。一旦交换业务拓展到一定规模,这些工作就变得尤为繁复。不过,目前大多数图书馆得以使用的集成系统均无法实现或无法优化交换工作所需的缺刊自动查缺、交换数据批量处理和分类检索等系统功能,因此在该领域,各交换工作人员基本是各辟蹊径,各显神通。多年以来,国家图书馆一直致力于改善交换流程和交换数据的电子化管理,开发了地址库系统工具,并利用计算机手段数字化处理通联信函、交换数据、书刊目录、书刊催询等数据,不过未来依然任重而道远。

第三节　受赠

受赠即接受团体或个人捐赠书刊文献资料,是图书馆获得书刊文献的一种方式,也是迅速扩充某类馆藏的重要渠道之一。国内外有许多著名的图书馆就是在接受了大量赠书的基础上发展起来的。总之,通过接受捐赠来补充馆藏,其作用不可低估。

一、受赠的情形

根据捐赠主体、捐赠目的的不同,受赠大致有以下几种情况:

(1)政治家、作家、学者、知名人士及藏书家,在他们晚年或去世后,将其著述或藏书无偿赠送给有关图书馆保存,以使一些珍贵的文献为广大公众所利用,例如巴金曾经向国家图书馆捐赠数千册各种西方语言的藏书。

(2)国外一些友好人士和社会团体,为加强文化和学术交流,增进友谊,向我国有关图书馆赠送书刊,如德国友好人士克本先生向国家图书馆赠送了大量的德文图书。此外,还有各国驻华使馆及其他机构也都有类似的赠书活动,如德国歌德学院北京中心图书馆和德国图书信息中心北京办公室都曾向国家图书馆赠送德语图书。

(3)一些出版发行商以及个人著者,将其出版发行的书刊赠给图书馆,以扩大他们的影响或留作纪念,如日本出版贩卖株式会社每年向国家图书馆赠送约10 000册新书。

(4)馆与馆之间的赠送,他们都希望在对方的图书馆能够保存他们国家文字的图书或介绍他们国家的出版物,如阿塞拜疆国家图书馆近年来每年都向中国国家图书馆赠送他们国家出版的图书,我国也会定期向国外图书馆赠送中国优秀的中外文出版物。

二、受赠的方式

在不同实际情况中,受赠通常又分为主动索赠和自动受赠两种方式。

1. 主动索赠

主动索赠指图书馆根据需要向书刊的出版者或拥有人要求赠予。索赠的出版物多是个人印行的非卖品书刊或政府机关、团体印行的出版物,也可能是其他特殊出版物,而这些出版物的出版印刷者也愿意进行适当的分发,以使他们的资料获得流通和保存。所以图书馆做好索赠工作不但可以获得一些稀有资料补充馆藏,同时节约文献购置经费,而且也为一些宝贵资料提供了流通机会。因此,图书馆需要广泛地注意各种出版消息,赠送消息,以争取更多的获赠机会。例如欧盟有专门的免费出版物书目,图书馆可以根据需要申请寄赠。

2. 自动受赠

自动受赠指图书馆自动收到书刊资料拥有者的主动捐赠,以期图书馆的保存、利用。其中有的是有条件的,有的是无条件的。自动受赠分为几种情况:社会的名人志士或藏书家由于某种原因,把自己的收藏赠给图书馆,籍以为社会大众利用;出版者主动将出版物捐赠给图书馆,以扩大该出版物的宣传,促进其流通;图书的作者在著书过程中得到图书馆的帮助,或作者和图书馆有较密切的关系(如大学教师与校图书馆),在图书出版后主动赠给图书馆表示谢意或留作纪念;社会团体和机构出于文化输出或文化交流的目的,主动赠送他们本国或本机构的文献资料,实际上绝大多数受赠都属于这种情况。

三、受赠的原则与程序

无论是哪种类型的图书馆,无论通过何种方式获得捐赠图书,都必须有一套科学、合理、规范的受赠审核原则和赠书入藏标准,要对捐赠者和受赠图书分别进行妥善的回应和处理,既不能因为管理无序而随意接受或处理受赠书刊,也不能因赠书质量不高而破坏既有的采访政策,甚至影响馆藏质量。

1. 管理原则

由于受赠是图书情报机构获取文献的一种常见方式,各种图书馆都会遇到,所以应该制定规范的受赠管理办法,并设专人专管受赠事项。例如国家图书馆针对受赠相关业务专门制定有《国家图书馆捐赠文献管理办法》,根据不同文种和文献载体形式在相应部门设有受赠窗口,规范管理受赠事宜。负责受赠工作的图书馆员应该热情接待捐赠对象,对于重要、珍贵或大量文献捐赠者,要做好受赠记录,出具相应的接收函或感谢函,对于不符合本馆入藏政策的文献捐赠者,要主动说明馆藏方针和采访政策,做出适当的不入藏解释并表示感谢。做好受赠资料的处理、回复记录和宣传工作,有利于社会各界树立正确的赠书公益意识,认可并信任图书馆的赠书工作,从而为图书馆馆藏建设开辟更为广阔且珍贵的赠书来源。

2. 入藏原则

受赠是图书馆获得稀有、珍贵或昂贵文献的重要来源,不过由于受赠的书刊资料水平参差不齐,需根据本馆文献补充方针,进行筛选。从理论上讲,对受赠资料的选择原则至少应当和图书馆制定的采访原则相同,同时还应该有权根据自己的馆舍条件和馆藏的发展,有计划、自主地进行剔除。但实际上,有时赠书人对于所赠予的书刊资料,在分编、保管与流通上会提出附加条件,如要辟专室保存或捐赠文献需作为一个整体保存,不能剔除或转让等。因此,图书馆在受赠时应考虑到有无能力来满足这些条件。图书馆也应有相应的规定,在接受捐赠时向对方表明自己的立场。对于无收藏价值的图书,即使是对方主动捐赠的,考虑到图书馆加工和收藏所耗费的人力和物力成本，也应当拒绝接受。例如《国家图书馆捐赠文献管理办法》对不同载体形式受赠文献的接收、管理、利用以及证书制式等方面都制定了详细的规则，有效保障了捐赠者及其赠书在国家图书馆都能得到应有的尊重与合理的归置。

3. 受赠程序

虽然我国图书馆接受赠书的历史十分悠久且意义非凡，但直至今日仍然缺乏相应的制度规范和法规约束，赠书入藏原则和管理机制普遍缺乏合理性和有效性，有些图书馆对赠书的处理甚至取决于个人并带有随意性，在一定程度上影响了珍贵赠书的内容揭示和馆藏保护。总的来说，各种类型的图书馆无论通过哪一种方式获得赠书，都应注意并遵循以下原则和程序：

（1）制定符合本馆采选方针的受赠管理办法，并设专人管理；

（2）采集捐赠信息，确认捐赠者身份信息，整理核查资料，向捐赠者了解所赠书刊文献资料的类型、种册数、（中外文）题名、作者、学科、出版时间以及捐赠缘由等情况；

（3）接受赠送并保留对所赠书刊文献资料的处理权，包括入藏权、转赠权、剔除权等；

（4）向捐赠者出具并寄送捐赠证书或感谢函，并说明处理意见，遇到无法入藏的赠书要向捐赠者说明原因并作适当处理；

（5）对受赠并可以入藏的书刊文献资料要登记造册，建立受赠采选档案；

（6）依据采编流程进行入藏赠书的记到、分编、送阅、入库等环节。

第四节　征集、调拨、复制

一、征集

征集也是补充藏书的一种方式，公共图书馆和学校图书馆往往在初创时期采取广泛征集图书的方式。范围主要指非正式出版单位出版的内部书刊资料和珍贵文献，尤其是非正式出版物、科技资料、档案资料、手稿、地方文献、古旧书刊、革命史料。通过采取主动发函或上门访求的方法，抑或是在报刊上登广告或征书启事的办法，有针对性地进行征集。这项工作要求采访人员具有主动精神和较强的社会活动能力，经常走出馆舍，深入调查研究，多方了解书源，并经常查阅书目索引，掌握文献出版信息。征集的对象主要是政府机关、学术团体、厂矿企业、大专院校、科研单位、商业部门等非正式出版单位。

但各类型图书馆征集的重点不同，一般来讲，学校和专门图书馆热衷于收集连续性出版物，像科技报告、专业期刊、数据资料丛刊等；公共图书馆热衷于收集政府机构出版物、地方文献等。从事征集工作要善于掌握线索，捕捉信息，主动出击往往会有收获，同时也应当考虑给予对方一定的经济补偿。

二、调拨

文献调拨，一般是指上级主管部门有计划地将一些图书馆的藏书划拨给另一些需要的图书馆。调拨一般都是大批量地进行，如中国科学技术情报所重庆分所一次就向重庆市各兄弟馆调拨了几十万册过期原版外刊的复本。文献调拨这种馆藏资源的整合方式，首先在扩充藏书量方面，对加快新建馆和藏书基础薄弱的图书馆的藏书建设有很大的促进作用；其次能节约文献购置经费，补充藏书；再次能保障文献资源的合理利用，促进特色资源互通有无。

馆藏调拨一般是发生在平级、各级或不同类型图书馆之间，但是也可能发生在总分馆之间，特殊情况下还可能发生在中外图书馆之间。调拨的书刊有四种来源：一是来自撤销的单位；二是来自馆藏基础雄厚的单位；三是来自复本过大、闲置书刊过多的单位；四是来自馆藏建设方针与馆藏实际情况有出入的单位。但调拨的书刊相对来说不一定是很有价值的，各馆在接受调拨时，有必要进行选择入藏。

在国家图书馆的历史上，上级单位就曾经进行过多次重要的书刊调拨，为合理完善国家总书库的馆藏起到重要作用。例如 1949 年 9 月，北平市军事管制委员会文化接管委员会将金代刻版“大藏金”（又称《赵城金藏》）4330 多卷，拨交当时的北平图书馆；1954 年 1 月，文化部社管局第 3978 号通知，拨交敦煌经卷 602 件与北京图书馆典藏；1954 年 6 月，外交部第 1729 号函，将苏联国立列宁图书馆归还的《永乐大典》52 册移交北京图书馆收藏①。

三、复制

图书馆出于陈列或保存版本的需要可以采用复制的方法获得复制书刊文献，这是补充罕缺书刊的一种好办法。图书馆为了保存地方文献、缺漏的报刊、珍贵图书（包括绝版书、孤本书、善本书），也可以选择采用复制的方法获得复制书刊文献。文献复制的途径一般有三种，一是复制本单位收藏的作品获得复本；二是借用外单位的文献在本单位复制；三是委托外单位代办复制。其中后两种途径需在外单位知晓用途且同意的情况下使用。复制的方法包括抄录、照相复制、静电复制、缩微复制、录音复制、拷贝以及数字化复制等。

随着复制技术的不断发展，现代化的复制技术使得文献复制变得十分便利且迅速，随之而来的版权保护和图书馆复制权例外等问题也日益引起国内外专家的关注。在我国，图书馆文献复制行为享有其作为图书馆这一主体的复制权例外，是有其法律支撑和法律释义的。抛开以文献利用为目的的复制服务不说，关于图书馆基于文献保藏的职能而复制文献，我国《著作权法》（2001）第 22 条第 8 款规定图书馆出于“陈列或者保存版本的需要”，可以复制“本馆收藏”的作品。《信息网络传播权保护条例》第 7 条规定：图书馆、档案馆、纪念馆、博物馆、美术馆等可以不经著作权人许可，通过信息网络向本馆馆舍内服务对象提供本馆收藏的合法出版的数字作品和依法为陈列或者保存版本的需要以数字化形式复制的作品，不向其支付报酬，但不得直接或者间接获得经济利益。当事人另有约定的除外。但是，对于复制数量、复制品的借阅等使用范围、复制品的再复制、馆际复制以及数字化复制作品的后续使用等问题，我国相关法规还没有给出更详细的形式和内容上的规定与豁免。因此，我国《著作权法》的相关规定亟须完善。

馆藏建设中的各种非购入方式是补充藏书的多种重要途径。合理利用并科学管理好各种非购入文献补充方式，不仅能节约经费，更重要的是可以获得许多有价值的资料，甚至稀世珍藏。

---

① 李致忠. 中国国家图书馆馆史资料长编 1909—2008（上）[M]. 北京：国家图书馆出版社，2009：415 – 416.

第十章 外文纸质图书采访流程

第一节 选书岗位的性质与选书员的素质要求

一、选书工作的地位与特点

随着网络信息技术的发展,越来越多的信息资源出现在网络上,图书馆在文献信息资源的馆藏问题上出现了"拥有"与"存取"的争论。现在人们把目光更多地集中在文献的数字化、数字化资源的利用和组织等方面。作为最古老、最成熟的信息载体的图书受到了冷落。在谈论选书工作的地位时,必须思考这样一个问题,即信息化时代是否需要选书。就目前及可预见的未来来说,选书是必需的而且还很重要。

首先,在信息爆炸的社会,面对浩如烟海的信息,包括所有图书馆在内的任何文献信息中心都不可能"拥有"所有文献信息资源,只能有选择地入藏部分最适合自己的资源,对于图书也是如此。虽然现在数字化的信息资源发展很快,但图书的出版量并未减少,每年有 60 万—70 万种之多,图书仍是图书馆重要的馆藏资源之一。任何图书馆都不可能、也没必要入藏所有的图书,必然要经过选择入藏。

其次,书籍具有保存优势。图书是最悠久、最成熟的出版物载体,其印刷、保存等各方面的技术已经比较成熟。而各种新型载体与之相比,仍有很多不稳定、不可靠的因素。比如,现在已经成为很重要的媒体的光盘,其设计者宣称其寿命为 75—200 年。但文献快速老化实验则表明光盘远未达到如此长的使用寿命。一些实验室如英国国家医学实验室公布可擦写光盘的平均寿命只有 5—7 年,只读光盘平均寿命为 10—20 年①。再比如数字网络信息资源,尽管目前其数量已经相当庞大,但却没有建立起一套有效的、得到广泛认同的用于网络信息资源的使用、保存和积累社会机制。有的网络信息转瞬即逝,有的版本更新速度太快,特别是网络信息安全问题至今没有得到很好的解决。比较起来,书籍能够在特定条件下长久保存的特点形成了优势。因此,目前还很难看到书籍被其他载体彻底取代的迹象。

再次,选书工作的理论、方法是数字化资源选择的基础。选书工作经过长期的发展,不论在理论上还是实践中都已形成了一套比较完整、相对成熟、可靠的方法。这对新型信息资源的采选工作有很强的借鉴作用。图书馆的发展要有延续性,即使将来图书消失,但信息资源的选择工作还将存在。现在的选书工作实际上是将来数字化信息资源发展的基础,现在已经出现的数字资源,也要经过选择才能决定是否购买。数字资源的选择必然要从选书工作的理论、方法上发展而来。作为一项图书馆专有的工作,选书有其独特之处。其主要特点表现为以下几方面。

---

① 梁建生. 关于保存数字化文献的若干问题[J]. 国家图书馆学刊,2001(2):20.

第一，选书是智力劳动。选书工作表现为阅读目录、打钩、查重等过程，常被认为是简单的劳动。实际上，这项工作是蕴藏在手工操作下的智力劳动，选书员每选一本书都需要考虑多种因素，但因其智力因素很难在结果中体现，就难免被误解。实际上，选书工作是一项“用脑”的工作。这一特点首先表现在选书的过程中。选书员在阅读一条书目时，眼睛看到的是各个参量，大脑同时要对这些参量做出综合判断，在判断的过程中就要动用大脑储存的相关知识进行分析。选书时如果不进行判断，肯定难以发现问题，甚至会犯一些低级错误。其次，还表现在注重积累、总结选书经验。选书的过程也是大量的知识、信息、经验积累的过程。选书时会遇到各种问题，解决这些问题的过程就是获得信息、积累经验的过程。选书员只有不断总结经验，才能提高工作质量，才不会犯同样的错误。比如，出版社是选书参量之一，而各种出版社的出版特点、优势，以及是否是本馆关注的重要出版社这些信息，是通过不断积累才能总结出来的。

第二，选书没有统一的质量评判标准。对于一本书的好坏，无论是专家还是普通读者，见仁见智，很难得出一个普遍认可的结论，这就使选书工作很难有统一标准的质量评价体系。目前，评价图书馆馆藏的标准是数量，衡量选任务是否完成的标准也是数量，甚至选书人员的工资发放也是根据选书的数量，而质量却无法成为判断的标准。因此，图书馆藏书的质量高低也难以评价，这就使人们对选书工作的质量难以进行评价，进而认识不到选书的价值。这也是其被误为简单劳动的重要原因。

第三、选书要有超前意识。我们生活在飞速发展的年代，知识更新超过了以往任何时代，每天要面对层出不穷的新名词、新事物。而图书馆等文献信息中心作为信息资源的集散地，与最先进的网络技术结合，成为信息社会中人们查阅各种知识、信息的重要园地，以及人们终身学习的课堂。因此图书馆不仅是优秀传统文化资源的保存地，也应该是新知识的集散地。这就对图书馆的信息资源质量提出了更高的要求，也对选书人员提出了更高的要求。选书人员要对新事物敏感，有超前意识，也需要终生学习，才能应对选书工作不断提出的要求，才能适应图书馆不断的发展。

二、选书员的素质要求

目前，人类社会正从传统社会的信息短缺变为信息泛滥。没有人能说清楚有多少信息资源，有多少信息是有用的，有多少是需要收集、保存的。信息过多，已经超出人们有效接受、利用的范围，带来了很多负面影响。尤其是信息选择成为负担，人们必须花更多的时间来反应和思考，实际上降低了工作效率，这就给以收集信息资源为职责的图书馆等机构提出了极大地挑战。另一方面，当今社会的信息载体呈现多元化的趋势。不仅实体资源载体多元化，还出现了网络数字资源和虚拟资源。如何协调各载体的信息资源，也是图书馆面临的一大难题。这种环境对作为图书馆信息资源挑选人的选书员的素质提出了更高的要求，主要有以下几个方面。

1. 全面的知识，合理的知识结构

当今社会被称为知识经济时代，凸显知识的重要性，人类对知识的重视程度更是前所未有。作为图书馆收集信息资源的人员，其个人拥有的知识尤为重要，具备比较渊博的知识是选书工作的基础。理想的境界是成为无所不知的全才、通才。但在实践中，任何人都不可能掌握无穷的知识，只能有所侧重。因此，合理的知识结构就显得尤为重要了，比较合理的知识结构应包括以下几个方面。

(1)既“专”又“博”的学科知识

选书人员是按照学科来进行分工的,这就要求选书人员对所选的专业有比较全面、深刻的了解,这就是通常所说的“专”。因此,选书人员一般都被要求掌握某一学科的专业知识。选书员的“专”与该专业学者的“专”是不同的。选书员更着眼于宏观的、动态的学科知识,如学科发展历史、现状及发展趋势、学术流派、研究热点、主要文献与工具书等知识,这其中很多知识是处于不断变化发展中的。因此,即使是相关专业毕业的选书员也要继续学习专业知识,及时掌握新知识,只有这样,才能为读者提供更新的知识。

此外,选书人员还要有广博的综合知识,即“博”的一面。一方面,现代社会发展很快,学科分工越来越细,交叉学科、边缘学科越来越多,有时很难确定一本书准确的学科类别。如历史与政治、军事交叉的内容很多,在分类时很容易出错。另一方面,一个人不可能只选择一个学科专业,可能要选择几个关系相近的学科的文献信息,这就要求选书人员掌握多个学科的专业知识。因此,知识越“博”越好,有广博的知识面作为基础,才能使学科专业知识发挥作用。

当然,“专”与“博”是相对的,但选书人员的学科知识既要有一定的深度,又要有一定的广度是毫无疑问的。

(2)图书馆与图书馆学知识

选书员是为图书馆服务的,是图书馆行业的一个工种,自然要了解图书馆及图书馆学的各方面基础性的、规律性的知识。

首先,要了解本图书馆的性质、任务及资源采选政策。一个图书馆的性质、任务是其资源采选政策的决定因素。制定适合本馆的资源采选政策对图书馆来说并非一件易事,我国很多图书馆没有比较系统的资源采选政策就证明了这一点。选书员真正做到按照资源采选政策来选书也非易事,一方面,对文献信息资源的评价本来就是见仁见智的事情,很多情况下难以找到统一的判断标准;另一方面,不同的选书员的理解也会有不同。选书员只有非常熟悉本馆的性质、任务,准确地理解采选政策,才能做到有的放矢。

其次,要掌握图书馆工作的基本技术、规则。图书馆工作有一些独特的内容,如分类编目、著录规则、机读目录(MARC)格式、检索方法等。虽然选书员不需要像编目人员那样精通,但因为在选书工作中经常遇到这些技术规则,例如,选书查重时就会涉及著录规则和 MARC 格式,所以这就要求选书人员掌握并学会运用其基本的规则、方法。

再次,要掌握图书馆学基础理论知识。图书馆学基础理论是对图书馆实践工作、发展规律的科学总结,对图书馆工作有重要的指导作用。一方面,作为图书馆的工作人员,了解图书馆学的基本发展规律等专业知识应该是最基本的职业要求;另一方面,选书人员一定要关注自己的职业发展动向。选书工作是资源建设的实践活动,而资源建设一直是图书馆学研究中的重要组成部分,当前仍是图书馆学中的热点,受到很多关注。了解图书馆学理论界如何研究、评价自身的工作对认识自己的工作性质,做好本职工作也有重要的指导意义。

(3)文献信息出版业与文献信息载体的知识

选书员的工作对象是书。出版社与图书的发展特点、规律应该是选书人员必备的知识。出版社的类型、出版特点,出版业的发展特点、最新动向等都对选书工作有很大的影响。如最近几年国际出版界出现了并购风潮,出版集团与出版社之间的隶属关系令人眼花缭乱,这些并购会影响到出版社的出版特点、出版计划等。一些新型的出版机构,如数据库制作商、网络资源发布者如雨后春笋般冒了出来,这给出版业带来了新气象。

现在是一个多载体时代,各种载体的特点、优劣对馆藏建设有重要影响。在实践中,同一种信息资源往往有多种载体,选书员需要对比各种载体的优劣,以确保图书馆能收藏到最合适的文献。

总之,选书活动是一个跨学科,跨行业的工作。全面了解和掌握上述几方面的知识,构建合理的知识结构,是作为选书人员的必要条件和职业素质的核心。

2. 良好的个人信息素养

良好的信息素养(Information Literacy)已经成为图书馆员的必备条件,对于选书人员来就,最重要的是信息意识和信息能力。

信息意识是指能否意识到何时需要信息和需要什么样的信息。信息意识的强弱决定着人们捕捉、判断和利用信息的自觉程度,影响着人们利用信息的能力和效果,同时,它也直接关系到信息素养的整体培养。

选书员是信息的守门人,在提供信息的过程中处于主动地位。因此,选书员必须有很强的信息意识,并对信息要有特殊的敏锐感。在日常生活中的任何信息传播载体,如报纸、广播、电视、网络中随处都可能包含着对选书工作有用的信息,选书员要有意识地去捕捉它们,并和自己的工作联系起来,有目的地培养自己对信息的敏感度。例如,各种信息载体都在传播的热点事件,很可能就是人们信息需求的热点,这就要求选书人员持续不断地关注,积累相关的信息。

信息能力是信息素养的核心,是指人对信息的获取、分析、评价、利用的能力。包括信息检索能力,信息识别、评价的能力和信息利用能力。在选书过程中,信息能力起到很重要的作用。

信息检索能力历来是图书馆工作人员的重要能力。图书馆的检索环境正从手工检索向计算机检索转变,检索工具也从纸本转变为光盘或网络版。选书员常用的国外在版书目信息源,目前已基本上是光盘或网络版。如英、美的在版书目信息源,如 Nielsen Bookdata Online、Globalbooksinprint 等现在都已发展为网络版。此外,通过各种搜索引擎如 Google,百度等也能检索到我们需要的信息。选书过程中,经常要查找一些书目、著者等方面的信息,这就要求选书人员有较强的检索能力。制定科学的检索策略和检索步骤是信息检索能力的重要体现。检索策略包括选择恰当的检索点(主题词、著者、题名等)、检索工具(网络数据库、搜索引擎等)、检索方法(浏览检索、简单检索和高级检索)等。网络检索有速度快、结果较全面等优点。但同时也带来了新问题,如果检索途径设置不当,会出现结果太多,或检索不到的情况,这在实践中经常发生。这就要求选书员有很强的信息识别、评价能力。

如今的网络环境凸显出信息识别、评价能力的重要性。由于信息资源数量激增,有用、无用,甚至有害的信息混杂在一起,客观上要求人们在检索过程中有意识地采取批判分析的态度,对已获得的信息进行识别和评判。选书过程中会经常遇到信息不详的问题,此类问题大部分都可以通过网络检索得到解决,却使信息识别和评价却成为费时费力的工作。例如,选书人员在查找某个著者的著作信息时,如果利用 Google 等搜索引擎,经常得到成千上万条检索结果。面对海量的信息,首先就要判断检索结果的相关性,进行筛选,进而评价其准确性和全面性。因此,较强的信息识别、评价能力就成为选书人员必备的素质,否则,会严重影响工作效率,甚至造成错误。

信息利用是信息检索的目的，是信息能力的最终体现。如果想充分、科学地利用检索结果，就不仅要抓住信息的显性价值，更要善于发现其潜在价值，举一反三地进行总结、加工，甚至创造出新的信息加以利用。

在信息时代信息素养发挥越来越重要的作用，这也是其成为研究热点的重要原因。选书人员身处信息资源中心，只有不断加强信息素养的培养，才能应对当前信息环境的挑战。

3. 复合型的技术与能力

当前世界正处于由工业化社会向信息社会转变的过渡期，被称为复合型社会，当代的图书馆也因此被称为复合型图书馆。这种状况下，对图书馆工作人员的职业要求也是复合型的，选书人员应掌握和具备以下技术和能力。

(1)计算机与网络技术

现在，计算机和网络已经渗透到人们日常生活中的各方面，熟练利用计算机和网络已成为人们日常工作的基本技能。图书馆的集成系统就是利用计算机和网络技术。目前，图书馆各个工作环节都可以看到计算机与网络的存在。选书是图书馆业务工作中技术应用相对较少的环节，但目前计算机、网络技术的应用也在逐渐增加。选书过程中的经常遇到的信息检索更是离不开网络。此外，日常办公、对外联络、交流等几乎都可以利用计算机与网络完成。对于计算机与网络技术，选书人员不一定要知道其背后的原理，但一定要学会应用。只有这样，才能够分享技术进步带来的好处，才能适应快速发展的时代。

(2)继续学习与科研能力

人类社会在不断地发展变化，选书员所接触的知识、信息也在不断地更新。因此，选书员要具备继续学习的能力。这种能力包括接受新生事物的能力和应用新技术的能力，因为知识的老化与技能的更新随时都可能发生。继续学习的途径有很多，可以是学位教育或学校教育，但学位、学校教育是短暂的，要注重平时自学，注意知识积累，联系工作思考问题，总结经验。现在人们普遍认为图书馆是终身学习的场所，那么相应的，提供终身学习资源的选书职业就是终身学习的职业。

选书工作是一项复杂的智力活动，既需要工作经验的积累，又要对遇到的问题进行思考，并定期撰写论文进行总结，将经验与思考转化为成果，这就要求选书员有一定的科研能力。科研过程本身既是一个知识、经验升华的过程，也是一个继续学习的过程。在选题、查找资料的过程中，选书员会对某个主题的研究概况做比较详细的了解，接触到比较系统的理论知识，也会引发更多的思考，形成科研与自我提升的良性循环。

总之，继续学习与科研是相辅相成的，选书人员应该让二者形成良性的循环，成为自己职业素质的重要组成部分。

(3)外语应用能力

外语是选书员的重要工具，尤其是对外文文献信息的采访人员。网络使信息资源跨越国界，所以网络信息资源往往是多语种的，这就要求图书馆员除母语外，还要学习、掌握尽可能多的语种，这样才有可能最大限度地利用网络信息源。而且，在网络资源的信息量方面，中文只占很少的部分，绝大多数网络信息是西文，尤其是英文处于绝对强势地位，是图书馆工作应用最多的语言文学。如果不掌握外语，就无法了解国际上最新的学术发展动态，无法与国外学界进行交流。对于外文的阅读分析能力对选书人员尤为重要，只有拥有较强的阅读分析能力，选书员才能从中得到重要的信息。

选书工作中,上述技术与能力虽不是决定性因素,但它们是做好选书工作的重要保障和工具。

4. 良好的职业道德

图书馆员职业道德是国内外图书馆界专家学者与图书馆工作者长期以来一直关注的问题。早在 1975 年,美国图书馆协会就通过了正式的"职业道德规范声明"。我国的职业道德规范建设相对落后,2003 年中国图书馆学会向全行业正式颁布了《中国图书馆员职业道德准则》,标志着我国图书馆员职业道德建设进入一个新阶段。选书人员作为图书馆员中比较重要的岗位,因涉及多方面的利益,其职业道德更为重要。

(1)选书人员要树立为馆藏服务的思想

图书馆自身的性质、任务决定了馆藏的特点,也决定了选书的基本原则,选书人员必须遵守馆藏的基本原则,好书不一定适合本馆的馆藏。例如,一个诺贝尔物理学奖获得者的著作对一个以社会科学为馆藏的图书馆就不适合。选书人员是要把最好的,而且也是最适合本馆的图书入藏。在选书的过程中,要时刻不忘"馆藏需要"这个宗旨。

(2)要有为读者服务的理念

近年来,"以读者(用户)为中心""读者(用户)就是上帝"等商业口号和理念被应用于图书馆服务工作中。当然,这是图书馆界观念转变的重要表现,也是图书馆承担社会责任的体现,是社会发展的需要。但为读者服务仅靠前台工作人员的笑脸是不够的,资源保障才是读者服务工作的根本。资源保障必须依赖于选书人员的工作。选书员要时刻考虑读者的需求,认真、平等地对待每一位读者的意见。即使面对读者的不符合馆藏要求的建议也应给予热情答复,以宽容与理解的态度对待读者的阅读需求。

(3)要有中立、客观的选书态度

选书员在文献的选择过程和采购环节中应该遵守中立原则。在美国图书馆协会(ALA)制定的《图书馆权利宣言》(*Library Bill of Rights*)中有关文献选择的规定是:根据图书馆服务的职责,图书及相关文献的选择应依据所服务对象的兴趣、知识及教育等因素。不可因作者的种族、国籍或政治宗教观点而拒绝典藏其作品。这一原则得到图书馆界的普遍认可。因此,选书员应该以客观的态度对待每一本书,不应以个人的好恶、学术观点和经济利益来决定入藏文献的选择,而应该根据客观的态度,根据馆藏需求、读者需要以及图书本身的价值来做出决定。对于不同采购渠道的图书,也要进行公平、公正的评价和选择,也不能因个人与采购渠道的关系影响到选书工作。

选书员就是把馆藏、读者、图书三者联系起来的"连接线",选书员的职业道德就是要维护这三者关系的协调。在选书活动中,职业道德虽然是看不见的,但绝不是空谈,而是要扎扎实实地落实到日常工作中去,贯彻到每一本图书的选择中。

第二节　书目信息的收集

在网络时代,信息源的数量巨大,甚至泛滥成灾。但对图书馆选书来说,有效、适用的信息源却是有限的。当前,外文书目信息的来源主要有以下几种。

一、出版社目录

出版社目录是文献信息最可靠的来源,是最基本的书目信息源,其他书目信息(例如一些书商目录、在版书目、展览目录等)大多是以此为根据制作的。现在,很多出版社都在其官方网站上发布比较详细、可靠的书目信息。

但是出版社目录的缺点是信息易发生变化,不准确。由于出版社新书目录开始时是预报目录,即在文献出版以前提供,故也会出现一些问题:有时预报时间太早,书还只是在策划中,有用的书目信息比较少;有时文献的主要信息,例如题名、著者、ISBN 等会有变化,甚至出版计划会被取消,会导致订购不到或重复订购的情况;图书的载体形态(例如页码、尺寸)等信息更是"仅供参考"了。当然,大多数出版社会在图书正式出版后更新其书目信息。

各个出版社都有自己的一套新书推广和库存报道目录体系。最简单的新书报道就是散页的推广材料,几乎所有出版社都有这种形式的新书报道,有的是一页介绍一部书,有的是单页的新书清单,有的就是新书封皮。它们包括著者、书名、出版社、出版日期、页码、价格、国际标准书号等主要项目,大部分推广材料中还有内容简介。

大型出版社由于出版量较多,每月都出一本小册子报道当月的新书,如 Elsevier 和 Springer 等出版公司。较大型的出版社还出版累积目录,它们分为两种:一种是以报道当年出版的图书为主的年度目录;另一种是定期(周期至少一年以上)出版,按学科或主题编排,报道该出版社或多个出版社几年或几十年内出版的图书。累积目录一般都有现货供应。读者如果需要其中的图书,可以向出版社邮购或者委托书商代为购买。这种累积目录出版周期较长,不能起到新书报道的作用。如果选书人员有大型的国家在版书目的话,这种目录的作用就不大了。但是,这种目录有时会包含较详细的图书介绍和出版记录,可供采访人员选择或在补订图书时参考。

以上各种目录都是由出版社免费提供的。如果读者对某出版社的图书感兴趣,可以直接登陆其网站查询,或写信向出版社的推广部门索要目录,现在则往往是通过电子邮件发送电子目录。出版社的网址通过搜索引擎等工具很容易查找。

二、书商目录

书商是订购外文图书最重要的信息来源之一。书商目录信息有几种来源:一种是根据出版社的目录编制,一种是根据手里的样书进行编目。目前,国内的书商大多采用前一种方式,国外的书商大多采用后一种方式。

根据出版社目录编制的目录,有些是根据印刷型书目加工而成,有些是依电子信息编辑而成。这种目录的特点是报道速度快,在文献出版之前就可以提供相关信息,但是其缺点与出版社目录一样,书目信息有时会不准确。根据样书编制而成的目录,对文献本身的描述更为详细、准确,但是有速度慢的缺点。如果图书馆根据信息的先后来订购图书,那么这种目录上的图书大多数会因重复而落选。

书商提供的目录一般也有多种形式。最常见的是定期目录,例如中国图书进出口总公司编制的月度目录。一些有实力的书商还会根据图书馆的需求提供一些个性化书目。

书商目录的优势是经过加工,比较系统,过滤了一些不符合图书馆需求的书目信息,有利于减轻图书馆选书人员的负担。但从另一个角度看,编目人员会根据自己的理解对书目信息做一些取舍,编制出的目录并不一定会完全符合图书馆的需要,既可能漏掉重要的图书信息,导致图书馆缺藏,也可能留下不符合图书馆需求的图书信息。但就目前看,书商目录的优点明显多于缺点。因此,书商目录是图书馆最主要的信息来源,也是图书馆选书的主要依据。

随着信息技术的飞速发展,一些大的书商都开发了自己的网络平台,为用户提供个性化的信息服务,如 Baker & Taylor 旗下的 YBP 图书馆服务部的 GOBI 网络平台,中图公司的 PSOP 等。这样,书商制作的新书信息随时都可以被用户利用。

三、书评报刊

无论是出版社的新书报道还是书商的目录,它们都只是提供图书的客观信息。要了解图书的学术质量、畅销程度等人们对图书的主观看法,还应当阅读书评类的期刊和报纸。

书评一般由专家撰写,能全面地介绍文献的情况。获得名家好评的图书,一般应予以选购。一些著名的书评报刊选题很严格,能入选的一般都是有价值的图书。所以,有时候图书馆员会采用一种简单的方法:收藏某书评报刊中评论的所有图书,不再进行选择。只要该报刊具有权威性,这种方法也是可取的。如,世界上著名的三大书评:纽约书评(*The New York Review of Books*)、伦敦书评(*London Review of Books*)、泰晤士文学增刊(*TLS*)的书评具有很高的学术性、权威性,有些学者认为凡是这三家书评评论过的图书,质量一般都比较高,可以全部购买。

以前阅读书评需要订购书评报刊,现在很多商业书目信息网站购买了书评的内容,并将它们放置在相关图书的信息中。如在全球在版书目(Global Books Inprint,简称 GBIP)、亚马逊网上书店等网站上,都能看到书评信息,这有助于选书人员做出判断。

四、《在版书目》等商业书目信息

有许多商业公司以各种形式出版新书信息。例如,前文提到全球在版书目就是美国的鲍克(Bowker)公司出版的在版书目信息库,前身是美国的《在版书目》(*Books in Print*),以印刷、缩微、光盘、联机等形式出版,后来随着收录信息的扩展,分为美国版和全球版。全球版名为"全球在版书目",增加了来自欧洲、加拿大、澳大利亚等地的出版信息,以网络数据库的形式提供在线服务。其新书书目来源主要是与其签约的出版社的最新出版信息。如果出版社的书已经绝版或脱销,该数据库也会提供相应的信息。

另一个比较著名的商业书目信息资源数据库是尼尔森图书数据公司(Nielsen BookData)的 Nielsen Bookdata Online 数据库,号称收录了 70 多个国家的书目信息。其前身主要是《英国在版书目》(*Whitaker's Books in Print*)。从 20 世纪 90 年代以来,英国的图书数据(BookData)公司发展迅速,向用户提供 BookFind 等一系列光盘和联机检索服务,成为该领域的一个新秀。该公司与原来出版《英国在版书目》的惠特克公司(Whitaker)等几个公司合并,成为尼尔森图书数据公司(Nielsen BookData)。它除了提供英国和亚太地区的英语出版物信息以外,还购买了美国 Baker & Taylor 和 Ingram 两大书商的库存目录,意在提供全世界的英语图书信息,成为鲍克公司的有力竞争对手。

目前,这两家在版书目数据库是英语世界最权威、信息量最大的信息源。很多大型图书馆将它们作为选书工具,但其信息也有缺点。有时签约出版社未能及时更新在版信息,有时数据库为了获得更多的订单而故意不提供脱销信息,这些都会造成信息不准确。此外这些在版书目的印刷版和光盘版更新不够及时,网络版的价格又太贵,一般的小图书馆支付不起。

国家图书馆订购了这两个数据库的网络版。全球在版书目被放置在国家图书馆的公告网页上,可供选书人员和读者查找书目信息;Nielsen Bookdata Online 专供选书人员使用,凭用户名、密码登录,并限制用户数量。这两个数据库已经成为国家图书馆选书人员日常工作必备的书目信息查找工具。

五、搜索引擎和网络书店

随着网络技术的发展,搜索引擎的功能越来越强大。尤其是以谷歌为代表的搜索引擎,似乎无所不能,通过搜索引擎也能查找书目信息。

网络书店已成为图书发行的重要渠道。有一些网络书店,例如亚马逊网络书店(网址为:http://www.amazon.com)也免费提供各种图书信息,甚至比两大在版书目数据库的信息还全面。其提供的主要信息除了图书的基本信息,如装订形式、价格、ISBN 等信息外,还有图书封面、版权页和目录的图片,比较详细的图书内容信息,作者信息,专家或报刊的书评、读者评价等。这些信息对选书非常重要,尤其是图书封面、版权页和目录等实物图片,提供了更精确的信息,有助于选书人员判断图书的价值。

但是,搜索引擎和网络书店通常只能作为查找信息的工具,弥补书商目录信息的不足。在订购方面,更适合于个人订购,或个别图书的补订,不适合大型图书馆的批量订购。

六、展览资料

图书展览能使图书馆采访人员更直观地看到图书的本来面目,直接感受图书的质量,并获得相关资料,有助于做出正确的判断。但是,展览并不是经常举行的,不能满足常规采访工作。而且,在展览中,采访人员无法浏览所有展品,也不可能针对自己的馆藏进行查重,所以这只能作为一种补充馆藏的方法。

出版社有时会特意为展览印刷一些宣传材料,这些资料往往含有常规目录中没有的信息。但随着网络信息的发展,出版社的网站上往往会有比较详细的书目信息,使书展作为图书目录信息源的功能下降。

七、古旧书店目录

古旧书店一般根据自己最新采购到的图书编制自己的目录,其信息不如普通书商提供的信息全面。在古旧书店定期出版的库存目录中,有一些描述图书外观质量的词。如果用户订购的是新书,而古旧书店无法供货,则只能在旧书店或读者手中找到该书,那么古旧书店也会以类似的方式及时报告图书的质量和价格变动,以便用户最后决定是否购买。以下是一些描述图书外观质量的术语：

- Mint（崭新）：崭新，没有被阅读过；
- Fine（优等）：近于崭新，有点陈旧，但没有任何缺损；
- Very Good（很好）：书被用过，有磨损的痕迹，但没有缺损；
- Good（较好）：书被用过，有常规磨损和老化的痕迹，完整且没有明显的缺损；
- Fair（尚好）：书被用过并被磨损，封面可能被撕破，还可能有其他缺损；
- Reading Copy（可读）：书的质量很差，除了正文完整以外其他无法描述。

随着网络的发展，很多古旧书店发展为网络书店，其目录信息也越来越全面，在图书发行上发挥着越来越重要的作用。

八、国际交换目录

国际交换目录是由国外有交换关系的图书馆提供的复本目录。有的图书馆制作的交换目录比较简单，要注意做好查重工作。国际交换目录有的由图书馆定期编制，有的则按对方的需要和要求专门编制。为此，从事国际交换工作的图书馆员应与国外相关机构保持业务联系。

九、有关出版行业的工具书

关于出版行业的工具书有很多种。除了上面所说的在版书目和文献目录以外，还有如下关于世界图书出版和贸易的指南：

《美国图书业指南》（*American Book Trade Directory*，简称 *ABTD*），现在已出版到第 58 版①。该书收录了美国、加拿大的 20 000 多个零售与古旧书销售者的信息，既包括大型连锁书店，也包括规模较小的特色书店；还收录了 800 多个批发商的信息，包括软件与视听资料批发商、平装书发行商和滞销书经销商；以及近百个图书业协会的信息，既有全国的，也有地区的。

《文学市场》（*Literary Market Place*，简称 *LMP*）年鉴，是关于美国图书出版业的指南，涉及该领域的方方面面，包括出版商、代理商、广告代理、协会、发行者和事件的信息。还包括12 500条姓名和地址信息以及主要人事、活动与其他相关数据和联系方式。另外，在每一卷的“人事黄页”部分大约罗列了22 000个行业的决策者②。该书既可以为出版社查找其他出版社、自由撰稿人、印刷企业、批发商以及设备商提供帮助，也可以作为图书馆员的参考资源，提供给需要调查出版业的客户。

《国际文学市场》（*International Literary Market Place*），以年鉴形式出版。是国际图书出版业的名录，包括美国、加拿大之外的全球 180 多个国家和地区的出版业信息。最新版的内容包括：10 500 个出版社和文学代理人、1100 个主要的书商和图书俱乐部和 1500 个主要图书馆和图书馆协会的信息，还有上千个按照国家顺序排列与图书相关的其他事物的信息，如贸易组

---

① American Book Trade Directory 2012—2013［EB/OL］.［2013－05－07］. http://books. infotoday. com/directories/American-Book-Trade-Directory. shtml.

② Literary Market Place 2013［EB/OL］.［2013－05－07］. http://books. infotoday. com/directories/lmp. shtml.

织、发行商、零售商、文学协会、贸易出版、图书贸易事件等。①

《出版社国际标准书号指南》(*Publishers International ISBN Directory*)是ISBN管理中心的官方指南。现已出版了39版,共6卷。内容包括全球200多个国家和地区的900 000个ISBN前缀。地理部分(1—4卷)按照国家字母顺序提供了800 000个较活跃的出版社名称,每一条均包括全部地址信息:电子邮件地址、URL地址、ISBN前缀。读者也可以通过ISBN数字部分(5—6卷)的出版社前缀查找出版社。该书有电子版。

《美国出版家和批发商指南》(*Publishers, Distributors & Wholesalers of the U. S.™*),提供了186 000个活跃的出版商、发行商、批发商和其他相关数据。具体包括:出版商、发行商、协会、软件制造商、视频资料制作者和生产者、录音磁带生产者、有出版计划的博物馆的条目,提供了所有条目的名称索引,8800个零售商和发行商的公司名称字母索引,按州排序的地理索引,ISBN前缀索引②。该书为用户查找出版社、发行商提供了快捷的方法。

《图书馆与图书贸易年鉴》(*Library and Book Trade Almanac*),原名为《鲍克图书馆和图书业年鉴》(*The Bowker Annual Library And Book Trade Almanac*),2009年更名。提供的信息包括:行业主要趋势、重大事件及发展的专家评论,关于资助计划的新法规和变化的解析及其对图书馆的影响,图书出版量、图书馆支出、平均工资以及其他与财政预算运行有关的权威统计数字,有关主要组织、重要的个体成员的大事记等③。

此外全球出版社名录网站(http://www.publishersglobal.com/directory)也提供了出版社、印刷企业、文学代理人等的名录。

虽然现在网络资源丰富,查找商业名录已经变得非常容易,但这些出版业方面的参考信息资源为了解国外出版业、图书贸易、图书馆的发展提供了非常丰富的信息,仍是重要的信息源。

第三节　外文图书选择的诸因素

文献选择的质量直接影响着馆藏的质量,但在图书馆的业务中,很多人都轻视图书采访,认为选书工作比较轻松,每天就是画钩、查重,没有什么难度。事实上,在浩如烟海的信息资源中选出少量的最需要的资源,对选书人员来说,实在不是一件易事。决定是否购买外文出版物,要综合考虑多种因素,我们称之为选书参量。归纳起来,主要有以下几方面。

一、分类与主题

图书的类别与主题是与图书馆的馆藏政策紧密结合的,任何图书馆都不可能收藏所有类

---

① International Literary Marketplace Online [EB/OL]. [2013-05-07]. http://www.ohionet.org/international-literary-marketplace-online.

② Publishers, Distributors & Wholesalers of the U. S.™ 2013 [EB/OL]. [2013-05-07]. http://www.greyhouse.com/bowk_pdw.htm.

③ The Library and Book Trade Almanac™ 2012 [EB/OL]. [2013-05-07]. http://books.infotoday.com/directories/Library-and-Book-Trade-Almanac.shtml#i.

别的图书。图书馆间有分工是自然的，如美国的国家图书馆就有 4 家，即国会图书馆（Library of Congress）、国家医学图书馆（National Library of Medicine）、国家农业图书馆（National Agricultural Library）和国家教育图书馆（National Library of Education），它们在选书时有各自的收藏重点。我国的国家图书馆不入藏农业、医学、军事、地质类的一般文献。图书馆一般都有自己的重点收藏类别，不同类别的出版物在不同类别的图书馆的地位是不同的，图书的分类与主题是图书选择的首要因素。

各国都有自己不同的分类法。国外比较有名的是美国国会图书馆分类法（Library of Congress Classification，简称 LCC）、杜威十进分类法（Dewey Decimal Classification，简称 DDC）、国际十进分类法（UDC）。我国有中国图书馆分类法，还有些图书进出口公司采用中国科学院图书馆图书分类法。选书人员只有对这些分类法有基本的了解，才能保障馆藏重点类别的入藏。此外，国外的一些大出版社（如德国的斯普林格出版社）和一些与图书贸易相关的机构，如美国图书业研究集团（Book Industry Study Group，简称 BISG）都有自己的分类体系或主题词表。BISG 开发的主题词表叫作 BISAC Subject Codes，是其下属的图书产业标准和通讯委员会（Book Industry Standards and Communications Committee）开发的，BISAC 是 Book Industry Standards and Communications 的缩写。在 Global Books in Print（GBIP）的书目检索结果会提供 BISAC 主题词。

按照出版物内容所表述的专门名称或名词术语分类，可具体划分出一系列主题、专题范畴，每一个专门化的主题、专题范畴汇集了各种知识内容的文献。为了满足读者专题内容检索和参考研究需要，有些图书馆要按照一系列的主题表或专题表，收藏有关专业的主题或专题领域的书刊，这就需要图书馆员按照一定的主题进行文献采访。很多图书馆都设有反映自己特色的专藏，比如，很多美国图书馆的亚洲专藏就是按照文献的研究地域设立的专藏。再如，中国国家图书馆把主题为“中国”的外文图书设为专藏，凡涉及中国的政治、经济、社会文化、历史等各个方面的图书，不论什么类别，都要全面采访，而且以“中国学”为专题专门编目，独立入藏。

现在的目录报道中一般都要提供本出版物的主题词，按提取主题词的依据不同，可分为内容主题、名称主题等。

二、著者或编者

对于图书选择来说，著者是最重要的因素。著者的职称、职务、所属机构、社会地位等都是影响判断的重要因素。学术著作的著者很多来自高校，因此选书人员对高校各种教职人员的职称需要有所了解。比如，在美国的高校有各种带有教授（Professor）头衔的称谓，可以分为终身制（Tenure-track）的教师职称和临时职位。

终身制职称主要包括：

Distinguished Professor：特聘教授，数量非常少，学术地位很高。

Chair Professor：讲座教授，通常是用校外人士捐款设立的职位，一般以捐赠者名字命名，其学术地位高于一般教授。

Full Professor 或 Professor：正教授。

Associate Professor：副教授，须拥有博士学位，是学术性职称，须完成学术任务。

Assistant Professor:助理副教授,介于副教授与讲师之间,是博士学位人员的入门职位。

Instructor:指专职的讲师,一般不要求博士学位。

非终身制的职位主要包括:

Research Professors :专职研究教授,一般不参与教学,常常是就某个课题做研究,课题结束,聘用期也随之结束。

Adjunct Professor: 兼职教授或外聘教授,一般不要求学术成果。

Lecturer:指兼职的讲师。

Professor Emeritus :为退休人员保留的教授头衔,通常译为名誉教授, 一般是授予在职时比较有名的教授。

英国的学术职称又和美国不一样,老牌大学的教师分为 4 等:Professor、Reader、Senior Lecturer 和 Lecturer。基本上,Lecturer 可译为讲师(内分 A 和 B 两级,B 级比 A 级高),Senior Lecturer 可译为高级讲师,Reader 相当于副教授,Professor 为教授。教授(Professor)是英国大学里的最高学术职称,往往附有具体学科的名字,如 Professor of Human Geography(人文地理学教授)、Professor of International Trade Law(国际商法教授)。这是因为英国大学传统上每一学科只有一位教授,一旦位满,其他人再优秀也难以获得教授职称。这是为了保障其最高学术权威地位,地位相当于美国的讲座教授。当然,在不同类型、不同级别的学校中,同一个职称名的地位、学术水平也不尽相同。

对于非学术性图书,其著者的社会活动范围、任职单位及其在行业界的影响力则更为重要。著者的水平是图书质量的基本保障,是最重要的选书参量。选书人员应了解一些国外与著者相关的知识(如职称体系)以便在选书时做出正确的判断。

三、出版社的重要性及特点

国外的各类出版社数目众多,但真正适合本馆入藏的出版社还是有限的。图书馆可以根据本馆的馆藏特点和出版社的出版特点,确定一些出版社作为重点考虑的对象。如同期刊选择重要的参考依据是核心期刊那样,可以把一些出版社确定为本馆的“核心出版社”,这些“核心出版社”的出版物相对于该图书馆来说就是重要的,在文献选择时应重点考虑。尤其是科技类图书,优秀的出版物相对比较集中,更容易确定“核心出版社”。

一些出版社比较讲究特色,形成自己独特的出版风格。了解各种出版社的出版特色,对文献采选有很大的帮助。特色出版社对于某些馆藏比较专业或特色明显的图书馆来说是重要的采选对象。例如,数学研究所的图书馆应该购买所有斯普林格出版社和美国数学会出版的数学类图书,法律图书馆则应重点购买克吕维尔法律(Kluwer Law)等出版社出版的图书。总之,出版社的声誉是出版质量的重要保障,要尽量选取出版质量有保证的出版社的出版物。

四、图书内容类型

图书可根据内容分为不同的类型,如专著、会议录、政府出版物、工具书、教材等。不同类型的图书在内容方面也各有特点。在不同类型的图书馆中,各种类型的图书的地位和作用存在差异。如会议录,对科研情报机构来说非常重要,而对于公共图书馆来说,就不是重点馆藏。因此要根据本馆的实际情况,制定出不同类型图书的参选标准。

五、时代特征

图书的时代特征包括两方面的内容。一方面指图书的内容论及的是哪个时期或什么年代。如果是科技类文献,应该购买当前的、关注最新发展的图书,当然科技史方面的图书是例外。人文社会科学类的书就不同了,如历史、考古类著作,就不会因其年代久远而不予考虑。另一方面也可以是指成书的时代。一些经典图书因其学术价值高,多年来一直吸引学者研究、读者阅读而长盛不衰,特别是一些人文社会科学的名著,过了几个世纪还经常被重新出版。这类名著对一些图书馆来说是必备的。

六、地理特征

文献的地理特征指其内容论及的地理区域、国家。联合国教科文组织规定,任何一个国家的国家图书馆都有责任收集关于本国的出版物。我国的国家图书馆应全面采选内容关于中国的各类文献,即被称为"中国学"的文献,通常涉及本国周边地区的出版物也是采选的重点。一般来说,内容涉及发达国家的图书往往容易采选,而论及发展中国家或一些图书贸易不发达的国家的图书,则不容易买到,也容易被忽视。但对于国家图书馆来说,其馆藏在地理范围上要尽可能广泛,以保证馆藏的多样性。因此,在选择地理范围方面,既要有重点,又要兼顾全面。对于馆藏地域特征比较明显的图书馆,如中国社会科学院的各区域性研究所的图书馆,其入藏范围就可以以研究这些地域的文献与该地区的出版的各类文献为核心。

七、读者对象与学术水平

读者对象与学术水平指图书适合什么水平的读者阅读,是少儿读物、中小学生读物、大学生或研究生用书,还是研究用书、职业用书等。做文献采选工作的人员应该了解外文出版物的读者水平分类。我国的图书馆基本不订购外文的少儿读物、中小学教科书、中小学生读物,即使是低年级的大学课本也要斟酌。

当然,诸如《爱丽丝梦游仙境》之类的经典儿童、少儿读物例外,因为这些文献已经被作为经典的传世文献,成为文学研究的对象,其存在的意义已不仅仅是儿童读物,而是学者研究的重要内容。

外文出版物对读者对象划分有不同的标准。在 LC MARC 中有智力水平代码(Intellectual Level Code),分为少年儿童读物、大学低年级、大学高年级、研究生、职业训练五级,J 代表少儿读物。《全球在版书目》对各类低幼读物均标有适合的年龄范围。各类图书馆在制定馆藏政策时,要根据自身的服务对象确定其所藏图书的学术水平。

八、语言

语言指图书的语种。图书馆的藏书是由多语种构成的,但收藏外文文献时,应根据外文书刊出版量与读者对外文各语种文献的需求决定外文重点馆藏语种。在我国,一般综合性图书馆基本上是以英文图书为外文图书入藏重点,日、俄、德、法、西等语种次之。但对于一些馆藏非常专业或有某些地域特色的图书馆则不同,如社会科学院的一些地区研究所,其所藏文献就可以以该地区语种为主。对于一些多语种的外语大学,其图书馆应订购学校所需的各种语言的图书。对于国家图书馆而言，为了体现其收藏的多样性，满足各种读者的需要，促进我国与其他国家的文化交流，应该尽量收集多种语言的图书。

对于某些专业，其学术著作各个时代的语言特点也不尽相同。例如，在20世纪上半叶，许多数学和化学的专著都用德语出版。但是，到20世纪末，这些学科的出版物则大多数用英语出版。选书人员也应对这种情况有所了解。

九、图书的物理特点与价格

物理特点指图书的装帧、大小、页码等外观特征，能用肉眼直接观察到。图书的物理特点与图书内容有密切关系，页码数量与内容广度、深度密切相关，通常学术专著的页码有200至300页，工具书可能上千页，甚至几千页。前面就图书的装订、开本已有详细的描述，这里重点介绍文献的物理外观与价格的关系。

根据鲍克年鉴的统计数据，2010年图书价格的情况是：美国精装书均价89.54美元，北美学术图书（包括精装、平装）均价89.12美元，北美高校教材均价107.94美元，美国的平装书（不包括 mass market paperback）均价约为42美元，大众市场纸皮书（mass market paperback）均价是6.83美元。英国学术图书（包括精装、平装）2010年均价约51.97英镑，2011年为59.60英镑①。由此可以看出，英、美学术图书的价格相对比较高。

了解了图书的大致价格，在选书时才能根据价格判断其学术性。对于价钱非常低的图书，也应斟酌一下其是否为袖珍本的，是否是大众化的通俗读物、少儿读物，有没有收藏价值。有些类别的图书，尤其是文学作品，会同时出版不同的装帧形式，可能包括精装本、平装本、大众市场纸皮书等版本，不同版本有不同的价格。如果图书馆侧重于收藏，就应购买精装本。

还有一类高价书特别关注。国外一些咨询、商业情报机构经常出版有关产业发展、市场调查、展望等经济情报类的出版物，价格一般都很高，例如欧睿国际（Euromonitor International）的出版物。其出版的《亚洲市场数据统计》2013年版，314页，价格为475美元，图书价格超过了每页1美元。而普通外文图书的价格在1美元10页左右。这种文献的实用性、时效性都很强，但长久保留的价值不高，以收藏为主的图书馆不适合订购此类图书。

十、使用率

入藏文献信息资源的终极目的是利用。因此，图书的使用率就成为文献入藏的重要参数。如今，由于技术的发展，使用率的统计已不像手工操作时代那样费时费力了，很多图书馆的集成系统中都有外借图书的记录，有的图书馆还会定期进行读者调查，统计读者利用图书的情况，这些对于选书工作都是很好的参考因素。如果查到某个主题或某个著者的书流通活跃，就可以加大此类书的订购力度。如，国家图书馆在20世纪90年代和21世纪初进行的两次读者调查都表明经济学类图书利用率比较高，于是加强了这类图书的采选。再比如，对于出版了多个版次的图书，若已订购的版次利用率比较高，那么应尽快订购新版。对于连续出版物、网络数据库等资源来说，读者的使用率更是决定是否继续订购的重要参数。

---

① Bogart, Dave. Library and Book Trade Almanac, formerly the Bowker Annual 2012[M]. Meford: Information Today Inc, 2012: 494 - 503, 512.

总之,若要订购一种文献,须综合考虑以上各个因素。有的参数在目录报道中已明确给出,有的完全是靠工作人员自身的知识、经验去查找,并做出判断。当然,任何事情都不是绝对的。采选人员必须灵活掌握这些因素,在实际操作中,还要具体问题具体分析。“功夫在诗外”,选书正是这种性质的工作。

第四节　查重、发订、验收登记、财务结算、图书送编

一、查重

所谓查重,就是在发出订单前,检查、核对本馆以前是否入藏或订购过某种书以及入藏订购的数量,以避免不必要的重复,控制书刊的复本量,保证订购数量与质量,节约购书经费。查重是文献采访过程必不可少的程序,对于一般无复本的外文文献尤其重要。

在手工操作时代,查重的工具主要是预订目录和公务书名目录。预订目录揭示已订购而尚未到馆的书刊记录;公务书名目录指已到馆并已编目入库的馆藏记录,是读者目录的基础。这两种查重目录范围不同,去向不同,不能互相代替。但现在随着图书馆集成系统的发展,许多图书馆已相继采用了自动化集成系统,手工操作方式逐渐被计算机集成系统取代。在图书馆集成系统软件中,预订目录与公务目录已统一于一个数据库,只要在该数据库内查重即可。当然,前提条件是要把所有的馆藏文献资料的记录都回溯到数据库内。

图书馆一般都是通过多渠道、多书商购买图书,目录来源比较广泛、杂乱,而且这些目录报道的著录格式、内容不完全相同,标准也不同,所以对同一本书可能会有不同的报道方式,这样就给手工查重造成一定的困难。计算机集成系统可以最大限度避免这方面的问题,不论什么渠道什么来源的书目报道信息,在系统书目记录的制作时都遵循统一的标准,这就为查重过程的查准、查全提供了保证,提高了工作效率并降低了劳动强度。

无论是手工操作还是图书馆集成系统查重,关键是检索点的选择。一本书的检索点有多个,手工操作时主要选取书名和著者作为主要查重点,目前在文献预订时,图书馆主要通过以下几个常用的检索点查重。

1. ISBN

利用 ISBN 查重有很多优点。ISBN 可以机读,利用计算机程序识别其唯一性,能够节省大量时间;凡 ISBN 一致的,均可判断为复本。但仅凭 ISBN 查重是不够的,因为不能排除所查图书使用其他 ISBN 出版的情况。ISBN 的使用中存在一些特殊情况。

第一,有的图书没有 ISBN。在欧美一些发达国家,出版物一般都有 ISBN,但一些政府文献、会议录等在出版物的目录报道中没有 ISBN。另外一些发展中国家的出版物,也常常没有 ISBN。

第二,外文图书中内容相同的一本书可能会对应多个 ISBN,一般有以下几种情况。

(1)不同装订、装帧形式的同一本书,ISBN 不同。例如,《简明牛津音乐史》(*Concise Oxford History of Music*)的精装本的 ISBN 为 0-19-311319-8,平装本的 ISBN 为 0-19-284010-X。

(2)同一本书在不同国家、不同的出版社出版,ISBN 不同。例如《英国管理》(*United*

Kingdom Governace)一书在英国由麦克米伦(Macmillan)出版社出版,ISBN 为 0-333-73603-6,它在美国由圣马丁出版社(St. Martin Press)出版,ISBN 为 0-312-23187-3。

(3)有的多卷集或丛书,总书名或丛书名有一个 ISBN,各分卷又有其独立的 ISBN 号。例如《奖金和荣誉指南》(*Awards,Honors and Prizes*)2000 年第 16 版,两册的 ISBN 分别是 0-7876-2188-9 和 0-7876-2189-7,而这两卷书作为一个整体又有一个 ISBN:0-7876-2187-0,这时仅凭分卷的 ISBN 无法确定是否订购过该书。

(4)由图书与附件组成的混合出版物的 ISBN 情况比较复杂。有的图书有 ISBN,附件没有;有的图书与附件有各自的 ISBN,而以整套形式出版时又有相应的 ISBN;有的图书有 ISBN,图书与附件合在一起的"套装书"又有一个的 ISBN。

第三,一些连续出版的图书,既有 ISBN,又有 ISSN,出现 ISBN 与 ISSN 共存的现象。例如,美国盖尔公司出版的《当代作家》(*Contemporary Authors*),全书有一个 ISSN:0275-7176,但其每一卷又有相应的 ISBN(如第 201 卷的 ISBN 为 0-7876-4596-6)。在这种情况下,图书馆员查重时还需要注意该图书是否与期刊重复。

第四,有些年历和地图也编有 ISBN,为了确保订购到所需的文献,图书馆员要通过 ISBN 查找相应书目记录,再对书名、著者等做相应判断,防止误订、错订。

2. 书名

鉴于图书文献出版有上述复杂的情况,所以仅依靠 ISBN 来查重,往往难以杜绝重复,有时还会造成漏订。因此查完 ISBN 后,一般还要查书名进一步确定所要订购的文献是否重复或需要订购。查书名可以防止因同一本书有多个 ISBN 或由不同出版社出版而造成的重复购买的情况。通过书名查重是确定文献是否已订购的非常重要和直观的手段,是查重工作不可或缺的途径。但在实际工作中经常会遇到图书同名的情况。一些使用率较高、词语较少的书名,可能会对应多个书目记录,图书馆员需要逐条查看加以甄别,并注意副书名、出版年、版次等信息,有时还需要参考作者信息加以区别。另外,出版社的新书目录报道会存在一定偏差,造成出版后书名变更,故在书名查重有疑问时,就需要查找其他出版信息。

利用书名查重要求图书馆员对 MARC 有一定的了解。在 MARC 中,一个标点符号的差别就可能导致检索结果的排序不同,影响判断结果。因此,应特别注意书名带有标点符号的图书的查重。

3. 著者或其他责任者

当利用 ISBN 和书名查重后还不能做出明确的决定时,就必须比对著者信息。图书馆在确定馆藏某个著者的图书是否全面时,也会以著者或责任者为检索点查重。利用该检索点查重时遇到的一大障碍就是著者名称的不规范。书商提供的目录中,多数情况下并未使用名称规范文档,报道的著者名称极不规范。一般情况下,计算机排序只能按照订单的字母顺序排。所以在以著者查重时,往往需要把可能有的缩写和全称都查一次,需要对各种检索结果做仔细的判断,这样查重的结果比较可靠,但浪费时间。

例如,对于心理学家容格(Carl Gustav Jung),其编目后的规范名称是"Jung,C. G.(Carl Gustav)"。但是出版社或书商报道新书时,可能会将其写为成"Jung,C. G.""Jung,Carl Gustav""Jung,Carl G."等形式。这就要求采访馆员具有一定的业务水平和责任心,根据自己的经验逐个进行查重。

4. 其他应注意的特殊情况

利用以上这3种检索点是最常用的查重方法，相互补充，不可替代。一般来说，通过这些检索点就可以保证查重的准确性。但一些特殊情况总是难免的，主要有以下几种情况。

会议录的查重。会议录由于其特殊性，书名的情况比较复杂，检索点的选取也比较复杂。规范的会议录报道应包括：书名、会议的名称、届次、时间、地点、召开会议的机构名称。如果是丛书还应有丛书名、丛书卷次、会议录的编者、ISBN等。但由于书商的目录往往是预报，这些信息很不全面，只有其中的一项或几项，在查重时特别容易漏掉关键的检索点，造成重复。例如，德国斯普林格出版集团出版的 *Advanced Internet Services and Applications*：*First International Workshop, AISA 2002, Seoul, Korea, August 1 - 2, 2002*：*Proceedings* 一书，可能被出版社或书商报道为 First *International Workshop, AISA* 或 *Proceedings of the First International Workshop, AISA*。如果我们仅根据报道的形式来查重，则肯定不能准确查重，会导致复本的出现。

要注意缩写问题与单词的不同拼写。在目录报道中，有一些提前预报的书名常常用缩写词。如百科全书 encyclopedia 写作 ency.，association 常缩写为 assn.，handbook 写作 hdbk。还有的把书名每个词的第一个字母大写作为预报的书名。在遇到缩写词时，一定要想办法将其还原，找出全名。在英文中，很多单词存在英国拼写法与美国拼写法的差异或同一个词有多种拼写法。如 encyclopedia 与 encyclopaedia，以-zation 或-sation 结尾的单词等。在查重时一定要注意写法，必要时应分别查重，以防遗漏。

连续出版物的查重。前面已经说过，一些连续性出版物，如年鉴、学科进展（advances）类等既有 ISBN，又有 ISSN。在订购过程中期刊采选部门与图书采选部门应该协调好，避免资金的浪费。例如，有些图书馆将连续性出版物（包括书本形式的年鉴）都交给报刊部管理；有些图书馆则规定出版频率在半年以上的连续出版物交与图书采访部门管理，半年以下的归报刊部管理。

丛书、丛刊的查重。丛书、丛刊一般情况下有一个丛书名，丛书中每个卷次又有自己的书名，而且每本书是独立的。在目录报道中，会出现这3种情况：有的只报道单卷的书名，不报道丛书名；有的按丛书报道，不出现单卷书名；有的丛书名、各卷书名都出现。前两种情况极易造成重复。例如，SPIE 的出版物既有 ISBN，又有 ISSN。其丛书名是 SPIE×× 卷，每一本都有各自的书名，各自的 ISBN。类似的情况还有 IEE、IEEE 等机构的出版物。采选人员在查重时应特别注意。

套书（set）的查重。标有“set”的书有多种情况：有的是同一书名的多卷集，每本的内容是相关联的；有的类似于丛书，各本书是独立的；还有的是同一著者的不同图书，各本也是独立的；还有捆绑销售的内容相近或同一主题的图书，各本之间没有直接关系。不管哪种情况，查重时都要查到单本的信息，除了多卷集外，其他的应按照单本订购。如果按照套书订购，在出现按单本报道的书目信息时，则很难判断是否重复。多卷集如果不是同时出版，也应按照单本订购，单本查重。

总之，查重是图书采选、订购中的一个重要步骤。它不仅仅是为了避免复本，采选人员通过查重也可以了解馆藏状况，掌握各类文献的入藏和订购情况，通过图书馆系统还能了解文献的利用状况，这就为提高选书质量提供可靠的依据。查重过程中，可以发现以往选书工作和书目报道中的一些问题，有助于今后工作的改进和提高，使选书人员进一步认识工作中的不足，会对提高选书质量有所帮助。

二、发订

在选书和查重后，进入发订阶段。发订工作的主要目的是在计算机系统中创建和保存拟订文献的书目记录和订购记录，以便于日后的选书查重和登记验收。发订阶段的业务程序主要是查重、建立书目记录、创建订单，并在系统内填写订购表单。使用图书馆集成系统进行发订时，在系统正式建立书目记录前也需要查重过程，为的是进一步确保拟订文献不重复，保持系统数据记录的准确唯一。目前建立书目记录的方式和来源有：利用网络协议套用有关图书馆的采访书目记录、书商提供的符合标准的采访书目记录、有关网站的下载数据、自编数据。所有来源的书目数据均应符合 ISBD 或 AACR2 的著录标准，并满足系统参数要求，经修改能顺利保存到系统的数据库内，与订单记录形成一一对应的关系，确保到书验收时可以调取到正确的记录。

随着计算机系统在图书馆采选业务中的应用，传统手工排目录和查重方式逐步被淘汰，改为在计算机系统上完成，实现了计算机查重检索，这应该说是图书馆采选工作的一大革命，大大提高了查重、发订的效率和准确性。但这也对发订工作提出了更高的要求，在建立书目记录时，必须严格执行相关的 MARC 标准，保证必备字段格式无误，拼写正确，数字准确，否则难以有效地进行检索，同样会造成重复购买。因此，发订过程中图书馆员的责任心、经验和水平是至关重要的。

一般来说，书目记录应包括以下内容：书名、著者、出版者、出版年、版次、ISBN、装订、页码开本、编目来源代码、主题分类、一般注释等。订单记录中包括：书商名称或代码、外币单价、本地总价、ISBN、订购册数、订购方式、资料类型、订单传递方式、订购时间、订单号、备注等。发订记录是根据书商提供的打印订单或电子格式订单信息制作。纸型打印订单的内容相对简单，只包含发订需要的基本信息；电子格式订单内容丰富，包含的信息较多。目前，国内书商一般提供打印订单，部分国外书商提供电子书目报道和订单，通过电子商务平台与 EDI 接口，可以实现网上传送订单、清单和发票等。即使没有 EDI 这样的功能接口，我们也可以通过电子邮件或 FTP 的方式来发送订单。未来书目报道、订单传递、清单与发票的提供将向电子化、无纸化的方向发展。

三、验收登记

图书馆等单位对订购的文献必须进行验收登记，不论是手工作业，还是在计算机系统中完成有关验收流程。验收登记是文献订购流程中的重要环节，其主要包括图书数量验收和质量验收两方面的内容。

图书数量验收就是清点到货数量。文献到馆后的第一道工序就是拆箱（包）验收。对照装箱单和发票对箱内图书的种、册数进行清点，如发现有出入，应及时与供书者交涉。

质量验收包括多个步骤。首先验收人员可直接对图书外观质量进行初步检查，及时发现有无装订错误、错书、破损、错包、丢失等问题。其次是核对到书实物与配书单是否一致，按清单核对到书的 ISBN、书名、版次等书目信息。再次要逐一将图书实物与图书馆集成系统中的书目和订购记录核对，如果核对无误，记到并添加到总发票上，在书上盖馆藏章，加贴条码并将信息输入系统中。这一过程可以进一步检查图书的质量,比如有无印刷质量问题,类似残书、缺页、污损、错装等情况。还要关注图书内容是否符合本馆收藏要求,检查清单与到书实物是否一致、到书实物是否与订购记录一致,这样也检验了代理商的工作质量。如果发现出版计划变化导致的多余复本,应尽量和代理商协商退换;如果图书出版时其信息发生变动,则应将原书目记录或订购记录的信息进行修改,与到书实物保持一致;如果代理商发错书,一般情况下应要求退货,但如果到书的各项指标和内容符合入藏条件,也可视情况入藏错书,并补上书目和订购记录,确保系统里数据完整准确。选书人员也可以参加质量验收工作,这样可以对各不同国家、地区的图书出版、印刷和装订质量有一个直观掌握,同时对出现的误选、误订问题加以分析,避免错误再次发生,这也是选书工作的延续。

现在图书馆往往在其集成系统中实现验收登记,这个过程中发票成为重要依据。在外观验收完成后,应按代理商开出的发票或总清单,利用集成系统中总发票功能,填写总发票表单,建立总发票。基本信息有发票号、供书商代码、建立日期、收到日期、发票总金额、参见发票号、发票币种、付款日期、付款状态、支票号等。随后,按清单在系统中检出相应的书目和订购记录,添加到总发票上,填写相应的单册表单,其基本内容有:单价、所属发票号、文献到达情况等。在集成系统中进行验收登记的特点是以发票或总清单为单位在系统中完整地记录每种文献的书名、著者、版次、出版者、ISBN、销售价、结算价、数量、到馆时间、登记时间、送出时间等,随着登记的完成,文献记到也同时完成,然后粘贴条码,输入系统(系统中每册文献的唯一识别代码,取代在文献上加盖的登录号),加盖馆藏章,文献的完整信息被记录在系统中,便于查找和统计,可随时跟踪了解文献的加工处理状态和去向。

四、财务结算

近年随着国家在预算执行和经费支付方面的改革和新要求,这项工作越来越得到各单位的重视,在每个财政年度之初,文献采访部门需要认真制订预算编制计划,并严格按照工作进度执行,并作为一项工作内容指标加以考核。财务结算是实现预算计划的具体步骤,是每个文献采访部门不可缺少的工作环节,文献验收、登记完成后,需由专人整理汇总发票和清单,并对所开具的发票进行认真的审查,核对单位名称、收费项目、总金额、开票日期以及发票金额与所附的清单是否一致。对通过招标采购的文献,需要对其中标包号、原始价格、结算价格是否符合合同或协议规定等进行审核。确认无误且各项盖章、签字手续和相关主管部门审核均完成后,可以开始履行请款、报销手续。

1. 人民币结算

人民币结算的工作程序是:

(1)核对付款发票和相应的到书清单,调取系统登记的总清单号或发票号,确认验收登记的进度,检查有无差错和问题。

(2)发票交由经办人和有关负责人共同签字。填写请款单,注明图书种册数,分别标明书价和手续费等附加费用。

(3)由科组长、主任、主管馆长签字后交财务科办理报销手续,领取支票并交付给供货方。

2. 外汇结算

(1)使用外汇购书须先确定文献已在系统中完成验收、登记且无差错和问题。

(2)整理发票统计金额，填外汇汇款单，到指定开户银行按当日牌价汇款向对方提供的开户行和账号支付外币(美元、英镑或欧元)。

(3)按付款当天汇率折算为人民币，再履行人民币的请款手续(程序同人民币结算)。

(4)付款完成且取回支付回单后，写信通知国外书商付款细节(本批所付的发票号和金额)。

(5)由科组长、主任、主管馆长签字审核后交财务科办理报销手续。

3. 付款方式

目前文献订购的付款方式包括支票结算和银行转账等。支票结算简单方便，直接将支票交给对方即可。银行转账安全、快捷、准确、不易出错，适用于异地付款或财政资金直接拨付。具体的付款方式还应根据各单位的财务规定、经费来源和对方的要求而定。通常订购图书时，书商不要求预付款，特别是对于长期合作、有信誉的图书馆，许多书商甚至不会签订订购协议。图书馆一般在文献验收、登记无误以后，才开始着手付款。但是，通常书商会提出一定的付款时限要求，一般为图书馆收到书后3—4个月以内。如果付款超过期限，书商往往要收取一定的手续费或利息，国外书商还会加收一定的运费，且需与书款分开处理，这在国外是十分常见的情况。所以，在验收、登记完成后，图书馆应尽量按预算执行进度和计划及时付款。

在订购文献时如果出版社或书商要求预付款，图书馆要对其资质和信用进行考察和了解，特别是对不熟悉或第一次业务往来的对象更应如此，以防止日后产生不必要的麻烦和纠纷。在订购期刊、数据库光盘、缩微制品时，由于文献的专一性，它们与图书的出版不同，是根据征订数和订单订购数量进行加工生产的，所以书商会要求一定比例的预付款。近年来，许多图书馆和文献采购单位通过引入文献招标采购方案较好地解决了上述问题，把双方的责、权、利通过合同的方式确定下来，通过合同或协议约束采购双方的行为，使采访工作更加规范化和制度化。

五、图书送编

采访部门完成文献的验收、登记、加盖馆藏章和粘贴条码号以及所有信息的系统保存工作后，即完成了整个采访工作的程序，可以将其移交给编目部门。在移交编目部门之前还需要认真清点册数，对不宜送编和不符合入藏条件的图书也要进行认真登记，妥善保管，在移交单上认真填写移交时间和种、册数，并按顺序排列好，以便编目人员清点接收。编目人员需核对移交单上的内容数量，确认无误后签字，通过修改图书馆集成系统里的单册状态完成采访编目的移交过程。

在实行计算机集成系统管理后，不仅要求文献数量准确，而且要求数据和所送文献实物匹配，做到图书和数据一致，条码和书目信息一致。编目人员不仅要验收文献数量，还要通过条码信息逐一检索出书目记录，修改文献加工状态，进行文献对应数据的核对，防止未验收登记的图书送编。另外，验收登记环节通常是以登记批次或清单为单位集中送书，有时可能给编目环节造成一定的压力，既要使验收登记完成的书能及时送编，也要适当考虑本部门的编目加工能力和送书频率。

在实现图书馆集成系统管理后，图书的整个采访、发订、验收登记、编目等全流程的每个环节都在计算机系统上有所显示和记载，不仅对工作人员，对公众来说也是完全开放和透明的。

他们通过检索可以掌握任何一本文献的地点和各环节加工时效,这也对采编工作提出了更高的要求,这方面需要采编两环节人员密切配合、加强协调,在业务规范加工的时限内,力争尽早使文献进入阅览室与广大读者见面,共同保证采编环节工作流程的通畅和高效。

第十一章　外文纸质期刊采访流程

对于期刊管理是应该采用“一条龙”的管理模式，即期刊的采编阅藏等工作集中由期刊部管理，还是采用依功能划分部门，将期刊采访、登到、装订归入采访部，把期刊的编目归入编目部的“大采大编”管理模式的争论一直都没有停止过。但对于期刊采访工作来说，不论采用哪种模式，其工作流程和工作内容却是基本相同的。

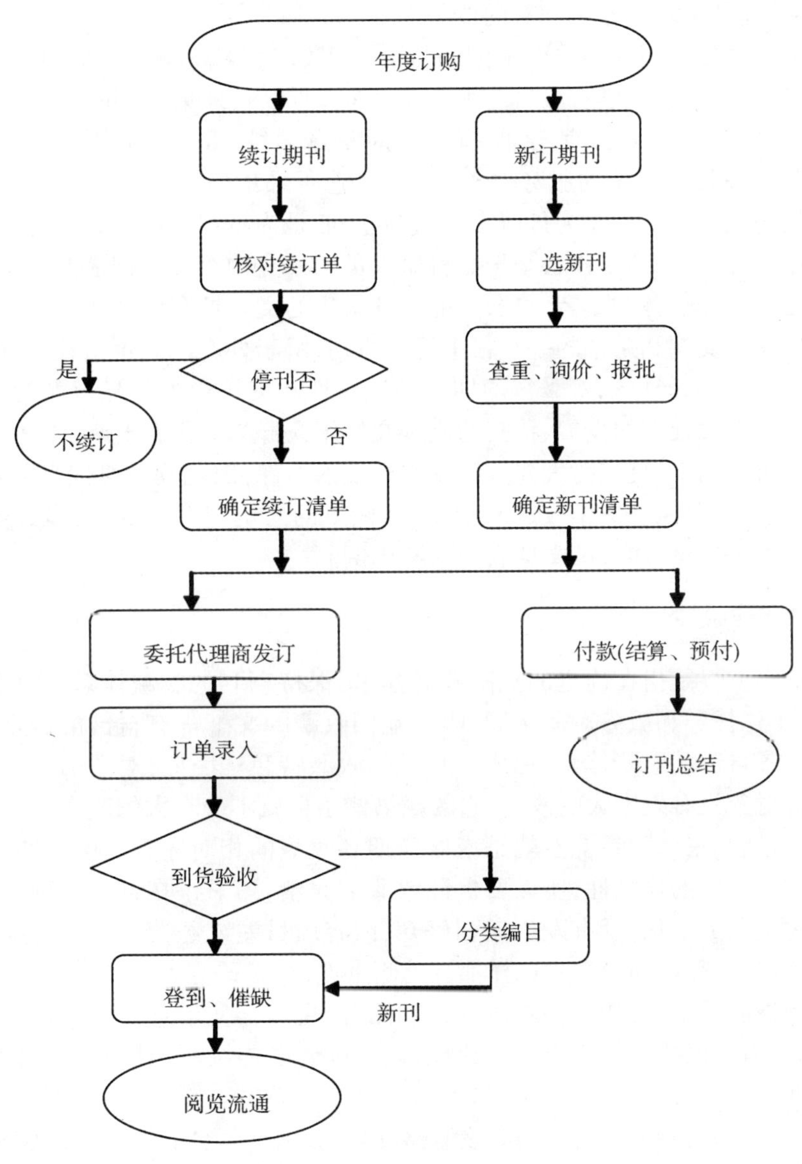

图 11－1　外文纸质期刊采访流程

第一节 期刊采访的原则

外文期刊采访是图书馆馆藏资源建设的重要组成部分,是期刊管理的源头,也是读者服务的基础,为了保证图书馆期刊采访的质量,采访工作需遵守以下几个基本原则。

一、针对性

期刊采访的针对性就是强调图书馆要根据本馆的工作性质、中心任务、读者对象来确定自己的收藏范围,从而使采访工作做到有的放矢。

不同类型的图书馆有不同的收藏范围和特点。例如,由于高校图书馆的主要任务是为教学和科研服务,服务对象为大学在校师生及科研人员,所以在采集期刊时必须兼顾学生、教师和科研的需求,既要采集教科书、辅导书,又要针对重点学科、重点专业进行科学筛选,收藏有特色的专业文献。公共图书馆的服务对象是公众,它所采集的期刊必须覆盖面广、综合性较强。专业图书馆的主要服务对象为科研人员,它的任务是为本单位或本系统的教学、科研以及相关业务提供服务,因此采访工作必须根据科研人员的研究内容和方向展开。综上所述,图书馆只有明确自己的工作任务和读者对象,才能保证采集的文献具有针对性。

针对性原则是外文期刊采选的一个很重要的原则,由于外文期刊价格较高,图书馆的文献购置经费又非常有限,如何保证所采集的期刊的针对性和使用价值就显得尤为重要。图书馆馆藏建设重点需要随着社会的发展、科技的进步及使用人群的变化做出调整。例如20世纪50年代有许多专家留苏归来,且当时大多数学校都开设俄语课,因此读者对俄文资料的需求量就比较大,但现在设置俄语课程的学校越来越少,懂俄语的人也越来越少,大多数图书馆都逐步减少了俄文期刊的采选量,加大英文期刊的入藏比例。

二、系统性和连续性

期刊采访的系统性是指在确定的范围和规模里,保持期刊的收藏体系。由于不同的图书馆的工作性质、工作任务和服务对象不同,因此他们收藏的文献都有自己的侧重面,经过长期的积累也都建立了自己的馆藏体系,形成了自己的收藏特色。因此,对图书馆来说,只要它的工作任务和服务对象没有发生大的改变,它的藏书体系也就不会有大的改变。

从纵向来看,期刊采访的系统性就是指保证期刊收藏的相对完整。由于期刊区别于图书最突出的特点就是出版的连续性,所以要保证收藏的完整,图书馆在订购某种期刊后,只要采访方针没有发生重大的变化,没有发生期刊停刊、内容质量差或经费不足等情况的话,一般都不会随意停订,因为每种期刊内容的选择都有其侧重点,很多研究者经常需要在其研究领域追踪某个科研课题进展的状况,如果轻易改变订刊品种,也许会使信息断档,给读者的研究工作带来麻烦。因此,为了保持文献的历史连续性,确保读者能连续利用期刊,图书馆需要保证期刊订购的连续性。

从横向来看,图书馆所采集的期刊应该能够反映出各学科之间的相互交叉、相互联系的关系,各学科、各类型的期刊要保持合理的比例。近代科学上的重大发现和重大社会问题的解决,常常会涉及不同学科的相互交叉和渗透。学科交叉导致一批交叉学科的形成,如化学与物理学的交叉形成了物理化学和化学物理学,物理学与生物学的交叉形成了生物物理学等。这些交叉学科的不断发展推动了科学进步,体现了科学向综合化发展的趋势。20 世纪科学的发展和学科交叉研究,又催生了新的交叉学科,如生命科学、材料科学、环境科学等。因此,采访人员在订购期刊时不但要考虑期刊的连续性、核心期刊所占的比例,还需要考虑当前科研和技术开发的需要以及未来科技发展的动向和趋势,只有这样才将图书馆文献馆藏建设成有专有博、有主有从的知识体系。

三、协调性与共享性

协调性原则有较广泛的含义,期刊采访过程中的协调性原则体现在以下几方面。

1. 图书馆之间的协调

虽然近年来我国对文化教育事业的投入显著增加,但由于期刊出版量及价格的急剧增加,很多图书馆的文献购置经费并不能满足本馆的需求。同时由于电子资源保存的问题至今没有得到很好的解决,纸质期刊的保存就显得更加重要。对于一个图书馆来说,兼顾纸质期刊和电子期刊的订购难度很大,也就是说任何图书馆都不可能入藏自己需要的所有期刊,也不可能依靠自己订购的文献来满足所有读者的需求。因此,图书馆必须相互协作,充分发挥整体的经济实力与资源建设能力,建立起一个完善的文献资源共享共建体系,通过提升整体的文献资源保障水平来提高个体图书馆的文献资源提供能力,做好本系统、本地区、甚至全国范围的资源共建共享是非常重要的。国家科技图书文献信息中心虚拟图书馆以及国家 211 工程的"中国高等教育文献保障系统"(CALIS)的建立对外文报刊资源的共建共享工作起到了很大的推动作用。

2. 不同载体期刊的协调

在网络技术飞速发展的今天,在复合图书馆的条件下,印刷型期刊与电子期刊收藏比例问题已经成为图书馆采访工作研究的热点问题。虽然印刷型期刊有着悠久的历史,具有系统性和稳定性,保存时间长且符合人们的阅读习惯。但不可否认的是电子期刊对其形成了冲击,越来越多的人特别是年轻人,更偏好于电子文献。所以图书馆的期刊馆藏必须改变以往只收集印刷型期刊的传统,逐步扩大电子期刊的入藏量。图书馆要依据本馆的服务对象、经费情况、设备及技术条件合理配置纸质期刊和电子期刊的比例。

3. 文种、学科、类型的协调

在图书馆馆藏体系的建设中,还要注意不同语种、学科、层次、类型的期刊的结构比例。如:西文、日文、俄文期刊的比例,社会科学与自然科学的比例,一次文献和二次文献的比例等。

四、实用性与效益性

期刊采访的实用性原则,就是从图书馆读者的实际使用需要出发来规划、选择、收集期刊资源,以最大限度地满足图书馆读者对期刊文献信息的需求。它是期刊采访中应遵循的最基本的原则。实用性原则要求图书馆采集的期刊资源必须是适合本馆读者需要的,而不只是用来收藏的。采访人员应着重考查其内容是否符合读者的需要。充分运用计算机技术和网络技术,多渠道、多途径搜集期刊信息,采集期刊资源,建立起符合本馆实际使用需要的期刊馆藏体系，满足本馆读者学习、科研、阅读等各方面的需要。

期刊采访的效益性在于用最合理的经费支出，以尽可能优惠的价格购买更多的期刊，最大限度地满足读者需求。特别是在采访经费紧张的情况下，采访人员必须考虑怎样才能既为图书馆节约订刊经费，又能最大限度地满足读者的需求。在考虑收藏高质量的核心期刊的同时，也要兼顾期刊的利用率情况。

第二节　期刊采访工作要求

一、做好馆藏调研

一个图书馆连续出版物的收藏体系是多年积累的结果，采访人员必须十分熟悉本馆的收藏情况，从中了解本馆馆藏的发展概况，了解本馆的馆藏范围、收藏重点、收藏特色、收藏方向以及收藏工作中的薄弱环节。而采访人员如果要想真正做到熟悉馆藏体系，就必须做好馆藏状况的调查。调查内容主要包括以下两个方面。

首先是调查馆藏的历史状况。一个图书馆的馆藏情况跟社会的发展状况是分不开的，图书馆的馆藏状况也必定带有不同历史时期的烙印，图书馆的收藏在某个时期有可能形成某种偏向，也许某一学科的期刊订购过多，而另一学科的期刊订购过少。另外，由于经费不足，图书馆不得不大量削减期刊的订购，这也是造成馆藏不完整和混乱的因素，它可能使图书馆的馆藏在某方面产生断档或空白。因此采访人员要对馆藏概况有清楚的了解和认识，只有这样才可能有的放矢地调整并完善本馆的馆藏体系。

其次是调查馆藏的数量和质量。作为一个采访人员，必须对自己的“家底”有一个完整的了解，也就是要知道本馆的收藏数量和收藏质量。采访人员可以通过图书馆集成系统对馆藏数量做出较为准确的统计，通过这些数据了解本馆收藏的数量、各学科收藏比例、不同语种收藏品种等。此外还应做好期刊质量的调查，如本馆收录核心期刊的情况，重点期刊中核心期刊的比例等。

二、做好读者需求调研

图书馆的服务对象就是读者，最大限度地满足读者对文献的需求是图书馆馆藏建设的目的。因此对读者需求的分析和调研是必不可少的。不同类型的图书馆面对着不同的读者群，高校图书馆的主要读者群是学生和教师，科研院所的读者群是科研人员，而公共图书馆的读者群则是一个综合群体。正是不同的读者群的不同需求，构建了图书馆各不相同的文献收藏结构。但是在不同时期、不同阶段，读者的成分和要求会发生相应的变化，这就要求报刊采集人员经常关注和了解他们的需求。他们可以采用以下几种方式了解读者需求，征求读者意见。

第一种方式是发放读者调查表。将需要了解的问题制作成调查表在图书馆发放，最好采用选择答卷的形式以节省读者回答问题的时间。

第二种方式是召开读者和专家座谈会。根据读者的不同文化层次，分别召开不同层次的读者座谈会，比如到馆读者座谈会、专家座谈会。通过这类座谈会可以了解读者的意见和建议，但对期刊订购工作的意义不大。

第三种方式是加强与到馆读者交流。加强与到馆读者的交流是了解读者需求的一个重要手段，因为到馆读者大都是专业人员，他们非常熟悉自己研究领域的现状和发展方向，对国际上出版的本专业的重要期刊也相当了解，所以加强与他们的交流可以使采访人员更多地了解最新科技的发展动态，他们也可以对报刊的订购提出具体建议。同时馆员也可发放读者推荐单，读者可以把他们认为质量高、利用率高的期刊记录下来，这也是订刊的一个重要依据。

第四种方式是研究读者借阅和复印情况。对某一时间段内读者的借阅和复印情况进行统计，从中了解读者使用报刊的情况。但由于很多图书馆都采用开架阅览的形式，这些统计数字很难准确反映实际情况，因此只能作为参考数据。

第五种方式是进行网络调查。随着图书馆计算机管理系统的应用和 Internet 的广泛覆盖，网络调查变得可行和便捷。馆员可以通过图书馆网站提出问题，也可以开辟一个读者信息反馈门户，请读者对图书馆文献资源建设提出自己的意见和建议。

三、了解期刊出版动态

在当今这个科技飞速发展、文献量急剧增长的年代，出版业呈现出版量大、载体形态多样化、内容交叉和时效性强等特点，期刊的创刊、停刊、改名、合并、分开等情况频繁发生，出版社兼并成风导致一些出版社出版风格和特点的改变。只有及时了解出版动态、掌握出版业的发展规律、熟悉出版文献的特点才能做好报刊采访工作。因此，采访人员应该经常收集出版社的新刊目录，经常与代理公司联系和沟通，请他们提供新刊介绍以及期刊样刊。

四、了解经费状况

订刊经费的多少直接关系到期刊订购品种的数量，如果经费充足图书馆可以根据需求增加期刊订购品种，如果经费减少或持平就意味着需要削减期刊品种。期刊作为连续出版物，无特殊情况通常不会随意停订，而印刷费用的上涨，期刊的卷、期、篇幅、页数的增加，出版社会员价格、个人价格、团体价格订购的差异以及载体发生的变化使部分出版社采取纸电捆绑的方式，取消单独的印刷版价格，将印刷版和网络版的合订定价。出版社合并等因素促使期刊价格逐年增长，近年来外刊价格每年会有7%—8%的涨幅，因此采访人员在制订订购计划时必须考虑期刊价格的涨幅因素，要对年度订刊经费的分配和使用做到心中有数，否则就有可能出现超支或者资金闲置的情况。采访人员了解刊价上涨原因和趋势，有利于对图书馆年度订购做出合理的计划。

五、了解电子版期刊与印刷版期刊的关系

随着信息技术、计算机技术、网络技术的迅猛发展，大量电子型、网络型期刊给传统的印刷型期刊带来了巨大的冲击与挑战。越来越多的期刊已经不再以单一的印刷形式存在，而是以电子和网络等多种形式传播。尽管电子期刊代表着未来的发展方向，但目前还不可能取代印刷型期刊，印刷型期刊仍是大多数图书馆收藏的重点。电子期刊和印刷型期刊两者相互依存、相互补充的状况还会持续很长时间，这种并存的状况给采访人员的选择增加了难度，对采访馆员提出了更高的要求，需要他们在具有较强的专业知识和丰富的工作阅历的同时，还要善于与出版商、集成商沟通交流，随时了解各种出版信息，特别是要熟悉那些与印刷版捆绑的网络期

刊、数据库的计价方式。

目前对于电子期刊的使用，主要有免费使用服务和付费使用服务两种形式，所谓免费使用服务就是出版社对印刷版期刊的订户提供所订期刊的免费网络版全文。这是出版社以服务稳定和扩大印刷版期刊订购量的一种手段，也是它们宣传电子期刊、征求意见并改进网络功能的一种措施。这样做可以吸引读者使用网络版，促进他们熟悉新的出版方式，习惯网上阅读，体会网上期刊适时更新和查找信息快捷、方便的优点。由于这种免费服务是为后期销售做准备的，因此它的无偿提供也是有期限的，一旦销售时机成熟，出版社就会转向付费使用的方式。近两年来，国外出版社对网络版期刊实行收费服务的情况越来越普遍，主要有以下几种收费方式。

1. 印刷版期刊与网络期刊分别定价，既可分订，亦可合订

当用户单独订网络版时，其价格接近于印刷版。而有些全文期刊数据库的计价方式基于印刷版期刊的价格再加上平台使用费、数据回溯建档费等。如果订户仍然需要印刷版期刊，则只需缴纳少量附加费用（一般是原印刷版期刊价格的 10%—25%）。此种订购方式既可以推广网络版期刊同时也不影响其印刷版期刊的发行量。

2. 订购印刷版期刊，即可免费使用网络版

有些出版商在订户订购了印刷版期刊后，免费开通其网络版期刊，图书馆每年都需要通过网络在出版社进行注册，开通后的期刊使用会有一定的限制，如有用户数和 IP 段限制等。

3. 印刷版与网络版捆绑订购

一些出版公司以期刊集合的形式提供订购服务，其订购方式多采取集团采购。出版者往往将印刷版期刊的订购数量作为其出售期刊集合的条件，也就说订户要按照出版公司的要求订购该公司一定数量的印刷版期刊，并保证参加集团采购后不减少品种，更有甚者，要求订户除了不能停订已订购品种外，还必须满足数据库商规定的涨价幅度，当本年度期刊涨价幅度低于数据库商规定的幅度时，必须增订新品种补齐差额。只有这样图书馆才能以优惠的价格获得更多的网络版期刊的使用权。

不同的出版公司或数据库商，其电子期刊及数据库的营销模式在订购方式、计费方式、对印刷版期刊订购数量的要求等方面存在不同。采访人员在印刷型期刊的订购和结算时必须充分考虑相关因素。

总之，采访人员在纸质期刊和期刊数据库订购的选择中，应该遵循本馆的采访政策方针，合理分配各类型期刊的经费，制定符合实际需求的订购比例，避免造成因重复订购带来的浪费。

第三节　期刊预订

期刊的预订是指出版社、发行商或报刊代理公司将下一年度准备发行的期刊编制成征订目录或征订单，提供给单位或个人进行订购，以便有计划地印刷。采访人员则需根据代理公司或出版社预先发送的目录选取所需订购的期刊，按照本馆的预订计划完成下一年度期刊的续订和增订工作，填写订单并办理订购手续。做好期刊预订工作是有目的、有计划、系统地收藏

外文期刊的保证。

外文期刊的预订通常是通过代理公司或出版社办理手续，代理公司是外文报刊预订的主要渠道。由于期刊订购多为年度集中订购，一次订购的品种大多有成百上千，甚至上万种，且必须在有限的时间内完成，因此它的工作量较大，具有较强的时限性。外文期刊的预订工作一般都是在每年的 5 月—10 月份进行的，这项工作主要包括以下几部分。

一、前期准备

1. 做好经费预算

图书馆订购经费是按照年度拨款的，年度订购前必须要做好支付计划，首先要保证续订期刊的经费需求。由于期刊订购多采用预付款模式，因此在计算预付款项时需要将期刊的自然涨幅计算在内，如果经费充足且有结余则可考虑选择新刊补充馆藏，如果经费缩减，则需要考虑是否削减品种。

2. 制订采访计划

尽管每个图书馆都有自己建立多年的馆藏体系，但随着时代的发展及读者需求的变化，期刊采访方针也会随之做出相应的调整，比如学科比例、语种比例、纸电比例等。这就要求采访人员在订购之前按照馆方要求制订出切实可行的采选计划，计划内容主要包括经费的分配，增减期刊的学科、品种、依据等内容。

3. 做好年度催缺

催缺的目的一方面是为了保证期刊的到全率，也是为了帮助采访人员全面掌握所订期刊的到货及出版变化情况，为期刊续订工作提供参考；另一方面则可以通过年度催缺考察代理商的服务能力和水平，为今后选择高水平的代理商提供数据支持。

二、续订

在征订工作开始时，代理公司会将图书馆上一年度订购的期刊目录作为结算和续订目录发送给图书馆的采访人员，续订目录主要包括订刊号、刊名、ISSN 号、出版频率和价格等项目。采访人员在接到续订清单后，必须认真核对每一项内容，并将价格记录在本馆订刊目录或图书馆集成系统中，当对期刊出版信息和价格涨幅有疑问时，采访人员需要随时与代理公司相关人员进行沟通，查明原因、纠正错误。年度续订时采访人员要注意以下几点。

1. 经费情况

根据经费分配情况决定年度续订品种和数量，当年的经费应首先保证续订需求。如果经费不足，则需要考虑削减品种，削减时，必须根据图书馆采访方针和读者需求慎重考虑后，决定削减哪些学科或语种的期刊；如果经费充足，可考虑适当选择新刊补充馆藏。

2. 出版变化

作为连续出版物，期刊经常会出现停刊、改名、合并、载体变化等情况，通常代理公司都会给图书馆发送期刊变化通知单，通知单内容包括期刊变化的时间和卷期等内容，采访人员要注意汇总这些信息，以备期刊续订时查询和参考。

3. 期刊质量

订购新刊时采访人员大多见不到样刊，通常是按照内容介绍决定是否订购的，但有时期刊介绍与期刊实际内容相差甚远,期刊质量无法达到图书馆的要求,当发现所订期刊质量不符合图书馆要求时,采访人员需及时与代理商联系,请他们与出版社沟通,尽可能迅速地停订该刊,如果不能及时停止订购,下一年度也应不再续订。

4. 到货情况

采访人员必须了解期刊的到货情况,对于那些到货不及时、不完整和长期延期出版的期刊要考虑不再续订。

当确认不再续订某种期刊时,采访人员要在续订清单上划叉标注,核实无误后,将标注好的续订单交与代理公司,请他们向出版社发订。如果该年度停订品种较多,最好能编制一份停刊清单交给代理商,避免出现差错。

三、新刊订购

在保证期刊续订的前提下,如果还有剩余的经费,采访人员可根据图书馆采访方针及经费额度选订新刊。

1. 信息采集

信息采集是新刊采选中的重要环节,它主要包括如下几个方面:

(1)多渠道搜集期刊信息:收集包括国外出版社、国内外书商、代理商及书展目录在内的,不同载体的(如印刷型、电子型、网络型)期刊目录。

(2)利用现代信息技术和各种媒体,从书刊、网页、广播电视等各种媒体采集报刊出版信息。

(3)读者推荐:在采访人员与读者之间建立信息交流的通道,可以通过在阅览室或网站发放读者推荐单等方法收集读者对期刊的需求信息,由于读者更了解本专业的研究方向和最新动向,因此他们所推荐的期刊会更具有专业性,且多为采访人员不了解的新刊。

(4)加强图书馆之间的信息交流,与所在地区或系统的图书馆进行分工协调,促进资源共建共享。

2. 常用的工具书

《外国报刊目录》是中国图书进出口(集团)总公司出版的系统报道国外报纸与期刊的工具书,是订购国外原版报刊的主要征订目录。该目录创办于1961年,到现在共出版了9版,第9版收录了以英、法、德、日、俄文为主的各国报刊34 108种,为适应网络时代信息更新速度快的特点,1999年中国图书进出口(集团)总公司停止印刷版《外国报刊目录》的出版。开发制作光盘版和网络版,每年出版光盘版,同时在网站上实时更新。到目前为止该目录共收录了140个国家和地区的近万家出版社约50种语言的报刊15万种,收集了世界上主要出版社的重要报纸、期刊的信息。目录的主要内容包括:报刊原文名称、中文译名、内容简介、出版社地址、目录报价,以及期刊停刊、合并、改名的信息。

《乌利希国际期刊指南》(*Ulrich's International Periodicals Directory*)是著名的报刊目录。该指南是由R. R. Bowker Co.公司在1932年首次出版的,至今已经有80余年的历史,它是一本全面收录世界各国期刊的工具书,现在同时出版印刷版、光盘版和网络版,到2010年时已经出至第48版,共收录了30万种连续出版物。该指南按照主题分类,带有字顺索引和ISSN号的索引,我们可以从不同的检索点查找需要的信息。其网络版收录的连续出版物不仅数量多而且更新快(每周更新),检索方式包括快速检索与高级检索两种,可以按照 ISSN、关键词、学科主题、完整刊名、刊名中的关键词快速查找,也可以按照学科主题、ISSN 或 CODEN 码、出版国别、语种、分类号、电子版提供商等多种方式浏览。该指南可以用于查找和期刊有关的各类信息,如期刊刊名的变更情况、期刊的网址、期刊被文摘索引数据库收录的情况等。

SCI、SSCI 及 JCR 均为美国科学信息研究所(The Institute for Scientific Information,简称 ISI)编制的世界著名的综合性检索工具,下面分别对它们做简要的介绍。

《科学引文索引》(*Science Citation Index*,简称 SCI)目前有印刷版、光盘版(SCI CDE)、Dialog 国际联机版(SCI Search)和 Web 版(SCI Expanded)等几种出版方式。SCI 收录全世界出版的数学、物理、化学、农学、林学、医学、地理、生物、工程技术和环境等自然科学学科核心期刊(SCI 的光盘版和印刷版)约 3500 种和扩展版期刊(Web 版——SCI Expanded)近 6000 种,所报道的出版物主要来自以英、美为主的 60 个国家和地区,ISI 通过它严格的选刊标准和评估程序挑选刊源,而且每年略有增减,从而使 SCI 收录的文献能全面覆盖全世界最重要和最有影响力的研究成果。

《社会科学引文索引》(*Social Science Citation Index*,简称 SSCI)收录了世界上不同国家和地区的社会科学期刊和论文,是当今社会科学领域重要的期刊检索与论文参考渠道。内容覆盖包括人类学、法律、经济、历史、地理、心理学等领域。收录文献类型包括研究论文、书评、专题讨论、社论、人物自传、书信等。是目前世界上为数不多的可以用来对不同国家和地区的社会科学论文的数量进行统计分析的大型检索工具。

《期刊引用报告》(*Jorunal Citation Reports*,简称 JCR)是一部评价期刊的重要工具。它是 SCI 的副产品。JCR 对包括 SCI 收录的 3500 种期刊在内的 4700 种期刊之间的引用和被引用数据进行统计运算,并针对每种期刊定义了影响因子(Impact Factor)等指数。期刊的影响因子是指前两年在该刊发表的文献在当年的平均被引用次数。影响因子越高,说明其刊载的文献被引用率越高,一方面说明这些文献报道的研究成果影响力大,另一方面也反映该刊物的学术水平高。图书馆可参考 JCR 提供的数据选订期刊。

3. 增订新刊需要考虑的因素

期刊选择的质量直接影响着图书馆馆藏的质量,而采访人员要从浩如烟海的信息资源中选出最适合本馆收藏方针、工作任务和能最大限度满足读者需求的资源,就必须综合考虑多种因素,归纳起来主要有以下几个方面。

(1)世界科技发展现状和趋势

采访人员要随时关注世界科技发展的动态和趋势,了解当今世界出现的新学科、新理念。采访人员受到知识面的限制,在选择新刊时不可能全面了解所有学科知识,这就需要采访人员通过各种渠道,特别是利用互联网技术搜集和查找相关信息。只要采访人员有责任心和不断学习的精神,就能够不断扩大自己的知识面,做好期刊的采选工作。

(2)出版机构

采选人员可根据期刊出版机构的出版水平来判断所订期刊的质量。一些国际性的学术团体,如科学院、学科协会、高等学校等出版的学术期刊都具有较高的学术水平,代表了所研究学科的研究水平和最新进展。一些较著名的出版社,如 Springer、Elsevier 等所出版的期刊在核心期刊中占有很大的比例。这些期刊的学术性是世界公认的。因此在选择期刊时出版机构也是采访人员应考虑的因素之一。

（3）影响因子

期刊的影响因子是一个国际上通行的期刊评价指标。是 E. 加菲尔德于 1972 年提出的。由于它是一个相对统计量，所以可以较公平地评价各类期刊。影响因子是期刊采访人员用来评定及采购期刊的重要指标之一。学术期刊的影响力与影响因子有关，影响因子越大，期刊影响力越大，所以影响因子一般被用于评价一种期刊的质量。

一种期刊的影响因子等于前两年在该刊上发表的论文在统计当年被引用的总频次除以前两年该刊上发表的论文总数。通过期刊中文章的被引情况可以了解期刊的质量，那些被引用较多的期刊一般质量比较好，被引用的次数越多说明这种期刊的参考价值越高。

（4）期刊出版地的特点

每本期刊的出版地都有其自身的地域特点，在期刊订购时，采访人员应该考虑到这一点。可根据不同出版地的特点来选择期刊，比如美国的计算机工业比较发达，意大利的皮革制品、法国的时装在世界上都很有名。采访人员在选择特定主题的期刊时，可以优先考虑在相应出版地出版的期刊。

（5）代理商的服务水平及期刊价格

改革开放以后，我国的期刊进口市场更加开放，原来只有中国图书进出口（集团）总公司一家经营外文期刊的进口业务，现在已经增加了多家。各家公司之间已经形成了一种竞争的态势，每个代理公司都有各自的优势。采访人员选择在哪个公司订购报刊时，除了要考察它的服务外，期刊的价格也是应考虑的重要因素。因此，在选订新刊的时候，首先要请不同的公司分别报价，并对所报价格进行比较，将其作为订购外文报刊的参考因素，寻求最佳的服务和最低的价格。

（6）新的订购模式

为了节约经费，采访人员还要注意那些可以节约经费的订购模式。例如，现在很多出版社都有打包订购、集团订购以及印刷版期刊和电子版捆绑订购等形式。所谓打包订购就是订户以优惠价格订购出版商的所有期刊或某些学科的全部期刊；集团订购则是组织有相同需求的国内订户以折扣价格统一购买国外相同品种的印刷版期刊、电子期刊或数据库，减少订户的费用支出；而印刷版期刊和电子版捆绑订购则是订户以最经济的形式同时订购期刊的印刷版和电子版。这些订购方式可以使图书馆使用较少的经费获取较多的文献资源，采访人员应该注意此类信息的搜集。

（7）印刷型期刊与电子型期刊的协调

各图书馆可以根据本馆的情况，参照各种因素制定出科学合理的收藏比例与收藏原则。对于一些既有电子版又有印刷版的期刊来说，可以根据图书馆的具体情况考虑只订购一种类型，尽量避免重复订购，但是由于大多数期刊数据库的定价都是基于印刷版期刊价格而制定的，在图书馆订购数据库的协议中数据库商都会添加不得停订已经订购的印刷型期刊的条款，更有甚者不但规定不能停订期刊品种，还会要求图书馆必须按照期刊价格增长比例保证订购印刷版期刊的码洋数。因此，采访人员在订购印刷型期刊时必须兼顾数据库采购协议中对印刷型期刊的要求。

四、查重

所谓查重，就是在新刊发订之前，核查本馆是否已经订购了某种期刊，以避免重复订购。由于外文期刊价格昂贵，大多数图书馆都只订购一个复本，如果发生重复订购则会造成购书经费的浪费。现在很多图书馆都采用多渠道订购，订刊目录来源比较广，各个公司目录的著录格式也不尽相同，同一种期刊可能会有不同的报道方式，这就给查重增加了难度。同时文献出版量大幅度上升，报刊出版变化频繁，也使重复订购的可能性大大增加。因此高质量的查重是保证订购质量、节约订刊经费的重要而有效的措施。

查重的关键是检索点的选择。每种期刊都有多个检索点，如题名和责任者、国际标准连续出版物编号（ISSN）、中图刊号等。现在最常用的检索点有以下几个。

1. 国际标准连续出版物编号（ISSN）

利用 ISSN 查重是最便捷的一种方法，因为从理论上来说 ISSN 号应该具有唯一性，也就是说一个 ISSN 只对应一种期刊，大多数情况下如果 ISSN 号一致，就可判断为重复了。但是由于现在期刊出版并不十分规范，所以不能只靠 ISSN 号来查重。造成这种情况的主要原因有：

（1）期刊出版时并没有申请 ISSN 号，这种情况多出现在一些中小国家。

（2）在实际操作上我们发现两刊或多刊使用同一 ISSN 号的情况并不少见，如期刊题名发生变化时，并未及时申请新的 ISSN 号，在此期间仍沿用原有的号；还有些丛刊，主刊和丛刊都有自己独立的 ISSN 号，出版社将两个号同时印在一本期刊上；还有些出版社为了省去申请新号的麻烦，用一个 ISSN 号出版两种以上的期刊。

（3）一些连续出版的文献，既有 ISSN，又有 ISBN，是将其作为图书收藏还是作为期刊收藏，不同的图书馆有不同的处理方法。因此，查重时一定要仔细，避免不同文献类型之间发生重复。

2. 中图刊号

中图刊号在外刊订购中起着十分重要的作用，它是中国图书进出口（集团）总公司在《外国报刊目录》中分配给每种报刊的代号，与 ISSN 号的情况类似，它在原则上也是具有唯一性的。采访人员可以使用它对大多数期刊进行查重，但也存在着特殊情况。

（1）由于中国图书进出口（集团）总公司的期刊目录为书商目录，它的订购号会随着期刊出版地的变化及代理商订购源的转换而变更，也就是我们常说的转国出版。如果目录信息发布不及时或采访人员未能及时掌握变化信息，都容易造成订购的重复。

（2）目前期刊代理商都会为订户以优惠价格成套订购出版商一个或多个学科的全部印刷本期刊和（或）电子期刊，以帮助订户节省费用。但是在订购时，有些期刊既可以套订也可以单订，代理商在编制期刊目录时会在给出套订号的同时给出单刊的订购号。查重时如果只用一个订购号核查就有可能漏查。同时，由于出版社套订政策不是一成不变的，很多套订品种会在几年内做出调整，套订的刊物数量会有增减。对于类似现象，采访人员要给以足够的注意。

3. 题名

当所选期刊没有 ISSN 和订刊号信息时，则需要使用期刊题名进行查重。由于期刊出版量很大，重复题名很多，所以在用题名查重的时候必须参考责任者、出版地和出版机构等信息，来确定所订期刊是否重复。在使用题名查重时应注意以下几点。

（1）由于书商目录并不十分规范，当遇到题名相似，责任者和出版信息相符的期刊时，要特别注意，它们有可能就是同一种期刊。

（2）若期刊题名发生了改变，而出版商未能及时报道，采访人员会将其当成新刊订购，这样就造成了重复，采访人员要对这种情况给予足够的重视。

鉴于期刊出版变化频繁，情况复杂，采访人员在查重时不能只关注单一的检索点，无论使用哪一个检索点查重都要同时参考其他信息。只有综合考虑多方面因素才能做到准确查重。查重是期刊采选中十分重要的工作步骤。查重除了避免重复订购之外，还可以发现代理商期刊目录中的各种问题。当发现代理商编目中的问题时，要及时向其反馈，请他们更正错误信息，避免造成订购失误。计算机集成系统在图书馆的广泛应用使得文献的查重工作越来越方便快捷，很多计算机检索系统都提供多个检索点的查询功能，采访人员只要按照所需查询的内容输入相应的检索条件即可得到相应的结果。

五、发订

1. 续订部分

采访人员要将需要停订的期刊在代理公司的续订单上做好标注，即在需要停订的期刊前划"×"，加盖上图书馆的公章后返回代理公司。为了保证续订单准确无误，最好能将停订期刊汇总为停订期刊列表，一式两份，一份交与代理公司，另一份由图书馆留存备查。

2. 新订部分

当新刊初选结束后，采访人员须将新刊清单交给代理商进行询价，通过询价一方面可以预估经费使用情况，另一方面也可以根据代理商的反馈对订单做出调整，删除那些已经停刊或无法订购的品种，最终确认新刊品种，并报上级领导批准、备案。待领导批准后，打印正式订单，填写委托书，将其交给代理公司。

采访人员编制的订单主要包括：户号、订刊号、刊名、ISSN 号、出版社、频率等内容。订单应一式两份，一份交代理公司，另一份由采访人员留存备查。

新刊订单发出后，采访人员要随时关注发订情况，因为在发订的过程中还会出现刊名变化、载体变化等情况。在代理商发订结束后，要请他们重新反馈一份订购清单，以备采访人员查询。

由于各出版社是按照出版计划出版期刊的，出版数量通常是一定的，不会留有太多的余量，如果发订时间过晚则会影响下一年度到货的情况。为了保证期刊到货的完整性，采访人员必须尽早向代理商提交订单，通常预订工作应在每年 10 月之前完成。

六、录入采访数据

发订工作结束后，采访人员需要将订购数据输入计算机系统，订单数据的录入方法依各图书馆使用的系统不同而不同，但通常在建立订单前应首先建立货币、书商和预算数据，并需要在系统中建立书目记录。书目记录建立后即可将采访订单挂在相应记录下。

订单数据主要包括：资料类型（期刊、报纸或图书）、馆藏地（文献的去向，即存放期刊的地点）、采访方式（订购、缴送或交换）、书商代码（期刊代理商名称）、订购起止日期、订购复本数、单册价格和币种等相关信息。而对于连续出版物来说，采访人员除了要录入采访信息外，还需要完成期刊的预订。预订数据在订单数据之下，如果一个订单订购 3 个复本，就要编制 3 个预订数据，每个预订数据的去向根据期刊的存放地不同而不同。编制预订数据后，系统可根据期刊的出版周期自动生成单册列表，包含期刊预计出版的卷期年代信息，以便于期刊的登到。

订单录入时可采用逐条录入或批录入的方式，无论采用哪种录入方式，最重要的是要使采访数据与书目数据相对应，订单录入时需要注意以下几点。

(1)当期刊题名发生改变时，要注意及时修改采访数据，将原题名下的订单数据改为停止出版，将新的采访数据录入到新题名下。

(2)录入采访数据时要做到标准、规范，这一点对下一年度的订单批录入非常重要。采访数据不规范将影响订单批录入的准确性。

(3)由于套订等订购模式的出现，多个期刊对应一个中图刊号的情况会经常发生，在录入采访数据时要注意避免遗漏。

目前，图书馆多已采用计算机集成系统进行期刊管理，大多数已不再编制手工订购目录，若认为有必要，采访人员可以在将订单输入计算机后，将信息记录在采访卡片目录上，继续维护手工目录。

七、结算和付款

1. 结算

期刊预订的工作流程中，还有一项为期刊的结算和付款工作。每年的期刊续订单实际上也是前一年期刊的结算单，结算时采访人员必须严格按照图书馆与代理商所签合同的约定逐项核对，如外币价、汇率、综合费率或折扣率等。同时，要与上一年度价格进行比对，发现价格涨幅过大时，要及时与代理商及出版社进行沟通确认，避免因工作失误给图书馆带来不必要的损失。结算单核对无误后，即可按照图书馆财务制度履行付款程序，完成年度刊款结算工作。

2. 清账

期刊出版和到货的复杂性造成一些期刊的刊款不能在当年结清，所以代理商每年都会对上一年度的账务进行清理，也就是通常所说的清账。清账主要包括退款和补收两个部分。

退款通常是由于期刊订购过程中出现的一些非正常因素而产生的，如延期出版、停刊、改名、载体变化、发货不完整等。当出现上述情况时，代理商必须按照采购合同要求将已收刊款退回图书馆。而补收则是由于出版社在原出版计划的基础上增加新的卷次、增刊或附件，或因为成本增加，期刊涨价造成的，代理商会根据出版社发票向图书馆增收这部分费用。无论是退款还是补收，代理商都必须出具相应的清单，采访人员要对清单进行逐项核对、确认后才能付款。

3. 预付款

目前，外文期刊的采购大部分是通过国内期刊代理商来完成的。由于期刊的订购多为预订，期刊发订后图书馆需向代理商支付下一年度期刊的预付款，此时代理商给出的价格大多是根据上一年度期刊的结算价加上一定涨幅得出的估价，实际的结算价格要在下一年出版社开具发票后才能确定。如果图书馆不采用预付款方式的话，在结算时还需给付代理商一定的贷款利息。

无论结算、清账还是预付,都要遵守图书馆的财务制度,履行相应的付款程序,账单核对准确无误后,打请款报告,经领导批准后方可付款。

八、订刊总结

每年预订结束后采访人员应将本年订购情况进行汇总并写出书面总结。订刊总结的内容主要包括如下内容。

(1)图书馆本年度期刊订购情况:对代理公司上一年度到货及服务的考核情况,如到货率、到全率、服务质量等;本年度的经费分配及使用情况,如年度订刊经费额度,各代理公司结算、清账、预付款情况等;本年度新刊订购情况,如订购原则、选刊标准、订购品种及学科、语种分布等;本年度预订续订情况,如续订品种、停订品种及载体变化情况;数据汇总,如本年度不同语种、不同学科、不同代理商的订购数据统计等;订购中存在的特例及需要注意的事项,如与电子期刊捆绑销售的付款问题等; 其他,如本年度是否重新招标,招标结果等。

(2)价格涨幅对期刊订购的影响。

(3)汇率变化对期刊订购的影响。

第四节　验收、记到

一、现刊到馆验收

期刊发订后,代理商会陆续将期刊送达图书馆。期刊到馆后,馆员需要做好接收和验收工作,此项工作主要包括如下内容。

1. 接包、签收

接到代理公司所送期刊后,首先要核对送达的件数(箱包数)及箱内是否附有到货清单,然后签字接收。如果送达期刊数量很多,无法当场核对详细内容,可在办理交接手续时登记批次号和箱数,具体内容待开箱后再进行核对。

2. 核对清单

代理商发货清单通常包括户号、发货日期、包号以及具体期刊的订购号、题名、卷次、期次、附件、年代等信息,核对时要注意订购号和期刊题名,保证收到的期刊与发货清单一致,然后再详细核对期刊的卷、期、年月标识,注意期刊是否带有增刊、光盘、缩微平片或实物等并注意保存。同时要查验期刊外观质量,一旦发现有破损等现象,应及时与代理公司交涉并要求调换。

3. 处理发货中的问题

当发现实物与清单上的题名及卷期年代不符时,要立刻与代理商沟通,查明原因。如能确认为发货错误,应请代理公司及时修改发货系统中的数据错误并尽快调换。对一些暂时不能确认的问题,需记录在案,督促代理公司尽快反馈。

由于期刊是连续出版物,期刊发货是否准确直接影响到期刊收藏的完整性。如果不及时纠正到货错误,有可能导致重复或缺藏。而且,由于期刊的时效性很强,如果未能及时发现错误,则有可能错过最佳的补刊时间,造成期刊的永久缺藏。这就要求验收人员要有较强的责任心和一丝不苟的工作态度。

4. 保留发货记录备查

由于期刊管理工作流程较长,有些问题可能在到货后数月才被发现,如:图书馆查缺时发现某种期刊未曾到刊,而代理商的记录却是在某年某月某日已发货,为了确认图书馆是否收到过此刊,就有必要回头查找以往的到货记录,并确定造成缺期的原因。因此,每次完成验收工作后都应将清单按照代理公司和时间顺序排列,保存备查。

5. 送交记到人员记到

当期刊验收完成,确认无误后,即可将期刊按字母顺序粗分上架,或直接交由记到人员记到。

二、记到

期刊的记到(也称登到)实际上是采访工作的延续,记到工作可以反映报刊的到达情况。通过记到工作,馆员不但可以及时发现期刊的改名、合并、改出、停刊等信息,还可以为期刊书目数据维护和装订等管理工作提供依据。更重要的是记到工作可以揭示图书馆馆藏,是图书馆通过公共查询系统(OPAC)向读者提供便捷的服务的基础。记到工作的主要工序如下:

- 通过图书馆集成系统检索到需要记到的期刊数据;
- 将新刊送交编目人员编目;
- 在计算机系统中对已编目期刊进行记到;
- 在期刊上粘贴条码、标注分类号和索取号;
- 夹磁条、盖章、记数;
- 记到后,将已编目期刊送往阅览室。

期刊的记到是一项细致的工作,要求每个工作人员具有很强的责任心。由于期刊出版情况十分复杂,遇到特殊情况时记到人员要与采访人员和编目人员进行沟通,尽量找到一些更为合理的记到方式,关于记到的具体操作过程在此不做详细说明,主要就记到工作中需要注意的问题做一些说明。

(1)记到时要按照期刊上的卷期年代在图书馆集成系统中记到,然后在期刊指定位置上标注索刊号和类号,注意尽量不要遮盖有用的信息。

(2)期刊上有两种卷期标识时,以与题名直接相关的卷期记到。

(3)增刊有自己独立的卷期标识时,要单独记到。

(4)发现有应到但未到的期刊时,要及时填写催缺单或交采访人员催缺。

(5)记到时必须认真核对期刊名称、ISSN 号、订刊号等信息,保证记到期刊与书目数据相符,特别是当期刊题名发生变化时,记到信息要准确记录到相对应的书目数据下,不要将新刊的单册信息记录在已经停止出版的书目记录下。

(6)当期刊题名、ISSN 号、订购号、频率、出版等信息发生变化时,记到人员要及时通知编目人员维护书目数据,编制新刊书目数据,并等待采访人员更新采访和预订记录后再记到。

现在大多数图书馆都已改变了原有的手工记到的传统做法,已不拘泥于原来到刊先上架、整序再记到的流程,而是以图书馆集成系统中的书目记录和采访记录为基础,直接按照到货的先后进行验收和记到。但需要说明的是,此种期刊记到方法并不适用于报纸,因为报纸具有其特殊性,如果对于每一份报纸都利用计算机里记到的话,则工作量太大,效率太低,没有必要。

因此可以采用手工记到和计算机记到相结合的方式，即：在卡片上对散报进行记到，按月或季度进行登记，或者待累积到足以装订成册的数量后，再将其信息在计算机系统中进行登记。报纸记到卡片样例如下：

	1	2	3	4	5	6	……	25	26	27	28	29	30	31
1							……							
2							……							
3							……							
4							……							
5							……							
6							……							
7							……							
8							……							
9							……							
10							……							
11							……							
12							……							

计算机记到后可在系统中显示出期刊的预计到馆时间、登记时间、送出时间等，随着登记的完成，文献的各种信息都完整记录在系统中，便于工作人员随时跟踪了解文献的加工处理状态和去向，读者也可通过 OPAC 获得馆藏信息。

第五节　催缺、补藏及停订、退订

所谓期刊缺期，是指由于各种原因造成的某种期刊的卷期缺失，这会造成馆藏的不完整、不连续。期刊缺期现象是期刊管理中普遍存在的问题，它不但会影响图书馆馆藏的完整，也会影响读者对文献的利用。因此，建立和完善期刊的催询补缺系统对于提高期刊的收藏质量和利用率具有重要的意义。

一、缺藏原因

为了使催缺工作做到有的放矢，首先需要了解期刊缺藏的原因，造成期刊缺藏的原因很多，但归纳起来有如下几个方面。

1. 出版社原因

(1)脱期出版

所谓脱期出版是指未能按照预定日期准时出版的期刊，也称延期出版。脱期出版包括两种情况：一种是逾期之后不再出版，如 *US-China Law Review*(《美中法律评论》)一刊，2009 年出版了 6 期，这 6 期的卷号为 v. 5:1—2,5—6,10,12，而 v. 5:3—4,7—9,11 这些期次并未出版，今后出版的可能性也不大。另一种情况是虽然没能按照预定日期出版，但会在之后补充出版，如

Internationale wissenschaftliche Korrespondenz zur Geschichte der deutschen Arbeiterbewegung(*IWK*)一刊,到2011年时才完成2007年的出版计划,期刊出版时间延迟了4年。延期出版的原因可能是编辑、组稿的问题,也有可能是出版社改组、并购等原因造成的。

(2)出版社并购及期刊的买入卖出

近年来全球出版业兴起了一股并购风潮,由于发生并购的出版社需要进行整顿和重组,于是就造成了期刊出版变化,如出版地和出版者变更等;还有些出版社每年都会买入或卖出一些期刊,由于信息沟通不畅,这些期刊会被误认为已经停止出版。由于采访人员往往都是在与出版社核对订单时才能得到相关信息,此时期刊通常已经出版数期,若再恢复订购,已经出版的卷期有可能已经无法补齐。

(3)特殊订购政策

一些期刊特别是日文期刊,每年出版的卷期中都会有一期甚至是数期不在正常的出版计划里,且出版时间并不固定,并需要单独付费,年度预订时所付的刊款中不包含这些卷期。以『自動車工学』一刊为例,按照频率该刊2009年应该出版12期,但实际出版14期,5月和8月出版的58卷6、10两期未包含在订户年度预订的卷期里,出版社认为他们的供货是完整的,但在图书馆看来此刊并未到齐。由于这些期次并不一定是定期出版的,代理商往往也不清楚其出版情况,只有当年该刊出版完成后才能知道该刊是否出版了增刊。对于这类情况,采访人员要特别注意,如果希望订购这部分期次,则必须与代理商做出约定,单独付费购买。

2. 代理商原因

(1)信息沟通不畅

这种情况指由于各种原因代理商未将期刊订购模式、载体变化、期刊改名、转国出版等信息及时通知图书馆采访人员而造成期刊漏订。出版社为了经营目的会推出套订、纸电捆绑等优惠政策,这种经营模式并不是一成不变的,通常执行一段时间后会做出调整,如:299B0053为*Communication in Statistics Part A—Theory & Methods*、*Communication in Statistics Part B—Simulation & Computation*和*Stochastic Models* 3种期刊的套订号,但自2008年起,该套订号不再包含*Stochastic Models*一刊,如果代理商不能将这类信息及时通知图书馆,必然会造成该刊的漏订。另外,近年来期刊载体变化频繁且经常在纯纸本订购、纸电捆绑订购及纯电子期刊订购之间转换,这些都有可能造成缺期情况出现。

(2)发货错误

由于代理商代理的期刊遍及全世界,每天到货、发货的数量巨大,如果发货人员工作稍有疏忽就可能导致发货错误。常见的错误有卷期年代错误、供货品种错误、重复发货等,如将同名的不同种期刊错发为同种期刊。

3. 图书馆原因

(1)招标时间过长

现在公开招标购买期刊已经是大多数图书馆采用的方式。招标工作从制定标书到评标、公示需要相当长的时间,而且招标结束后通常都要重新调整订购渠道或订购品种,大量的工作往往会延误订单发送的时间,订购渠道的变更也会打乱原有的订购计划,造成期刊到货的混乱,从而影响到货的完整性。

(2)记到错误

在记到工作中若工作人员责任心不强、业务不熟练,未对题名相同的不同期刊进行认真分辨,对期刊改名等情况未能认真核对,就会造成记到错误。由于误操作造成的不同卷期的张冠李戴也会导致期刊缺期。

(3)读者恶意毁坏或偷窃

目前,大多数图书馆现刊采用开架阅览方式,个别读者为了自己方便从期刊上撕下自己需要的文章,甚至采用偷窃等方式将期刊据为己有,这也是造成期刊丢失、缺期一个原因。

二、催缺

催缺和补缺是期刊采访工作中重要的组成部分。做好此项工作对于保证期刊的连续性和完整性是十分重要的。期刊的催缺主要有零星催缺和批催缺两种方式。

1. 零星催缺

(1)日常登到,随时催缺。在登到过程中,登到人员要随时关注期刊是否缺期,当发现缺失卷期的期刊时,收登人员就要对其进行催缺,填写催缺单或通知采访人员与代理公司联系。

(2)查询借阅过程中发现缺期,及时催缺。读者阅览、图书馆员做参考咨询时都可能发现期刊缺期的情况,此时也应该及时与采访人员联系催缺。

(3)装订整理过程中发现缺期,尽快催缺。期刊经过一定时间的阅览后将会下架装订,装订整理是对期刊到刊情况的最后一道检验工序。通过装订不但可以发现记到过程中的错误,还可以发现阅览期间因为丢失造成的缺期。装订人员发现缺期也要尽快与采访人员沟通,通过各种渠道补缺。

无论从哪个渠道得到的缺期信息,采访人员都应该将其认真记录在案,并将催缺情况记录下来,随时关注反馈结果。

2. 批催缺

采访人员在每年至少要进行两次批催缺:一次是在订刊前,这次催缺主要目的是了解本年度到刊情况,了解造成某些期刊到刊情况不好的原因,为第二年订刊做好准备。第二次通常是在年底,这次催缺主要是希望了解本年度订购期刊的发货情况。对那些始终未到的期刊要及时与代理公司和出版社进行沟通,了解未到刊的原因。当收到代理公司的反馈信息时,采访人员要逐一核实记录在案,定期检查催缺结果。

另外,采访人员可以利用图书馆管理系统进行催缺,这种方式要求记到数据必须规范,只有记到数据规范,系统输出的缺期数据才能准确,否则,不但不能保证工作效率,还会给采访人员增加大量的甄别工作。

采访人员在每次进行催缺时都应该列出缺期清单,交与代理公司核对,当收到代理公司反馈后,采访人员需要对反馈信息做进一步核对,核对无误后须将催缺情况整理汇总,完成催缺报告。

3. 代理商定期提供到货报告

为了保证期刊催缺的及时性,图书馆采访人员可以按照自己的需求,要求代理商定期提供到货报告,报告可以每月一份,也可每季度一次,或按照图书馆需求提供。收到到货报告后,采访人员应将其与图书馆记到信息进行比对,如果存在出入要及时查明原因,保证到货报告的准确性。

三、补缺

为了保证期刊的完整性和连续性，对于那些确实无法到刊或已经丢失的期刊，要积极想办法进行补缺。补缺方法主要有如下几种。

(1)对于出版社未发货的期刊，要督促代理商积极与出版社进行交涉，要求其尽最大能力补齐未发货期刊。

(2)在出版社无法补发期刊时，要与过刊公司进行联系，争取从他们那里补齐期刊。通常通过过刊公司购买的期刊价格都会高出原订期刊，但为了保证期刊的完整，这笔费用是必须花费的。

(3)如果确实无法补齐原版期刊，则需要与其他图书馆协调，利用复制等方式尽力将期刊补全。

(4)如果找不到所缺卷期的原刊，可在数据库中查找，采用下载其电子版的方式补齐所缺卷期。

四、停订、退订

在代理商向出版社发订的过程中，经常会出现无法订到、停刊、载体变化、期刊改名或目录信息有误等情况。遇到这种情况时，代理公司都会向图书馆发出通知，接到通知后，采访人员必须认真对待，给出明确的答复。对于那些无法订到或停止出版的期刊应及时在订刊目录或图书馆系统中进行标注，对于一些发生载体变化的期刊，如从印刷型改变为网络版或 CD 版，则要根据本馆的收藏政策来确定是否继续订购。如果不再订购，则必须及时向代理商发出停订通知。

第六节　采访与其他工序的协调

期刊采访工作是图书馆文献资源建设的重要组成部分之一，也是期刊管理的前期工作。采访工作与期刊管理的各个环节都紧密相关，因此采访必须与其他工序做好协作与配合，从而保证期刊管理工作的质量和服务水平。

一、与编目工作的协调

订购期刊后需要编制采访数据，而在图书馆集成系统中，书目数据是期刊管理系统的核心，采访数据是在 MARC 书目数据的基础上形成的。为确保采访数据的规范与准确，编目人员在编制书目数据时就必须保证订购号、ISSN 号等信息的准确性，避免由于题名选取不同而造成的检索失败的问题。

期刊的关停并转时有发生，通常采访人员会较早得知期刊变化的信息。出版社或代理商会定时将此类信息通知订户，当采访人员接到通知后要及时告知编目人员，特别是在图书馆集成系统中，书目数据与采访数据紧密相连，当期刊题名发生改变时，需要编制一条新的书目数据，此时采访人员应将采访数据挂在新的书目数据下，否则馆藏信息就会与书目数据错位，影响之后工序的正常进行。

对于期刊题名、订购号、出版等信息的改变,编目人员需要在书目数据中及时做出修改和更新。若这些信息更新不及时、不准确,就有可能对采访人员选刊、查重带来误导,有可能造成重复订购或漏订等问题。

二、与记到工作的协调

记到是对期刊采访的第一道检验,可以直接对订购情况进行检验,记到时可以获得期刊出版改变的信息,可以发现订购重复的情况。

记到人员可以及时发现缺期、重复、发货错误等问题。采访的第一次催缺工作都是由记到人员完成。由于记到人员是最早了解缺期情况的,这时补缺是最及时的,如果时间延误太久,补齐缺期会较为困难。

三、与装订工作的协调

装订是期刊订购的最后一道检验程序,在装订中可以发现期刊缺期情况,在整理的过程中若发现到刊不完整,要及时与采访人员联系,争取最后的催缺机会,采访人员则应尽力补齐期刊,从而保证期刊的完整。

装订也是发现数据错误的最后一道关口,在整理期刊的时候可以从期刊开本的大小、卷期的顺序等方面检查发货或记到中的错误,在入库之前发现的错误还有可能补救。补不到原版的期刊可以采用复制等手段来补充。

四、与参考咨询、读者服务的协调

期刊采访的目的就是为了给读者提供服务,因此使用文献较多的参考咨询和读者服务人员最了解读者的需求,他们提供的意见对于保证所订购期刊的使用率有很高的价值。采访人员在每年预订前都应该征求咨询馆员和阅览室工作人员的意见,最大限度地满足读者需求。读者的需求也是采访人员优化期刊馆藏的基础之一。

读者在使用期刊的过程中,经常会发现期刊存在的质量问题,如印刷错误、缺页、白页、错页等,当读者发现这些问题时,采访人员要及时调换,保证期刊馆藏的质量。

第四篇　电子资源采访工作

第十二章　电子资源基础知识

电子资源是继纸张型、缩微型、视听型等信息媒体之后出现的一类新的信息资源，它是高科技的产物，也是计算机化的信息存储与处理技术和传统文献出版与流通的结合物。它的出现加速了信息传递与交流，提高了信息服务机构的工作效率，具有重大的意义。

早在计算机技术发展之初，图书馆员们便意识到它对增益图书馆资源可获取性的潜在能力，因为馆员们往往是新技术的尝鲜者①。实际上，计算机技术在图书馆的应用主要取决于图书馆科学的核心价值，即阮冈纳赞的图书馆学五定律。将它应用在电子资源中，我们可以这样转述：电子资源是为了用的，每个读者有其电子资源，每种电子资源有其读者，节省读者的时间，图书馆是一个生长着的有机体。这也是驱使图书馆将电子资源纳入馆藏与服务的真正动力。

第一节　电子资源的概念

电子资源是现代信息技术的产物，是一个建立在现代信息技术基础上的概念。由于各种原因，关于电子资源的定义，目前尚未形成统一的认识，不同国家、社会组织对电子资源的内涵与外延有不同的解释。图书馆界对电子资源的定义表述也不尽相同，称谓也稍有差异，如机读资料（Computer-readable Materials）、数字化馆藏（Digital Collections）、电子信息（Electronic Information）、电子馆藏（Electronic Collections）、电子出版物（Electronic Publications）和数字资源（Digital Resources）等。

1997 年我国新闻出版总署颁布的《电子出版物管理规定》和国家标准（GB/T 17933—1999）中定义：电子出版物，是指以数字代码方式将图文声像等信息编辑加工后存储在磁、光、电介质上，通过计算机或者具有类似功能的设备读取使用，用以表达思想、普及知识和积累文化，并可复制发行的大众传播出版物。它包括只读光盘（CD-ROM、DVD-ROM 等）、一次写入光盘（CD-R、DVD-R 等）、可擦写光盘（CD-RW、DVD-RW 等）、软磁盘、硬磁盘、集成电路卡，以及新闻出版总署认定的其他媒体形态。

《国际标准书目著录（2011 年统一版）》将电子资源定义为：由被计算机控制[包括要求使用计算机附加外围设备（如只读光盘驱动器）]的资料组成的资源；该种资源可以是交互的，也可以是非交互的。它包括两种类型的资源：数据（数字、字母、图形、图像和声音或者它们的组合形式的信息）和程序（完成包括数据处理等特定任务的指令或例程）。此外，它们可以结合起

① Yu H, Breivold S. Electronic Resource Management in Libraries: Research and Practice [M]. Hershey Information Science Reference, 2008:1.

来,从而形成同时包含电子数据和程序的电子资源(如带文字、图形和程序的教育软件)①。

国际图联(IFLA)采访和资源建设组在2012年发布的《电子资源馆藏发展的重要问题:图书馆的指南》(*Key Issues for e-Resource Collection Development: A Guide for Libraries*)中将电子资源定义为:需要通过计算机(无论是个人计算机、大型主机还是手持移动设备)访问的资源;它们可以是通过互联网远程访问的资源,也可以是在本地访问的资源②。

美国国会图书馆将电子资源定义为:任何以编码的形式通过计算机提供检索的产品,其检索方式可以通过计算机网络远距离使用,或者是通过磁盘、光盘等信息载体并借助计算机或其他设备直接使用的信息资源③。

《高等学校图书馆数字资源计量指南(2007年)》对电子资源的定义为:数字资源(电子资源)是指图书馆引进(包括购买、租用和受赠)或自建(包括扫描、转换和录入)的,拥有磁、光介质或网络使用权的数字形态的文献资源④。

《图书馆数字资源统计标准和应用指南》对电子资源的定义为:数字资源(电子资源)是指经过选择、组织和加工处理,以数字格式存在的各种媒介信息。数字馆藏指图书馆馆藏中所有的数字资源,包括图书馆本地拥有的和获得一定期限使用权的数据库和数字文献⑤。

此外,我国学者在对电子资源定义时也均有自己的观点。1998年,刘兹恒在《信息媒体及其采集》中指出:电子出版物是以出版为目的,以磁带、磁盘等为载体,以机读数据形式表示其内容,体现数据库结构并辅之以计算机检索软件等信息出路手段,通过计算机加以利用的出版物⑥。

1998年,郑燕华在《网络信息资源及信息检索能力的培养》中指出:电子信息资源是以电子数据的形式将文字、图像、声音、动画等多种形式的信息存储在光、磁等非印刷纸质的载体中,并通过网络通信、计算机或终端等方式再现出来的信息资源⑦。

2010年,毕强在《数字资源建设与管理》中指出:电子资源与传统资源的最大不同在于存储介质,如不考虑电子资源在生产时所采用的技术和标准而仅就其传播途径和读取方式而言,它是指整个生命周期中不断结合计算机媒介形式的信息资源,是以数字化形式记录的、以多种媒体形式表达的、分布式存储在非纸质的光电磁等载体上的、通过网络通信和计算机终端的方式传递并再现的信息资源的集合⑧。

---

① 顾犇.国际标准书目著录(2011年统一版)[M].北京:国家图书馆出版社,2012:223.

② Johnson S. Key Issues for e-Resource Collection Development: A Guide for Libraries[EB/OL].[2012-05-11]. http://www.ifla.org/files/acquisition-collection-development/publications/IFLA_ELECTRONIC_RESOURCE_GUIDE_FINAL_May2nd[1].pdf.

③ ibrary of Congress. Collections Policy Statements Supplementary Guidelines-Electronic Resources[EB/OL].[2012-08-24]. http://www.loc.gov/acq/devpol/electronicresources.pdf.

④ 教育部高等学校图书情报工作指导委员会.高等学校图书馆数字资源计量指南(2007年)[EB/OL].[2012-08-24]. http://www.scal.edu.cn/courseInfoView.html? courseInfoId=309.

⑤ 吕淑萍,罗云川.图书馆数字资源统计标准和应用指南[M].北京:国家图书馆出版社,2010:4-5.

⑥ 刘兹恒.信息媒体及其采集[M].北京:北京大学出版社,1998:81-82.

⑦ 郑燕华.网络信息资源及信息检索能力的培养[J].情报理论与实践,1998(1):55-58.

⑧ 毕强,陈晓美.数字资源建设与管理[M].北京:科学出版社,2010:6.

综合上述观点，本书对电子资源的定义为：电子资源，也称为机读资料或计算机文档(Computer File)，是通过电子计算机存储阅读的资料。它是以磁性、光学材料等为记录载体，以数字代码与文字图像等为信息符号，用编码与程序设计的手段，通过电子计算机实现存储与知识情报信息传播的文献资料。

第二节　电子资源的类型

随着计算机技术的发展，电子资源的品种和数量有了较大的发展，电子资源几乎涵盖了各专业领域，是知识信息的巨大集合。根据不同的分类标准可将电子资源分为不同的类型，如表12－1所示。

表12－1　电子资源分类

分类标准	电子资源的类型
传播范围	直接存取电子资源、远程访问电子资源
媒介类型	磁存储介质、光存储介质
文献加工层次	一次文献、二次文献、三次文献
内容表现形式	全文数据库、文摘/索引数据库、数值/事实数据库多媒体数据库、工具型数据库、复合型数据库

一、按传播范围分类

电子资源的类型是随着信息技术的不断发展而日益丰富的。根据电子资源的定义，首先应该从传播范围的角度上来划分电子资源，即分为直接存取电子资源和远程访问电子资源，或称本地单机资源(实体电子资源)和互联网资源(虚拟电子资源)。

1. 直接存取电子资源

对于图书馆来讲，直接存取电子资源主要是指在本地保存的具有物理载体的、必须通过计算机或计算机外围设备进行读取的资源，包括光盘型资源、磁盘型资源、磁带型资源、芯片型资源等。它通常包含本馆的自建资源以及从馆外引进(包括受缴、采购、交换、接受捐赠、托管等)的各种实体电子资源，其中包括各种单行本出版物的光盘版、磁盘版，例如《化学文摘》的光盘版(CA on CD)、《工程索引》(EI)的光盘版等。

2. 远程访问的电子资源

对于图书馆来讲，远程访问的电子资源主要是指非本馆保存的通过远程访问获取的电子资源，主要包括网络上的免费资源以及通过受缴、采购、交换、接受捐赠、托管等各种途径获取的远程访问的数据库、单行电子期刊、单行电子图书、单行电子报纸等。

远程访问的电子资源逐渐成为图书馆电子资源馆藏的重要组成部分。由于受到设备、运行软件、数据封装等条件的限制，目前许多大型的数据库均通过互联网远程向图书馆提供服务,例如:Science Direct 平台、Wiley-Blackwell 在线期刊、MyiLibrary 在线图书、Access World News 在线报纸、Web of Knowledge 在线引文索引工具等。

二、按信息的媒介分类

在计算机领域,媒介通常有两种含义,即电子资源的存储介质和电子资源的文件表现形式。

1. 电子资源的存储介质

电子资源的存储介质主要分为两大类,即磁存储介质和光存储介质。磁存储介质是主要利用磁技术来记录数字信息的介质。磁介质存储具有使用灵活、可读写、可检索、更新方便、便于携带等特点。例如现在使用较为广泛的磁带、磁盘、硬盘以及几近消亡的3.5英寸软盘等。

磁带是由一定规格的磁化塑料薄膜环绕圆轴特制而成。其宽度为0.5英寸或1英寸,长度为800—1000m,厚度为50μm或37μm,信息记录密度为每英寸20—30个二进制信息组,磁带道数为9道或16道。磁带的优点是:存储容量大、记录速度快、成本低廉、能长期保存、可多次使用而不破坏信息等。

磁盘是表面涂有磁化物质可转动的塑料圆盘存储器,机读文献信息记录在圆盘表面磁层上。磁盘存储信息容量大、存取快、保留时间久、装置比较固定。磁盘是一种小型轻量化载体,信息数据由排列在同心磁道上的磁化极点来表示。在一个主轴上安装若干个磁盘构成一个磁盘组,磁盘组是一种随机存取设备,可永久安装,也可拆换安装。

硬盘是电脑主要的存储媒介之一,由一个或者多个铝制或者玻璃制的碟片组成。这些碟片外覆盖有铁磁性材料。绝大多数硬盘都是固定硬盘,被永久性地密封固定在硬盘驱动器中。

光存储介质是通过光学的方法读出与写入数据的一种存储介质,以光盘为主。从记录方式上讲,光存储介质可以分为只读存储型、一次写入型和多次写入型;从存储容量上讲,主要有CD(一般容量为700MB左右)、DVD(最小存储容量达到了4.7GB)、BD(蓝光盘,存储容量可达25GB)等。

只读光盘是20世纪80年代才兴起的新产品。由于其储存内容的特点,也被称作视盘、视频光盘、光学录像盘和密纹盘等。所谓只读,是说光盘上的信息只能由专业工厂采用专门的工艺存储,用户只能读出(看到文字或听到声音,或者同时显示出图像和声音),不能自行存入信息。只读光盘的体积很小。直径只有120mm,重量只有17g,但具有很大的存储量,它的存储量可以达到650MB。使用这样的一片盘,可以刻录5亿字符,储存的信息量相当于500张缩微胶片。由于只读光盘具有存储量大、读出速度快(一般只需要0.15秒至1秒就可读出)、成本低等优点,受到国际出版界的普遍重视。

只读光盘出版物的应用主要集中于以下领域:图书馆领域,主要内容是书目数据、文献文摘;医学制药学领域,主要用于参考书目信息,为诊断和治疗服务;自然科学和工程学领域;财政和商业领域。以只读光盘为载体的工具书主要有如下几类:词典、百科全书等辞书类工具书,书刊目录与馆藏目录,专题文摘、索引,指南性工具书,如人名录、机构名录、电话簿等。光盘出版物为传统印刷型出版物到网络出版物的过渡产物。此外,电子资源的存储介质还有闪存(Flash Memory)、动态随机存取存储(DRAM)等。由于它们的造价相对较高,目前尚未被广泛应用于信息存储中,不过我们通常使用的U盘、固态硬盘等均属此列。

2. 电子资源的文件表现形式

电子资源的文件表现形式主要有文本形式、图像形式、音视频形式等类型。文本通常指以编码的形式存储在存储介质上的文字，计算机设备可以对其进行识别、组织、管理和检索等。图像通常指将通过计算机绘制或通过扫描、拍摄等手段获得的图片输入计算机的文件类型。数字音视频通常包括语音、音乐等储存在计算机里的声音和各种储存格式的动态影像。

三、按文献加工层次分类

与印刷型文献一样，根据文献的加工层次，电子资源也可以分为一次文献、二次文献、三次文献。

1. 一次文献

一次文献是人们直接以自己的生产、科研、社会活动等实践经验为依据生产出来的文献，也常被称为原始文献（或叫一级文献），其所记载的知识、信息比较新颖、具体、详尽；一次资源是所有电子信息资源中数量最大、种类最多、所包括的新鲜内容最多、使用最广、影响最大的资源。对于电子资源来讲，一次文献主要包括电子图书、电子期刊、电子报纸、专利文献、标准文献、学位论文等原始文献。

2. 二次文献

二次文献又称二级文献，是对一次文献进行加工整理后的产物，即对无序的一次文献的外部特征如题名、作者、出处等进行著录，或将其内容压缩成简介、提要或文摘，并按照一定的学科或专业加以有序化而形成的文献形式，如目录、文摘杂志（包括简介式检索刊物）等。它们都可用作文献检索工具，能比较全面、系统地反映某个学科、专业或专题在一定时空范围内的文献线索，是积累、报道和检索文献资料的有效手段。对于电子资源来讲，二次文献主要包含了书目数据库、文摘/索引数据库等。

3. 三次文献

三次文献也称三级文献，是选用大量有关的文献，经过综合、分析、研究而编写出来的文献。它通常是围绕某个专题，利用二次文献检索搜集大量相关文献，对其内容进行深度加工而成，是对现有成果加以评论、综述并预测其发展趋势的文献，属于这类文献的有综述、述评、进展、动态等。在文献调研中，可以充分利用这类文献，在短时间内了解所研究课题的研究历史、发展动态、水平等，以便能更准确地掌握课题的技术背景。对于电子资源来讲，三次文献主要包括了专题数据库、工具类数据库、复合数据库中的部分内容等。

四、按内容表现形式分类

按内容表现形式分类，电子资源首先应分为数字文献和数据库，其下再分为电子期刊、电子图书、电子报纸、专利文献、标准文献、学位论文、文摘/索引、数值/事实、多媒体、工具、软件等。数字文献通常指由图书馆购买、数字化或通过其他途径获得的，以数字形式存在的带有特定内容的信息单元；数据库则为电子资源的描述性记录或内容单元的集合，并带有统一的用户界面及检索、处理数据的软件。以数据库为例，电子资源按内容表现形式分类可如图 12－2 所示。

全文数据库
　　图书全文数据库
　　期刊全文数据库
　　报纸全文数据库
　　学位论文全文数据库
　　会议论文全文数据库
　　报告全文数据库
　　专利全文数据库
　　标准全文数据库
　　档案全文数据库
　　…
文摘/索引数据库
　　图书文摘/索引数据库
　　期刊文摘/索引数据库
　　报纸文摘/索引数据库
　　学位论文文摘/索引数据库
　　会议论文文摘/索引数据库
　　报告文摘/索引数据库
　　专利文摘/索引数据库
　　标准文摘/索引数据库
　　档案文摘/索引数据库
　　…
数值/事实数据库
　　工具书数据库
　　年鉴数据库
　　图片数据库
　　学科/专题导航数据库
　　…
多媒体数据库
　　音频数据库
　　视频数据库
　　…
工具型数据库
　　分析工具数据库
　　管理工具数据库
　　…
复合型数据库

图 12－1　按内容表现形式划分电子资源①

第三节　电子资源的特点

电子资源作为文献的一种特殊形式，具备文献概念中所包含的“对人类信息、知识的记录、储存、积累和传递”的基本功能和属性；它以数字形态存在，并通过计算机等设备和技术进行存取；这是电子资源的两个基本特性②。此外，相对印刷型资源而言，电子资源具有内容丰富、形式多样、出版更新快、查找使用方便的特点。它作为一种新型的信息资源，日益受到人们的青睐，也已成为多数图书馆馆藏发展的主体资源之一。与印刷型资源相比，其优势较为明显，主要有以下几点。

① 吕淑萍，罗云川. 图书馆数字资源统计标准和应用指南[M]. 北京：国家图书馆出版社，2010:39－40.

② 徐革. 我国大学图书馆电子资源绩效评价方法及其应用研究[D]. 成都：西南交通大学，2006.

1. 信息量大、增长及更新速度快

电子资源的信息存储量极大，一张常见的 12 cm 大小的单面 CD-ROM 光盘能存储量为700MB，单面 DVD-ROM 光盘的存储量为 4.7GB，BD 蓝光盘更可达到 25GB 的存储量；而专业存储用的磁带或磁盘则可拥有数百 GB 甚至 TB 级的容量。存储一套几十卷、1000 多万字、包含近万张图像的百科全书，一张小小的光盘就足够了。

此外，国外的电子资源生产已形成规模，并走向了产业化和商业化的道路。这使得网络数据库整体的发展呈现出两个特点：一是数据库规模大、数据量多、增长迅速；二是数据更新速度快、周期短。以电子期刊集成商平台 EBSCOhost 和 ProQuest 为例，前者的 Academic Search Complete 期刊数据库整合了 12 500 余种期刊的题录和文摘信息（其中超过 8500 种期刊收录全文信息），后者的 Research Library（原 ARL 数据库）也整合了近 6000 种期刊的题录和文摘信息（其中 4000 余种期刊收录全文信息）。电子期刊数据库的更新也通常早于相应的印刷版，每周甚至每日更新；而电子报纸、数值事实类数据库的更新速度则以小时、分、秒计算。

2. 品种齐全、内容丰富

从资源分类上来看，电子资源与印刷型文献一样，根据文献的加工层次，也可以分为一次文献、二次文献、三次文献。一次文献库不仅包括电子图书、电子期刊、电子报纸，还包括专利文献、标准文献、学位论文等数据库；二次文献库不仅包括目录、文摘数据库，还包括 SCI、SSCI、A&HCI 等引文索引数据库；三次文献库不仅包括综述、述评、进展、动态等资源，还包括专题数据库、工具类数据库、复合数据库中的部分内容，它们通常是印刷型资源无法涵盖的。

从资源内容上来看，数据库不仅包括单学科的专业数据库［如美国化学学会（ACS）全文期刊库、英国物理学会（IoP）全文期刊库等］，还包括多学科综合性的数据库（如 Science Direct 期刊全文库、SpringerLink 资源平台等）。

从资源供应与开发上来看，数据库不仅包括出版商自己开发的数据库（如剑桥大学出版社电子期刊 Cambridge Online Journals、牛津大学出版社电子期刊 Oxford Journals 等），还包括学/协会、研究机构开发的资源平台［如美国土木工程师学会（ASCE）全文期刊数据库、美国机械工程师学会（ASME）全文期刊数据库等］以及集成商整合的资源平台（如 EBSCOhost、ProQuest 等）。

3. 检索途径多、速度快、功能强、平台形式多样界面友好

电子资源及其数据库的检索功能较为强大，这使得网络数据库在信息检索的查全率、查准率以及检索的灵活性、方便性等方面比其他形式的出版物更突出、更加具有优势。这主要表现在：①除提供基本或快速检索功能以供初学者及一般用户使用外，数据库平台通常还可提供各种形式的高级检索功能以方便专业用户进行字段限定的检索，或通过布尔逻辑运算符、截词符、词根等自建检索策略进行组配检索，使得检索更为灵活、更加准确；②数据库平台除能够提供关键词、题名、著者、字顺等常见字段的检索外，还提供多种其他检索字段，例如语种、学科、全文、摘要、关键词、代码、文档类型等，每个字段都可作为检索入口，大大提高了检索效率；③除使用逻辑算符、引号、位置算符、截词符、词根符等符号进行扩检或缩检外，还可以对不同的数据库、文档、可检字段（如关键词、题名、著者、文摘、全文等）进行选择与限定；④除对单个数据库所收录资源进行检索外，电子资源提供商也在积极推出跨库检索、元搜索等新的电子信息资源服务，可以使用户在同一个界面检索到不同数据库的大量信息资源。

此外,电子资源,特别是多媒体电子资源是集文字、声音、图像、动画、图形等多种形式为一体的,读者可以直接通过视觉和听觉感受事物的存在。它克服了印刷型出版物形式单一的缺陷,并且界面友好,能给读者营造一个有利于阅读的心理环境,提高阅读兴趣和阅读效率。

4. 使用便捷、无时空限制、易实现文献资源共享

目前,电子资源通常借助互联网进行出版与发行。除极少数资源外,绝大多数均为连续作业,服务器 24 小时不停机,可通过互联网为世界各地的授权终端用户提供服务,且同一数据库能够同时供多人使用。这就为用户的检索与利用提供了极大的便利,可以克服图书馆传统服务受时空限制的缺陷。因此,长期困扰着我国图书馆的文献资源共享问题,便可以通过信息高速公路、充分利用图书馆所采购的电子资源来解决。

5. 易于保管和复制

电子资源是通过激光将文献信息刻录在光盘、磁盘等盘片上,一般不怕受潮霉变、发黄发脆和磁场等因素的干扰,可以永久性保存,但不得磨损、折断。此外,数据的存档格式多种多样,如 PDF、ASCII、TEXT、XML 和 HTML 等,可以满足不同用户的需求;图书馆的终端用户只需熟悉常见的、通用的计算机解读软件,无需参加特别的培训,即可利用电子资源的数据库平台进行检索、浏览、打印和下载所需的信息资源。但是,由于电子资源的复制非常容易,因此知识产权的保护是当今研究的一个重要课题。

第四节　电子资源采访的相关术语

图书馆电子资源采访工作中所涉及的术语较多,本节所罗列之术语并不能全部覆盖,所以仅对电子资源采访工作中经常使用的相关术语进行解释和说明。

一、数据库(Database)

《图书馆数字资源统计标准和应用指南》对作为图书馆馆藏资源的数据库的定义为:数字资源的描述性记录或者资源内容单元的集合(包括文本、图片、音频、视频、工具软件等),并带有统一的用户界面及检索、处理数据的软件[①]。

二、电子期刊(E-Journal)

《学术数字资源引进与管理》对电子期刊的定义为:以连续性方式出版并通过电子媒体发行的期刊,包括各种以电子形式(如缩微、光盘、联机数据库、网络资源等不同方式)获得的期刊[②]。就目前图书馆的馆藏特点看,电子期刊多为通过互联网出版和发行的网络电子期刊,因为较缩微、光盘等形式的电子资源相比,网络电子期刊具有更新及时、便于整合、本地硬件设施条件需求低等优势。从出版形式看,电子期刊大致可以分为两种,即印刷型期刊附属电子版和原生电子期刊。从出版模式看,电子期刊一般分为 3 种,即商业期刊(由营利性出版机构操

① 吕淑萍, 罗云川. 图书馆数字资源统计标准和应用指南[M]. 北京:国家图书馆出版社, 2010:6.

② 李爱国. 学术数字资源引进与管理[M]. 南京:东南大学出版社, 2005:44.

作)、非营利期刊(多由学术出版机构操作)、开放存取期刊(OA 期刊)。

三、电子期刊的国际标准期刊号(e-ISSN)

ISSN 即国际标准期刊号(International Standard Serial Number,简称 ISSN),是根据国际标准组织 1975 年制定的 ISO 3297 的规定,由设于法国巴黎的国际期刊资料系统中心(International Serial Data System—ISDS International Centre)赋予申请登记的每一种刊物的一个具有识别作用且通行国际间的统一编号。而 e-ISSN 则为电子期刊的国际标准期刊号。

四、电子图书(e-Book)

电子图书的称谓来自于英文中的 e-book,就是 electronic book 的缩写,这是和传统出版中在纸张上印刷出版进行传播的图书 p-book(paper book)相对应的。这一术语是在 20 世纪 70 年代晚期由美国布朗大学计算机科学系教授安德里斯・范・达姆(Andries van Dam)创造的,e-book 作为 electronic book 的缩写于 1988 年首次出现在英语中,也可写成 ebook①。电子图书是近年来图书馆界关注的重要文献类型,因为无论是在电子图书的出版市场还是在图书馆的电子图书馆藏利用方面,它都存在着一定的争议。从出版商的角度来看,电子图书的 B2B(Business to Business)销售似乎对其 B2C(Business to Consumer)销售产生着重要的影响。因此,出版商在将电子图书销售给图书馆时往往会进行各种授权的限制(例如限定使用范围、限制外借次数、新出版图书不销售、不提供数据存档等),而这些恰恰与图书馆的采购诉求产生了矛盾。因此,电子图书作为图书馆馆藏形式的一种,其发展受到了一定的制约。

五、大宗订单(Big Deal)

大宗订单,或称大宗交易,是指期刊的一种捆绑订购方式,通常指一个图书馆或图书馆联盟通过订购某一出版社的部分期刊,再支付一定的费用便可以得到该出版社的全部或大部分电子期刊(现刊)的访问权。捆绑订购的优势:①支付小部分的费用可以得到更多的资源;②节约购书经费;③在组团的初期,图书馆尤其是中小型图书馆“获利匪浅”;④达到了资源的共建共享。捆绑订购的缺陷:①不可以随便减少印刷型期刊的订购量;②购书经费失去弹性;③只能获得电子期刊的访问权,一旦停止订购纸本期刊便无法访问以前所订购的电子期刊。

六、授权许可(License Agreement)

授权许可是指在特定条件下对知识作品的利用的授权②。电子资源的授权许可合同也称许可使用协议,其实质是使用人同权利人订立的关于电子资源使用的一种法律合同,是由双方当事人的一种或一系列承诺所构成,必须以书面形式订立。许可使用合同内容包括:①许可使用的权利种类;②许可使用的地域范围、时间;③付酬标准和办法;④违约责任;⑤双方认为需要约定的其他内容等。

---

① 林穗芳. 电子编辑和电子出版物:概念、起源和早期发展(中)[J]. 出版科学, 2005(4):9-24.

② 全国文献工作标准化技术委员会. GB/T 4894—2009　信息与文献　术语[S]. 北京:中国标准出版社,2009.

七、使用权(Access Rights)

图书馆依据法律、授权许可或者其他契约和合作协议,确保其用户永久或暂时获取资源的权力①。

八、使用统计(Usage Statistics)

在电子资源越来越多的情况下,利用计算机来统计数据库的使用率,根据使用统计来订购必需的电子资源,能显著提高经费的使用效益并优化馆藏。从20世纪90年代后期开始,以欧美为代表的发达国家开始了电子资源使用统计数据标准化的尝试。其中比较有影响的标准化项目有:《网络信息资源使用统计测评指南》(*Guidelines for Statistical Measures of Usage of Web-based Information Resources*)、E-Metrics项目、E-measures项目、COUNTER实施规范等。在以上众多的标准化项目中,接受COUNTER实施规范的出版商和服务商比较多。究其原因,其他标准化项目或偏重于图书馆的利益而损害了出版商和服务商的利益,或侧重于比较成本/收益比而忽略了对电子资源的整体评价,抑或因为其易用性较差等原因在推广中遇到了很大阻力。

九、单次使用成本(Cost Per Use)

图书馆采购电子资源的总成本分摊到每次检索或下载/浏览全文的金额称为单次使用成本②。其计算公式可以表示为:

单次使用成本=采购电子资源的总成本/使用量(检索量或下载/浏览全文量)

需要特别指出的是,采购电子资源的总成本可以被定义为仅包括电子资源的采购价格,也可以被定义为电子资源的采购价格与其他维护费用之和,维护费用可以包括本地镜像及存储设备成本、网络通信设备折旧费、维护资源/设备等后续投入及人力成本等。

十、COUNTER实施规范

COUNTER(Counting Online Usage of Networked Electronic Resources)是规范网络化电子资源使用统计报告数据处理、审核和提交的国家化标准。它规范了电子资源使用统计的格式,对图书馆使用统计数据的管理具有重要意义。COUNTER起源于英国,起初称作"Project COUNTER"。从2001年至今,COUNTER实施规范经历了4次升级与改进。其中前3个版本的对象都是在线期刊和数据库(journals and databases),第4版《COUNTER电子资源使用统计实施规范》则是一个集成在线期刊、数据库、在线图书及多媒体内容等电子资源的使用统计规范③。

十一、电子资源滞后(Embargo)

电子资源的滞后是指电子资源提供商实际提供的电子资源使用日期与其相应的印刷版或

---

① 吕淑萍,罗云川.图书馆数字资源统计标准和应用指南[M].北京:国家图书馆出版社,2010:7.

② 戴龙基.文献资源发展政策研究[M].北京:北京大学出版社,2007:56.

③ 李洪.新版COUNTER的特征及未来发展[J].中国图书馆学报,2012(6):29-37.

最早的网络版的发行日期之差。这个时间差又称为滞后期(Embargo Periods,不为零)[①]。电子资源的滞后情况可用滞后比例和滞后程度来测量。

①滞后比例:供应商提供的资源中,滞后资源与资源总量的比例。

②滞后程度:连续性一次资源的滞后程度为“滞后天数 ÷ 出版周期”;电子图书的滞后程度为“滞后天数”;二次资源的滞后程度为“滞后天数 ÷ 更新周期”。

十二、长期保存(Long Term Preservation)

长期保存是以适当的、能够被独立理解的格式对信息进行长期保存的行为[②]。它应包括两层含意,一是长期存储,一是长期可获取。

十三、数字对象唯一标识符(Digital Object Identifier,简称 DOI)

数字对象唯一标识符是一套识别数字资源的机制,涵盖的对象有视频、报告或书籍等。它既有一套为资源命名的机制,也有一套将识别号解析为具体地址的协定[③]。它具有唯一性、持久性、兼容性、互操作性、动态更新等特点。DOI 的编码方案(即美国标准 ANSI/NISO Z39.84—2000)规定,一个 DOI 由前缀和后缀两部分组成,中间用“/”分割,对前缀与后缀的字符长度没有任何限制。因此,理论上 DOI 编码体系的容量是无限的。DOI 前缀由两部分组成:一个是目录代码,所有 DOI 的目录都是“10.”,即所有 DOI 代码都以“10.”开头;另一个是登记机构代码,任何希望登记 DOI 的组织或单位都可以向 IDF 申请登记机构代码。登记机构代码的分配也是非常灵活的,如一个出版商可以为其所有的信息资源只申请一个前缀,也可以为其数字图书、音像制品各申请一个前缀。DOI 后缀是一个在特定前缀下唯一的后缀,由登记机构分配并确保其唯一性。后缀可以是任何字母数字码,其编码方案完全由登记机构自行规定。后缀可以是一个机器码,或者是一个已有的规范码,如 ISBN 号或 ISSN 号。

十四、统一资源定位符(URL)

统一资源定位符(Uniform Resource Locator,简称 URL)是用于完整地描述互联网上网页和其他资源地址的一种标识方法。互联网上的每一个网页都具有一个唯一的名称标识,通常称为 URL 地址,这种地址可以是本地磁盘,也可以是局域网上的某一台计算机,更多的是互联网上的站点。简单地说,URL 就是 Web 地址,俗称“网址”。

十五、开放的统一资源定位符(Open URL)

Open URL 是一种开放的、动态的链接标准,是在传统 URL 的基础上发展起来的。与静态的 URL 相比,它克服了 URL 的诸多缺陷,是一种附带有元数据和资源地址信息的可运行的 URL,可为用户提供上下文相关(Context-sensitive)链接传递服务。

---

① 戴龙基. 文献资源发展政策研究[M]. 北京:北京大学出版社, 2007:57.

② 吕淑萍, 罗云川. 图书馆数字资源统计标准和应用指南[M]. 北京:国家图书馆出版社, 2010:7.

③ International DOI Foundation. DOI Handbook—Introduction[EB/OL]. [2012－09－12]. http://www.doi.org/doi_handbook/1_Introduction.html#1.6.1.

十六、元数据(Metadata)

元数据是定义或描述其他数据的数据(data about data)。在图书馆等信息资源收藏与管理机构中,元数据是指关于信息资源或数据的一种结构化数据,是对信息资源的结构化描述。其作用为描述信息资源或数据本身的特性和属性,规定数据化信息的组织,具有定位、发现、证明、评估和选择等功能。元数据通常可以分为描述性元数据、管理型元数据、结构性元数据和保存型元数据。

十七、对象数据(Object Data)

对象数据是指各种类型文献的数字化文件,如文本文件、图像文件、音频文件、视频文件等。

第十三章　电子资源的发展及其影响

第一节　电子资源的产生与发展

电子资源是伴随着电子计算机技术的诞生而出现的。1946 年,世界上第一台大型电子计算机在美国的问世,成为实现信息数字化的开端,也为随之而来的电子资源奠定基础。

图书馆电子资源的出现始自 20 世纪 60 年代中期的机读编目格式(MARC)。此后不久,图书馆的书目数据库也随之产生,而这比万维网(World Wide Web)的出现早了足有 30 年。20 世纪 80 年代,磁盘(diskettes)的出现令电子资源进入新的发展期,光盘数据库(CD-ROM database)成为图书馆获取软件和数据的热点,它开始装载文献的全文,检索界面也越来越简单易用。1990 年,蒂姆·伯纳斯－李(Tim Berners-Lee)创造万维网,这不仅使互联网的历史进入了新纪元,同时也促使图书馆电子资源呈现出前所未有地发展。基于网络的电子资源自此迅速地发展起来,图书馆开始提供基于网络的编目数据、书目数据库和全文数据库服务,读者的研究工作再也不用仅局限于图书馆的物理空间之内。简言之,图书馆电子资源建设的发展经历了书目与联机检索数据库、光盘数据库和基于网络的数据库 3 个阶段。

一、早期的书目与联机检索数据库

电子出版物的实践略早于图书馆机读编目格式的产生,但在很长的一段时间内并没有形成规模。20 世纪 50 年代早期,在研究者利用计算机进行信息检索试验的同时,也有人开始探索电子编辑出版,但初期的电子出版物通常局限于文献的索引和文摘。最早的二次文献数据库系统当属 1966 年由洛克希德公司(Lockheed Corporation)罗杰·萨米特(Roger K. Summit)博士领导并研制的 DIAGLOG 数据库[①]。著名的教育类书目数据库 ERIC 和生物医学书目数据库 MEDLINE 也分别在 1968 年和 1969 年获得资助,并付诸实践[②]。截至 20 世纪 70 年代末,书目数据库的数量已经多达 360 个,而包含有文摘和索引的数据库也已经有 40 个之多[③]。

如果说促成二次文献数据库产生的第一要素是计算机技术,那么促进它进一步向前迈进的原因则是“价格因素”。20 世纪 70 年代文摘索引类数据库虽已初具规模,但其检索成本却居高不下。以洛克希德公司和美国系统开发公司(SDC)两家的检索系统为例,各图书馆每次

① Dialog. Dialog Invented Online Information Services [EB/OL]. [2011－03－27]. http://www.dialog.com/about.

② BjornerS, Ardito S C. Online before the Internet: Early Pioneers Tell Their Stories[J]. Searcher,2003, 11(6):36－46.

③ Christian R W. The Electronic Library: Bibliographic Data Bases, 1978—79 [M]. White Plains: Knowledge Industry Publications, 1978:84.

在线检索的平均成本约为50美元。到70年代末,虽然有多家书目检索服务系统出现,参与了市场的竞争,但这两家公司的检索系统的单次检索成本仍然维持在25美元①。正是由于这种高昂的检索成本以及数据库之间检索协议的不同,检索行为要利用布尔逻辑经过严格周密的设计,而这在当时却不是任何人都能做到的,只有图书馆参考馆员经过培训后才能够胜任此项工作。另外,用户获取服务时,还需要向图书馆支付一定的数据库服务费用。这种检索的不便利和不菲的费用使得数据库的使用被限制在很小的范围之内,并且很多图书馆也因为经费原因无法采购这些数据库。这与数据库建立的初衷——帮助图书馆,以经济的方式为用户提供知识信息——背道而驰。"价格因素"成了图书馆电子资源进一步发展的导火索,20世纪80年代,互联网技术有了新的进展,用户可以在网上自行查找自己需要的信息,联机检索进入衰退时代,基于互联网的电子资源使用授权方式成为主流。

二、光盘数据库

光盘数据库(CD-ROM database)是伴随着联机检索的衰退而步入图书馆电子资源历史舞台的,成为联机数据库和网络数据库之间重要的过渡产品。第一种专门为图书馆定制的光盘数据库是BiblioFile,它的内容以美国国会图书馆的MARC书目数据为主,并在1985年美国图书馆协会的仲冬会议上发布。此时的光盘数据库与联机检索系统相比,已经具有相对友好的用户界面,读者不需要在专业的参考馆员的帮助下进行文献检索。最重要的是,数据库检索是否收费完全由图书馆决定,因为图书馆不用再支付昂贵的在线检索费用。另外,光盘数据库还具有轻便灵活、体积小的特点,这些都是它在图书馆界流行起来的重要因素。光盘数据库的产生使得数据库的类型也发生了很大的变化,除以往的数据、文摘索引类数据库以外,全文数据库开始迅速增加,而数值数据库、指南类数据库也崭露头角。20世纪90年代初期产生了许多著名的光盘检索系统和新兴的全文数据库,如《科学引文索引》(SCI)的光盘版、《化学文摘》的光盘版(CA on CD)、《工程索引》(EI)的光盘版、IEEE的光盘全文数据库等。

光盘数据库从20世纪80年代开始,经历了大约10年左右的兴盛期。自90年代后期开始,随着互联网的发展,特别是一次文献数据库产业(电子期刊、电子图书、数值/事实类数据库等)的壮大,光盘数据库逐渐暴露了其局限性,它无法提供大量的数据存储,不能处理大量用户的访问。因此,随着网络技术的发展,它逐步被网络数据库所取代。

三、基于互联网的数据库

国际互联网的出现与流行是电子资源发展的另一个转折点,改变了联机数据库的用户界面,用户通过互联网和浏览器界面对数据库进行检索,使数据库的检索变得容易起来。基于互联网的数据库具有分布式的特点,这表现在数据库的分布式存储、用户的分布式检索和数据的分布式处理。这一特点使基于互联网的数据库具有联机数据库和光盘数据库所缺失的优势:①数据库的存储量迅速增长;②数据内容的形式多样化,包括文本、图像、音频、视频等;③数据更新方便、迅速;④检索响应速度快。尤其是在各种各样的元搜索和联机检索引擎大量出现之

---

① Christian R W. The Electronic Library: Bibliographic Data Bases, 1978—1979 [M]. White Plains: Knowledge Industry Publications, 1978:1.

后,跨库检索成为了可能,并在各图书馆中广泛应用起来。因此,自 20 世纪 90 年代以来,基于互联网的电子资源数量有了突飞猛进的增长(表 13－1)[①]。

表 13－1　1975—2000 年间数据库增长情况

	1975 年	2000 年	增长倍数
数据库产品数	300	13 000	43.2
数据库生产商	200	4000	20.0
数据库代理商	100	3000	30.0
数据记录条数	5200 万	152.5 亿	293.3

第二节　电子资源的出版与发行

电子出版以电子资源的产生为基础,也是信息技术发展的重要应用。由于电子信息技术起源于欧美发达国家,因此电子出版业务也兴起于这些国家。国际上领先的出版商,如爱思唯尔(Elsevier)公司、约翰·威利父子(John Wiley & Sons)出版公司、期普林格(Springer)出版集团、泰勒弗朗西斯集团(Taylor & Francis Group)等大都在 20 世纪末便开始了其所属资源的数字化,通过网络化传播的方式运营,并逐步地向数字内容服务商转型。

一、国外电子出版的优势

1. 内容优势

国外电子出版产业发展的一个重要特点就是传统的大型出版机构在自有内容方面具有绝对的竞争优势,因此,它们在数字化转型中占据着核心的主体地位。国外的出版集团一般历史久、规模大且有着深厚的内容资源积累和沉淀,在某些专业的学科领域占据着垄断地位或具有明显的优势。尤其是在学术期刊方面,国外大型出版集团一般都有上百种甚至上千种的学术类期刊,例如斯普林格出版集团在 2006 年就出版了 1250 种期刊。这样,通过技术转换,这些资源可以很方便地成为数据库产品,并可以满足数字网络媒体的海量要求。而且,由于这些内容通常被较大的出版机构垄断,因此其数据库的建设与管理也比较容易,可以较快地产生商业回报。所以,在这些资源的带动下,国外出版商较为容易地解决了资源来源和更新的问题,较快地度过了产业发展的导入期。

2. 技术优势

从国外数字出版产业中的主体构成来看,占据主导地位的还是原有的传统出版强社,它们充分发挥了其内容优势,并有效地与现代信息技术相结合。因此,基于现代信息与网络技术在

① Hahn T B. Encyclopedia of Library and Information Sciences[M]. Abingdon: Taylor & Francis, 2010: 3963－3973.

数字出版中的重要地位,技术提供商以其拥有的技术优势,也必将在未来产业链中占有一席之地。国外转型成功的出版机构通常以两种途径来解决技术问题,一是委托技术提供商为其研发平台,二是直接并购技术提供商以巩固其在数字出版领域内的竞争优势。

3. 市场优势

国外出版市场竞争机制成熟,产业集中度高,因此,其市场份额基本被领先的几大出版集团瓜分。同时,其产业的资本流动也是不受限制的,出版机构之间可以通过资产重组、并购等多种手段来实现资源的整合。通过资本层面的整合,国外出版商可以快速地实现资源内容按学科领域、市场等方面的整合与集中。而且,还可以利用上述手段实现内容公司与技术公司等产业链中不同主体的整合,将它们各自的优势发挥到极致,从而实现电子出版业内的资源最优配置①。

二、电子资源提供商的类型

根据资源提供商对资源内容所具有的处理权利的不同,可以将电子资源提供商分为如下3类。

1. 出版商(publisher)

国外一些大型的出版社,大多自己负责其网上出版物的编辑、出版和销售。这种方式没有中间商的介入,使出版社可以完全控制自己的出版物,完全控制出版物的附加价值。尤其是一些历史悠久的出版社可以根据自己出版物的发展沿革制定合适的销售价格。目前,大型出版社是推动出版物数字化、网络化的主力军。此类出版社的典型代表及其主要产品如下,见表13-2。

表13-2 部分出版商及其产品或产品平台

出版商	主要产品/平台
Cambridge University Press	Cambridge Online Journals
Elsevier	Science Direct
Emerald	Emerald Journals、Emerald Ebook Series
John Wiley & Sons	Wiley Online Library
Oxford University Press	Oxford Journals、Oxford Handbooks Online
SAGE	SAGE Journals
Springer	Springer LINK
Taylor & Francis	Taylor & Francis Online

2. 代理商(agent)、中间商(intermediary)或资源集成商(aggregator)

有的出版社自己不负责发行线上资源,而是委托其代理商代为发行。这种模式一方面可以使出版社不用建立和维护自己的系统,从而节约一定的软件和硬件费用;另一方面可以使来自不同出版社的不同出版物在同一个平台出现并实现统一检索,便于用户使用。这类代理商需要与出版社签订线上资源的销售协议,代理商的系统界面上可以同时提供多家出版社的电子资源全文或文摘。目前世界上大型代理商/中间商/集成商及其提供的主要网上门户服务见

① 秦绪军. 国外出版商发展数字出版的特点及给我们的启示[J]. 科技与出版, 2007(12):11-12.

表 13－3。

表 13－3　部分代理商/中间商/集成商及其产品

代理商/中间商/集成商	主要产品名称
EBSCO	Academic Search Complete、Business Source Complete
ProQuest	ABI/INFORM、ARL
Ingram Digital	MyiLibary
World Public Library Association	World ebook Library
Cengage Learning	ECCO、Gale Virtual Reference Library
JSTOR	JSTOR
NewsBank	Access World News、EAI

3. 文摘索引服务机构(A&I)

随着网络技术的发展和科研工作的需求,大量的数据库开发商和二次文献提供机构纷纷通过购买版权生产自己的品牌产品。这些产品大多是通过技术加工而生成的二次文献数据库,其中的期刊数据库多为一定数量的期刊原文数字版或是二次文献的集合体,并且其载体形式和传输方式多种多样,一般包括印刷版、缩微平片、软磁盘、只读光盘和网络版。数据的收录方式也多种多样,包括文摘、索引、题录、全文、图像等。这些机构大多数本身没有印刷型出版物,主要与出版商合作推出全文的网上链接服务,只要订户订购了印刷版和相应的电子版,就能通过他们特定的平台检索到网络版出版物,也可以通过特定的链接进入原文库,查找到所需的原文。最典型的文摘索引服务机构及其主要产品见表 13－4。

表 13－4　部分文摘索引服务机构及其产品

机构名称	主要产品
American Chemical Society	Chemical Abstracts
Elsevier	Scopus、Ei village
OCLC	WorldCat
ProQuest	Cambridge Scientific Abstracts、ProQuest Dissertations & Theses:A & I
Thomson Reuters	Web of Knowledge(包括 SCI、SSCI、A&HCI、CPCI-S、CPCI-SSH 等)
U. S. National Library of Medicine/National Center for Biotechnology Information	PubMed/MEDLINE

三、外文电子资源出版与发行现状

欧美出版机构凭借富有前瞻性的眼光和商业头脑,把电子出版提升到生存和发展的战略高度来看待,持续关注电子出版的现状与趋势、观念与技术、战略布局和运营格局、盈利模式及其竞争优势等。它们不仅早已完成了文本的数字化,建立了电子资源的仓储,还把已经出版的图书和期刊等转换成标准格式放到网络平台上,并建立了各种类型的大型数据库和在线编辑平台、在线教育平台以及各种数字产品和工具等。据圣智学习出版集团(Cengage Learning)出版的《盖尔数据库指南》(*Gale Directory of Databases*)第35版统计,目前全球共有在线数据库产品11 000种,CD-R光盘、软磁盘、磁带、手持设备、批处理式数据库(CD-ROM,diskette,magnet tape,handheld and batch access database products)已超过了5000种。其中,美国80%以上的出版企业都开展了电子书业务,开发出了具有特色及成长性的电子资源产品。例如,汤姆森与路透合并后[称"汤森路透"(Thomson Reuters)],在法律、金融和科技医疗信息服务方面建立稳固的地位。从汤姆森分离出来的圣智学习出版公司,作为全球领先的电子数据和教育出版商,也通过推进各种类型的大型数据库和在线平台,开发了多种类型的数字产品。而这仅仅是国外电子出版的冰山一角。

此外,目前也陆续有境外出版商加紧步伐或计划从中国内地出版商手中获得电子资源的版权,比如德国康乃馨出版集团(Cornelsen Verlagskontor,简称CVK)正与江苏教育出版社、上海外语教育出版社合作德语教材,荷兰威科集团(Wolters Kluwer)与商务印书馆、中国财政经济出版社、人民卫生出版社达成相关合作协议,培生出版集团则与高等教育出版社、人民教育出版社、外语教学与研究出版社、机械工业出版社、清华大学出版社、北京大学出版社、中国人民大学出版社展开了合作,新加坡帝国学院出版社(Imperial College Press)、日本讲谈社(Kodansha Ltd.)等也有计划跟中国内地出版商展开数字版权合作。

第三节　电子资源对图书馆馆藏的影响

电子资源的快速发展给图书馆的馆藏发展和管理带来的冲击是多元化的,其影响主要包括以下几个方面。

1. 馆藏范围与观念的改变

传统图书馆将经编目、登到等处理工序后收藏的实体文献视为馆藏,然而在网络环境下,图书馆不仅可提供本馆拥有的资源,也可提供通过互联网获取的馆外资源。网络资源虽然不属于本馆自身拥有的资源,但由于其能够通过互联网检索并提供读者使用,这些资源也就成为馆藏的一部分,它们扩大了图书馆馆藏资源的范围概念。通过互联网的链接,图书馆可以使用他馆开放的免费资源,馆与馆之间的距离缩小了、分界线也变得越来越模糊,馆藏不再局限于馆内有限的物理空间之内。当然,馆藏资源也不仅仅是通过采购引进的商业性电子资源,互联网中的免费资源,如电子图书、电子期刊、数据库及其他各类网络资源,均成为图书馆的馆藏对象。这使得图书馆馆藏的内涵发生很大的变化,除了本馆实体拥有的印刷型资源和电子实体资源外,图书馆从网络环境中引进的各种电子资源均被纳入了馆藏范围。

2. 馆藏发展政策的调整

馆藏发展政策(Collection Development Policy),我国也称为藏书发展政策,美国图书馆协会(ALA)将其定义为:"明确图书馆现有的藏书范围与性质,进一步发展图书馆藏书资源计划,须精心设计各学科领域中的藏书深度和广度,明确阐述有关的选书原则、选书标准和知识自由的规定性文件。馆藏发展政策是图书馆进行馆藏发展规划、合理安排书刊采购经费的根本依据,其主要目的是为了建设合适的馆藏，以期符合读者的需求。”[①]随着计算机技术和互联网技术的快速发展，电子资源也越来越多，各图书馆的数字馆藏均成倍地增加，电子资源已经成为各图书馆馆藏的重要组成部分。国外许多图书馆为加强电子资源的建设，开展了大量的相关研究和实践，并制定出相应的电子馆藏发展政策。例如，美国国会图书馆在馆藏发展政策中增列了电子资源发展政策部分，指出电子资源馆藏建设的方式、明确电子资源的服务对象和馆藏重点、确定电子资源的采访原则等[②]；大英图书馆虽然没有制定单独的电子资源馆藏发展政策，但在原有的馆藏发展政策各部分中增加了电子资源的内容，包括馆藏目标、法定缴送、采访原则、捐赠、永久保存等政策[③]。

总的来看，电子资源的馆藏发展与传统资源的馆藏发展并没有本质上的区别，但电子资源有其特有的性质（如载体的不同、阅读方式的不同、存储的环境和地理位置的不同等）。因此，图书馆须重新审视馆藏发展目标，制定相应的电子资源馆藏发展政策或条款。例如，美国加利福尼亚大学图书馆馆藏委员会（University of California Libraries Collection Development Committee）制定的《电子资源许可与采访原则》（*Principles for Acquiring and Licensing Information in Digital Formats*）文件，主要从5个方面论述电子资源的馆藏发展原则，对于各图书馆制定电子资源发展政策有较大的借鉴意义，摘录内容如下：①电子资源馆藏发展原则仍需保证馆藏质量和相关的收藏标准；②电子资源馆藏如有印刷版，它应该至少具备与印刷版相同的完整性，并具备收藏、使用和管理的条件；③电子资源的馆藏发展应注意各学科领域、用户需求以及指导性和研究性工具上的平衡；④电子资源的采选权力必须由图书馆掌握，此权力包括资料内容和格式的选择权；⑤电子馆藏必须由足够的使用者来评价其有用性和成本效益[④]。

3. 馆藏建设与管理的压力

第一，馆藏建设经费分配的问题。传统图书馆的购书经费预算通常是图书和期刊经费比例的协调问题，而随着馆藏载体形态的多样化发展，电子资源在馆藏中所占的比例越来越重。面对这种馆藏格局的变化，图书馆的采购经费分配必须考虑图书馆购书经费总量、图书馆电子资源的需求程度、目前以及未来的文献出版载体的走向、图书馆的馆藏空间等各方面因素，制定电子资源馆藏经费的分配比例。

第二，电子资源与印刷型资源协调的问题。目前，图书馆已经积累的印刷型资源在图书馆馆藏中仍占有相当大的比例，但全球数字化进程加快，电子资源逐渐与印刷型资源并重，并有取代印刷型资源的趋势。据美国研究图书馆协会（ARL）对其100余所成员馆的统计，在2002—2009年间电子资源经费占图书馆总购置经费的比例逐年增加，2008—2009间年度电子

① White G W, Crawford G A. Developing an Electronic Information Resources Collection Development Policy[J]. Collection Building, 1997, 16(2): 53－57.

② Library of Congress. Electronic Resources, Selection Guidelines, December, 2004[EB/OL]. [2011－08－28]. http://www.loc.gov/acq/devpol/electronicselectionguidelines.html.

③ The British Library. The British Library—Collection Development Policy[EB/OL]. [2011－08－28]. http://www.bl.uk/aboutus/stratpolprog/coldevpol/index.html.

④ University of California Libraries Collection Development Committee. Principles for Acquiring and Licensing Information in Digital Formats[EB/OL]. [2011－08－28]. http://libraries.universityofcalifornia.edu/cdc/principlesforacquiring.html.

资源经费占到了图书馆总购置经费的56%（见图13－1）[①]。在图书馆电子资源快速增长的同时，我们也发现电子资源相对于印刷型资源还存在着不稳定性、数据库内容重复、不易长期保存等问题。因此，电子资源与印刷型资源的协调发展便成为图书馆馆藏发展亟待解决的重要问题。

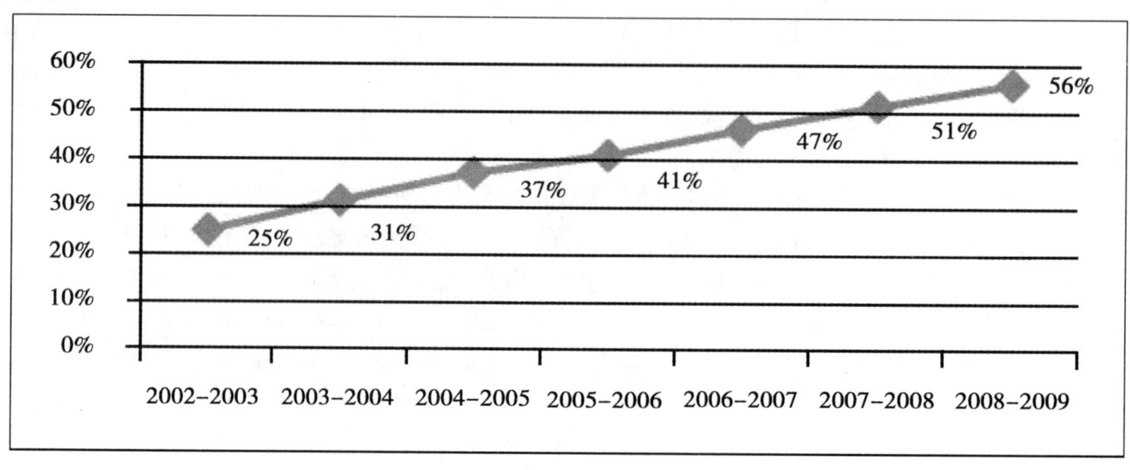

图13－1　ARL成员馆电子资源经费占总购置经费的比例

第三，电子资源的维持、维护与保存的问题。图书馆馆藏的建设是一个持续的过程，传统的实体文献资源被图书馆采购进来后，经过编目、登到等流程后便成了图书馆的永久馆藏并提供读者使用；但图书馆电子资源的建设与传统资源不同，它通常是一个长期的、持续的过程。电子资源引进的授权模式通常分为年度访问（租赁型）和永久买断两种。采用年度访问方式引进的电子资源需要有连续的资金投入，并且一旦停止续订，该资源将再无法访问；采用永久买断方式引进的电子资源虽然没有每年大量的资金投入，但是多数数据库提供商会收取一定的资源平台访问费。另外，各类电子资源数量和类型的急剧增加，导致图书馆的电子资源馆藏建设面临着新的挑战，如何利用有限的经费最大限度地采购图书馆用户所需的电子资源成为图书馆不得不面对的课题。同时，不同类型、不同载体的资源所采取的检索系统和用户界面存在着很大差异，用户检索和文献获取的需求也越来也高，导致图书馆对电子资源的组织和揭示的难度相对较大。另外，随着电子资源成为图书馆馆藏的重要部分，关于馆藏资源的“拥有”（ownership）和“存取”（access）便引发了图书馆界的争论。而在实际工作中，电子出版物，特别是网络型电子出版物在其生成、复制、流通方面具有特殊性，使得电子资源比印刷型资源更加难以管理、保存和积累[②]，因此电子资源馆藏的维持、维护与保存也成了图书馆馆藏管理中需要研究的重要课题。

① Kyrillidou M, Morris S. ARL Statistics 2008—2009[EB/OL].[2011－08－29]. http://www.arl.org/bm~doc/arlstat09.pdf.

② 肖希明.藏书发展模式的选择：拥有还是存取[J].图书馆论坛，2002(1):56－59.

第四节　主流电子出版物

由于电子期刊、电子图书、电子报纸等均为图书馆所熟知和收藏，下面就内容表现形式对部分电子资源类型（电子期刊、电子图书、电子报纸）做如下简述。

一、电子期刊

期刊作为信息的载体是图书馆馆藏中最重要的文献类型之一，可以说它是图书馆馆藏的物质基础。期刊具有内容新颖、涉及领域广、学术成果报道迅速及时、出版数量大等特点。因此，它一向被学者们推崇为学术信息源之首。期刊载体形态经过若干年的发展，已不再限于单一的印刷型期刊，电子期刊、数据库及原生网络期刊逐渐形成规模。与印刷型期刊相比，它们具有传播速度快、检索平台功能强、存取灵活、交流方便等优势，因此与印刷型期刊一并成为图书馆重要的文献资源，并有逐渐取代印刷型期刊的趋势。目前，出版界开始流行“按需出版”（Print on Demand），即出版商多出售电子版期刊或网络期刊，只有在客户需求的时候才印刷纸质期刊。它将期刊的出版发行从印刷型为主转向了电子版，同时，电子期刊也经历了从CD-ROM到DVD，再到互联网的过程，服务模式也从单机、联机发展到万维网的模式。

目前，电子期刊根据其出版形式大致可以分为两种，即印刷型期刊附属的电子版和原生电子期刊。而汇总目前的出版模式，一般有3种，即商业期刊（由营利性出版机构操作）、非营利期刊（多由学术出版机构操作）、开放存取期刊（OA期刊）。商业期刊和非营利期刊的出版由来已久，而新诞生的开放存取期刊近年来逐渐地受到了全球出版界、学术界以及图书馆界的广泛关注，同时也成为学术交流和科学研究领域的一大热点。它的出现也曾引发过一场新旧出版模式的斗争①。

受这些变化的影响，期刊采购模式也已不再限于纸质期刊的购买，它不仅要面对纸质期刊出版市场的变化，而且还要面对电子资源出版市场的发展，这也引发了图书馆和出版商之间马拉松式的博弈。在这场博弈中，商业出版商充分体现出了他们“内容为王”的优势，于是期刊采购模式便有了“纯纸质→纸质＋免费网络版→纸质＋附加一定费用的网络版→按回溯卷期定价的纯网络版→分级定价的网络版和针对各个订阅户定价的网络版”的演变。

针对电子期刊相对印刷型期刊的优缺点，图书馆界不乏电子期刊评价与使用调查的相关实证研究文献，被调查者多半支持电子期刊的使用，但并不支持停订已提供电子版的纸质期刊，理工学院科研人员比人文学院科研人员更加支持电子期刊的发展。

电子期刊虽然有许多优点，但相对高校和科研机构图书馆而言，国家图书馆和公共图书馆由于读者类型的不同、服务方式的差异，在电子期刊的使用上还存在着使用率相对较低、使用

① Suber P. What is Open Access? An Overview［EB/OL］.［2011－06－30］. http://www.sspnet.org/documents/130_Suber.pdf.

成本高等问题[①]。即使在高校图书馆对电子期刊的需求和使用量相对较高的情况下，由于各种电子期刊数据库内容存在重复性，收录期刊品种存在不稳定性，大型学术期刊出版商存在垄断行为和电子资源不易长期保存等因素，图书馆在电子期刊采访工作中要遵守目标性、互补性、满足需求、重点保障和成本效益等基本原则，协调其与印刷型期刊的关系[②]。

台湾大学医学图书馆针对电子期刊使用的一项调查发现，虽然医学研究人员使用电子期刊比率高于纸质期刊，但他们使用的电子期刊只是集中在其中20%的期刊上[③]，这也充分体现了出版商对电子期刊捆绑销售造成图书馆期刊采选处于被动状态的问题。

因此，目前国内外电子期刊用户多数是将电子期刊视为较容易取得的纸质期刊影印本的替代品，尚无法完全以电子期刊取代纸质期刊，目前两者是并行发展、互补不足。

二、电子图书

电子图书的概念是在20世纪60年代初第一批电子期刊出版之后被提出的，并在美国产生了对电子图书编辑出版的实践，但当时并没有关于电子图书统一规范的用语产生。电子图书的名称electronic book出现于20世纪70年代晚期，由美国布朗大学计算机科学系教授安德里斯·范·达姆创造，e-book作为electronic book的缩写于1988年首次出现在英语中，也可写成ebook。

根据文献的来源、特点和性质，我们可以把电子图书分为：商业性电子书，如Netlibrary、Myilibrary等；开放存取类电子图书，如古腾堡计划(Project Gutenberg)；互联网读书网站上的电子图书，如东京电子书店(Papyless)；图书馆等公益机构制作的电子图书，如中美百万册书数字图书馆合作计划(CADAL)。根据载体、传播形式以及电子图书的发展历程，电子图书可以分为：光盘电子图书、网络电子图书和便携式电子图书。

电子图书发展至今已经有近50年的历史。1971年，在迈克尔·哈特(Michael Hart)的主持下，古腾堡计划成为全球第一个系统的电子图书项目。但在接下来的30年间，由于存取、保存、数字版权的保护、定价模式、阅读和支付手段等问题的困扰，电子图书产业并没有进入快速发展期。进入21世纪之后，随着计算机和互联网技术的飞速发展，电子图书被看作是继数据库、电子期刊之后电子出版的又一个热点，也已经开始挑战传统图书的出版和发行，并逐渐地改变读者的阅读习惯，给人类社会的文化、生活和图书馆馆藏建设带来了极大的变革。

国外电子书市场真正进入快速发展期，是在20世纪90年代末。基于PC的网络型电子图书数据库自此得到了空前的发展，国外一些大型的出版机构均开始涉足这一领域。欧美国家，因市场庞大且拥有大型的出版社和系统商，在电子图书出版及数据库建设方面成为重要的区域。另外，近几年日本、韩国的电子图书市场也悄然发展起来，积极投入电子图书出版和数据库建设的机构主要包括图书馆、出版社、系统技术厂商、网上书店、搜索引擎公司等。

---

① 陈力．纸本期刊与电子期刊：国家图书馆与公共图书馆的两难选择[J]．中国图书馆学报，2003(6)：9－13.

② 李咏梅，袁学良．论电子资源与纸本资源的协调发展[J]．中国图书馆学报，2009(4)：51－57.

③ 林愉珊，张慧铢．期刊使用率调查暨电子期刊馆藏发展之探讨：以台大医图为例[J]．大学图书馆，2001，5(1)：84－85.

三、电子报纸

所谓电子报纸(electronic newspaper),广义上是指任何利用电子技术传输的以文字为主的新闻报道,而狭义上是指通过计算机传输的连续的报纸内容。美国国会图书馆《连续出版物载体转换编目手册》2002 年版对电子报纸的定义是:"一种电子报纸必须同时符合报纸和远程存取的电子连续出版物的特征,它是一种登载专业性或一般性时事新闻、以机读形式发行、通过与电子计算机连接的输入输出装置存取的连续出版物。电子报纸目前最经常通过互联网存取。"①所以,图书馆所收藏和定义的电子报纸首先应该具有新闻报道的媒体特征,同时还要具备连续出版物的特征和通过计算机与相关设备读取的数字信息特征,三者缺一不可。

近些年来,网络的发展令报纸行业的竞争越来越激烈。国内外各报社为提高自身的信息竞争能力,纷纷创立了自己的电子报纸,并且每一种电子报纸无论在信息内容的广泛性还是信息获取的灵活性方面都远远超过印刷版。部分出版商通过收购或授权的方式将数百种甚至上千种电子报纸搜罗到自己旗下,并配置了功能强大的检索和查询系统,建立了专门的电子报纸全文数据库产品。电子报纸的服务方式更加贴近用户的生活需求,它可以根据受众的需求设计不同主题的相关内容,使读者不但节省了反复翻阅的麻烦和过滤信息的时间,也不容易遗漏相关的信息。此外,电子报纸的制作与发行成本远低于印刷型报纸,那些限于报纸版面篇幅无法长期刊载的文章,或是较为小众的信息内容,都可以通过电子报纸的渠道发行。

但对学术性图书馆而言,电子报纸真正的价值并不在于提供眼前需求的生活资讯,反而是回溯历年累积的报纸内容,提供学术研究者针对某一主题搜寻的相关新闻性信息。目前国外的主要报纸数据库有 NewsBank 公司的 Access World News,拥有世界各地 6000 余种报纸的电子版全文;NewspaperDirect 公司的 Library PressDisplay,约有来自全球 74 个国家的 1000 种电子报纸;EBSCO 出版公司的 Newspaper Source,包含约 400 种美国和国际上的报纸。国内大型的电子报纸数据库有中国知网的《中国重要报纸全文数据库》,它收集了国内 1000 余种报纸;方正阿帕比的《中国报纸资源全文数据库》,它收录了全国各大报业集团的核心报纸 400 余种。

第五节　开放存取

20 世纪 90 年代,为了解决学术期刊危机所带来的问题,构建一个真正服务于科学研究的学术交流体系,开放存取运动(Open Access Movement)便在国际学术界、出版界和图书情报界大规模地兴起。开放存取(Open Access,简称 OA)也被译为开放获取,它作为一种基于网络的学术信息交流与共享模式,秉承"自由、开放、共享"的理念。

一、开放存取的定义

《布达佩斯开放存取计划》(*Budapest Open Access Initiative*,简称 BOAI)对开放存取是这样

① Library of Congress. CONSER Cataloging Manual (Module 33.18)—on Electronic Newspapers [EB/OL]. [2011-08-24]. http://www.loc.gov/acq/conser/mod33-18.pdf.

描述的："我们可以在公共的因特网上自由地获取，并允许任何用户阅读、复制、下载、发布、打印以及查找文献，或提供文献文本的链接、进行索引、作为素材纳入软件以及任何其他的出于合法目的的应用。除由于因特网自身所造成数据获取的障碍，以上诸类使用方式没有任何财务、法律或技术上的障碍。有关复制和文献传递的唯一约束以及版权所起的唯一作用就是须确保作者本人拥有保护其作品完整性的权利，如果引用此作品，则应该表达适当的致谢并注明出处。"①《布达佩斯开放存取计划》的定义突出了资源的免费获取性、公平性、资源本身的完整性以及尊重作者对知识产权拥有的权利。

此外，《贝塞斯达开放存取出版宣言》(*Bethesda Statement on Open Access Publishing*)也对开放存取的出版进行了描述，开放存取式出版须满足两个条件：①文献作者或著作权人授权世界范围内的所有用户，为合理目的而在任何数字媒体上免费、无条件地获取他们的文献，允许用户公开复制、利用、扩散、传递和演示，并创作和传播基于这些文献的新作品，用户可为个人使用打印出少量复本。②作品的完整版本、所有附件和上述授权声明要以适当的标准电子格式，存储在至少一个网络数据库中。这些数据库由某些研究机构、学术团体、政府部门或其他知名组织采用适当的技术标准建立和维护，旨在将其建设成为开放存取的、传播不受限制的、可互操作的、长期保存的档案②。《贝塞斯达开放存取出版宣言》的定义主要突出了由作者或著作权人授权免费使用的概念和资源的标准化问题。

二、开放存取的产生与发展过程

20 世纪 60 年代开始，与商业出版相对立的免费、联机文献的出版(如 ERIC、Medline 等)，预示着开放存取即将来临③。

1971 年，Michael Hart 发起了古腾堡计划，《美国独立宣言》是其第一本电子图书，该计划成为全球最早的数字图书馆计划。经过多年的发展，目前它已拥有超过 38 000 种图书，向全球读者提供免费服务④，可以说这是开放存取的雏形之一。

1987 年，美国雪城大学(Syracuse University)凯洛格项目(Kellogg Project)出版了较早的、免费的、联机的、同行评议学术期刊《成人教育新视野》(*New Horizons in Adult Education*)。1989 年，Charles W. Bailey，Jr. 也创建了同行评议的免费在线学术期刊《公共检索计算机系统评论》(*The Public-Access Computer Systems Review*)。它们开始接近开放存取的理念⑤。

20 世纪 90 年代，随着兼并购买等商业行为的日益频繁，学术出版尤其是重要学术期刊的出版逐步被少数大的出版商垄断，据统计，在 SCI、SSCI 和 A&HCI 三大引文索引所收录的期刊

---

① Budapest Open Access Initiative[EB/OL].[2012 - 07 - 25]. http://en.wikipedia.org/wiki/Budapest_Open_Access_Initiative.

② 东方."开放获取"：信息交流新模式[J].中国信息导报，2006(1)：48 - 50.

③ Bjorner S, Ardito S C. Online before the Internet: Early Pioneers Tell Their Stories[J]. Searcher, 2003, 11(6):36 - 46.

④ About Project Gutenberg [EB/OL].[2012 - 08 - 07]. http://www.gutenberg.org/wiki/Gutenberg:About.

⑤ Timeline of the Open Access Movement(OAD) [EB/OL].[2012 - 08 - 08]. http://oad.simmons.edu/oadwiki/Timeline_before_2000.

中,近50%的品种属于Elsevier、Wiley、Springer、Taylor & Francis和SAGE五大出版商①。出版商对利润的追求以及竞争压力的锐减,使学术交流日益商业化,学术期刊价格大幅度地提高,科研人员的研究成果最终成为出版商牟取暴利的工具。此外,从研究人员的角度来讲,大多数科研人员发表研究成果并不是希望能从中获取经济利益,而是希望能最大限度地传播研究成果。因此,在这样的基本前提下,在信息和网络技术快速发展的支持下,基于学术信息的共享理念,开放存取作为一种全新的学术交流模式便轰轰烈烈地开展起来。

1998年,自由扩散科学成果运动提出了具有开放存取意向的倡议,它要求对于科学文献减少版权条约中的限制条款,反对将作品复制权从作者转移给出版社。

2001年,美国开放学会研究所(The Open Society Institute,简称OSI)在布达佩斯提出了开放存取的理念,次年发布了《布达佩斯开放存取计划》,美国、英国、日本等发达国家以创办开放期刊等方式开始开放存取实践。

2003年,《贝塞斯达开放存取出版宣言》正式发布,旨在激发在生物医学研究团体内部开展讨论,实现如何尽快而广泛地将重要的科学文献开放存取。同年,《关于自然科学与人文科学资源的开放存取的柏林宣言》(*Berlin Declaration on Open Access to Knowledge in the Sciences and Humanities*),在柏林由德国马普学会发起,推动因特网作为媒体实现便于科学知识和人文知识的开放存取,为科研政策决策者、科研机构、资助机构、图书馆等机构提供具体的方法。

2004年,国际图联(IFLA)发布了《国际图联关于学术文献与研究文献开放存取的声明》(*IFLA Statement on Open Access to Scholarly Literature and Research Documentation*),这是图书馆界的国际组织根据《图书馆和信息服务机构及信息自由的格拉斯哥宣言》(*The Glasgow Declaration on Libraries,Information Services and Intellectual Freedom*)对人类自由获取最广泛信息的进一步推动,同时也表明了图书馆在开放存取运动上的立场。

正是在这样的大环境下,在技术、经费、政策各方面的支持下,大规模的开放存取运动在各国的学术界、出版界和图书馆界迅速地开展起来。

三、开放存取的主要实现途径

开放存取模式与传统出版模式的根本区别在于费用支付模式的不同。传统出版模式主要基于用户订阅付费形式,无论信息载体是印刷版还是电子版,均以出版物为商品有偿提供给用户使用。而开放存取模式则是用户使用完全免费的形式,就其实现途径而言分为两种,即著者自费出版的开放存取和著者或机构自建档向外界免费开放②。通过著者自费出版途径的主要是开放存取期刊,通过著者或机构自建档免费开放的主要有开放存取仓储(包括机构知识库、学科知识库)和个人网页③。

---

① Bosch S. Periodicals Price Survey 2011: Under Pressure, Times Are Changing[J]. Library Journal, 2011, 136(8):30-34.

② Read the Budapest Open Access Initiative [EB/OL]. [2012-08-06]. http://www.soros.org/openaccess/read.

③ Björk B. Open Access to Scientific Publications—An Analysis of the Barriers to Change? [J]. Information Research, 2004, 9(2):170.

1. 开放存取期刊

开放存取期刊作为开放存取的主要实现途径之一，为读者提供免费访问服务，任何用户都可以通过互联网免费阅读、下载、复制、传播、打印和检索作品，并实现对期刊全文的链接、为作品建立索引和将作品作为数据传递给相应软件，或者进行任何其他出于合法目的的使用，不受经济、法律和技术的限制。期刊开放存取出版模式使传统的出版者、服务提供者、研究人员之间的固有关系实现了分离，直接实现了研究人员与出版传播的结合，加速了科研成果出版的速度，扩大了受众面，有利于研究人员学术地位的确立。

著名学者 Sally Morris 将开放存取期刊分为 3 类：延迟开放存取期刊（Delayed Open Access Journals）、半开放存取期刊（Partial Open Access Journals）和完全开放存取期刊（Open Access Journals）①。

延迟开放存取期刊指出版一段时间（数月或一年不等）以后可以免费获取的期刊。延迟期刊实际上是将开放存取的思想引入到期刊传播过程的后期，它的经营模式仍然是传统期刊的"用户订阅"模式。延迟开放存取期刊只是在形式上对传统期刊进行了改革，并没有进行根本性的革新。

半开放存取期刊指对部分文章提供开放存取的期刊。半开放存取期刊主要是对两类内容进行开放存取：第一，是特别重要或者有报道价值的文章，这类内容开放存取的目的是吸引更多的读者；第二，是作者支付出版费用的文章。与延迟开放存取期刊相比，半开放存取期刊在出版阶段就引入了开放存取思想。但由于它们只是对部分内容进行开放存取，并没有完全摆脱传统期刊的经营模式，是一种期刊、两种经营模式的期刊类型。

完全开放存取期刊指不将读者付费作为其商业模式的期刊。完全开放存取期刊的资金来源主要有：专门的投资机构进行投资；期刊所属机构隐性投资，这种模式是通过所在机构支付员工工资或提供基础设施等方式实现；作者付费方式，期刊通过向作者收费来弥补出版费用，这些费用一般都包含在作者的研究经费中或者由作者所在机构支付；期刊的广告收入等。DOAJ（Directory of Open Access Journals）中收录的多数就是完全开放存取期刊，截至 2012 年 8 月 6 日，该平台共整合 8005 种期刊。此外，BioMed Central 与 Public Library of Science 出版或收集的期刊也均属于完全开放存取期刊。

2. 开放存取仓储

开放存取仓储主要有两种类型，即机构知识库和学科知识库。

机构知识库（Institutional Repository，简称 IR）是基于网络的学术机构的学术和科研成果的数字整合平台，其平台由各机构提供，机构成员将个人或机构的研究成果提交到机构知识库中，使资源在一定范围内传播利用，并负责长期保存。2002 年 11 月美国麻省理工学院和惠普公司共同开发了第一个机构知识库 DSpace，它拉开了全球大规模建设机构库的序幕。自此，机构知识库便如雨后春笋般蓬勃发展起来。

学科知识库是按照学科或者主题领域进行组织的知识库，它一般收录预印刷型和后印刷型两种类型的内容。早期的知识库就是基于某个学科领域的学科知识库。由于各种原因，知

① Morris S. Open Access: How Are Publishers Reacting? [J]. Serials Review, 2004(4):304 - 307.

识库建立之初主要局限于自然学科领域，如物理、天文学、数学等。随着互联网的发展，社会科学和人文科学领域的学术组织为了将研究成果及时地公布共享，也纷纷建立本学科的知识库。较为著名的学科知识库有 arXiv、Cogprints、DLIST、ELIS、NASA Astrophysics Data System 和 RePEc 等。

据开放存取仓储登记机构 ROAR（Registry of Open Access Repositories）统计，截至2012 年8月全球已登记的开放存取仓储库有 2386 个，分别分布在 6 大洲的 99 个国家和地区，其中欧美国家的发展最为突出，例如美国 408 个、英国 220 个①。

3. 个人网页

从目前的情况来看，国内外不少高等院校和研究机构的相关教育科研人员往往乐于建立自己的个人网页。这些网站充分体现了站点主人的个性化特点，他们可以公布自己的研究成果，也可以公布自己目前的研究状况，访问者可以自由对其内容进行复制、下载、利用，也可以方便地进行在线交流。

随着计算机技术和网络技术的发展，建立个人网页的方式也变得多种多样而且方便快捷。早期建立个人网页的方式一般是用户通过软件设立自己的网页，然后在网络上申请域名对外发布。现在网络技术的发展为用户提供了建立自己网站的空间，如目前网络上非常流行的博客。从学术信息交流的角度来看，这些网站的内容一般容易被同行业的人获取，因此个人网页自然成为了一种重要的学术信息免费获取渠道，因此也成为了一种非常有潜质的开放存取实现途径。目前，个人网页的形式主要有个人网站和博客。

四、开放存取重要项目简介

1. DOAJ

DOAJ 是由瑞典的隆德（Lund）大学图书馆整理建立的一个开放存取期刊目录平台，收录的均为学术性、研究性期刊。其文章都是经过同行评议或严格评审的，与期刊发行同步且都提供免费的全文下载，是做学术研究的好帮手。截至 2012 年 8 月 6 日，该平台共整合有 8005 种期刊，网址：http://www.doaj.org。

2. Open J-Gate

Open J-Gate 也是 OA 期刊整合的资源平台，由 Informatics（India）Ltd 公司于 2006 年创建并开始提供服务，提供 OA 期刊的检索和全文链接。截至 2011 年 7 月 12 日，该平台共收录 OA 期刊 8949 种，网址：http://www.openj-gate.com。

3. BioMed Central

BioMed Central（简称 BMC）是生物医学领域的一家独立的新型出版社，以出版网络版期刊为主，目前出版 120 种生物学和医学领域的期刊，少量期刊同时出版印刷版。BMC 出版社基于“开放地获取研究成果可以使科学进程更加快捷有效”的理念，坚持在其网站免费为读者提供信息服务，其出版的网络版期刊可供世界各国的读者免费检索、阅读和下载，网址：http://www.biomedcentral.com。

---

① ROAR. Repository Browse by Country[EB/OL].[2012-08-09]. http://roar.eprints.org/view/geoname.

4. OpenDOAR

OpenDOAR 是由英国的诺丁汉大学和瑞典的隆德(Lund)大学图书馆于 2005 年 2 月共同创建的开放存取仓储检索系统,提供全球高品质开放存取信息资源库清单。用户可以通过机构名称、国别、学科主题、资料类型等途径检索这些仓储,它和 ROAR、DOAJ 一道构成当前网络开放存取学术信息资源(期刊论文、会议论文、学位论文、技术报告、专利、学习对象、多媒体、数据集、研究手稿、预印本等)检索的主要平台,网址:http://www. opendoar. org。

5. PubMed Central

PubMed Central(简称 PMC)是由美国国家生物技术信息中心(National Center for Biotechnology Information,简称 NCBI)于 2000 年 2 月建立的生命科学期刊文献数据库,保存生命科学领域的期刊上的主要研究论文的全文,免费供公众使用。PMC 的所有全文在 NCBI 的 PubMed 平台中都有相应的篇名和摘要。在利用 PubMed 检索时,检索结果中会提供在网上可免费获得全文的文献记录的相应链接,其中包括在 PMC 免费获取全文的链接,网址:http://www. pubmedcentral. com。

6. Public Library of Science

PLoS 为美国科学公共图书馆(Public Library of Science)的简称,该机构创立于 2000 年 10 月,是一家由众多诺贝尔奖得主和慈善机构支持的非营利性学术组织,是为科技人员和医学人员服务并致力于使全球范围内的科技和医学领域文献成为可以免费获取的公共资源,网址:http://www. plos. org。

7. ROAR

ROAR 是一个开放存取仓储登记网站,由英国南安普敦大学的 Tim Brody 编制维护,目前已收录各种类型的开放存取仓储近 2000 个,是获取开放存取仓储资源的重要网站,用户可通过国家、内容类型、所使用软件的类型来浏览所需要的开放存取仓储资源,该网站还提供快速检索功能,方便用户检索,网址:http://roar. eprints. org。

8. J-STAGE

J-STAGE(日本科学技术信息集成系统)由日本科学技术振兴机构(Japan Science and Technology Agency,简称 JST)开发,收录了日本各科技学会出版的文献(以英文为主),包括 255 种电子期刊、多种会议录以及研究报告等。收录的文献以学术研究类为主,涉及科学技术的各个领域。该系统所有文献的题录和文摘均免费开放。199 种期刊和大部分会议录和研究报告的全文可供读者免费浏览,网址:https://www. jstage. jst. go. jp。

9. Project Gutenberg

Project Gutenberg(古腾堡计划),是一个基于互联网的以自由的和电子化的形式,向读者提供大量因版权过期而进入公有领域书籍的一项协作计划,最初是在 1971 年 7 月由 Michael Hart 发起的。它是世界上第一个数字图书馆,所有书籍的输入及文本化都是由志愿者来完成的,网址:http://www. gutenberg. org。

第十四章　外文电子资源采购

第一节　电子资源的馆藏发展政策

信息资源建设是图书馆核心能力的基础，古今中外的图书馆都把馆藏发展政策作为指导资源建设的依据。《ALA 图书馆学与情报学词汇》(*ALA Glossary of Library and Information Science*)一书认为：馆藏发展是指包含决定及协调选书政策、评估读者及潜在的读者需求、馆藏使用调查、馆藏评价、确认馆藏需求、选择资料、信息共享的规划、馆藏维护以及馆藏淘汰等有关馆藏的活动。馆藏发展政策是管理图书馆经费预算，馆藏资源的选择、采购、保存及各种馆藏资源利用的依据。

电子资源馆藏发展政策(Electronic Collection Development Policy)，又被称为数字馆藏发展政策或电子馆藏发展政策，主要是指图书馆对于电子资源的评价、选择、采购、使用、维护、保存等方面的一系列原则、标准和规定。它是图书馆电子资源馆藏建设和发展的指导性文件。建立电子资源馆藏发展政策有助于图书馆以科学的、合理的方式和方法建立电子资源馆藏体系，平衡图书馆各类型馆藏的发展，满足用户现实和潜在的信息需求。电子资源馆藏发展政策是一个综合的概念和体系，与传统馆藏发展政策相比，它也是一项较新的政策，其内容主要包括电子资源的采访原则与方式、经费分配政策、馆藏发展目标与规划、馆藏管理政策、馆藏开发与利用政策、馆藏保护政策、剔除政策等[①]。

随着电子资源的不断发展，电子资源的馆藏发展政策已经成为图书馆馆藏发展政策的重要部分。电子资源馆藏发展政策应包含：馆藏发展纲要、馆藏采访政策、经费分配政策、馆藏管理政策、馆藏保存政策、评价政策、合作馆藏与共建共享政策[②]。

电子资源馆藏采访政策。一般包括馆藏选择政策和资源获取许可协议两个方面。资源选择方面一般应考虑：内容价值、成本效益、易获取性、应用技术标准及设备要求、保存权限及格式兼容等。电子资源的获取和许可协议的签署则需注意：存取权利期限、存取权利形式(如复制、下载、打印等)、知识产权归属、权利限制、侵权责任及免责条款等。

电子资源馆藏管理政策。一般应包括：馆藏剔除(如删除链接、取消订购等)、馆藏保护(包括永久保存问题及副本的处理等)和馆藏评价，同时需要说明图书馆在此活动中的作用与职责，与相关单位合作过程中的相互权责关系，以及政策本身的目的、适用范围、意义及其修订维护等。

合作馆藏和共建共享政策。政策文件应说明：本馆正参与或准备参与的馆藏共建共享计划，计划的性质、任务、内容及分工情况，本馆在馆际协作中应当承担的责任和可以享受的权

① 齐东峰. 国家图书馆电子资源建设问题分析与对策研究[D]. 北京：北京师范大学，2011.

② 索传军，袁静. 论数字馆藏发展政策的框架与内容[J]. 中国图书馆学报，2007(2)：65-69.

利，本馆保障合作任务完成的途径，以及资源共享的方式、方法等。

一、中国国家图书馆的电子资源馆藏发展政策

中国国家图书馆馆藏发展政策的主要依据是《国家图书馆文献采选条例》。1984 年年底至 1985 年年初，北京图书馆制定了《北京图书馆书刊资料采访条例》，较全面地概括了采选文献的内容，对图书馆文献采选工作起到了积极的指导作用。1996 年，由于新型载体的文献大量涌现，当时北京图书馆的库容已趋于饱和，如不适时调整采选方针应对电子出版物这一新的采选热点，将影响到图书馆的进一步发展，于是制定了《北京图书馆书刊文献采选条例》以下简称“96 版《条例》”。2003 年，国家图书馆服务对象的范围扩大，读者需求愈发多样化和复杂化，工作实践中积累的经验亟须总结上升为理论，加之电子资源的进一步快速发展不仅使文献载体增多，同时对传统馆藏的影响颇大，为了衡量电子资源与传统资源协调发展的问题，国家图书馆制定了《国家图书馆文献采选条例》以下简称“03 版《条例》”。

3 个版本的《条例》均对国家图书馆的馆藏结构、藏书政策做了宏观的论述，总原则均强调了“中文求全，外文求精；国内出版物求全，国外出版物求精；多品种，少复本”的馆藏发展方针。96 版《条例》首次涉及电子出版物的采选，并提出加强电子出版物催缴工作的条款，但其所提及的电子出版物仅限制在实体资源，即光盘、磁盘等存储介质的出版物。03 版《条例》修订了电子资源的采选范围和采选原则，并且将网络文献补充到馆藏电子资源发展规划之中，对电子出版物（实体）和网络文献分别给出定义和采选原则：

（1）电子出版物（实体），指以数字代码方式将图文声像等信息存储在磁、光、电介质上，通过计算机或具有类似功能的设备读取使用的文献，其载体包括软磁盘、光盘、集成电路卡等。其采选基本原则是：①国内电子出版物根据国家有关规定，全部接收呈缴本；②国外正式出版的电子出版物则参照国外印刷型文献的采选原则并结合已形成的馆藏特色适当采选；③综合考虑电子出版物的内容质量、制作质量、存取质量、潜在利用价值、设备配套等；④重点采选重要的工具书类数据库；⑤注意与印刷型文献、视听文献、缩微文献的协调互补。

（2）网络文献，指通过计算机网络发布、传递和存储的文献，也称网络信息资源，包括网络出版物和各种网络信息。采选基本原则是：①国内域名的、馆藏范围内直接在网络上出版的电子图书、电子期刊、电子报纸以及各类书目、全文数据库等全面采选；②国外域名的，重点采选国外中文网络文献和有关中国的外文网络文献，具有学术性、资料性与参考性的适当采选；③注意与印刷型文献、特藏专藏文献、视听文献、缩微文献、电子出版物的协调互补，若其他版本的相应文献缺藏则重点补藏；④关系我国政治、经济、文化、科技、教育、体育等方面的重大事件和重大国际问题，可作为重点专题采选；⑤应注重对出版内容、网站优劣、操作使用等方面进行综合考查，并注意开展对信息源和其发布、查询、利用技术等方面的系统调查研究。

二、美国国会图书馆的电子资源馆藏发展政策

1. 美国国会图书馆的职能

美国国会图书馆（Library of Congress，简称 LOC）始建于 1880 年，如今，它不仅是美国国会的图书馆，同时也是服务于美国人民的国家图书馆。《国会图书馆 2008—2013 战略规划》指出：美国国会图书馆的使命是满足美国国会和美国人民获取并使用其馆藏资源的需求，同时为

子孙后代维护和保存全人类的知识和创新成果。其主要任务可概括为以下几方面。

(1)在可持续发展的基础上向美国国会提供知识和创新服务；

(2)服务于美国国会当前和未来的信息需求，为整个民族采集、组织、保存、保护和维持一个最广泛的关于美国历史和知识创新的馆藏，最广泛地收集人类知识；

(3)使馆藏最大限度地为美国国会、政府和公众使用；

(4)通过基础馆藏的附加阐释及其教育价值来体现美国国会图书馆对于国民福祉和未来发展的重要性①。

2. 电子资源馆藏发展政策

美国国会图书馆的电子资源馆藏发展政策在其原馆藏发展政策的基础上，增加了电子资源的相应政策。

第一，馆藏概况说明。美国国会图书馆在馆藏发展政策中阐明了其对电子资源的保存、维护以及保障永久访问的职责。如果美国国会图书馆采集了同一种资源的电子版本和其他载体形式的版本，则两种版本均作为永久馆藏进行保存。对于既可以本地访问又可以远程访问的电子资源，美国国会图书馆将在实践中力求规范，在遵循有关许可授权协议以及其他法律要求的前提下，对资源进行存档。获得电子资源的存档权对美国国会图书馆来讲是至关重要的，因为这既可以满足图书馆资源的长期保存需要，又可以保证在电子资源提供商方面出现任何意外时，图书馆仍旧可以及时地为读者提供持续的服务。

美国国会图书馆对电子资源范围的界定为：图书馆所收藏的电子资源应该包括但不限于网站资源、在线数据库、电子期刊、电子图书、电子报纸、电子集成平台资源以及任何通过插入计算机设备或外挂设备读取的实体电子资源(如磁盘、光盘等)。无论电子资源采用收费还是免费方式，只要能够支援各学科主题的研究需求便均予以收藏。

第二，馆藏来源。美国国会图书馆电子资源的建设有以下几种方式：采购、接受捐赠、交换、法定呈缴、自建、互联网免费资源等。

第三，收藏的一般性原则。美国国会图书馆电子资源收藏的基本原则侧重当代人兴趣所致的内容，应代表当代主流出版的、具有独特观点的关于社会、文化以及政治问题的资料。美国国会图书馆根据以下标准对电子资源进行采选：①国会议员及研究者目前和未来的信息需求；②资源提供者的信誉和权威性；③独特的、不可替代的信息数量；④内容的学术性；⑤资源内容是否仅有电子形式；⑥是否有丢失风险(如资源可能被意外或故意删除)；⑦易逝资源或不易征集的资源(如灰色文献)。

第四，电子资源采选的特殊原则。美国国会图书馆推荐或采选电子资源之前要考虑以下几个方面：①资源内容，即是否符合图书馆所阐明的目标，是否具有明确的学术价值；②附加价值，即优先考虑能够通过互联网提供便捷的、多功能的检索服务的资源；③可获取性，即服务器的可靠性、符合著作权和公平使用原则(如适当的附加隐私说明、设计仔细的多媒体功能等)、能够提供所需的便利的资源链接；④用户界面和功能，即页面要有有效的组织、方便的浏览导航功能、辅助检索设计、帮助功能和站点地图、互动界面设计等；⑤标准，即符合主流技术的技

① 高红，等. 世界各国图书馆馆藏发展政策精要[M]. 北京：海洋出版社，2010：5－6.

术标准规范和设备;⑥永久保存,即考虑到一些具有持续学术价值的电子资源,需要资源提供商有对电子资源长久保存的措施和承诺。

对于永久保存的电子资源,美国国会图书馆有如下界定(优先保存原则):①自建的电子资源,如美国记忆、网页存档、世界门户等特色资源;②只以电子形式存在的资源;③不再收藏的印刷型文献的电子版;④同等条件下具有附加价值的电子资源;⑤图书馆数字化的资源;⑥仅本馆有馆藏的电子资源。

第五,法定呈缴。根据1976年美国版权法(The United States Copyright Act)的规定,所有在美国登记出版的作品,均须依法缴送两份最佳版本,并于出版后三个月内送交版权办公室与美国国会图书馆[①]。1976年的版权法修订版与最早的1909年版权法最大的不同是对于出版品的定义,它不限于法规中所罗列的载体形式,规定凡是在美国境内流通的知识创作作品,均为需要缴送的对象。美国版权法规定呈缴的电子资源主要有数据库(Database)、计算机程序(Computer Program)、机读数据文件(Machine-readable Copies)、光盘产品、在线作品等。

三、日本国立国会图书馆

1. 职能

日本国立国会图书馆(National Diet Library,简称NDL)隶属于日本国会,是以日本国会议员、行政司法机关以及日本国民为服务对象的图书馆。它以辅助国会议员履行职责为首要任务,同时,作为日本的国家图书馆,兼有为行政、司法机关以及国民提供服务的功能。

日本国立国会图书馆由中央图书馆(东京本馆和关西分馆)、国际儿童图书馆以及设立在各行政、司法机关内的26个分支图书馆构成。它秉承"真理使我们自由"的信念,在履行国家图书馆职责的同时,承担了辅助国会立法、帮助议员调查研究的职能。日本国立国会图书馆的组织运营受到日本国会参议院和众议院两院院长以及两院议院运营委员会的监督,年度运营经费预算需经两院议院运营委员会审批。

2. 电子资源馆藏发展政策

随着时代的发展和科学技术的进步,日本国立国会图书馆的社会功能发生了巨大的变化。1993年制定了新的《资料收集的指针》,对1971年的《国立国会图书馆图书收集的指导方针》进行了全面的修订。

第一,电子资源馆藏发展原则。1995年,《资料收集方针书》明确将电子出版物列入了图书馆收藏范围之列。日本国立国会图书馆馆藏发展的基本方针为"国内的资料,作为日本的文化遗产和信息资源,广泛地收集。国外的资料,选择性地收集"。

对于国内资料,除了出版者的捐赠或依法缴送外,用于使用和保存所必需的复本需依靠采购或其他方法收集。对于未收藏的国内资料,需要努力通过采购、接受捐赠、调拨、或其他方法收集。国外的资料,主要通过采购、国际交换、接受捐赠或其他方法选择性地收集。需特别注意收集下列各类文献资料:法令及议会资料、与日本有关的资料、参考书、科学技术及相关资料、国际机构与外国政府的有关资料。

---

① U. S. Copyright Office. Copyright Law – Chapter 4: Copyright Notice, Deposit and Registration[EB/OL].[2011-09-23]. http://www.copyright.gov/title17/92chap4.html#407.

第二,电子出版物的呈缴。1997 年,日本成立了呈缴制度调查委员会,委员由 22 位各界专家学者组成。1999 年 2 月,该调查委员会提出了题为《展望 21 世纪日本呈缴制度的理想状态:以电子出版物为主》的报告,此报告将实体电子资源纳入呈缴范围。2002 年,日本网络电子出版物分委会向呈缴制度审议会提交了《关于网络电子出版物收集制度的理想面貌的报告》,认为网络电子资源暂不宜纳入呈缴范围。

第三,电子资源建设的其他途径。馆藏文献数字化是日本国立国会图书馆电子资源建设的重要组成部分。自 2001 年起,日本国立国会图书馆便开始对馆藏明治时期出版的文献进行数字化,并于 2002 年向公众提供了约 15.7 万册的全文数字化文献。此外,还开展了网络电子资源的采集、加工、存储等工作,建立了“网页典藏项目”(WARP)和“国立国会图书馆数字典藏门户”(PORTA)服务,为公众提供了大量的电子期刊、网络站点、政府信息、机构知识库等资源。

四、韩国国立中央图书馆

1. 职能与馆藏概览

韩国国立中央图书馆(National Library of Korea,简称 NLK)始创于 1923 年,1945 年称韩国国立图书馆,1963 年改为现名,是韩国“国家代表图书馆”(行使国家图书馆的职能)和韩国文献的总书库。开馆以来,该馆一直全面收集、整理各种文献,并向国民提供服务。随着信息时代的迅速发展,韩国国立中央图书馆不仅收藏纸质文献,也收藏电子文献以丰富馆藏,并为实现“掌中图书馆”而努力。韩国国立中央图书馆作为韩国文献的总书库,负责全面且系统地收藏韩国文化遗产和当代知识产物的文献。文献资料收藏是其作为“国家代表图书馆”最重要、最基本的职责。

2. 电子资源馆藏发展政策

韩国国立中央图书馆的馆藏发展政策中并未单独制定电子资源馆藏发展政策,而是在馆藏发展政策的各部分描述中增加了电子出版物这一载体形式的资源。在通信技术发展和信息环境变化的影响下,韩国国立中央图书馆为扩大国家收藏范围,制定了《国立中央图书馆藏书开发政策》。

第一,电子资源的收藏原则。韩国国立中央图书馆对于电子资源的收藏原则为:首先对本馆所收藏的文献进行数字化加工,其次是采购书目数据库、专题数据库等非在线出版物和在线出版物。电子资源的收藏重点还放在了收集和保存网上有价值的灰色文献(Grey Literature)。其电子资源收藏的主要途径是自建、法定呈缴、单独采购和联合采购、交换等。

韩国国立中央图书馆对电子资源的采选遵循优先采选原则,其具体顺序如下:①印刷型文献(如图书、期刊、小册子和报告等)的电子版,②原生电子出版物(如原生电子期刊、会议论文等),③交互性数据库(如目次、统计、图像和课文等),④各网站和主页上出现的信息,⑤信息网络的电子留言板、主题讨论及电子广告,⑥软件,⑦多媒体资源(如游戏等)[①]。

第二,采选范围与标准。①首选有关韩国问题的电子出版物,其中包括韩国国内出版发行的资料和国外出版的以韩国为主要研究对象的出版物,也采选旅居国外的韩国人执笔编撰的

---

① 李吉子.韩国国立中央图书馆电子出版物的收集及保存[J].国家图书馆学刊, 2008(1):79 - 82.

资料;②首次出版的电子出版物优于再版的电子出版物,再版版本入藏的标准为该版本是否有所更新、是否由新出版社出版等;③全面收藏第一版电子出版物;④对于非原生电子出版物,需衡量其是否有利于补充或提高本馆馆藏的资源结构;⑤电子出版物的内容和形式先后次序:国家正式出版物(如法令、政策报告书、统计资料等)、地方自治团体的出版物、专题参考资料(如图书目录、辞典、年鉴、地图资料等)、人文社科领域的重要资料等;⑥采选动态资源时,应考虑到产品升级前后的内容与结构变化;⑦采选拥有多种格式的电子出版物时,应选择其标准格式;⑧对于视频资料,应该选择数字化视频资料。

第三,电子出版物的呈缴。《图书馆及读书振兴法》规定了电子出版物的缴送制度,据此,韩国国立中央图书馆制定了实体电子出版物和在线电子出版物的缴送及收藏政策。此外,韩国《出版与印刷振兴法》也规定,电子连续出版物的制作或发行出版商,在发行该出版物的15天内,需通过市长、郡守、区长,向文化观光部长官递送一份电子出版物的备份文档或寄送存储电子出版物的实体载体,对于非连续性电子出版物则根据总统令指定的方法缴送。文化观光部长官在接到电子出版物后,须向出版商颁发缴送凭证和补偿金。由于文化观光部长官将接受缴送的权利授予韩国国立中央图书馆,因此,该馆具有接受电子出版物缴送的权利。

第四,电子资源建设的其他途径。在韩国,学术电子期刊主要由大学图书馆采购,国立中央图书馆依据馆藏发展政策仅收藏有代表性的电子期刊,全面收藏目录型数据库和统计资料类数据库。为了节省经费,韩国国立中央图书馆通常与大学图书馆以及专业图书馆联合采购专题类数据库和其他外文数据库。

此外,该馆还通过整合免费网络资源(如开放存取资源、机构知识库、导航信息资源等)、整理网页信息资源和灰色文献等方式增加图书馆的电子资源馆藏,即节省了费用,又增益了图书馆馆藏。

3. 海外电子资源收藏政策

韩国国立中央图书馆海外电子资源的收集主要分为三部分:即离线封装的实体电子资源、基于网络的在线电子资源、基于Web的网站资源。对于实体电子资源,如果同时存在电子版本和印刷版本,则优先收集印刷版本;如果同时存在离线版和在线版,除非离线版具有在线版的读取、输出、复制和下载等方面的功能,否则以在线版优先。对于在线电子资源,首先需要研究在线资源的访问速度和便捷性,此外还要考虑其输出、复制、下载等功能以及是否支持文献传递服务、数字归档等许可标准。收集内容主要包括国家的商业书目、国家书目、书目数据库、事实数据库以及电子期刊等。对于网站资源,主要收集各国的灰色文献,机构知识库,学术研究机构、社团、协会的各种学术信息,行政或公共机构的统计数据、研究数据、法律数据、地图资源、政策文件等。此外,有关现代和当代韩国的资源、网页、导航信息等,在确定其信息的准确性后广泛收集。

第二节　外文电子资源的采访原则

目前国内图书馆在采访外文电子资源时,大体上都是通过图书馆代理商或直接向国外经销商采购,各馆需从实际情况出发,综合考虑职能与任务、发展目标、馆藏现状、用户需求、区域环境,特别是经费保证等因素,制定协调采访的方针及具体措施。电子资源的采访原则有以下几方面。

一、权威性原则

权威性原则主要是指电子资源的采购需要从资源内容和平台功能等各方面考察电子资源产品的价值和质量。其实早在17世纪末,德国的图书馆学家莱布尼兹(Gottfried Wilhelm von Leibniz,1646—1716)就曾提出类似的原则:图书馆应及时地、连续地、均衡地补充和采购具有学术价值的新书刊①。这一原则一直影响着历代图书馆员。

首先,图书馆采选的电子资源必须具有较高的学术价值和收藏价值。从数据库的内容和平台功能来看,对于综合性数据库,要选择出版商信誉度高、权威性强、检索技术成熟、学科覆盖面全的数据库;对于专业性数据库,应考虑在专业领域内的权威性与学科学术价值的深入程度。其次,电子资源产品在技术上也要有质量保障,获取途径要具有便捷性的特点,同时尽量在本地设立镜像站点或使其能通过专线访问,以方便读者获取。

二、适用性原则

适用性原则,又称作价值需求原则或实用性原则就电子资源采选而言,主要是指图书馆所采选的电子资源要符合馆藏资源发展政策、适合图书馆的使命要求、适合图书馆的用户需求。

采访时需考虑电子出版物的非人工可读性及对软硬件环境的依赖性,考虑与本馆计算机系统是否匹配。外文电子出版物因出版商不同,所需的硬件设备、网络支持条件、收费情况以及使用时需要的基本技能都不尽相同,尤其是费用方面差别更大。采访人员应全面地综合多方面因素进行考虑,提出最符合成本效益的解决方案。

适用性还体现在本图书馆的服务对象上。国家图书馆、国家信息研究所以及其他全国性的信息提供中心,担负着为中央党、政、军领导机关和国家重点科研、生产服务的任务,同时还要成为各级各类信息服务机构信息资源的最终保障。因此,它们在电子资源的采选上要综合考虑各种类型、各个语种的资源,有重点、有选择地采选国外有价值的资源。而地方各级公共图书馆,由于没有固定的读者群,不宜订购较专业的数据库,应该结合当地经济、文化、科学发展等情况进行特色资源建设。高校和科研机构的图书馆,主要是为本校的教学和科研研究服务,因此资源建设更应侧重于为本校的师生和研究人员服务,从而形成本校的专业特色资源体系。

三、经济性原则

经济性原则主要是指合理利用有限的人力、财力、物力资源,达到使电子资源馆藏体系功能最强、利用率最大的目的。

任何一个图书馆的资源建设经费都是有限的,所以在电子资源的采购上要实现“投入最少,效益最大”的目标。采访馆员在经济性原则的指导下,要做好采访经费分配的使用计划,做好已订购资源的价格及其涨幅的统计与分析;做好电子资源的使用统计与分析;重点保证核心

① 黄宗忠. 文献采访学[M]. 北京:北京图书馆出版社(今国家图书馆出版社), 2001:103.

的、使用量大的权威性资源,剔除使用率低、使用成本高的租赁型资源;并在网络环境及馆际共建共享的条件下,适当调整采购方针。通过政府采购的形式,对于大宗数据库的采购可适当通过招投标的方式,降低数据库的代理手续费,同时规范数据库采购流程,做到经费的合理化使用。

四、系统性原则

系统性原则主要是指电子馆藏体系内容和形式结构上的系统完整性与电子资源采购计划的系统性。

电子资源采访馆员要在馆藏经费预算内,确定各种电子出版物的取舍及采购的比例,这种比例既要依据电子馆藏结构,如学科主题、文献类型、文种、时间等,又要注意电子馆藏体系内容和结构上的系统完整性。只有这样才能够确保经过长期积累,形成有最佳结构和功能的电子馆藏体系。

五、协调性原则

协调性原则,又称互补性原则,主要是指外购电子资源在建设过程中的工作协调与文献互补。其中包括馆际协调、图书馆内各部门之间的协调、文献载体形式之间的协调、文献语种的协调以及与其他采集途径的协调。

馆际协调主要是在立足本馆采购的同时,及时地收集其他图书馆的采购信息,以避免重复购置,从而降低成本,实现资源共享。例如,国家科技图书文献中心(NSTL)于2008年购置了Springer回溯数据(OAC)的全国授权,国家图书馆于2010年采购了SAGE和Emerald两家出版集团的全文期刊回溯库的全国授权等,采访馆员一定要及时获取此类信息,避免重复购置。

图书馆内部各部门之间的采访工作也需要相互协调,电子资源的采访涉及资源评估、商务谈判、合同归档、资源发布、读者服务、资源整合、使用统计分析等多个环节,每个环节之间要做到互相协调才能够保证图书馆这个有机体的正常运转。

电子资源的采访工作需要与印刷型文献的采访工作进行必要的沟通与协调。学术性电子资源大多是在印刷型资源的基础上发展起来的,二者之间肯定存在着交叉和重复,采集时必须注意二者的协调以避免造成资金的浪费和采集的盲点。同时,图书馆作为保存和传播人类知识和文明的殿堂,其所有馆藏资源必须服务于所有用户,以促进其目标和任务的实现。电子资源与印刷型资源的协调发展正是实现图书馆目标和任务的必然选择。

电子资源的采访工作不仅要做到与馆内的其他载体形式的出版物采访的协调互补,还要做好与其他图书馆的区域性协调合作、联合协调采访。应注意本地区资源采集的协调,组成一个比较合理的文献采集收藏体系。针对使用率较高的同一出版物,可采用集团采购的方式,多家图书馆联合与出版商或数据库直销商谈判以争取优惠的价格和更好的服务与技术支持。这样,对集团成员的不同要求和使用中出现的问题,出版商或数据库直销商能够给予足够的重视和及时解决。同时,由牵头的图书馆出面和出版商或数据库直销商谈判可以节约大量的时间,避免了各馆花费时间和精力谈判。各集团成员馆根据本馆的馆藏情况加入到集团中来,同出版社或数据库直销商签订协议,经费共担、资源共享,以便在经费有限的情况下获得更多的电子资源。

在采访中，还需注重电子出版物的局限性与脆弱性，抛开存储载体的寿命、计算机病毒破坏等，由于记录信息的方法、存储格式及所使用的技术的不停改变，计算机硬件设备、操作系统等软件飞速的更新换代等因素，若干年后以数字化方式（如CD-ROM）存储下来的电子出版物一旦无法找到相匹配的运行环境，将失去使用价值，使数字信息的使用寿命受到限制。因此，如果根据出版物的类别来考虑，像百科类出版物适合采用电子出版物形式，而普通图书不宜用电子出版物形式，学术期刊适合采用电子出版物形式，娱乐性期刊不宜采用。另外，需注意网络电子出版物对网络环境有较强的依赖性，一旦网络环境无法满足其需求，那么我们将无法利用所采访的资源。

六、电子资源与印刷型资源的关系

在信息载体千万年的演进过程中，大致都有这样几个规律，替代与兼容并存、存储容量扩大、存取速度加快、亲和力提升和载体成本下降。替代是指在信息载体体系中具有性能优势的新信息载体取代性能劣势的旧信息载体的主流地位。兼容是指具有不同性能特征的信息载体之间相互依存、相互补充、彼此协调配合，并以一个整体的形象共同承担起信息交流使命的一种共处关系。载体的兼容和替代之间并不矛盾，两者的目的是一致的，都是为了更好地促进信息交流的效率的提升，只是两者实现这一目的的方式有所差异。故在电子出版物采访中，要考虑与其他载体的兼容与替代的关系，考虑哪些是可以替代的，哪些是可以兼容并存的。

随着网络技术的发展，电子资源与印刷型资源并存，成为图书馆馆藏不可或缺的一部分。如何正确把握印刷型资源与电子资源的相互关系，使两者之间相互补充、相互作用，是图书馆界需要不断创新和解决的新问题。

图书馆应该重点收藏一些使用率高且收藏价值大的电子出版物。对于某些文献，在收藏了其电子出版物之后，可以不再收藏其印刷版，但对于有些文献的收藏这两种形式都需要，以满足不同读者的需要。电子资源与印刷型资源的收藏比例可以从藏书量比例、经费比例、读者使用率比例等因素来考虑，各图书馆可以根据本馆的情况，参照各种因素制定出科学、合理的收藏比例与收藏原则来。有些出版物的系统性、连续性很强，在收藏电子版时要考虑到与以前收藏的印刷版相连接，保持其系统性与连续性；在收藏管理方面及提供服务方面，使不同版本形成良好的衔接，让读者了解某一出版物哪一个时期是印刷品，哪一个时期是电子出版物。对于电子出版物要能提供有效的检索或阅读设备，使读者在使用时印刷品到电子出版物的过渡不出现间断。

对网络电子出版物与印刷型出版物应进行较严格的成本/效益对比分析。价格问题是购买网络电子出版物首先要考虑的问题之一。由于目前网络电子出版物方兴未艾，出版发行多样化、价格不规范，加上目前我国网上线路易堵、通信费用较高等因素，一般应订购价格比印刷型出版物低的网络电子出版物。只有在收录范围、时效性、检索功能、存档、更新共享等方面比印刷型出版物有明显的优越性时，才可考虑订购价格较高的网络电子出版物。

在订购时，还应特别注意“权限”和“数据控制”问题。21世纪的图书馆既不是虚拟图书馆替代传统图书馆，当然也不可能是传统图书馆的一统天下，而是两种图书馆共存互补，共创21世纪图书馆的新时代。未来图书馆电子资源馆藏的比例会不断加大，但不可能完全取代印刷型馆藏。

第三节 外文电子资源的采购流程

电子资源的采选是一个集体决策和信息共享的过程①,与印刷型资源相比,电子资源的采购要复杂得多,尤其是在购买渠道、使用方式、存储空间等方面均异于印刷型资源。由于电子资源的使用依赖于一定的设备,购买之前的技术准备和购买之后的技术支持均需要得到技术部门的配合,绝非采购部门可以单独决策。同时电子资源的使用离不开读者服务部门的支持,没有来自一线的使用情况分析,就无法对电子资源做出合理的评估,因此电子资源的采购涉及采访部门、读者服务部门及技术部门等多个部门,而每个部门需要明确职责、紧密配合才能够完满地完成电子资源的订购工作。

一、电子资源采购基本工作职责

(1)搜集、汇总最新的电子资源相关信息;
(2)组织新资源的试用工作;
(3)试用情况调查、分析和评估;
(4)提交分析报告和订购建议;
(5)参与商务谈判、合同文件处理、订购回执等相关事务;
(6)根据合同履行财务手续;
(7)电子资源开通及网站发布;
(8)光盘数据库及备份数据的验收和交接;
(9)用户权限管理、IP 地址变更通知、代理服务器的使用、管理和维护;
(10)电子资源使用的相关统计报告;
(11)数据库使用故障处理;
(12)用户培训与相关咨询;
(13)现有电子资源续订调研;
(14)续订资源使用成本分析;
(15)提交续订报告;
(16)合同归档;
(17)完善电子资源自动化管理系统数据录入。

二、电子资源采购基本流程

1. 采购前

(1)预算控制

预算是一个会计年度内,收入与支出数额的估计,也就是预定的经费计划。预算可以在采

① 王志庚. 国家图书馆的数字资源建设[J]. 国家图书馆学刊,2008(3):18 – 22.

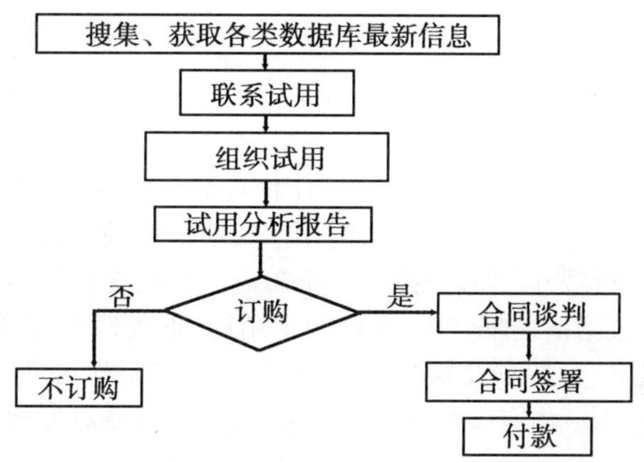

图 14－1 电子资源采购基本流程

访中合理的控制预支、开支、空闲余额、实际余额，帮助图书馆根据经费情况参考经销商价格，进一步确定拟订出版物清单，从而使采访经费的支出合理性与订购的出版物满意度达到最大限度的平衡。

（2）搜集信息

采访馆员根据图书馆的采选原则和采访条例，广泛调研出版市场和数据库供应商提供的数据库相关信息，或者根据各代理商提供的数据库商目录、展览会信息、专业报刊、同行交流信息等多种渠道，搜集数字资源出版信息，形成备选目录。

（3）初步评估

初步评估的指标通常有数据容量、学科性质、覆盖年限、更新频率、标引深度、出版声誉等。国内外的电子资源主要由商业性出版商、高校出版社和学/协会提供，要注意分析它们各自的优缺点。同时，需要考察和评估数据库检索系统的性能和其他相关配套服务情况。经过预评估后，可决定试用或不试用某种电子资源。

（4）试用邀请及推广

电子资源的试用是采购流程的重要环节，也是必不可少的过程。如果图书馆参考咨询馆员和用户对试用资源不够了解，往往就会忽略试用资源的使用，从而影响电子资源试用的效果，无法为图书馆采购提供充足的试用信息来判断试用资源的使用价值，影响二次评估。采访馆员须联合参考咨询馆员和一线服务人员对试用资源做适当的宣传，尽量使感兴趣的参考咨询馆员和读者都能参与试用，同时对于重点电子资源和专业数据库还要有针对性地组织相关专业的参考咨询馆员和重点用户进行试用培训，并尽可能多地与试用者取得联系，获取反馈信息作为电子资源购买的重要参考。

此外，采访馆员还应要求数据库提供商在试用期间为图书馆开通后台用户使用统计数据浏览权限，或者要求电子资源提供商提供用户使用统计数据，进而撰写试用统计分析报告，对试用的电子资源进行二次评估。统计数据一般包括：访问次数、检索次数（尤其是文摘数据库）、浏览或下载全文次数、被拒访问次数等，这些统计数据也是决定图书馆是否对某电子资源产品进行采购的重要因素。

(5)试用资源评估

试用资源评估是决定图书馆是否采购某电子资源产品的重要参考依据,所以采选馆员对已经试用结束的电子资源要进行系统而深入的分析评估。

试用资源评估报告通常包括4个部分:资源内容、平台功能、资源提供商的服务和试用情况。采访馆员结合电子资源试用期间所获得的用户反馈信息、使用统计数据等一手资料,分析电子资源的文献内容与馆藏资源建设以及用户资源需求的契合程度,对资源的内容特色、学术价值、数据来源权威性、数据格式兼容性、平台的易用性、下载速度、浏览的稳定性、更新周期、与已购买资源的交叉状况、元数据及裸数据的提供情况、售后服务等方面进行深入细致的评估。另外,当在同一专业领域内有多个电子资源服务商时,还要对可相互替代的电子资源进行横向比较,深入了解它们各自的优缺点,以供专家做出选择。

2. 采购中

(1)制定采选方案

采访人员根据评估报告和数据库供应商提供的价格方案制定初步的采访方案,明确采购方式、许可模式、许可期限、存档模式、服务模式、价格模式等,对于一次性买断的资源,需要确认备份数据的格式、提供时限及相关 MARC 数据的提供情况。

需要说明的是,外文电子资源价格昂贵,有些数据库每年还有一定的涨幅。价格取决于多种因素,如:订购的产品是单机版还是网络版、使用范围多大、是否团体采购、是否与印刷版同时采购等。另外,出版商或销售商对研究单位、教育单位或服务机构所给的价格是不尽相同的,图书馆应通过多番的商讨询得最合理的价格。

(2)提交专家评审

采访馆员撰写资源建设方案后提交专家进行决策,各馆的决策团队大多为本馆的文献资源建设委员会。文献资源建设委员一般为本馆的专家,对本馆的资源建设有很强的洞察力。文献资源建设委员会的职责是实现文献资源建设的科学化、民主化和规范化,促进文献资源结构与质量的不断提高。文献资源建设委员会的专家应针对采编部门关于资源采购方案介绍,提出个人意见,最后集体表决得出采购意见。

(3)商务谈判

商务谈判是整个电子资源采购流程中的重要环节。商务谈判小组应由电子资源相关部门的人员组成,通常包含采访部门、读者服务部门、业务管理处、信息网络部等。首先,商务谈判小组在谈判过程中应针对电子资源的采购价格进行商谈,从而使产品定价在最大限度上符合图书馆的利益;其次,在合理的价格范围内,要尽可能多地获取图书馆所需要的资源;再次,应明确电子资源提供商的责任义务,如技术支持的及时跟进、为产品正常使用所提供的保障、所承诺售后服务的兑现等。总之,商务谈判要保证图书馆的利益和合同条款的正常履行。

(4)签订合同

在订购电子资源时,出版商为了保护其知识产权并明确双方的权利、义务和责任,通常会与客户签订有关的授权许可合同(License Agreement)。这种合同通常是出版商或销售商为保护其利益量身定做的统一范本,有时候条款繁多、内容冗长,馆员在订购前要仔细阅读,建议请律师协助审核其是否能保护订购者的权益,如:合同对拟订资料的技术支持或维护是怎样描述的或对用户在使用上有什么限制，尤其对拟订资料使用范围的限制，否则一旦合同签订后再发现问题就会造成较大损失。在与数据库供应商签订授权许可合同时，应注意以下几个问题。

①法律和文本；

②用户的链接和信息使用；

③长期获取和存档；

④定价和购买模式；

⑤馆际互借；

⑥使用行为约定[①]。

3. 采购后

(1)结算与付款

结算是采访中较复杂的环节，在订购不同国家的电子出版物时，因所付的货币不同，相应的与人民币的兑换汇率也不尽相同；在订购时还会涉及管理费、保险、增值税以及折扣率。因此，结算时要仔细检查计算。一般来说，由于国内各图书馆大多没有进出口权，大都通过进出口商[如中国图书进出口(集团)总公司、中国教育图书进出口公司等]订购国外书刊资料和电子出版物，因此结算也就是与这些代理商打交道。近年来受政府采购的影响，多数图书馆通过招标的方式确定电子资源定点服务商。目前国内有电子资源经营代理权限的进出口公司有：中国图书进出口(集团)总公司、中国教育图书进出口公司、国际图书贸易集团公司、北京中科资料进出口公司等。各数据库商根据合同将发票金额通知到相应的进出口公司，对方在结算后会根据订购的电子资源合同金额出据相应发票。

(2)数据库开通及验收

①数据库商一般会在合同签署后提供给图书馆一个开通工作单，以便提供售后服务，一个完整的数据库开通工作单一般应包含以下信息(表 14－1)：

表 14－1 厂商数据库开通工作单内容

Name of Institution—机构名称
Type of Institution—机构类型
Address Details—详细地址
Fax Number—传真号码
Phone Number—电话号码
Web Address—网址
Secured Login (Y/N)—是否有密码登录
Library Portal URL (if any)—图书馆网址
Contact Details (Librarian/Principal/Head of School)—机构相关信息
Main Contact Name—图书馆联系人姓名

① 李爱国. 学术数字资源引进与管理[M]. 南京：东南大学出版社，2005：28－29.

续表

Contact Email Address—邮件地址
Librarian Phone Number—电话号码
Contact Details（IT）—厂商信息
Contact for Connection IT—联系人姓名
IT Contact Email Address—邮件地址
IT Contact Phone Number—电话号码
Product Details—产品信息
Number of Full Time Students—在校人数
Remote Access—是否需要开通远程登录
Online Product(s) Kequested—试用产品
Subscription Period—开通试用时间
Special Request（if any）—其他要求
IP—IP 地址

②对于图书馆内部而言，由于电子资源的特殊性，电子资源的采访、服务、整合、编目、相关的技术支持等职能可能分散在不同的部门，为了协调好各部门之间的交接流程，制定一个详细的开通工作单非常必要。以国家图书馆为例，电子资源的开通工作单如表 14－2。

表 14－2　国家图书馆电子资源开通工作单

基本信息	数字资源名称	
	资源类型	
	收录年限	
	试用期限	
	链接地址	
	服务模式	
	发布方式	
	联系人及联系方式	
资源简介		
采访信息	采访部门	
	联系人及联系方式	
	发送通知日期	
开通及整合信息	开通日期	
	责任人及联系方式	

续表

开通及整合信息	接收通知日期	
	备份数据接收日期	
	元数据接收日期	
推广服务信息	责任人及联系方式	
	接收通知日期	
	推广方式	
	反馈建议	
备注		
说明	该表单供电子资源正式开通各相关部门及科组信息沟通及备档之用。	

(3)推广与培训

电子资源的发布大多是基于图书馆各自的网站,读者一般通过图书馆主页上的资源列表直接访问资源内容。由于电子资源有别于传统的印刷型文献,而且受读者的知识结构和技能结构不同的影响,不同的读者对各种信息的接受能力有差异,因此通过多种途径开展对读者的培训工作尤为重要。对读者培训一般有以下几种形式。

①通过文献检索课加强对数字资源的检索与利用;

②通过厂商进行短期的培训讲座;

③针对不同的专业进行专题讲座;

④定期举办数据库培训周。

(4)数据库续订

采访馆员根据数据库合同约定的期限进行资源的再评估,并根据评估情况决定是否续订,再评估主要考虑的因素有:

①数据库的内容是否有太的变化;

②数据库在上个合同期的使用情况;

③数据库的使用成本;

④数据库的涨幅变化情况;

⑤年度采购经费的情况;

⑥与同类数据库的平衡;

⑦数据库商的售后服务及培训情况;

⑧数据库平台的稳定性及故障处理等。

第四节　外文电子资源的采购模式

电子资源的价格是电子资源采购的重要参考指标，目前，电子资源的价格模式正处于发展阶段，美国的反托拉斯法和欧盟竞争法均严格限制供应商之间为了竞争利益而进行商讨，从法律上禁止数据库商彼此之间讨论价格，这使得不同数据库有着不同的定价模式。

美国电子出版商 Stephen Rhind-Tutt 分别在 1998 年和 2002 年总结出数据库的 50—60 种价格模型，其价格模式主要取决于图书馆 FTE 模式、图书馆类型、国家折扣、机构折扣、下载数量等多种因素。同时，不同的采购模式也决定了不同的数据库价格。目前国内图书馆常见的采购模式有如下几种。

一、E-Only 订购模式

以因特网为媒介的网上电子期刊出现于在 20 世纪 80 年代后期。20 世纪 90 年代中期电子期刊进入迅猛发展的阶段，国外的大型出版社、学/协会、高校出版社纷纷推出期刊上网服务，并实行网上直接出版，印刷版期刊和电子期刊双轨并举。印刷版期刊的产量呈下降趋势，电子期刊产量急剧增长，是近年来国际期刊市场总的发展趋势。

2004 年以前，大型的商业化期刊出版商大多采用 P + E 的出版模式，即在出版纸质期刊的同时出版电子期刊，图书馆可以仅订购纸质期刊，也可以在订购纸质期刊的同时捆绑订购电子期刊。随着网络技术的发展，电子期刊越来越被广大读者所认可，在有限的经费的制约下，大部分图书馆很难保留纸电并举的资源格局。为了减少载体版本的重复并节约存储空间，从 2005 年开始，有些大型的出版商针对图书馆市场的需求纷纷出台了 E-Only 的期刊订购政策。所谓的 E-Only Subscription 就是只选择订购文献的电子版的订购模式，此模式大多被用于期刊全文的订购。

1. E-Only 订购模式的优点

（1）减少期刊的版本重复

在 2004 年以前，大多数国外出版社的销售模式是 P + E 的方式，即电子期刊和印刷型期刊捆绑销售；电子期刊市场开始兴起时，大多数是采用 P + Free E 模式（订购了印刷版可免费获得电子版）；随着用户对电子期刊认可度的提高，许多出版社纷纷改变销售模式，实行 P + Payment E（即电子版要付费）；伴随着电子期刊市场的发展，许多出版社近年来开始实行 E-Only 的模式，图书馆可根据经费的情况任意选择版本。

（2）节省库房空间

目前传统的图书馆越来越受空间上的限制，传统的文献载体形式占据大量的库房空间。电子期刊尤其是网络版期刊，可通过网络来实现阅览服务，不占用空间。另外，电子期刊便于保存，一张小小的 CD-ROM 光盘就能容纳 2000 本左右印刷型期刊的全部图文内容。

（3）提供跨越时间和空间限制的读者服务

电子期刊在出版过程中减少了编审和信息传输的时间，保证了期刊内容的及时性和新颖性。通常一份在网上发行的电子期刊，在收稿 48 小时后就能通过网络提供给读者使用，读者能够足不出户便查到需要的信息资料。

2. E-Only 订购模式的缺点

(1)永久使用权问题

由于电子资源具有易变性,图书馆购买的电子文献及服务可能会变动或中止。图书馆如何保障用户能够永久使用已购买的电子资源,值得广大图书馆采访人员的关注。目前国外仍然有部分数据库商不提供永久使用,如果订户要想拥有永久使用权,则还要花费一定的费用自己解决永久使用的问题。对于以租赁方式购买的电子期刊,如果图书馆终止订购,便不可以在以后继续使用订购期内的电子全文期刊。这一点与印刷版期刊相比有较大的不同。由此可见,永久使用权对采用 E-Only 模式订购的电子期刊尤为重要。

(2)访问权限问题

由于电子期刊和印刷型期刊的获取方式不同,为防止电子期刊的非法传播和使用,数据库提供商往往会限制电子期刊的访问。目前大多数数据库提供商通过互联网协议(IP)地址或用户名和密码对图书馆进行验证。这种限制大大缩减了电子期刊的利用范围,使读者只能到馆查阅文献,给读者带来很大的不便。

(3)长期保存问题

长期保存问题是目前电子资源面临的重大问题,电子资源作为图书馆的固定资产,图书馆对其却只有访问权而无存档权,图书馆应该要求数据库供应商承担起电子资源的存档和持续提供的责任。

二、捆绑订购模式

所谓的捆绑订购就是出版社对其出版物的纸电版本实行捆绑销售,为了在满足读者对电子资源的青睐的同时保持馆藏的连续性,图书馆只能选择捆绑订购的价格模式。目前捆绑订购的模式主要有以下几种。

(1)P + Free E,即订购印刷型资源,可免费获得其电子版。如 Springer 出版社 2003 年的订购政策为只要订购了纸质期刊,图书馆便可以看到当年对应的电子期刊。

(2)E + Free P。即订购电子资源,可免费获得其印刷版。如 Elsevier 出版社出版的《荷兰医学文摘》(*Excerpta Medica*,简称 EM)2004 年推出一项优惠政策,用户只要订购网络版的 Excerpta Medica 数据库,出版社便可以免费赠送整套 41 册的印刷版期刊。

(3)印刷版和网络版捆绑订购,价格上不可拆分。如美国的《国际药物学文摘》(*International Pharmaceutical Abstracts*),2002 年以前可以单独订购印刷版,2002 年以后印刷版和网版捆绑销售且只有捆绑价格,无法单独订购。

(4)订购电子资源,再加一小部分经费可得到其印刷版(约电子版价格的 10%—15%)。

(5)订购印刷型资源,再加一小部分经费可得到其电子版(约印刷版价格的 10%—20%)。Kluwer Academic Publicshers 出版的期刊从 2001 年开始执行此销售政策。

(6)只出版电子资源,停止出版印刷版。如美国 Lawrence Erlbaum Associates Inc. 出版的外文期刊《国际认知人机工程学杂志》(*International Journal of Cognitive Ergonomics*),从 2002 年开始不再出版印刷版,改出网络版。

三、集团采购模式

集团采购是指由若干图书馆自愿组成采购集团,共同推举谈判代表与电子资源提供商谈判价格与使用条款,最终采购合同由提供商与各加盟馆签订,购买费用由各成员馆自行支付给提供商的一种新型的电子资源购买方式。电子资源集团采购是国际图书馆界适应网络环境的需要实现资源共享、消除数字鸿沟的新举措。集团采购改变了图书馆各自为政、自行采购的传统采购方式,降低了采购成本,节省了人力和时间。通过图书馆集团采购,各图书馆可以建立协作网,进一步深化自身的服务功能。

国内的集团采购开始于1998年,主要是以北京大学文理中心和清华大学工程中心牵头的CALIS组团采购,目前越来越多的非高校图书馆和文献信息机构也参加到集团采购中来,以高校为龙头的集团采购大大丰富了我国教学和科研的资源体系。集团采购的优势在于:

(1)在正式订购之前,图书馆可以要求提供商提供一段时间的试用,利用试用期充分了解数据库的内容和使用方法。图书馆还可以根据读者的需求和使用情况,对数据库进行测试和评估,以便确定其是否有购买的价值。因为集团采购是由多家图书馆共同参与的,所以对数据库的内容、水平、检索软件和服务等方面的评估会比较全面、公正。

(2)多家联合与出版商或数据库直销商谈判,可以争取到优惠的价格和更好的服务与技术支持。对集团成员的不同要求和使用中出现的问题,出版商或数据库直销商能够给予足够的重视和及时解决。

(3)由牵头单位出面与出版商或数据库直销商谈判可以节约大量的时间,避免集团其他成员浪费时间和精力谈判。

(4)集团成员根据本单位的馆藏情况加入到集团中来,同出版社或数据库直销商签订协议,经费共担、资源共享,在经费有限的情况下,获得更多的电子资源。

四、单一机构存档模式

单一机构存档模式主要是指单一机构购买的具有存档权的数据库,如期刊回溯数据库的采购。从科研研究信息的取向来看,当今的科学研究是建立在以前研究的成果和基础上的,科研人员对承载了以前研究成果和知识信息的过刊文章有必然的需求。回溯数据库最早产生于20世纪末21世纪初,时至今日,期刊回溯数据库已经成为学术出版机构产品组合中的重要组成部分。目前,回溯数据库的计价主要有一次性购买永久使用和按年交纳使用费两种基本模式:

(1)一次性购买永久使用,即购买机构一次购买(可一次支付或分期支付)回溯数据库的内容,拥有对回溯数据库内容的永久使用权和存档权。这种一次性购买回溯数据库内容的模式,支付的费用比较大。由于所购买的回溯数据库是通过出版商提供的平台使用的,用户需向出版社支付平台使用费。

(2)按年交纳使用费,即在交费年度内使用回溯数据库,虽然每年支付的费用较低,避免了一次性支付大笔费用,但需年年支付费用,停止支付后便不能继续使用。采用这种方式销售的数据库并不多,部分出版商同时提供上述两种销售方式供订户选择,如牛津大学出版社和英国物理学会出版社(IoPP)。也有出版商将期刊回溯文档随现刊数据库一同销售,如ACS期刊数据库,这种做法实质上相当于订户按年交纳回溯数据库内容的使用费。

表 14-3　国家图书馆已购外文回溯数据库(截至 2012 年 12 月底)

数据库名称	数据库商名称	学科内容	规模	年代起始
Wiley 期刊回溯库	John Wiley & Sons	科技	123 种期刊	首卷首期:1996 年
SAGE 期刊回溯库	SAGE	综合学科	380 种期刊	首卷首期:1998 年
Emerald 期刊回溯库	Emerald	综合学科	177 种期刊	首卷首期:1996 年
Oxford 期刊回溯库	Oxford University Press	综合学科	142 种期刊	首卷首期:1996 年
T & F 人文社科回溯库	Taylor & Francis	人文社科	390 种期刊	首卷首期:1996 年
Cambridge 期刊回溯库	Cambridge University Press	综合学科	207 种期刊	首卷首期:1996 年
SCI 回溯数据库	Thomson Reuters	科技	-	1900—1985 年
SSCI 回溯数据库	Thomson Reuters	人文社科	-	1900—1955 年
INSPEC 回溯数据库	Thomson Reuters	科技	-	1898—1968 年
BP 回溯数据库	Thomson Reuters	科技	-	1926—1900 年

回溯期刊数据库的出现,增加了同种期刊的数字信息总量,有效满足了用户对年代久远的印刷型期刊的即查即得使用方式的需求,延续了用户的信息查找行为,为科研过程提供了方便。将回溯数据与现刊数据整合在同一个平台上的模式,有效提高了用户对历史期刊的利用率。

五、国家许可模式

国家许可(National License)是指通过政府授权,出版商与第三方即非营利性组织之间通过签订国家许可证允许其在全国范围内使用信息产品或服务,并由该非营利性组织提供信息获取渠道。获得国家许可证后,在许可协议的规定下本国范围内的任何公众都可以接入、检索、浏览、下载、打印或复印被许可使用的信息产品。国家许可是国家层面的集团采购,资源引进受到公共财政不同程度的支持,且授权用户范围较广,通常覆盖全国范围内的科研、教育系统的用户,乃至全国公众。

国家许可是国家层面的数字资源统筹建设机制,是提高国家数字资源整体化建设水平的重要途径。国家许可数字资源的采选通常要经历 3 个阶段:①学科专家根据用户对资源的需求情况圈定可以考虑引进的目标数字出版物;②由来自图书馆界以及信息系统界的专家组成的评选委员会对目标数字出版物进行评估;③由商务谈判小组从法律、商务等多个角度进行更为严格的审核。

近年来国外约有 14 个国家通过全国授权方式引进数字资源,国家科技图书文献中心(NSTL)的专家通过对这 14 个国家引进资源的方式进行调研分析发现,国家许可模式下的数字资源遴选可归纳为两种主流方式:重点支撑型和基础保障型。

重点支撑型的资源遴选是指在国家许可模式下侧重于引进需求强度高、商业价值高的现刊资源且通常以非本土数字出版物为主的资源遴选方式。这一方式下引进的资源往往是国际知名出版社或重点学/协会旗下具有重要学术价值的信息产品。这些数字资源对科研和教育具有较强的支撑作用,是用户跟踪学科发展前沿、把握研究热点和发展趋势、获取相关权威资料不可缺少的高质量信息资源。加拿大研究知识网络(Canadian Research Knowledge Network,简称 CRKN)国家许可项目就是采用这种资源遴选方式的典型代表。

基础保障型的资源遴选是在国家许可模式下偏重于引进需求强度、商业价值都相对稍低的回溯资源且通常以本土数字出版物为主的资源遴选方式。这种资源遴选方式旨在构建数字科技历史文献的国家保障体系,为用户全面呈现相关历史研究成果并深层挖掘相关文献线索。德国研究基金会(German Research Foundation,简称 DFG)支持的国家许可项目是应用此类资源遴选方式的范例。

表 14-4　世界范围内国家许可授权项目统计表

国家	项目名称	组织规模	经费来源	成员单位	启动年份
瑞典	BIBSAM	国家层次	政府拨款+成员自筹	高等院校,科研机构,博物馆	1996
丹麦	DEFF	国家层次	政府拨款	高等院校,科研机构,职业学校及公共图书馆	1997
芬兰	FinELib	国家层次	政府拨款+成员自筹	高等院校,科研机构,公共图书馆	1997
希腊	HEAL-Link	国家层次	政府拨款	高等院校,科研机构,国会图书馆,国家图书馆,国家农业基金会	1998
韩国	KESLI	国家层次	政府拨款+成员自筹	高等院校,科研机构,企业,公共图书馆	1999
冰岛	Hvar. Is	国家层次	政府拨款+成员自筹	高等院校,科研机构,职业学校及公共图书馆	1999
波兰	B-ON	国家层次	政府拨款	高等院校,公立科研机构,非营利组织,医院	1999
南非	SASLI	国家层次	政府拨款+成员自筹	高等院校,科研机构	2000
瑞士	CSAL	国家层次	政府拨款+成员自筹	高等院校,公立科研机构,公共馆	2000
英国	NESLI2	国家层次	政府拨款+成员自筹	高等院校,职业学院,研究理事会	2003
印度	INDEST-AICTE	国家层次	政府拨款+成员自筹	高等院校,科研机构	2003
新西兰	EPIC	国家层次	政府拨款+成员自筹	高等院校,公共图书馆,专业图书馆,学校图书馆	2003
加拿大	CRKN	国家层次	政府拨款+成员自筹	高等院校	2004
德国	DFG	国家层次	政府拨款+成员自筹	高等院校,研究图书馆	2004

国家科技图书文献中心(NSTL)2002—2008 年间通过国家许可模式引进国外重点学/协会期刊、会议录、中小型科技出版机构的数字出版物,包括网络版全文现刊 500 余种、外文电子图书 800 余种、外文事实型数据库 6 种。自 2008 年起,NSTL 开始重点建设回溯数据库,先后以国家许可模式引进 Springer、OUP、IOP、Turpion、Nature 等 5 个回溯数据库的 1154 种期刊、340 余万篇论文、回溯年代 100 余年。

国家图书馆近年来也陆续以国家授权的方式引进期刊回溯数据库,2010 年引进 Emerald 回溯期刊数据库和 SAGE 回溯期刊数据库,2012 年引进剑桥期刊电子回溯库,这 3 个数据库共涉及 767 种期刊的 120 万篇文献,文献内容主要以人文社会科学为主。

国家许可模式的优势可归为以下几点:①可以避免各地区、各系统的信息资源重复建设,并且有利于缩小国内不同地区之间的信息差距;②可以有效地协调和解决非营利性组织与出版商之间的争议;对出版商进行了合理的经济补偿,保障了出版商的经济利益,能够鼓励信息资源建设与信息服务。如芬兰的 FineLIB 计划就是由政府出资对 15 个数据库实施了国家许可,挪威、瑞典、丹麦、冰岛等国也都建立了国家许可证制度。③能够有效地协调出版商和公众之间的利益,在促进网络信息资源获取,尤其是数据库的开放存取、消除数字鸿沟、实现信息平等方面具有深远的意义。

第十五章 外文电子资源的使用统计

目前国际上与电子资源使用统计相关的标准规范种类较多，常见的有 COUNTER 标准、SUSHI 协议、ICOLC、基于网络信息资源的使用统计测度指南等。国内的相关机构，如国家图书馆、CALIS 等也针对相关问题制定和出台了与外文电子资源使用统计工作相关的行业标准。

第一节 国际常用的电子资源使用统计标准

一、COUNTER 标准①

1. COUNTER 概述

(1) COUNTER 的由来

COUNTER 全称为 Counting Online Usage of NeTworked Electronic Resources，即网络电子资源的在线使用统计。COUNTER 的由来可追溯到 COUNTER 项目、COUNTER 标准和 COUNTER 公司等几个常见概念的诞生，表 15－1 按时间顺序详述了有关 COUNTER 的常见概念的发展，揭示了 COUNTER 的由来。

表 15－1 COUNTER 的常见概念②

COUNTER 项目	2000 年至 2001 年间，英国牛津大学出版社的 Richard Gedye 首先提出了 COUNTER 项目，并领导开展了网络电子资源使用统计规范的研究
COUNTER 标准	2002 年 12 月，Richard Gedye 领导的 COUNTER 项目组在出版商和中间商的资助和支持下，发布了网络电子资源在线使用统计实施规范标准(Release 1 of the COUNTER Code of Practice for Journals and Databases)，并得到了广泛的应用
COUNTER 公司	2003 年 8 月，为促使 COUNTER 标准的持续更新与发展，COUNTER 项目组在英国注册成立非营利的公司——Counter Online Metrics

(2) COUNTER 的发展

COUNTER 的目的在于为出版商和使用者提供标准的、统一的网络电子资源使用统计计量方法、报告及其内容和格式。它要求出版商必须向用户提供符合 COUNTER 标准的使用统计报告，并规范了在线使用数据的术语定义，使各出版商生成的统计数据不仅满足一致性、可靠

① COUNTER Counting Online Usage of Networked Electronic Resources[EB/OL]. [2012－07－15]. http://www.projectcounter.org.

② 郭依群. COUNTER——网络化电子资源使用统计的新标准[J]. 大学图书馆学报, 2005(2):20－23.

性和相互兼容性等要求，而且能方便地进行记录、交换和比对①。

成立 Counter Online Metrics 后，COUNTER 吸纳了行业机构、图书馆或图书馆联盟、出版商和中间商等为成员单位，成员缴纳一定的年费，可以有机会经选举进入董事会，定期获得 COUNTER 发展动态并拥有参与制定 COUNTER 发展规划的权利。在广泛征求成员意见和反复吸纳修改建议的基础上，自 2002 年第一版 COUNTER 标准发布以来，COUNTER 结合电子资源的内容和格式，兼顾统一性和比对原则，陆续发布了与在线产品种类相对应的各类规范标准。这些标准对使用统计中应该提供的内容、各项内容的定义、提供的格式、提供的频率和传递的方式等都做出了明确的规定，使得基于使用统计的电子资源评估更加客观且具备可比性。表 15－2 罗列了截至目前 COUNTER 发布的实施规范。

表 15－2　COUNTER 实施规范一览表

规范	发布时间
《COUNTER 期刊和数据库实施规范》（第一版） *Release 1 of the COUNTER Code of Practice for Journals and Databases*	2002 年 12 月发布（已失效）
《*COUNTER* 期刊和数据库实施规范》（第二版） *Release 2 of the COUNTER Code of Practice for Journals and Databases*	2005 年 4 月发布（已失效）
《*COUNTER* 图书和参考资料实施规范》（第一版） *Release 1 of the COUNTER Code of Practice for Books and Reference Works*	2006 年 3 月发布
《*COUNTER* 期刊和数据库实施规范》（第三版） *Release 3 of the COUNTER Code of Practice for Journals and Databases*	2008 年 8 月发布
《*COUNTER* 电子资源实施规范》（第四版） *Release 4 of the COUNTER Code of Practice for e-Resources*	2012 年 4 月发布

2012 年 4 月最新发布的《COUNTER 电子资源实施规范》（第四版）（以下简称 Release 4）整合了期刊、数据库、图书、参考资料以及各类多媒体内容，将取代《COUNTER 期刊和数据库实施规范》（第三版）和《COUNTER 图书和参考资料实施规范》（第一版）。遵从 COUNTER 规范标准的出版商必须于 2013 年 12 月 31 日前开始执行 Release 4。

2. COUNTER 实施规范

COUNTER 实施规范（COUNTER Code of Practice），即网络电子资源在线使用统计标准实施规范指南，其目的是使对 COUNTER 感兴趣并有意遵从 COUNTER 标准的出版商，能结合产品特性选择相对应的 COUNTER 报告。

自 2002 年《COUNTER 期刊和数据库实施规范》（第一版）问世至 2012 年 Release 4 的发布，经过十年不断的版本更新和修改完善，COUNTER 已经发展成为国际化、可兼容的使用效果评价指标体系，规范了在线信息产品的使用报告及其内容和格式。本部分将以 Release 4 为例，详细介绍 COUNTER 实施规范所涉及的相关内容。

（1）COUNTER 准入要求

出版商在执行 Release 4 之前，首先需遵从 COUNTER 标准的相关要求，具体要求和实施步

① 朱兵，李春明. COUNTER 与电子资源的使用评估[J]. 图书情报工作，2006(1):100－102.

骤如下：

①审阅 Release 4，选择使用报告

Release 4 整合了多种类型的在线电子资源，包含了期刊、数据库、图书、参考资料以及多媒体内容。因此，其可供出版商选择的使用报告十分多样。报告主要分为标准使用报告（Standard Usage Report）和自选使用报告（Optional Usage Report）两类。

②生成符合 COUNTER 的使用报告

出版商在选定与产品相对应的使用报告后，需严格遵从 COUNTER 实施规范制定的内容和格式要求，根据 COUNTER 数据处理的流程，将原始的日志文件转换为符合 COUNTER 标准的使用报告。

③报告提交 COUNTER 审核

出版商在遵从 COUNTER 标准生成使用报告后，需提交 COUNTER 进行审核。审核由 COUNTER 图书馆试验点负责开展，仅需数日即可完成测试，如有不符合 COUNTER 标准使用报告要求的部分，出版商必须进行修正。

④注册成为遵从 COUNTER 标准的出版商

出版商提交的使用报告经 COUNTER 审核通过后，即可受邀填写"COUNTER 遵从协议"（Declaration of COUNTER Compliance），提交填写完毕的协议后，支付 500 美元的注册费，即可被纳入遵从 COUNTER 标准的出版商名录。

（2）Release 4①

①基本内容与新特征

与前几版本实施规范大体一致，Release 4 的基本内容包括了前言概述、术语定义、SUSHI 协议、使用报告、数据处理、审核、遵从协议、实施规范的维护和发展、附录等。

前言概述——描述 COUNTER 实施规范的发展过程、目的、适用范围、申请应用、战略规划、管理、术语定义、版本、审核与规范遵从、与其他相关标准（协议或实施规范）的关联、对实施规范的意见和建议渠道等。

术语定义——对 COUNTER 标准中的相关术语进行描述，明确 COUNTER 所涉及的概念。

SUSHI 协议——规定出版商在提供 Excel 或 CSV 格式的使用报告的同时，必须提供符合 SUSHI 协议的 XML 格式的 COUNTER 报告，并规定 SUSHI 服务器的应答时间需保证在 120 秒以内。

使用报告——规范遵从 COUNTER 标准的使用报告的内容和格式。列明使用报告的几种类型：8 个期刊报告、3 个数据库报告、5 个图书报告、2 个多媒体报告和 5 个题名报告。说明使用报告的客户分类管理：通过 IP 地址或以用户名和密码的形式进行客户认证。规定报告的提交时间、频率等相关内容，并对浏览器提出要求，报告应支持 Google Chrome、Internet Explorer、Mozilla Firefox 等浏览器。

数据处理——描述 COUNTER 对数据的收集及处理的标准，介绍 COUNTER 使用数据来源的两种途径：日志文件分析和网站页面流量标记。

---

① The COUNTER Code of Practice for e-Resources：Release 4［EB/OL］.［2012－07－15］. http://www.projectcounter.org/r4/COPR4.pdf.

审核——列明遵从 COUNTER 标准的出版商的审核程序及审核结果。

遵从协议——描述出版商获得遵从 COUNTER 标准的资格的申请流程、保密措施和聚合器、网关等相关设备要求。

实施规范的维护和发展——叙述 COUNTER 项目组将对实施规范进行更新和维护，并接受用户的试用和意见反馈。

附录——包含术语表、出版商声明、SUSHI 协议、实施纲要、审核要求与测试、Excel 格式使用报告范例、XML 概述，链接到最新模式、自选报告、集成和自动化搜索引擎列表、互联网机器人、网络爬虫、蜘蛛列表等 10 个文件。

与之前发布的 COUNTER 标准相比，Release 4 主要增加了以下新内容：

a. 整合了期刊、数据库、图书、参考资料和多媒体内容；

b. 新增“金色开放获取”（Gold Open Access）、“多媒体全文内容单元”（Multimedia Full Content Unit）、“记录浏览量”（Record View）、“结果点击量”（Result Click）以及各类别的“拒绝访问”（Access Denied）等术语；

c. 增强了 SUSHI 协议的应用功能；

d. 要求提供以制表符分隔的值，取代以逗号分隔的值；

e. 要求使用报告中引入期刊标识符（Journal DOI）和图书标识符（Book DOI），以便于使用数据的管理以及与其他相关在线内容的链接；

f. 要求金色开放获取的文章单独生成使用报告；

g. 除前几版中常见的术语“被拒访问量”（拒绝访问：超过并发用户数许可限制）之外，期刊使用报告 2 新增了术语“拒绝访问：内容未经许可”；

h. 修改版的期刊使用报告 5 要求期刊按年度汇报使用量，且允许用户核算过刊回溯包的使用量。出版商无需每月向用户提供此报告，但必须满足此项新增功能；

i. 修改了数据库使用报告的格式，此前要求的统计项目“访问次数”（Session Counts）将被弃用，取而代之的是“记录浏览量”（Record Views）和“结果点击量”（Result Clicks），数据库使用报告 3 将被重命名为平台使用报告 1（Platform Report 1）；

j. 要求详细列明图书使用报告 2 中图书各章节的类别和出版商信息；

k. 废除图书使用报告 6：每月、每种资源的总检索量和访问量，取而代之的是平台使用报告 1；

l. 新增多媒体使用报告 1，包含了音频、视频和影像等非文本多媒体资源，报告每个多媒体全文内容单元成功的请求量；

m. 新增移动设备的使用报告；

n. 描述了日志文件和页面标记作为在线使用统计基础的相对优势；

o. 允许用户灵活地按照时间范围生成使用报告。

②使用报告类型

对出版商而言，必须按照 COUNTER 规范标准来指定报告的内容、格式和提交规格。在用户的使用需求方面，出版商需提供 24 个月以上的使用数据（未能满足此要求的出版商需尽可能多地提供月度使用数据）和可供用户自主选择生成报告的起止月份（未能满足此要求的出版商需将报告默认时间范围设置为年初至提交时间）。

表 15-3　Release 4 COUNTER 使用报告列表

使用报告类型	使用报告内容	报告格式
期刊使用报告 1	每月、每本期刊成功的全文请求量	标准报告
期刊使用报告 1 GOV 金色开放获取期刊	每月、每本金色开放获取期刊成功的全文请求量	标准报告
期刊使用报告 1 a 回溯期刊	每月、每本回溯期刊成功的全文请求量	自选报告
期刊使用报告 2	每月、每本期刊全文分类型的拒绝访问量	标准报告
期刊使用报告 3	每月、每本期刊、每种页面类型成功的请求量	自选报告
期刊使用报告 3 Mobile 移动设备	每月、每本期刊、每种页面类型使用移动设备成功的请求量	自选报告
期刊使用报告 4	每月、每种合集的总检索量	自选报告
期刊使用报告 5	每出版年、每本期刊成功的全文请求量	标准报告
数据库使用报告 1	每月、每个数据库的总检索量、结果点击量和记录浏览量	标准报告
数据库使用报告 2	每月、每个数据库、每种页面类型的拒绝访问量	标准报告
平台使用报告 1（此前为数据库使用报告 3）	每月、每个平台的总检索量、结果点击量和记录浏览量	标准报告
图书使用报告 1	每月、每本书成功的题名请求量	标准报告
图书使用报告 2	每月、每本书成功的章节请求量	标准报告
图书使用报告 3	每月、每本书分类型的拒绝访问量	标准报告
图书使用报告 4	每月、每本书分平台分类型的拒绝访问量	标准报告
图书使用报告 5	每月、每本书的总检索量	标准报告
多媒体内容使用报告 1	每月、每个多媒体内容单元成功的全文请求量	标准报告
多媒体内容使用报告 2	每月、每个多媒体内容单元分类型成功的全文请求量	自选报告
题名使用报告 1（此前为期刊/图书使用报告 1）	每月、每种全文期刊和图书章节成功的请求量	自选报告
题名使用报告 1 Mobile 移动设备	每月、每种全文期刊和图书章节成功的请求量（包含普通浏览器格式/传送至移动设备和移动设备格式/传送至移动设备）	自选报告
题名使用报告 2	每月、每个题名全文分类型的拒绝访问量	自选报告
题名使用报告 3	每月、每个题名、每种页面格式成功的请求量	自选报告
题名使用报告 Mobile 移动设备	每月、每个题名、每种页面格式成功的请求量（包含普通浏览器格式/传送至移动设备和移动设备格式/传送至移动设备）	自选报告

备注：此类涵盖 Release 4 提供的所有 COUNTER 使用报告类型。

3. COUNTER 的意义及对业界的影响

COUNTER 作为规范网络化电子资源使用统计报告数据处理、审核和提交的国际化标准，其诞生为出版商和使用者提供了统一标准的网络电子资源使用统计计量方法、报告及其内容和格式，对图书馆使用统计数据的收集与管理具有重要的意义①。

COUNTER 规范了在线使用数据的术语定义，使各出版商生成的统计数据不仅满足一致

① 李洪. 新版 COUNTER 的特征及未来发展[J]. 中国图书馆学报，2012(6)：29-37.

性、可靠性和相互兼容性等要求，而且能方便地进行记录、交换和比对。有利于图书馆掌握电子资源的用户使用率，进行基于使用数据的成本分析，评估电子资源的投资回报率，从而更好地制定图书馆电子资源采购策略。

从 2002 年第一版实施规范发展至今，近 10 年的探索更新，COUNTER 顺应信息科技、资源类型和用户需求的变换趋势，不断升级评估标准、改进统计方式、丰富报告类型、更新文档结构和数据元素。强劲的发展态势赢得了越来越多出版商的认可和使用。随着提供 COUNTER 标准使用报告出版商数量的增多以及 COUNTER 与 SUSHI 协议的良好结合，图书馆可以遵循 SUSHI 协议来收集不同出版商提供的数据并进行处理，提升图书馆数据收集的效率和数据整理分析的能力。

附录 3 为截止到 2012 年 12 月份参加 COUNTER Release 3 的国外期刊出版商和数据库提供商信息一览表①。

二、SUSHI 协议②

1. SUSHI 概述

(1) SUSHI 的由来

SUSHI 协议产生的重要前提源于 COUNTER 标准的成功，随着 COUNTER 的快速发展并得到广泛的认同，图书馆员意识到一个新的问题——他们需要花费大量的时间来检索、存储和整合各个 COUNTER 报告。首先，图书馆员需要登陆各个出版商提供的使用数据下载页面，下载 Excel 或 CSV 等格式的资源文件，随后使用标准规范对这些文件进行整合，从而生成使用报告，某些使用电子资源管理系统（ERMS）的单位还需人工地将这些数据上传至知识库，以供存储和后续的管理。随着图书馆订购的电子资源越来越丰富，亟须一个满足自动数据交换要求的以 COUNTER 数据为基础和内容的 Web 服务。

2004 年，来自 Innovative Interfaces 公司的 Adam Chandler 和来自康奈尔大学图书馆的 Ted Fons 在美国查尔斯顿大会（Charleston Conference）上就 COUNTER 报告自动化处理展开了讨论；2005 年 6 月美国图书馆协会（American Library Association）会议进一步明确了该议题；2005 年 7 月，在多家单位的努力下，起草协议规范和标准的工作得以开展；同年 10 月，美国国家信息标准组织（NISO）加入该计划，正式将其命名为 SUSHI，并开始了协议的规范定义工作；2006 年 9 月 20 日至 2007 年 5 月 20 日，SUSHI 的草案在用户和出版商之间得到良好的试用；2007 年 11 月 8 日，NISO 的 Z39. 93—2007 标准——SUSHI（The Standardized Usage Statistics Harvesting Initiative Protocol），即标准化的电子资源使用统计获取协议获得了美国国家标准协会（ANSI）的正式批准。

(2) SUSHI 的发展

SUSHI 的目标是从日益增长的出版商那里解决和实现使用统计数据的收割和管理问题，

---

① Register of COUNTER Release 3 compliant vendors [EB/OL]. [2012 - 07 - 15]. http://www.projectcounter.org/r3/R3CV_Dec2012.pdf.

② Standardized Usage Statistics Harvesting Initiative (SUSHI) [EB/OL]. [2012 - 07 - 15]. http://www.niso.org/workrooms/sushi.

完善使用格式的一致性并实现对数据进行自动化处理。截至目前,Elsevier、Springer 等世界知名的出版商已纷纷采用 SUSHI 协议为图书馆提供使用统计报告,其规范一致的数据信息为图书馆进行电子资源的绩效评价分析提供了可靠的依据,其自动化的网络服务模式也为用户获取统计报告提供了极大的便利。

SUSHI 协议基于 Web 服务,定义了自动获取电子资源使用统计数据的请求(ReportRequest)和应答(ReportResponse)模式,它遵循 COUNTER 协议提供的规则。按 SUSHI 的规定,图书馆和数据提供商之间以 XML 格式控制数据自动传输,数据的自动请求与应答获取完全遵循简单对象存取协议(Simple Object Access Protocol,简称 SOAP)。SUSHI 在 COUNTER 标准的基础上,采用统一的协议,用以收集不同出版商提供的数据并进行处理,使用户能更系统、高效地获取和分析使用数据,并使用户可以将精力用于数据管理和分析。

2. SUSHI 协议文件:ANSI/NISO Z39.93—2007①

ANSI/NISO Z39.93—2007 的主体内容包含:目的、范围、参考文献、术语定义、元素参考指南、协议正文、报告命名、版本与扩展、8 个附录和资料目录等。

目的部分介绍了 SUSHI 协议作为一个基于 Web 服务的简单对象存取协议,可以请求和应答 XML 格式的 COUNTER 报告。范围部分介绍了 SUSHI 协议遵循 COUNTER-SUSHI 模式,其提供的 XML 格式可用于多种用途。参考文献部分介绍了与 SUSHI 协议相关的研究成果。术语定义对 SUSHI 协议相关的术语进行了描述。元素参考指南列明了元素清单和数据类型。协议正文包括一个 XML schema 文档以及一段 Web 服务描述语言,它们分别说明 SUSHI 协议中规定的数据契约(Data Contract)以及服务端和客户端之间的服务契约(Service Contract)。报告命名分为 COUNTER 报告、SUSHI 注册的非 COUNTER 报告和其他报告。版本与扩展部分定义了 SUSHI 版本更新与扩展的细则。8 个附录分别包含 SUSHI 协议的 XML Schema、核心的 SUSHI Web 服务描述语言、SUSHI 对 COUNTER 报告的扩展、利用 SUSHI 获取额外的报告、SUSHI 的维护、SUSHI 数据交换范例、安全性考虑、创建 SUSHI 延展性等。资料目录部分罗列了 SUSHI 相关在线资源的网址链接。

3. SUSHI 处理流程②

一个完整的 SUSHI 处理流程如图 15-1 所示,包含以下步骤。

(1)图书馆系统发出使用统计报告的请求。

(2)SUSHI 客户端生成请求。SUSHI 客户端是运行在图书馆服务器上的软件,通常与电子资源管理系统(ERM)相连。该请求包含发出请求的图书馆信息和该请求者要求的统计报告项目等信息。

(3)SUSHI 服务器处理请求。SUSHI 服务器是运行在内容提供商服务器上的软件,它能获取电子资源的用户使用数据。

(4)SUSHI 服务器处理相关的使用数据,并准备 XML 格式的 COUNTER 报告。

---

① ANSI/NISO Z39.93—2007 The Standardized Usage Statistics Harvesting Initiative (SUSHI) Protocol [EB/OL].[2012-07-15]. http://www.niso.org/apps/group_public/download.php/6569.

② 杜莹琦,郑琳. 解读 SUSHI——标准化的电子资源使用统计获取协议[J]. 新世纪图书馆,2008(4):42-43.

(5)SUSHI 服务器进行数据打包并返回应答。XML 格式的 COUNTER 统计报告被加载到回复信息中,并返回至 SUSHI 客户端。

(6)SUSHI 客户端处理 COUNTER 报告。客户端从回复中抽取 COUNTER 报告,该报告将被传送到 ERM 系统以便进行更深层次的分析应用。

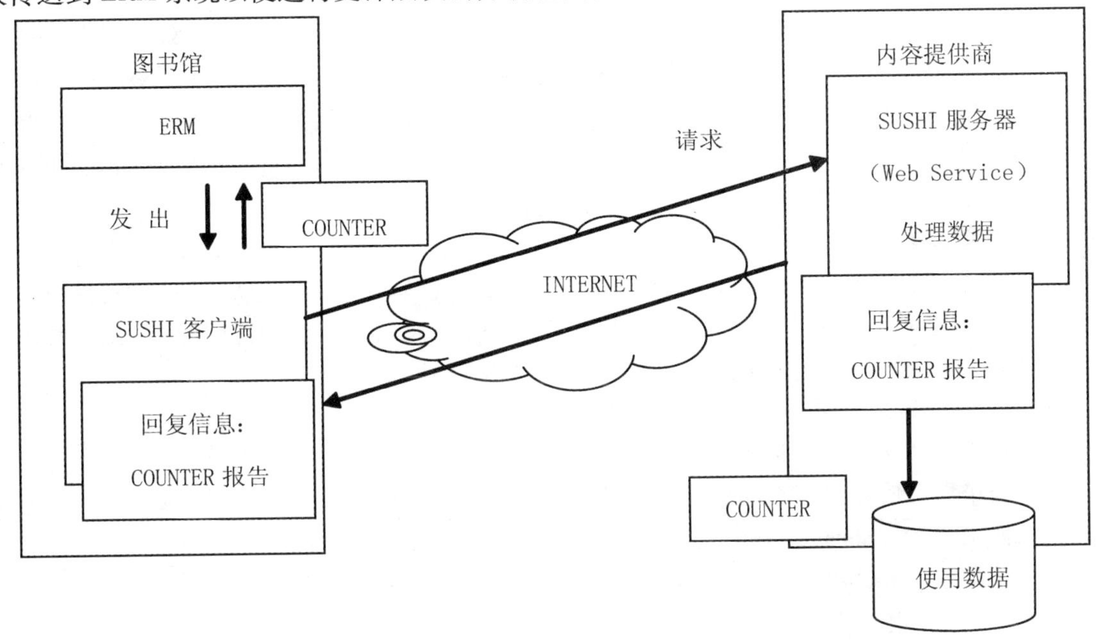

图 15－1　SUSHI 处理流程

三、基于网络信息资源的使用统计测度指南①

1. 项目背景

国际图书馆联盟联合会(ICOLC)于 1998 年 11 月开始制定《基于网络信息资源的使用统计测度指南》,当时的项目全称为《网上索引、文摘和全文资源使用统计测度指南》(*Guidelines for Statistical Measures of Usage of Web-Based Indexed, Abstracted and Full Text Resources*),经 2001 年 12 月和 2006 年 9 月的两次改版调整,最新版本于 2006 年 10 月 4 日公布,更名为《基于网络信息资源的使用统计测度指南》(*Revised Guidelines for Statistical Measures of Usage of Web-based Information Resources*)。2001 年修订版明确了网络信息使用数据统计的最基本要求,并提供在隐私、保密、获取、传递和报告形式方面的指导。2006 年的修订版反映并强调了 ICOLC 对 COUNTER 项目的支持和对 NISO SUSHI 协议以及与其相关的 XML 统计数据传送格式的支持。截至 2007 年 7 月 25 日,该指南已被 ICOLC 的 83 个成员馆应用。

① ICOLC Guidelines for Statistical Measures of Usage of Web-based Information Resources [EB/OL]. [2012－07－15]. http://icolc. net/statement/revised-guidelines-statistical-measures-usage-web-based-information-resources.

2. 项目内容

项目详细说明了使用统计数据收集和报告的一系列最低要求，包括隐私权和用户隐私，机构和联盟保密，使用数据的获取，使用数据的传递，术语定义和统计报告的格式等方面。保密和隐私部分描述了数据提供商对个人、机构、联盟的账户信息和数据信息等内容的合同约束。联盟成员馆的使用数据受 IP 地址或用户名密码的管控，用户可自行通过特定渠道获取各机构的使用信息。使用统计报告则必须通过 Web 界面的互动式使用统计报表系统（Interactive Web-based Reporting System）传送，数据库商应至少保留三年的使用数据，并支持基于 SUSHI 中描述的网络服务协议的 XML 格式。该项目的中心内容为最低要求和统计报告的格式，下面将单独予以介绍。

（1）最低要求

分组描述每个数据库提供商，按每个机构的 IP 地址或账号信息，按联盟层级整合统计，以月为主要统计时间单位，可提供整年的使用数据，并能按小时、日、月自定义使用数据的时间范围。出版商应提供的数据元素包括：

访问量（Number of Sessions/logins）

检索量（Number of Queries/Searches）

菜单请求量（Number of Menu Selections）

全文请求量（Number of Full-Content Units）

被拒访问量（Number of Turn-Aways）

（2）使用统计报告格式

该项目能提供多种格式的使用报告。如联盟期刊使用报告（Consortium Member Report）（见图 15－2）、单一机构期刊使用报告（Journal Title Usage Report）、联盟数据库使用报告（Consortium Database Report）、单一机构数据库使用报告（Institutional Database Report）等。这些格式只是为了尽可能详尽说明最基本的信息需求，而并非代表了指南的所有方面。以图 15－2为例，报告包含统计时间范围、联盟名称、资源名称、联盟各成员馆的检索量、各馆的全文请求量以及联盟总量等信息。就 ICOLC 而言，他们希望数据库提供商能结合指南的标准，提供与其产品和服务相关的其他数据信息。

四、其他标准

上述 3 项指标的共同之处在于其均是专门针对电子资源使用统计的行业标准。本部分将简要介绍几个典型的关于图书馆统计与绩效评估的综合标准，并描述各标准中涉及电子资源使用统计的内容。

1. ISO 2789:2006①

ISO 2789:2006 信息与文献——国际图书馆统计标准（Information and Documentation—International Library Statistics）是由国际标准化组织（ISO）的技术委员会 ISO/TC46 下属的子委员会 SC8 联同国际图书馆协会联合会（IFLA）为图书馆统计制定的国际标准，旨在促进图书馆

① 张红霞. 图书馆统计国际标准 ISO 2789:2006 解读[J]. 新世纪图书馆，2010(1):9－10.

Consortium Member Report		
Period: July 2000-June 2001 Site: Consortium XYZ Resource: General Periodicals		
Site	Searches	FT Articles
College A	8476	6799
College B	14589	15889
College C	24483	22544
University of A	8204	7899
University of B	197930	206779
University of C	23998	22553
Grand Total	277680	282463

图 15－2　联盟期刊使用报告

统计和图书馆界的交流。该标准于1974年公布,在1991年和2003年进行过修订,目前最新的版本为2006年版。

以ISO 2789:2006为例,该标准主要内容包括前言、导言、范围、标准文献的参考引用、术语和定义、统计的用途和益处及局限性、统计数据的报告、统计数据的收集以及3个附录:"评估电子图书馆服务利用""推荐作进一步统计分析的类目"和"总计"。其中,附录"评估电子图书馆服务利用"为图书馆电子服务的利用提供统计方法,描述了访问(Sessions)、被拒访问(Rejected Sessions)、内容或记录下载、访问时间、检索(Searches)、Internet 访问(Internet Sessions)、虚拟访问(Virtual Visits)等多种用户利用行为和途径。

2. NISO Z39.7—201×(试用稿)①

NISO Z39.7—201×　信息服务与使用:图书馆与信息服务机构统计指标——数据字典(Information Services and Use: Metrics & statistics for libraries and information providers—Data Dictionary)由美国国家标准学会(ANSI)于1968年制定,之后经多次修改,先后出版了ANSI Z39.7—1968、ANSI Z39.7—1983、ANSI/NISO Z39.7—1995 和 ANSI/N ISO Z39.7—2004 四个版本②。目前美国国家信息标准协会(NISO)官网上(http://www.niso.org/dictionary/)发布了ANSI/NISO Z39.7—2004的修订版 NISO Z39.7—201×,仍处于试用阶段。

以NISO Z39.7—201×为例,该标准主要内容包含导言、报告单位和主要目标人群、人力资源、馆藏、设施和设备、财务和服务,还包括前言、5个附录和9个补充项目。其中"服务"(Service)中的"使用"(Use)的"电子馆藏计量"(Electronic Collection Emetrics)描述了电子资源使用统计标准的相关内容。表15－4反映了NISO Z39.7—201×的电子资源使用统计指标。

---

① National Information Standards Organization Z39.7－201×[EB/OL].[2012－07－15].http://www.niso.org/dictionary.

② 曹磊.图书馆统计标准比较——以ISO 2789与NISO Z39.7为例[J].图书馆杂志,2009(11):23－27.

表 15 -4　NISO Z39.7—201× 电子资源使用统计指标

使用量/记录数 (Units/Records Examined)	图书馆商业服务记录数 (Commercial Services Descriptive Records Examined)
	图书馆商业服务全文使用量 (Commercial Services Full-Content Units Examined)
	图书馆馆藏记录数 (Library Collection Descriptive Records Examined)
	图书馆馆藏全文使用量 (Library Collection Full-Content Units Examined)
	图书馆联机公共目录记录数 (OPAC Descriptive Records Examined)
检索量/查询数 (Searches/Menu Selections) (Queries)	图书馆商业服务检索量 (Commercial Services Searches)
	图书馆馆藏检索量(Library Collection Searches)
	图书馆联机公共目录查询数(OPAC Searches)
访问量 (Sessions)	图书馆商业服务访问量 (Commercial Services Sessions)
	图书馆联机公共目录访问量(OPAC Sessions)
拒绝访问量(Rejected Sessions)(Turnaways)	
虚拟访问量(Virtual Visits)	

3. ARL E-Metrics①

E-Metrics 项目由美国研究图书馆学会(ARL)于 2000 年 4 月发起,旨在提出一套评价标准来满足其成员馆对数字信息资源评价的需要②。该项目主体分为现状调研、建立指标体系和推广 3 个阶段。建立指标体系阶段,主要进行统计数据及性能测量方法和工具的具体开发,并对这些工具和方法进行实地测试,同时对供应商的资源使用统计报告中的术语定义以及向图书馆报告数据的方法等进行标准化。最后,项目组提出了 19 项指标,并撰写《图书馆网络服务统计和评估指标》(*Recommended Statistics and Measures for Library Networked Services*)。

指标体系包含资源(用户可存取的资源,Patron Accessible Electronic Resources)、使用(在线资源和服务的使用,Use of Networked Resources and Services)、成本(在线资源及相关设施设备的成本,Expenditures for Networked Resources and Related Infrastructure)、馆藏数字化(Library Digitization Activities)和绩效指标(Performance Measures)。表 15 -5 单独介绍了 ARL E-Metrics 项目中的使用统计指标。

① Measures for Electronic Resources (E-Metrics http)[EB/OL].[2012 -07 -15]. http://www.arl.org/stats/initiatives/emetrics/index.shtml.

② 刘蔚,王长宇. ISO2789、NISO Z39.7 和 E-METRICS 数字资源评价标准比较[J]. 图书馆学刊,2010(8):102 -105.

表 15－5　ARL E-Metrics 项目的电子资源使用统计指标①

使用(在线资源和服务的使用, Use of Networked Resources and Services)	使用报告 1:电子参考咨询的交易量 U1: Number of electronic reference transactions
	使用报告 2:电子数据库的访问量 U2: Number of logins (sessions) to electronic databases
	使用报告 3:电子数据库的检索量 U3: Number of queries (searches) in electronic databases
	使用报告 4:电子数据库的资源请求量 U4: Items requested in electronic databases
	使用报告 5:图书馆网站和目录的访问量 U5: Virtual visits to library's Web site and catalog

第二节　国内外文电子资源使用统计工作实务

一、国家图书馆外文电子资源使用统计工作

1. 政策指导

《图书馆数字资源统计标准和应用指南》(以下简称《指南》)由国家图书馆主持研发,于2010年8月正式出版,属于国家数字图书馆标准规范成果之一。《指南》的制定遵循 GB/T 13191—2009、ISO 2789:2006 等国际标准,针对数字资源的统计特性进行扩展研究,细化数字资源相关的统计指标和方法,形成一套完整的标准规范。它不仅能够满足图书馆数字资源日常管理需求,为数字资源的对比和分析提供基础数据,同时也基本满足了国际主流标准数字资源评估相关指标的数据需求。

《指南》主体内容分为两大部分:统计标准和应用指南。统计标准构建图书馆数字资源统计框架,明确界定数字资源相关的术语、数字资源体系、统计指标和统计方法,适用于数字资源的馆藏、服务、设施和经费统计;应用指南则为标准的正确、有效应用提供应用性指导,详细说明标准的统计原则,并确定国家图书馆执行数字资源统计的细则。数字资源统计指标体系包括:数字馆藏统计指标、数字资源服务统计指标、数字资源相关设施统计指标和数字资源经费统计指标等。

2. 工作内容

国家图书馆外文电子资源的使用统计工作由采访部门负责,具体工作内容包含四个流程:获取数据、填写报表、分析用量和撰写报告。以 COUNTER 标准规范的使用量为基础,通过数据比对、科学计量和成本分析,最终以报告的形式呈现使用统计分析成果。

(1) 收集使用数据

国家图书馆目前馆藏的外文数据库中,除个别单机版光盘学术数据库和少量国际组织数

① 张玲,孙坦. 电子资源使用评估与 E-Metrics[J]. 图书馆杂志,2005(3):24－25.

据库外，绝大部分数据库能提供使用数据。数据库使用量的获取方式大体包含两种：第一种方式，也是普遍使用的方式，即数据库出版商提供账号和密码，图书馆员通过登陆数据库管理页面自主下载数据，大多数出版商均提供COUNTER标准的使用统计报告；第二种则是向数据库出版商索要数据的方式，此种情况下，出版商提供的数据均不遵循COUNTER标准，用量指标不一致，且由于数据获取存在时滞性，有时提交数据的时间较晚，会在一定程度上影响数据的收集。

（2）完成使用报表

完成数据收集后填写《国家图书馆外购数据库使用情况统计报表》中的外文数据库部分。报表严格按照国家图书馆外文数据库文献类型来排序，主要按全文型数据库、索引/文摘类数据库、数值/事实类数据库、复合型数据库、工具型数据库等类型排序，基本实现同一文献类型数据库的相邻排序。该报表以半年为统计更新周期，统计完毕后提交至业务管理处进行数据审查和存档管理。除常规的半年统计之外，使用数据还用于生成季度和月度使用报表，并常用于生成同一文献类型的数据库和单个数据库的前后年同期数据比对表，方便图书馆灵活地了解数据库使用量的变化。

（3）分析使用情况

《国家图书馆外购数据库使用情况统计报表》结合COUNTER标准，设有访问量（Session）、被拒访问量（Turn away）、检索量（Search）和全文下载量（Full-Text Article Request）4项用量指标。报表中4项指标包含“本年累计”和“本月”两个次级指标。以Elsevier学术期刊全文库2010年的使用量为例，如表15－6所示，报表中列有该库的“本年累计访问量”“本月访问量”等8个用量数据。这些数据将用于分文献类型、分时段和分指标进行数据库使用情况分析。通过上述指标的分析，能基本实现同一数据库横向的使用量对比。

表15－6　2010年《国家图书馆外购数据库使用情况统计报表》中Elsevier数据库使用量

数据库名称	访问量		被拒访问量		检索量		全文下载量	
	本年累计	本月	本年累计	本月	本年累计	本月	本年累计	本月
Elsevier	16 791	1715	－	－	48 022	4386	213 689	14 066

（4）撰写使用报告

撰写使用报告是数据库使用统计分析工作的最终目标。基于《国家图书馆外购数据库使用情况统计报表》并与其频率相一致，国家图书馆每半年撰写一份数据库使用情况分析报告，该报告按数据库文献类型分类统计使用情况，各类型数据库以表格形式罗列，依全文下载量从高到低排列。年度报告中最为关键的是，增加了前后若干年的使用数据增量比对和单次成本分析。表15－7以报纸全文库为例，在报告中列明了2009年和2010年前后两年的使用情况对比状况，既可以横向比较单个报纸全文库的增幅情况，也可以纵向比较多个报纸全文库的访问成本、检索成本和全文下载成本。

表 15－7　报纸全文库 2010 年与 2009 年使用情况对比

数据库名称	访问量增长情况		检索量增长情况		全文下载量增长情况	
	总量	单次成本	总量	单次成本	总量	单篇成本
Access World News	－	－	+47.63%	－32.02%	+12.63 倍	－92.64%
Wall Street Journals	－	－	－5.13%	－	－28.65%	－
Newspaper Source	－49.97%	－	－48.89%	－	－20.96%	－

二、CALIS 电子资源使用统计工作

1. 政策指导

为对数字资源进行全面的评估，达到资源建设的最大效益化，指导资源建设未来的发展，促进资源的服务与共享，北京大学数字图书馆研究所、CALIS 管理中心先后设立“数字资源评估”项目、“数字资源与服务评估”子项目，并于 2004 年发布《高校图书馆数字资源计量指南》，2007 年发布修订版。在此基础上，2008 年，肖珑等人又总结出一套完整的数字资源评估指标体系，并针对这套指标体系提出应用指南。

数字资源评估的内容包含 7 个方面：数量和规模评估、内容与质量评估、体系与结构优化评估、数字资源获取与信息组织能力评估、可持续发展能力评估、效益评估和资源共享能力评估。CALIS 数字资源评估指标体系共有 12 个一级指标，包含：数字资源的数量、数字资源的结构、数字资源的内容与质量、数字资源检索与获取能力、出版商/数据库商的服务、信息组织能力、可持续发展能力、数字资源和相关设施的费用、数字资源的使用数量、数字资源的文献保障率、数字资源的成本评估和数字资源共享能力。其中一级指标数字资源的使用数量设置了与资源使用统计相关的 4 个二级指标：数据库的登陆量、数据库的查询量、数据库的全文下载量和数据库的拒绝访问量。

2010 年，为了合作开展引进数字资源的采购工作，规范引进资源集团采购行为，谋求最优价格和最佳服务，中国部分高等学校图书馆共同发起成立了 DRAA（高校图书馆数字资源采购联盟，Digital Resource Acquisition Alliance of Chinese Academic Libraries），代替 CALIS 承担引进资源集团采购的组织工作。DRAA 研制了《引进资源评估大纲》，包含数据库简介、数据库资源内容、数据库平台、提供的用户服务、组团情况、使用统计、永久使用及存档、许可协议和其他指标。其中使用统计包含统计数据标准和格式、统计数据提供方式、统计数据提供频率和基本统计指标项数据等内容。

2. 工作内容

2012 年 4 月，DRAA 新门户网站上线，初步实现资源集团采购和评估的在线管理。在该网站平台上，DRAA 资源使用统计工作大体分为：数据获取、对比分析、生成报告、在线评价 170。

（1）获取统计数据

支持 SUSHI 服务器自动收割、COUNTER 格式报告和 DRAA-Extend 格式报告手工上传，获取联盟成员馆的使用数据。

（2）数据处理分析

初步实现系统自动处理,DRAA 统计平台只对 DRAA 协议成员馆的数据进行对比分析。

（3）生成统计报告

DRAA 统计平台生成的统计报告是基于已上传并且符合数据规范的统计数据生成的。报告格式包含各类统计数据排行榜,基于单个数据库、单个图书馆、跨数据库、跨图书馆的各类统计对比报告。

（4）在线评估资源

基于生成的使用报告对数据库的内容和质量、服务、购买价格和方式、检索平台等元素进行评分,最终完成资源的使用评估。

三、外文电子资源使用统计工作的意义

外文电子资源的使用统计工作不是简单的数据收集、分析和处理。它作为数字资源评估中最重要的一项指标,对于图书馆进行资源综合评估、了解读者信息需求、规划数字资源建设方案并合理调整资源布局等方面具有重要的指导意义。

1. 为资源评估提供重要参考

资源评估通常由两大部分组成:使用和服务。其中,资源使用量的高低直接影响了资源评估结果的好坏。在资源尚处于试用期间的预评估阶段时,采访人员可结合使用情况判断是否进一步推进资源的采购流程。针对已购的数字资源,采访人员在开展评估工作时,可根据资源引进后实际的使用量来判断下一年的数据库调整方案,如购买成本过高、使用量差且远低于同类型的其他数据库,采访人员需对该数据库进行细致认真的分析,结合两年以上的数据库使用情况,查找使用率低下的原因,使用量确实难以提高的,可考虑直接淘汰并停订该类资源;如数据库使用量良好但单次使用成本偏高,图书馆文献资源建设部门可考虑与出版商展开协商,通过降低续订价格、增加数据库使用培训、开通数据库远程访问等方式来降低资源的单次使用成本、提高资源的读者利用率。

2. 为图书馆了解读者信息需求提供参考

读者信息需求是指导和调整图书馆文献资源建设方针的重要依据。不同类型的图书馆接待的读者群体相对固定,但是相对固定的读者群体,其所需的信息需求却是一个动态的、变化的过程。为此,紧密结合使用报告,开展对读者信息需求的研究十分重要。目前的使用统计报告的内容和形式呈现多样性,部分统计指标可分时段、分 IP 地址提供使用统计报告。采访人员可结合这些新颖的报告形式分析用户使用单个数据库产品的时间习惯和场所偏好。以 IP 地址为例,部分图书馆拥有多个馆舍,各馆舍区域内均可提供外文电子资源的访问权限,基于这份以 IP 段区分用量的使用报告,采访人员可以清晰地判断不同馆舍内到馆读者的信息需求情况。针对相同资源,如一种电子期刊在多个数据库产品中均有全文提供的情况,采访人员可就这些资源在多个数据库中的使用情况进行类比分析,从中发现读者对同一类型数据库的信息需求和使用偏好。

3. 为图书馆资源建设提供依据

图书馆可结合使用数据,按数据库文献类型来调整馆藏文献资源建设中各类型数据库的经费比例和分配情况。对于使用情况良好的数据库类型,可适当增加该类型数据库的试用和

采访比重。同时,通过对数据库产品中单个电子文献使用量的分析,针对用量较高的电子文献,若其符合本馆馆藏政策方针且读者利用率良好,可考虑适当增加相对应纸质文献的采访力度,从而辅助图书馆纸质文献资源建设。由于数据库购买方案的差异,对于一个数据库产品,图书馆未必完全购买其全库资源。基于这一点,使用统计报告中的被拒访问量这一指标发挥了重要的指导意义。针对使用统计报告中被拒访问量频率高的电子文献,采访人员可进行跟踪调研,如若读者对其确有较高的需求且其与馆藏资源建设方针一致,则可将其纳入采选范围。

第十六章　外文电子资源评估

近年来,随着计算机、移动设备和互联网等技术的发展与普及,电子出版物的数量、种类持续增长与扩大,电子资源的覆盖范围延伸到科学研究和大众阅读生活的各个领域,无论研究人员还是普通读者都越来越依赖并喜爱更易于检索和个人存储的电子资源。为了满足读者的需求,图书馆不断提高电子资源的采购数量和比重,高校和科研机构图书馆更是通过引进数据库、电子期刊等资源以逐步取代对印刷型出版物的订购。

根据美国研究图书馆协会(Association of Research Libraries,简称 ARL)的统计数据,2003—2010 年间,ARL 成员馆电子文献购置费用逐年增长,占总体文献购置费用比例已超过 50%①。在我国,教育部高校图工委发布的《2010 年高校图书馆发展报告》显示,2006—2010 年间,全国 552 所高校图书馆平均电子资源购置经费从 2006 年的每馆平均 78 万元增长到 2010 年每馆平均 124 万元,5 年间增幅达到近 60%,其中 2010 年电子资源购置经费占馆均文献资源购置费比例达 48%②。

电子资源购置成本不断增长,在图书馆馆藏建设和服务中占据着越来越重要的地位,在这种情况下,对电子资源的使用及其服务进行科学评估具有十分重要的现实意义,相关研究得到了国内外图书馆学研究的持续关注。一方面,科学的评估将有助于合理、优化的建设图书馆电子资源乃至整体馆藏资源,使印刷型出版物与电子出版物的建设逐步结合,更科学、合理、整体化地发展图书馆馆藏;另一方面,科学的评估将有助于图书馆充分了解引进资源使用情况,从实际出发做出合理调整,进一步提高电子资源的利用率,提高文献建设经费投入产出比③。

国外电子资源评估研究起步较早,从电子资源产生之初就有以内容为评估对象的研究出现。而为衡量电子资源服务情况,提高电子资源利用效能和用户满意度,20 世纪 90 年代中期开始,研究者在理论研究基础上开展"电子资源网络统计与绩效评价""电子图书馆服务绩效评价"等应用性研究项目,相继产生了很多有代表性的应用案例。国内对电子资源评估的研究始于 20 世纪 90 年代中期以后,早期的研究多针对光盘数据库展开④。2000 年前后,由于国内图书馆大力引进网络型电子资源,这一时期的研究重点则集中在对电子期刊、网络数据库等的内容、平台功能的评价上⑤,以比较研究为主要手段,旨在辅助指导电子资源采购决策。此后,随着内容评估研究的日益成熟,电子资源的使用和绩效评估研究逐渐引起人们的重视,它以构建电子资源评估指标体系为主要手段,评估结果不仅应用于采购决策,更多的应用于分析引进电

---

① 参见 http://www.arl.org/stats。

② 参见教育部高校图工委发布的《2010 年高校图书馆发展报告》。

③ 肖珑,张宇红.电子资源评价指标体系的建立初探[J].大学图书馆学报,2002(3):35 - 42.

④ 姜爱蓉,黄晓玲.中英文光盘版电子期刊的利用与比较分析[J].情报学报,1998,17(2):126 - 130.

⑤ 刘霞,雷霆.数据库检索平台的比较研究——以 INSPEC 数据库为例[J].图书馆杂志,2003,22(9):51 - 53.

子资源利用成效，以帮助进一步调整服务和资源结构。

第一节　电子资源引进评估操作

一、引进资源评估工作流程

电子资源引进评估是指电子资源采访人员依据实际需求、从多个角度对目标资源进行全面分析和评价的过程，评估结果将作为是否引进某一电子资源的决策依据或交由最终的采购决策者辅助其做出订购决策。电子资源引进评估工作因在资源引进之前开展，也被称为预评估。

出于电子资源的自身特性和厂商的授权条款限制，电子资源的引进一般是以方便读者使用、提高文献利用率为首要目的的。经过调查、分析、科学决策后购买的电子数据库，其利用率和用户满意度能够在一定程度上得到保障，图书馆资源建设经费也就能够实现有效的利用①。因此，在电子资源采访工作中，对资源进行引进前的科学评估是其中最为重要的一个环节。

引进资源评估通常涉及多个阶段，包括初步评估、深度评估、组织资源试用、撰写评估报告等几个方面的工作。根据资源规模、资金环境、读者需求等的变化，每个阶段的持续时间会有所不同，有可能会出现某一阶段需要反复进行的情况。一般资源的评估通常在2—3个月的时间内完成；有组织的集团采购在取得价格优势的同时，可以减少单一成员的评估工作量；而针对大型资源引进项目，如全国授权、区域授权或者涉及金额巨大的资源，可能需要一年甚至数年的时间来完成资源评估工作。对于评估周期较长的资源，采访人员需要特别注意资源内容等在评估周期内发生变化的情况。各评估阶段一般需要进行以下工作：

1. 初步评估

初步评估是采访人员对电子资源是否可纳入采访范围的甄别过程。面对众多的电子资源产品，初步评估是完成采访任务、提高采访效率的第一步。首先，采访人员应根据厂商提供的基本信息判断该资源是否符合本馆电子资源的采访方针，同时考察是否符合当前本馆电子资源引进的需求。其次，采访人员需要对资源价格进行预判，对超出或者很有可能超出本馆预算的资源应谨慎处理。对于读者推荐带来的需求驱动，应首先考察当前馆藏电子资源是否可以满足其需求。相对其他阶段，初步评估更容易受到主观判断的影响，建议由经验丰富的采访人员完成。

2. 深度评估

深度评估指采访人员在资源经过初步评估被纳入可采范围后，对其从资源数量、资源质量、采购费用、购买方式等多个角度进行全面深入的分析过程。该阶段进行的评估工作主要围绕下文中提到的引进资源评估内容进行，其评估结果尽可能以定量或者明确的定性形式表示，所提及的内容应均为确定的、经过采访人员核实无误的。深度评估是引进资源评估流程的核心环节，评估结果将对资源的采访决策起到决定性影响。

---

① 潘辉．高校图书馆电子文献数据库购买决策体系研究[J]．图书馆建设，2010(6)：24－28.

3. 组织资源试用

在对资源进行深度评估的同时，应积极组织开展资源的试用工作。资源试用是厂商在用户购买前，为使用户更加直观地了解资源内容和服务平台而提供的一段时期的免费访问服务。开展资源试用是了解读者需求的有效手段，也是采访人员对资源进行深度评估的必要条件。普通资源的试用周期一般以2—3个月为宜，若试用时间较短或有特殊需要，采访人员可以向出版社申请二次试用。

在试用期间，采访人员一方面要实际进行操作，充分了解资源平台的功能特性，并对厂商提供的资源内容信息进行核实；另一方面，要借助一切宣传渠道和手段，如张贴宣传海报、网站通知、RSS推送、发布微博等，向目标读者发布试用通知，也可通过问卷调查的方式获得读者的反馈意见。试用通知中应说明资源的基本信息、访问方式和试用周期，并注意附带采访人员联系方式以便获取反馈意见。在有条件的情况下，特别是针对一些专业性较强的学术资源，可以邀请学术专家参与试用，获得权威的专业意见。选择试用时间时注意避开一些重大的节假日，以免因读者锐减造成试用效果不理想。

试用结束后，采访人员应及时要求出版社提供试用统计数据或者提供账号以便自行获取，同时要做好读者反馈意见的整理。试用统计数据和读者反馈信息可以从一定程度上反映本馆读者对资源的实际需求。

4. 完成资源评估报告

资源评估报告是采访人员完成评估工作后形成的评估成果，是上述资源引进评估各阶段的评估结果汇集和总结，用以提交决策者参考决策或作为工作文档留存。以上为引进资源评估的一般步骤，采访人员应根据本馆实际情况和业务流程灵活选择和协调资源评估工作进度。

二、引进资源评估内容

在评估工作开展过程中，采访人员应结合本馆实际情况选择具体评估项目，并有针对性地制定符合需求的评估标准。结合各电子资源评估指标体系所列的评估指标和电子资源采访工作实践，电子资源引进评估内容可大体概括为资源内容、平台功能、馆藏需求、授权范围、成本费用5个大类，其中每个大类又由多个细分项目组成。

1. 资源内容

资源内容是衡量电子资源文献保障能力的核心要素。在对电子资源进行内容评估时，首先要对收录资源数量、资源类型、收录时间范围、学科主题、更新频率、文种等资源客观描述信息进行核查与计量，对不明确或与厂商提供信息不一致的情况应及时反馈求证。对资源内容质量进行评估时，一方面在有条件的情况下邀请学科专家、领域专家从专业角度给出意见，另一方面可以借助第三方评估工具反映资源的质量，如在外文期刊数据库的评估中，资源被SCI/SSCI/AHCI三大引文数据库收录的比例以及资源收录期刊的影响因子等均可作为考察资源质量的重要依据。此外，资源出版机构在业界的口碑和权威性也可作为评定资源质量的参考之一。

2. 平台功能

资源访问平台功能的优劣将影响资源使用效果，对资源平台功能的评估工作应在资源试用期间全面开展。对平台功能的评估，主要是考察平台界面的友好性、平台的访问速度和稳定性、检索功能的完备性、文献访问与下载的权限及格式、对移动设备的支持程度等多个方面。在进行平台功能评估时,要充分考虑到各种类型电子资源间平台特性的差异。

3. 馆藏需求

评估资源对馆藏需求的满足程度是资源内容评估的一个重要项目。一方面需评估资源的内容,如学科、类型、文种等与馆藏政策要求是否匹配,评估读者对其是否有需求以及需求是否强烈。另一方面要与当前的馆藏资源(包括印刷型和电子资源)进行查重比对。一般来说,对以保存为主要目的的资源可优先选择实体资源;对读者需求量大且长期保存价值不高或时效性强的资源优先考虑采选电子形式;对资源保存价值大且读者需求高的资源,在经费许可的情况下,可以考虑同时收录。

4. 授权范围

进行授权范围评估时要考虑资源引进模式是一次付费买断还是以租赁方式获得许可授权,是否允许通过 VPN 等方式向读者提供远程访问,是否有并发用户数限制,出版社是否可以向图书馆提供裸数据、元数据等资源存档,是否允许图书馆对资源进行本地装载等。通常授权范围的扩大会引起资源价格的增加,所以在经费有限的情况下,可以通过减少对授权范围的要求平衡经费不足带来的问题,同时也避免一次性投入过大带来的资源浪费。

5. 成本与费用

针对引进资源所涉及的成本与费用一方面需要从资金角度对图书馆资源引进能力进行衡量,另一方面需要对引进资源产生的效益做出合理预期。采访馆员需对年度续订资源的经费涨幅和所需总费用进行合理预计,估算出可用于新增资源的经费额度,在安排资源新增计划时不得超出新增预算,并根据续订资源情况变化对新增资源预算进行及时调整。在对新增资源价格合理性进行评估时,可将同类型、同规模的已购资源价格作为参考。

三、资源评估报告格式示例

资源评估报告并没有固定的格式和内容要求,应根据各馆实际情况进行操作。以国家图书馆电子资源引进评估报告为例:

表 16　1　电子资源引讲评估报告样例

资源名称	×××期刊数据库
资源来源	×××出版社出版
资源类型	期刊全文数据库
资源简介	该库共收录×××种学术期刊,其中约＊＊%的期刊被 SCI 或 SSCI 收录为核心期刊,另有 49 种期刊被 AHCI 收录,订购后可访问全部期刊从 1997 年至今的全部内容 ×××出版社是享有国际盛誉的学术出版社,出版的学术期刊覆盖人文科学、社会科学以及自然科学,以数学、物理、环境科学和国际关系等领域见长,根据 JCR 排名,该库收录的×××期刊、×××期刊的五年影响因子在其领域均排名第一,其他期刊影响因子和详细情况可参见期刊列表……

续表

<table>
<tr><td>资源名称</td><td colspan="3">×××期刊数据库</td></tr>
<tr><td>平台功能</td><td colspan="3">该数据库平台可实现全文检索、HTML 格式全文访问与 PDF 格式全文内容下载;借助该平台可以实现与该出版社电子书产品的交叉检索;用户可以注册订阅目录,关键词和科目快讯,并可自由选择快讯发送频率;可使用各项个性化功能,如保存感兴趣的文章链接、保存搜索标准以进行常规搜索、接收 RSS Feeds 等;平台提供指向 CrossRef、PubMed 和 Google Scholar 的引用链接……</td></tr>
<tr><td>馆藏对比</td><td colspan="3">该库收录的期刊中,我馆订购了其中××种纸本期刊,均可回溯至第一卷第一期。与我馆已购数据库进行比对,×××数据库与该库收录期刊品种重复率为20%,但×××数据库中的内容有×年滞后……</td></tr>
<tr><td rowspan="3">试用情况</td><td colspan="3">试用时间:20×2.6.1-20×2.8.30
试用范围:我馆 IP 范围内
读者反馈情况:共收到读者反馈意见××份,其中建购意见××份
试用统计数据:</td></tr>
<tr><td>登录次数</td><td>检索次数</td><td>全文使用次数</td></tr>
<tr><td>×××</td><td>×××</td><td>×××</td></tr>
<tr><td>购买方式</td><td colspan="3">许可授权,年付租赁访问费</td></tr>
<tr><td>价格方案</td><td colspan="3">租赁费用,20×3.1.1-20×5.12.31,×××美元/年,合同期内无价格涨幅</td></tr>
<tr><td>存档方式</td><td colspan="3">该库为租赁使用,出版社不提供裸数据,可提供 XML 格式元数据用于我馆资源揭示</td></tr>
<tr><td>服务方式</td><td colspan="3">IP 控制访问,无并发用户数限制,可向本馆注册读者提供远程访问服务</td></tr>
<tr><td>购买情况</td><td colspan="3">国内尚无其他机构购买</td></tr>
</table>

第二节　电子资源绩效评估操作

一、绩效评估工作流程

电子资源绩效评估指依据某个标准对电子资源服务的效率和效能进行科学的测度与分析,是对电子图书馆与电子资源实施科学管理的需要。通过对电子资源进行绩效评估,不仅可以使图书馆了解其馆藏电子资源的服务情况,而且还可以了解其馆藏满足用户需求的情况和电子资源的服务成本,为图书馆等信息服务机构科学地选择电子资源、改进服务方式,提高用户满意度提供科学的依据①。从实际操作角度来看,资源绩效评估结果是采访馆员做出续订决策的重要依据和辅助工具。

由于资源订购具有周期性,为便于各项数据的提取并保证评估工作的连贯性、系统性,资源绩效评估通常在每年初对上一自然年度的资源使用和服务情况进行整体的评估,或在每年末进行本年度资源使用情况的评估总结。于次年初进行评估的优势在于可获得完整的使用统

① 索传军. 电子资源服务绩效评估的含义及影响因素分析[J]. 图书情报知识,2005(12):66-69.

计数据,对完整年度使用情况进行分析;在本年末进行评估的优势在于可在续订前完成评估工作,可以更有针对性的完成续订工作、调整下一年度的采访计划。采访人员可根据本馆实际情况选择评估时间。绩效评估工作大致可分为 3 个方面的任务。

1. 数据收集与整理

为保证评估的准确性和科学性,首先应按照使用数据统计标准收集本馆所购全部电子资源的年度使用数据和各资源的年度经费支出,确保数据准确无误;同时,准备好过去一年或几年的评估报告,以备对比分析之用。进行统计数据整理时,要注意保持标准的一致性。

2. 数据计算与分析

数据分析工作是指采访人员根据已获得的数据,对各资源的各项使用和成本指标内容进行定量计算和定性分析,并根据定量计算和读者调查结果对年度电子资源的整体使用绩效进行分析、总结,发现问题、提出解决方案。

3. 读者意见调查

读者意见是资源服务绩效的最直接反映。采访馆员可定期或者不定期的以发放问卷或随机访问的方式,了解读者在资源使用中遇到的问题,对满意程度和需求进行调研,以做资源调整和今后采访参考之用。

绩效评估成果的表现形式通常是绩效评估报告或使用分析报告,连续几年的绩效评估报告,可以很好地反映馆藏资源利用情况的发展轨迹。

二、绩效评估内容

目前,国内外关于电子资源绩效的研究很多,有相当多的案例和评估指标体系可供采访人员参考。但这些评估体系通常包含过多的指标,若完全照搬,会加重日常采访工作的负担,对很多图书馆来说没有必要。建议采访人员结合实际情况,有针对性地选择评估指标。其中,使用分析、成本分析和服务评价是最核心的评估内容。

1. 使用分析

使用分析包括使用统计和增长率两个方面的内容。其中,使用统计数据一般包括登录次数、检索次数、全文下载(使用)次数、被拒访问次数。需要注意的是,全文下载(使用)次数仅需对全文资源进行统计,且由于各资源所执行的统计标准不同,一些资源的全文下载(使用)以“篇”为单位,另一些则以“页”为单位。针对同一资源在不同年份统计时,应尽量保持连续性,而针对不同资源在同一年份统计时,不必刻意保持统一,但应标明不同的度量单位,以免混淆。

增长率指本年度相比上一年度的使用增长情况,包括登录增长率、检索增长率、全文下载(使用)增长率、被拒访问增长率。以全文下载(使用)增长率为例,其计算公式为:

本年度全文下载(使用)增长率

=(本年度全文下载次数－上年度全文下载次数)/上年度全文下载次数×100%

如结果小于零,仍称增长率,以负数表示。登录增长率、检索增长率、全文下载(使用)增长率均体现使用增长情况,其值越大越好;被拒访问体现资源平台服务的不稳定性,被拒访问增长率的值越小越好。

2. 成本分析

成本分析一般以单次使用成本为主要内容,同时结合资源价格涨幅和使用成本涨幅共同分析。它一般针对需要按年付费的租赁型数据库开展,而一次性买断的数据库一般不做单独的成本分析。单次使用成本一般包括单次登录成本、单次检索成本、单篇(页)全文使用成本,为全年费用与使用总量相比所得结果,以单次检索成本为例,其计算公式为:

单次检索成本

=本年度资源购买总价/资源年度检索总量×100%

单次检索成本增长率

=(本年度单次检索成本-上年度单次检索成本)/上年度单次检索成本×100%

成本指标从一定程度上反映资源的价值实现程度,无论是单次使用成本还是单次使用成本增长率,其值均越低越好。由于租赁资源一般存在价格涨幅,所以即使使用量增长,使用成本也未必降低。因此可将资源价格涨幅和某一单次使用成本增长率进行比对,若单次使用成本增长率高于资源价格涨幅,说明资源利用效益下降。对于利用效益明显下降的资源,对其涨价要求应予以合理的拒绝。

在进行成本计算时,为保证统一性和可比性,应注意将各资源统一按照人民币价格进行总价核算。对于非全文数据库,可只进行登录成本和检索成本的分析。

3. 服务评价

服务评价,主要是由采访馆员对过去一年内资源提供厂商所提供的培训、技术支持、服务响应速度等服务质量的评价。对服务质量的评价可通过服务次数、响应时间等进行定量分析。但为便于操作,也可由采访人员根据实际服务情况做出判断,为各家厂商的服务情况进行打分排名,并及时与不合格的厂商进行沟通,令其整改。

第三节 国内外电子资源评估项目实例

一、E-Metrics①

20世纪90年代中后期,发展电子资源及服务使用的统计和性能衡量方法的需求日益突出。在这种背景下,美国研究图书馆协会(ARL)于2000年4月发起并主持了E-Merics(Measures for Electronic Resources)项目,旨在提出一套评价标准来满足其成员馆对电子资源评价的需要。该项目从2000年5月持续到2001年12月,共分3个阶段进行,最终确定了5大类别共计19个评估指标。

第一阶段(2000年5月至2000年10月),主要是对ARL成员馆及部分供应商的电子资源使用统计及测量工作的现状进行调研。项目组通过问卷调查和网站访问的方式获得24家ARL成员图书馆关于电子资源数据收集及使用活动的信息;建立了一个供应商统计数据工作组,专门与供应商进行合作,以获得供应商的电子资源使用统计报告,并就电子资源供应商的统计数据类型、报告格式、报告频率及其他信息进行调研,同时将这些报告与ICOLC起草的《以Web为基础的文摘、索引及全文资源使用的统计测量指南》(*Guidelines for Statistical Measures of*

① Blixrud J C. Measures For Electronic Use: The ARL E-Metrics Project[EB/OL]. [2012-05-14]. http://www.lboro.ac.uk/microsites/infosci/lisu/downloads/statsinpractice-pdfs/blixrud.pdf.

Usage of Web-based Indexed, Abstracted, and Full-Text Resources）进行比较。项目组还对供应商的数据定义、描述、解释等信息进行了对比及规范。

第二阶段（2000 年 11 月至 2001 年 6 月），进行统计数据及性能测量方法和工具的具体开发，并对这些工具及方法进行实地测试，同时对供应商的资源使用统计报告中的术语和定义以及向图书馆报告数据的方法等进行标准化。最后，项目组确定了 5 大类 19 个评估指标，并编写了关于这些评估指标的简明手册。具体指标内容如表 16 – 2 所示。

表 16 – 2　E-Metrics 评估类别及指标

类别	评估指标
电子资源获取可得性	电子全文期刊数量
	电子参考资料数量
	电子图书数量
电子资源和相关设施使用	电子参考咨询事务数量
	电子数据库登录次数
	电子数据库查询次数
	电子数据库请求检索条目数
	图书馆网页和目录虚拟访问量
电子资源和相关设施成本	电子全文期刊成本
	电子参考资料成本
	电子书成本
	图书馆目录加工和网络维护成本
	书目加工和网络组织的额外成本
图书馆数字化工作	图书馆数字化馆藏规模
	图书馆数字馆藏的使用
	数字馆藏的建设和成本管理
绩效评估	图书馆虚拟访问在所有图书馆访问中的比例
	电子书在所有专著中的比例
	电子期刊占全部期刊的比例

第三阶段（2001 年 7 月至 2001 年 12 月），主要目标是在 ARL 成员馆中推广上述电子资源与服务的试用统计和绩效测量方法，并积极争取外部资金以资助网络环境中电子资源及服务的使用统计及测量方法随技术、环境等外部因素的变化而进行动态的修订和更新。

该项目从用户对电子资源的使用角度出发，为数字图书馆环境中电子资源的使用评估建立了一个科学化的评估指标体系，实现了系统化的电子资源评估，为图书馆电子资源采选、续订等决策及评估工作提供了良好的指导和借鉴。

二、EQUINOX①

EQUINOX，即欧盟委员会（European Commission）电子图书馆服务绩效评价与质量管理系统，于1998年11月启动，2000年11月正式启用。

该项目依据传统图书馆绩效指标，建立了一套电子图书馆与传统图书馆的绩效评价指标体系，对ISO 11620进行了扩展和补充，使之不仅包括传统图书馆服务的绩效指标，同时也包括电子图书馆服务的绩效指标，并在此基础上开发出一个整合图书馆质量管理和绩效评价的软件工具。EQUINOX最终确定了由14个指标组成的电子图书馆绩效评价体系，具体指标如表16－3所示：

表16－3　EQUINOX项目绩效评价指标

序号	指标
1	服务人群中利用电子图书馆服务的百分比
2	目标人群中每人使用电子图书馆服务的任务数
3	服务人群中每人使用电子图书馆服务的远程电子服务任务数
4	每种电子图书馆服务每次任务浏览的文献和记录数量
5	每种电子服务每次任务的成本
6	每种电子图书馆服务中浏览每篇电子文献或记录的成本
7	以电子方式提交信息请求占全部信息请求的比例
8	图书馆内终端的使用率
9	服务人群中人均可使用图书馆终端的小时数
10	被拒绝的任务数占全部任务数的百分比
11	获取电子图书馆服务的成本占总的获取成本的百分比
12	服务人群中每人参加正式的电子图书馆服务培训课程的次数
13	从事发展、管理和提供电子服务及用户培训的人员占图书馆工作人员的百分比
14	用户对电子图书馆服务的满意程度

三、CALIS数字资源评估指标体系②

CALIS数字资源评估指标体系是由北京大学数字图书馆研究所、中国高等教育文献保障系统（CALIS）管理中心联合推出的一套完整的数字资源评估指标体系，并且它们针对这套指标体系编制了应用指南。该指标体系在实践过程中具有可选择性和可扩展性，可应用于单个

① EQUINOX. Library Performance Measurement and Quality Management System[EB/OL].[2012－07－16]. http://equinox.dcu.ie/index.html.

② 肖珑，李浩凌，徐成. CALIS数字资源评估指标体系及其应用指南[J]. 大学图书馆学报，2008(3)：2－8，17.

资源、整体资源、单个图书馆、图书馆联盟等多个层级的资源评估，不仅可用于引进资源评估，还可用于自建资源的评估。

CALIS 在其评估指标总则中规定，数字资源评估的内容应包括数量和规模评估、内容与质量评估、体系与结构优化评估、数字资源获取与信息组织能力评估、可持续发展能力评估、效益评估、资源共享能力评估，共 7 个方面。

CALIS 数字资源评估指标体系有 12 个一级指标，包括：资源数量、资源结构、资源内容与质量、资源检索与获取能力、出版商/数据库商服务、信息组织能力、可持续发展能力、数字资源和相关设施费用、资源使用数量、资源的文献保障率、成本评估和共享能力。每个一级指标下包括若干个二级指标，每个二级指标可根据实际需要，在不同应用层面上选择使用。每个指标均根据 CALIS 规定的指标描述框架，包括名称、定义、目的、方法、影响指标的解释和因素、范围、出处、相关指标等，进行描述。例如：

指标 1：数字资源的数量

定义：图书馆引进或者自行建设的不同类型数字资源的品种与数量。

目的：主要用于评估资源的拥有和可访问的数量，有助于衡量和提高数字资源的发展。

方法：由图书馆、CALIS 自行统计，也可以由数据库商提供。

影响指标的解释和因素：计量单位、计量方法需要统一，应以教育部高等学校图书情报工作指导委员会和 CALIS 管理中心联合制定的《高等学校图书馆数字资源计量指南》（2004 年制定，2007 年修订）为标准，并可扩展二级指标。

范围：无限制。

相关指标：指标 2、3、7、8、11。

二级指标：数据库的数量、电子图书的数量、电子期刊的数量、核心电子期刊的数量、学位论文全文数量、教学参考资源的数量、会议录和会议论文的数量、古文献（古籍/拓片/舆图/方志/家谱等的数量）、图像、多媒体数量、网络资源导航数量。

在 CALIS 集团采购过程中，组团牵头单位运用该评估指标体系对计划引进资源进行综合评估并给出相应的评估报告，发布给各成员馆作为参考，受到了广泛的欢迎和好评，取得了很好的实际应用效果。

参考文献

1. Fredriksson E H. A Century of Science Publishing[M]. Amsterdam: IOS Press, 2001.
2. Lester R. The New Walford Guide to Reference Resources. Vol. 1: Science, Technology and Medicine[M]. London: Facet Publishing, 2005.
3. Schlüsselveröffentlichungen der Europäischen Union 2012 [M]. Luxembourg: Amt für Veröffentlichungen der Europöischen Union, 2012.
4. Unesco. The Legal Deposit of Electronic Publications [EB/OL]. [2010 - 11 - 16]. http://unesdoc. unescolorg/images/0010/001055/105504. pdf.
5. Unesco. Guidelines for Legal Deposit Legislation [EB/OL]. [2010 - 11 - 16]. http://unesdoc. unesco. org/images/0012/001214/121413eo. pdf.
6. ISSN Manual[EB/OL]. [2013 - 04 - 16]. http://www. issn. org/2-23364-ISSN-Manual. php.
7. DOI® Handbook[EB/OL]. [2013 - 04 - 16]. http://www. doi. org/hb. html.
8. ISMN Users' Manual [EB/OL]. [2013 - 04 - 16]. http://ismn-international. org/download/Web_ISMN_Users_Manual_2008-4. pdf.
9. 阮冈纳赞. 图书馆学五定律[M]. 北京:书目文献出版社(今国家图书馆出版社),1988.
10. 吴龙涛,叶奋生. 连续出版物工作[M]. 上海:上海科学技术文献出版社,1990.
11. 沈继武,肖希明. 文献资源建设[M]. 武汉: 武汉大学出版社,1991.
12. 徐引篪,霍国庆. 现代图书馆学理论[M]. 北京:北京图书馆出版社(今国家图书馆出版社),1999.
13. 刘兹恒. 非书资料采访工作手册[M]. 北京:北京图书馆出版社(今国家图书馆出版社),2004.
14. 丹尼斯. 图书出版面面观[M]. 石家庄:河北教育出版社,2005.
15. 贺德方. 美国政府科技报告管理和服务体系研究[M]. 北京:机械工业出版社,2006.
16. 吴慰慈. 图书馆学新探[M]. 北京:北京图书馆出版社(今国家图书馆出版社),2007.
17. 杨贵山,种晓明. 海外出版业概述[M]. 苏州:苏州大学出版社,2007.
18. 肖希明. 信息资源建设[M]. 武汉: 武汉大学出版社,2008.
19. 吴平,胡程立. 图书学[M]. 长沙:湖南大学出版社,2008.
20. 高红,朱硕峰,张玮. 世界各国图书馆馆藏发展政策精要[M]. 北京: 海洋出版社,2010.
21. 杨利华. 美国专利法史研究[M]. 北京:中国政法大学出版社,2012.
22. 甘绍宁. 专利文献研究[M]. 北京:知识产权出版社,2012.
23. 朱硕峰. 选书工作刍议[C]//国家图书馆图书采选编目部. 新形势下的图书馆采访工作——第一届全国图书采访工作研讨会论文集. 北京:北京图书馆出版社(今国家图书馆出版社),2005.
24. 朱硕峰. 当前信息环境下选书人员的职业素质探讨[C]//国家图书馆图书采选编目部. 信息资源建设中的图书馆采访工作——第二届全国图书采访工作研讨会论文集. 北京:北京图书馆出版社(今国家图书馆出版社),2007.
25. 翟建雄. 欧洲六国互联网资源采集和缴存立法评析[C]//中国图书馆学会. 2011 年中国图书馆学会年会论文集. 北京:国家图书馆出版社,2011.
26. 朱福铮. 图书的十五种主要版本[J]. 世界图书,1991(8).
27. 黄宗忠. 网上书店与图书馆文献采访的未来[J]. 图书馆,2000(5).
28. 谢友宁. 国外连续出版物发展态势与国内对策研究[J]. 情报科学,2002(8).

29. 赵新,陈月婷,刘延华,等. 对国外科技期刊运行机制和发展环境研究观点综述[J]. 中国科技期刊研究,2006(1).
30. 周萍,刘海航. 欧盟科技报告管理体系初探[J]. 世界科技研究与发展,2007(4).
31. 党亚茹,王莉亚. JCR 自然科学版期刊半衰期指标的区间变化分析[J]. 情报科学,2007(6).
32. 桂飒爽,范佩芬,宾锋. 外刊代理商评估方法探究[J]. 图书馆杂志,2008(5).
33. 李亚波. 外文期刊招标采购工作实践与思考——以吉林农业大学图书馆为例[J]. 现代情报,2010(5).
34. 刘凤侠,赵杰. 高校图书馆外文期刊招标存在的问题及对策分析[J]. 图书馆建设,2010(2).
35. 倪胜霞. 高校图书馆期刊采购招标的合同履约管理[J]. 图书馆论坛,2010(2).
36. 郭红梅,邵艳娥,等. 文献半衰期研究现状[J]. 医学信息杂志,2011(1).
37. 王旭坤. 关于学术出版的若干思考[J]. 中国出版,2012(2).
38. 刘红梅. 外文期刊招标采购中的标段划分研究[D]. 哈尔滨:哈尔滨工业大学管理学院,2009.
39. ISBN 用户手册,国际版,第六版[EB/OL]. [2013 - 04 - 16]. http://www.isbn-international.org/sites/default/files/ISBN%20Manual%202012%20-%20Chinese.pdf.

附　　录

附录1　图书馆的招标采购合同样例(部分)

××图书馆进口西文图书采购合同

甲方:××图书馆

乙方:

甲方在本项目中所需货物和服务经过公开招标,经评标委员会评定,确定乙方为______项目______包中标人。依照《中华人民共和国政府采购法》《中华人民共和国著作权法》《中华人民共和国合同法》和其他有关法律法规以及本项目招标文件的规定,遵循平等、自愿、公平和诚实信用的原则,经双方协商订立本合同。

1. 项目概况

1.1　项目名称:

1.2　项目地点:××××

1.3　项目内容:为甲方提供20××年度进口西文图书的采购服务。

2. 中标综合费率

包号	出版社	中标综合费率
…		
…		

3. 支付和结算

3.1　乙方须在合同生效后30日内,按照每个分包__________元的标准以转账支票形式向甲方支付履约保证金__________元(人民币大写:__________)。

3.2　甲乙双方以人民币正式结算,结算汇率采用外商发票日期当日的中国银行公布的外币卖出价算术平均值(结算汇率保留两位小数)。

3.3　甲乙双方按照以下公式正式结算,甲方不再向乙方支付任何其他费用。

每本书正式结算金额=出版社原始码洋×结算汇率×中标综合费率

3.4　甲乙双方根据甲方验收合格的图书结算,结算时由甲方通知乙方。

3.5　甲乙双方在正式结算时,须由乙方提供结算明细清单,清单应详细注明清单编号、包号、书名、书号、种/册数、订单目录期次及序号、订购日期、出版社原始码洋、外商发票日期、结算汇率、人民币单价、人民币总价、中标综合费率、结算金额、每页清单小计及所有清单合计。所有清单须同时加盖乙方业务用章,并同时向甲方报送结算明细清单对应的电子文件。

3.6　乙方完成其合同义务包括任何保证义务后，履约保证金如有剩余，甲方将履约保证金无息退还乙方。

3.7　乙方需向甲方提供同等金额的正式商业发票。

4. 书目信息报道要求

4.1　乙方应按甲方要求及时提供月度最新、全学科、多文种的专用新书目录，内容符合本图书馆外文文献采选要求，书目出版信息覆盖率不低于90%，范围涵盖所有相关出版机构，尤其是中小型出版社、高校出版社以及学/协会，按月提供符合本图书馆采编系统要求的MARC格式版和纸质两种方式的书目出版信息。

4.2　乙方应保证各期数据完整，并确保各期之间不存在重复数据。

4.3　乙方应定期出版专题目录和所需出版社指定年代的回溯目录，关注甲方所需的重点学科并积极做好目录报道。

4.4　对于成套和连续性出版物、会议录报道完整准确，应提供尽可能详细的出版信息，包括成套书名及ISBN、卷数和各分卷书名及ISBN（如有）；对于连续性出版物、会议录提供丛书名、ISBN、正书名、卷次和出版年、届次等，报道最新的连续性出版物、会议录的同时应提供以往五年的该出版物出版信息，以方便甲方查漏补订。

5. 采购服务要求

5.1　甲方根据乙方提供的书目数据，进行勾选，确认书目订单报乙方。

5.2　对于乙方漏报书目数据，甲方有采购需求的，由甲方确认书目订单报乙方。

5.3　乙方收到甲方确认的书目订单后两个工作日内回复，确认收到订单并对甲方所报的图书订单汇总、查重，及时采购。

5.4　乙方须主动负责甲方订购图书的催缺工作，列出清单（电子版和纸质版），说明原因（绝版、暂时缺货、推迟出版、出版计划取消等），注明哪些可继续提供，哪些将注销订单，向甲方反馈，每月至少1次。

5.5　对于书名、著者、页码、出版年、版次和ISBN有变化的图书，对外订购前应向甲方确认是否采购。

5.6　对于单本图书价格上涨超过30%的，或者单本图书预计结算价格在人民币1000元以上的，对外订购前应向甲方确认是否采购。

5.7　乙方按照甲方要求提供夹磁条、贴条码等有关加工服务，加工服务要求需另行通知，具体操作在甲方指导下完成。

5.8　加工所用磁条和条码由甲方提供，费用由乙方承担，金额按照乙方实际领用数量结算。

5.9　乙方应依据本合同条款定期主动自查，将自查报告书面报送甲方，每月至少1次。

5.10　乙方应定期对甲方进行回访，并形成书面文件，每6个月不少于1次。

5.11　乙方应指派专人负责处理、解答甲方在订购中遇到的各种问题，与甲方保持经常性沟通和联系，以便随时了解掌握甲方的需求变化。

6. 图书配送时限

现货图书在订单发出后4个月内应到货，预报图书应于出版后4个月内到货。平均到货率应不低于××%。

到货率=指定时间段内已到货的图书种数/甲方确认书目订单图书总量(种数)

7. 图书配送要求和验收

7.1　乙方向甲方发货时须提供发货清单,应详细注明清单编号、包号、书名、书号、种/册数、订单目录期次及序号、订购日期、出版社原始码洋、每页清单小计及所有清单合计。所有清单须同时加盖乙方业务用章,并向甲方报送发货清单对应的电子文件。

7.2　甲方在收到乙方送达的图书并清点无误后在发货清单上签字或盖章,以作为甲方的收货凭据。发货清单一式两份,双方各持1份。

7.3　乙方须将甲方所订图书免费送达至甲方指定的地点,所有图书的全部国际和国内运输费用均由乙方自理。

8. 图书质量

8.1　乙方须确保所供图书符合国家关于国外出版物进口的相关标准和规定。

8.2　乙方须保证所供图书为正版图书。

9. 退换书

9.1　对于甲方提出的退书要求,乙方应无条件按甲方要求进行退书或换书。包含但不限于以下情况:

(1)乙方配送的图书为盗版图书或非法出版物;

(2)乙方配送的图书有印刷、装订、污损等质量问题;

(3)在运输过程中造成的图书损坏;

(4)乙方配送的图书品种和数量与甲方要求不相符;

(5)乙方配送的图书与乙方的发货清单不相符;

(6)因乙方报道原因造成的甲方重复订购或错误订购。

9.2　对于甲方提出的图书退、换要求,乙方须及时响应,图书退、换期限为3个月。

9.3　对已入藏并进入流通后发现的残、错书,乙方在接到甲方通知后,应先行与国外出版社联系调换,待新书到后,换走残、错书。

10. 违约责任

10.1　乙方未履行合同相关条款,按照下述标准向甲方支付违约金:

(1)未按照第3.1条规定的要求支付履约保证金,每延误1天,按照延期支付金额的×‰支付;

(2)甲乙双方正式结算时,如果乙方提供的结算明细清单中的出版社原始码洋或综合费率不正确,甲方将按照正确的出版社原始码洋和正确综合费率计算结果的5倍对乙方予以处罚。

10.2　对于由于乙方书目报道的遗漏或未及时采购而导致乙方未按本合同条款6规定时限向甲方配送的图书,甲方将通过其他渠道自行采购,由此所产生的超出按条款3计算的金额的部分(包括但不局限于图书费用、手续费、邮运费用以及甲方在补书过程中所产生的费用等)由乙方负担。

10.3　若乙方所配送图书为盗版图书或因乙方的其他原因导致甲方卷入纠纷,则由此引起的一切费用(包括但不限于诉讼费、律师费以及其他排除该纠纷所发生的费用)及给甲方造成的损失全部由乙方承担。

10.4　如果甲方在任何时候发现乙方在投标阶段以他人名义投标、相互串通投标、提交的投标文件中包含虚假资料或失实资料的或者以其他方式弄虚作假的，则甲方有权解除合同。乙方除退还甲方全部已支付金额外，还须向甲方支付相当于甲方已支付金额2倍的赔款。

10.5 甲方有权从履约保证金中先行扣除乙方应支付的违约金和赔款，不够扣除的部分由乙方另行向甲方支付。若乙方支付的违约金或赔款不足以弥补甲方损失的，乙方还须负责赔偿，直到弥补甲方全部损失为止，并应当在明确责任后15个工作日内付清，逾期付款的还应按照未付金额的×‰标准支付滞纳金。

11.不可抗力

任何一方因不可抗力不能履行本合同规定的全部或部分义务时，须尽快通知对方。在取得有关证明后，允许延期履行、部分履行或不履行合同，并根据情况，免除相应责任。

12.其他约定

12.1 甲方将不定期对乙方合同履约情况进行考核，考核结果将作为合同续签的依据。

12.2 本项目的招标文件、补充文件、答疑文件、投标文件、相关承诺、协议及所有附件均为本合同不可分割的部分，与本合同条款效力等同。

12.3 本合同经双方法定代表人或授权代表签字并加盖单位公章后生效，以最后一方签字盖章之日为生效日。

12.4 双方可通过协商签订补充协议，补充协议须采用书面形式，签署及生效方式与本合同的签署和生效方式相同。补充协议与本合同具有同等法律效力。

12.5 本合同未尽事宜，双方通过友好协商解决。协商不成的，任何一方均可以向甲方所在地的人民法院提起诉讼。

12.6 本合同一式四份，甲乙双方各两份。

甲方名称（盖章）：	乙方名称（盖章）：
甲方代表签字：	乙方代表签字：
签约日期：　　　　年　月　日	签约日期：　　　　年　月　日

附录 2　COUNTER 使用报告 1（COUNTER Journal Report 1）

	A	B	C	D	E	F	G	H	I	J	K	L	M
1	Journal Report 1(R4)	Number of Successful Full-Text Article Requests by Month and Journal											
2	<Customer>												
3	<Institutional Identifier>												
4	Period covered by Report:												
5	yyyy-mm-dd to yyyy-mm-dd												
6	Date run:												
7	yyyy-mm-dd												
8	Journal	Publisher	Platform	Journal DOI	Proprietary Identifier	Print ISSN	Online ISSN	Reporting Period Total	Reporting Period HTML	Reporting Period PDF	Jan-11	Feb-11	Mar-11
9	Total for all journals		Platform Z					4449	1566	2733	2223	1285	941
10	Journal of AA	Publisher X	Platform Z			1212-3131	3225-3123	1363	601	732	432	376	555
11	Journal of BB	Publisher X	Platform Z			9821-3361	2312-8751	1312	548	651	625	687	0
12	Journal of CC	Publisher X	Platform Z			2464-2121	0154-1521	1717	403	1310	1109	222	386
13	Journal of DD	Publisher X	Platform Z			5355-5444	0165-5542	57	14	40	57	0	0

备注：

1. 期刊使用报告 1 不包含书籍和丛书。
2. 表中“用户”（Customer）代指组织机构名称，如耶鲁大学等。
3. 表中“全部期刊”（Total for all journals）一行可单独拆分出来。
4. 表中包含“机构标识符”（Institutional Identifiers）。
5. 所有期刊需列明“期刊标识符”（Journal DOI），无 DOI 的期刊则不必填写该栏。
6. “专利标识符”（Proprietary Identifier）一栏为必填项目，但无此标识符的期刊出版商此栏不填。
7. 纸质期刊和电子期刊的 ISSN 需如上图所示标明连接号。
8. 除以聚合器或网关负责记录和报告使用情况之外，月度全文请求量为零的期刊需仍在报告中显示。
9. “报告起止日期内请求量总计”（Reporting Period Total）不局限于 HTML 和 PDF 两种格式的请求量，以实际下载的全文格式为准。
10. 出版商如在同一平台既提供期刊又提供书籍，可选择题名“每月、每种全文期刊和图书章节成功的请求量”。

期刊使用报告 1：报告显示规则

（1）单元 A1 输入“期刊使用报告 1（R4）”。

（2）单元 B1 输入“每月、每本期刊成功的全文请求量”。

（3）单元 A2 输入“用户”，根据备注中的定义。

（4）单元 A3 输入“机构标识符”，根据备注中的定义，无机构标识符的出版商可不填。

（5）单元 A4 输入“报告起止时间”。

（6）单元 A5 输入报告起止的时间，遵照 yyyy - mm - dd 格式，如 2011 - 04 - 01 至 2011 - 09 - 30。

（7）单元 A6 输入“报告生成时间”。

（8）单元 A7 输入报告生成的时间，遵照 yyyy - mm - dd 格式，如 2011 - 02 - 12。

（9）单元 A8 输入“期刊刊名”。

（10）单元 B8 输入“出版社”。

（11）单元 C8 输入“平台”。

（12）单元 D8 输入“期刊标识符”。

（13）单元 E8 输入“专利标识符”。

（14）单元 F8 输入“纸质版 ISSN”。

（15）单元 G8 输入“电子版 ISSN”。

（16）单元 H8 输入“报告起止日期内请求量总计”。

（17）单元 I8 输入“报告起止日期内 HTML 格式的请求量”。

（18）单元 J8 输入“报告起止日期内 PDF 格式的请求量”。

（19）单元 K8 输入报告起始月份，遵照 Mmm - yyyy 格式，如 Jan - 2011。

（20）单元 A9 输入“全部期刊”。

（21）单元 B9 输入出版社或出版商的名称，前提是 A 列中所有的期刊均出自该出版社或出版商，否则此处不填。

（22）单元 C9 输入平台名称。

（23）单元 D9、E9、F9 和 G9 不填。

（24）单元 A10 至 A(n) 输入期刊名称。

（25）单元 B10 至 B(n) 输入每本期刊相应的出版社名称。

（26）单元 C10 至 C(n) 输入平台名称。

（27）单元 D10 至 D(n) 输入期刊标识符。

（28）单元 E10 至 E(n) 输入专利标识符。

（29）单元 F10 至 F(n) 输入纸质版 ISSN。

（30）单元 G10 至 G(n) 输入电子版 ISSN。

（31）单元 H10 至 H(n) 输入各期刊报告起止月份内的全文请求量总计。

（32）单元 I10 至 I(n) 输入各期刊报告起止月份内 HTML 格式的全文请求量。

（33）单元 J10 至 J(n) 输入各期刊报告起止月份内 PDF 格式的全文请求量。

（34）单元 K10 至 K(n)，L10 至 L(n)，M10 至 M(n) 等输入相应月份的请求量。

（35）单元 H9 的数据必须与横列和竖列各相关的数据之和一致。

附录 3　参加 COUNTER Release 3 的国外出版商和提供商列表

出版商(Vendor)	出版商提供的报告类型(ReportsprovidedbyVendor)											
	JR1	JR1a	JR2	JR5	DB1	DB2	DB3	CR1	CR2	*JB*1	*JR*3	*JR*4
ACS Publications	√							√			√	√
Adam Matthew Digital					√							
Allen Press	√	√	√				√				√	
AlphaMed Press	√	√						√			√	√
American Academy of Pediatrics	√	√						√			√	√
American Accounting Association	√	√	√				√	√			√	
American Association for the Advancement of Science	√	√						√			√	√
American Association for Cancer Research	√	√						√			√	√
American Association for Clinical Chemistry	√	√						√			√	√
American Association for the Advancement of Science	√	√						√			√	√
American Association of Petroleum Geologists	√	√						√			√	√
American Cancer Society	√	√						√			√	√
American College of Cardiology	√	√						√			√	√
American College of Physicians	√	√						√			√	√
American Dental Association	√	√						√			√	√
American Diabetes Association	√	√						√			√	√
American Geophysical Union	√		√		√	√						
American Heart Association	√	√						√			√	√
American Institute of Physics	√	√		√	√		√	√	√		√	√
American Mathematical Society	√				√			√	√			
American Medical Association	√	√		√				√			√	√
American Pharmaceutical Association	√			√								√
American Physical Society	√	√						√			√	

出版商(Vendor)	出版商提供的报告类型(ReportsprovidedbyVendor)											
	JR1	JR1a	JR2	JR5	DB1	DB2	DB3	CR1	CR2	*JB*1	*JR*3	*JR*4
American Physiological Society	√	√						√			√	√
American Psychiatric Publishing Inc.	√	√						√			√	√
American Psychological Association	√				√			√	√			
American Society for Biochemistry and Molecular Biol.	√	√						√			√	√
American Society for Investigative Pathology	√	√						√			√	√
American Society for Microbiology	√	√						√			√	√
American Society of Agronomy	√	√			√							
American Society of Clinical Oncology	√	√						√			√	√
American Society of Hematology	√	√						√			√	√
American Speech-Language-Hearing Association	√	√						√			√	√
American Statistical Association	√	√	√		√	√	√				√	
American Thoracic Society	√	√						√			√	√
Annual Reviews	√	√			√	√	√				√	
Association for Computing Machinery	√							√		√		√
ASTM	√			√				√			√	
Atypon(excluding Atypon Link)	√	√	√		√	√	√				√	
Bentham Science Publishers	√											
Berkeley Electronic Press	√							√				
BioOne	√	√						√				
Bioscientifica	√	√						√			√	√
British Institute of Radiology	√	√						√			√	√
British Medical Journal Publishing Group	√	√			√			√	√		√	√
CAB International	√				√		√					
Cambridge University Press	√	√						√				
CSA	√		√		√	√	√	√				
Chadwyck-Healey	√		√		√	√	√	√	√			
Cold Spring Harbor Laboratory Press	√	√						√			√	√
Company of Biologists	√	√						√			√	√

出版商(Vendor)	出版商提供的报告类型(ReportsprovidedbyVendor)											
	JR1	JR1a	JR2	JR5	DB1	DB2	DB3	CR1	CR2	*JB*1	*JR*3	*JR*4
CSIRO Publishing	√							√				
de Gruyter	√	√						√				
Dow Jones & Company Inc	√				√	√						
Duke University Press	√	√						√			√	√
EBSCO Publishing	√				√		√	√	√			
Elsevier-Science Direct	√	√					√	√				
Elsevier-Scopus							√		√			
Emerald Group Publishing	√	√			√		√	√	√		√	√
Endocrine Society	√	√						√			√	√
European Association for Cardio-Thoracic Surgery	√	√						√			√	√
FASEB	√	√						√			√	√
Gale Cengage Learning	√				√		√	√	√			
Geological Society of America	√	√						√			√	√
Geological Society of London	√	√						√			√	√
Gerontological Society of America	√	√						√			√	√
GBI-Genios	√				√						√	
HighWire Press	√	√	√					√			√	√
H W Wilson	√				√	√	√	√	√			
IEEE Computer Society	√	√						√			√	√
IGI Global	√				√		√					
Informa Healthcare	√	√						√				
INFORMS	√	√						√			√	√
Ingenta Connect	√							√				
Institute of Electrical and Electronics Engineers (IEEE)	√	√						√			√	√
Institute of Physics Publishing (IOPP)	√			√				√			√	
Irish Newspapers Archives					√							
ISSEL	√	√	√	√	√	√	√	√	√	√	√	√
Japan Science and Technology Agency	√	√										
John Wiley & Sons	√	√										

出版商(Vendor)	出版商提供的报告类型(ReportsprovidedbyVendor)											
	JR1	JR1a	JR2	JR5	DB1	DB2	DB3	CR1	CR2	*JB*1	*JR*3	*JR*4
Johns Hopkins University-Project Muse	√				√		√					
Journal of Bone and Joint Surgery	√			√								√
Journal of Studies on Alcohol and Drugs	√				√							
JSTOR	√	√						√				
Karger AG	√	√						√				
Mary Ann Liebert	√	√						√				
M A Healthcare	√							√			√	√
Massachusetss Medical Society	√	√						√			√	
Macmillan Publishing Solutions (MPS Insight)	√	√	√	√	√	√		√	√		√	√
MetaPress	√			√				√				
Mineralogical Society of America	√	√						√			√	√
Mineralogical Society of Great Britain and Ireland	√	√						√			√	√
Morningstar Investment Research Center					√				√			
National Academy of Sciences	√	√						√			√	√
Nature Publishing Group	√			√				√			√	√
NewsBank Inc	√				√		√					
OCLC	√				√	√	√	√	√			
OECD	√											
Optical Society of America	√				√			√	√			
OVID Technologies	√	√	√		√	√	√	√	√			√
Oxford University Press	√	√						√				
Paleontological Society	√	√						√			√	√
Palgrave Macmillan	√			√				√			√	√
Physician Postgraduate Press	√				√			√				
Physiological Society	√	√						√			√	√
Portland Press	√							√			√	
Project Euclid	√	√					√	√				

出版商(Vendor)	出版商提供的报告类型(ReportsprovidedbyVendor)											
	JR1	JR1a	JR2	JR5	DB1	DB2	DB3	CR1	CR2	*JB*1	*JR*3	*JR*4
ProQuest	√	√	√		√		√	√	√		√	
Psychonomic Society Publications	√	√						√			√	√
Publishing Technology (IngentaConnect plus websites)	√							√				
Radiological Society of North America	√	√						√			√	√
Rockefeller University Press	√	√						√			√	√
Royal College of Psychiatrists	√	√						√			√	√
Royal Society	√	√						√			√	√
Royal Society of Chemistry	√			√				√			√	√
Royal Society of Medicine	√	√						√			√	√
SAE International	√	√						√			√	√
Sage Publications	√	√						√			√	√
Scholarly iQ	√	√	√	√	√	√	√	√	√	√	√	√
Scholar's Portal	√			√								
Seismological Society of America	√	√						√			√	√
Silverchair Science + Communications Inc	√	√		√				√			√	√
Societa editrice il Mulino	√			√			√					
Society for Endocrinology	√	√						√			√	√
Society for General Microbiology	√	√						√			√	√
Society for Neuroscience	√	√						√			√	√
Soil Science Society of America	√	√						√			√	√
Springer Verlag	√			√				√				
Springer Verlag (Springer Protocols)	√							√				
Swets	√							√				
Symposium Journals	√							√				
Taylor & Francis Online	√	√	√				√	√				
Thieme Publishing Group	√			√				√				
Thomson Reuters					√	√	√		√			
University of Chicago Press	√	√						√				
University of Wisconsin Press	√	√						√			√	√
VLEX Networks	√			√	√							

出版商(Vendor)	出版商提供的报告类型(ReportsprovidedbyVendor)											
	JR1	JR1a	JR2	JR5	DB1	DB2	DB3	CR1	CR2	*JB*1	*JR*3	*JR*4
Wolters Kluwer Espana					√	√	√					
Wolters Kluwer Health Medical Research	√	√	√		√	√	√	√	√			√

备注：

1. 用户如需单独购买回溯期刊，出版商必须向用户提供期刊使用报告 1a(JR1a)或期刊使用报告 5(JR5)。

2. 表格中字体加粗的出版商提供相关的服务来发展和支持 COUNTER 使用报告，并为其他出版机构提供使用报告。

JR1 = Journal Report 1：Number of Successful Full-Text Article Requests by Month and Journal（期刊使用报告 1 每月、每种期刊成功的全文请求量）

JR1a = Journal Report 1a：Number of Successful Full-Text Article Requests from an Archive by Month and Journal（期刊使用报告 1a 回溯期刊每月、每种回溯期刊成功的全文请求量）

JR2 = Journal Report 2：Turnaways by Month and Journal（期刊使用报告 2 每月、每种期刊的拒绝访问量）

JR5： = Journal Report 5：Number of Successful Full-Text Article Requests by Year-of-Publication and Journal（期刊使用报告 5 每出版年、每种期刊成功的全文请求量）

DB1 = Database Report 1：Total Searches and Sessions by Month and Database（数据库使用报告 1 每月、每个数据库的总检索量和总访问量）

DB2 = Database Report 2：Turnaways by Month and Database（数据库使用报告 2 每月、每个数据库的拒绝访问量）

DB3 = Database Report 3：Total Searches and Sessions by Month and Service（数据库使用报告 3 每月、每种服务的总检索量和总访问量）

CR1 = Consortium Report 1：Number of Successful Full-Text Journal Article or Book Chapter Requests by Month (XML only)（联盟使用报告 1 每月、每种期刊文章和图书章节成功的全文请求量）(仅限 XML 格式)

CR2 = Consortium Report 2：Total Searches by Month and Database (XML only)（联盟使用报告 2 每月、每个数据库的总检索量）(仅限 XML 格式)

*JB*1 = Journal/Book Report 1：Number of Full-Text item Requests by Month and Title (XML only)—*optional*（期刊/图书使用报告 1 每月、每种题名全文成功的请求量——自选报告）(仅限 XML 格式)

*JR*3 = Journal Report 3：Number of Successful Item Requests and Turnaways by Month，Journal and Page-Type—*optional*(期刊使用报告 3 每月、每种期刊、每种页面类型成功的请求量和拒绝访问量——自选报告)

*JR*4 = Journal Report 4：Total Searches Run by Month and Service—*optional*(期刊使用报告 4 每月、每种服务的总检索量——自选报告)

附录4　主要数据库介绍

一、图书全文数据库

1. Early English Books Online(早期英文书籍在线,简称EEBO)

该库收录了现存的1473年至1700年间早期英语世界的出版物全文,由密歇根大学、牛津大学和ProQuest公司合作开发,资源总量达12万5千余册,超过2250万页。内容包括知名作家著作、文学资料、历史资料、公共文件、经书等各类型资源,覆盖艺术、历史、文学、数学、宗教、物理学、哲学、政治、心理学等诸多研究领域。

2. Ebrary电子图书

Ebrary电子图书整合了来自400多家学术、商业和专业出版商的权威图书和文献,收录1990年至今近7万种电子图书,覆盖商业经济、计算机、技术工程、语言文学、社会科学、医学、历史人文、科技和法律等主要科目的书籍种类。

3. The Making of the Modern World: The Goldsmiths'-Kress Library of Economic Literature 1450—1850(当代世界全文数据库:金史密斯经济文献图书馆1450—1850)

该资源结合伦敦大学的金史密斯经济文献图书馆和哈佛大学工商管理研究所的克雷斯商业和经济学图书馆两个著名典藏的内容,并补充来自哥伦比亚大学巴特勒图书馆和耶鲁大学图书馆的塞利格曼典藏。内容涵盖政治科学、妇女问题研究、法律史和宗教史,涉及交通、银行、金融和制造业领域的特殊藏书。涵盖商业、金融、社会环境、政治、贸易和运输等领域。

4. The Making of Modern Law(当代法律全文数据库)

当代法律全文数据库共有3个系列,分别是"Trails,1600—1926"(判例,1600—1926)、"Legal Treatises,1800—1926"(法学专著,1800—1926)、"U. S. Supreme Court Records and Briefs,1832—1978"(美国最高法院记录和答辩,1832—1978)。其中,"Legal Treatises,1800—1926"系列收录25 000余册图书、超过1000万页内容,2005年被美国法律图书馆协会评为最好的法律资源。

5. Wiley-Blackwell在线图书合集

该合集收录Wiley-Blackwell、Wiley-VCH、Jossey-Bass等主要出版商出版的近万种专著、手册、词典、参考书、丛书,主要学科涉及化学、生命科学、物理学、人文社会科学、电子电器工程、数学和统计学等。

6. World eBook Library(世界电子图书数据库)

世界电子图书数据库是世界上最大的电子图书与电子文档数据库。截至2013年1月,共收录来自20余万家出版机构的近300万种电子图书与电子文档和超过2.3万种有声读物。该库以保存人文社会科学出版物为主,同时也收藏自然科学、工业技术等领域的经典作品。资源内容覆盖31个学科大类,共计152个学科种类,资源覆盖英语、法语、德语、意大利语、西班牙语等共计超过260种语言内容。

7. Emerald E-book Series(Emerald电子系列丛书)

Emerald电子系列丛书分为《工商管理与经济学》和《社会科学》两个专集,涉及150多个主题领域,其中《工商管理与经济学》专集涵盖经济学、国际商务、管理学、领导科学、市场营销学、战略、组织行为学、健康管理等领域内容;《社会科学》专集涵盖社会学、政治学、心理学、教育学、残障研究、图书馆科学、健康护理等领域。

8. Ebsco eBook Collection(Ebsco 电子书合集,原 Netlibrary)

该库目前收录 700 多个出版商的电子图书,覆盖全部的学术领域以及普通阅读和通俗阅读领域,其中 80% 的电子图书面向大学与研究型读者层。目前该库收录超过 30 万种电子图书,其中包括 1.5 万种有声书。

9. MyiLibrary 图书全文数据库

MyiLibrary 是英格拉姆数字集团开发的集成性电子书平台,主要服务于学术研究者、专家学者和大学学生等。目前与 MyiLibrary 合作的出版社达到 980 家,平台共收录理、工、农、医、文、史、哲等领域近 30 万种电子书,其中 80% 以上为 2002 年以后出版,且每周增加约 5000—10 000种新的图书品种。

10. Early American Imprints(美国早期印刷品,简称 EAI)

该库收录现存的 1639—1819 年间在美国出版的74 000种图书文献,分为 Evans 与 Show-Shoemaker两个系列。系列一以 Charles Evans 所著《美国书目》及 Roger Bristol 所著《美国书目补编》为基础,汇集了美国主要图书馆以及一些重要的欧洲图书馆的馆藏;系列二以 Ralph B. Shaw 教授和 Richad H. Shoemaker 教授编辑的《美国书目,1801—1819》为基础,收录许多与当时蓬勃发展的美国直接相关的国家文件和早期的政府资料。

11. Kotobarabia Arabic E-Library(阿拉伯语电子书)

该库收录了约 7000 种阿拉伯语电子图书,包括《现代埃及典藏》与《现代阿拉伯文艺复兴》两个专辑。内容包括禁忌文学、小说、散文、学术著作与大众文学等各类型的文学作品,涵盖商业管理、政治、文学、媒体、心理学、科学、社会学、经济学、哲学与神学、历史、法律、伊斯兰遗产、语言、伊斯兰教、地理学与地质学等 29 个主题领域。访问网址:http://kotobarabia.eastview.com/browse/udb/1030。

12. Project MUSE 电子书

Project MUSE 电子书源于 UPEC 大学出版社电子书出版联盟。2011 年 3 月,Project MUSE 宣布与 UPEC 合作创建 UPEC 电子书。这次合作是通过利用 Project MUSE 品牌与技术开创高校电子图书出版项目的开始,并延续 Project MUSE 保持 15 年的一贯传统:以公平的价格提供高质量的学术内容为前提,快速发展。该库截至 2012 年共收录来自超过 65 个主要的大学及学术出版社出版的电子图书约18 000种,并且可在 Project MUSE 平台中与电子期刊进行交互检索与综合利用。

13. Cambridge Books Online(剑桥图书在线)

该库收录剑桥大学出版社的全学科图书,目前总量近12 000本,其中文科内容约占 70%,理工科(包括医学)约占 30%,学科包括历史、文学、语言、经管、数学、物理、工程、医学等。所收录图书目前可回溯到 1950 年,每月都会有新内容上线。其资源提供商为剑桥大学出版社。

14. Cambridge Histories Online(剑桥历史在线)

该库收录 1960 年以来剑桥出版的近 300 卷册、20 多万页的经典历史图书,内容涵盖政治、哲学、语言、文化、戏剧、音乐、宗教、科技等 15 个领域,包括已经绝版的经典图书和每年定期更新的历史图书,其中包括《剑桥英国文学史》《剑桥冷战史》《剑桥英语语言史》《剑桥美洲法律历史》《剑桥中国史》《剑桥古代中国史》《剑桥印度史》《剑桥科学史》等。

15. Springer 电子图书

Springer 电子图书是全球最大的科学、技术和医学在线电子图书数据库，提供全文访问服务，产品包括专著、教科书、手册、图解集、工具书、丛书等。通过 Springer 电子图书数据库可以访问所有 Springer 电子版书籍，数据库中包含超过40 000种电子图书、电子丛书系列和电子参考工具书，并每年增加多达 4000 种。国家科技图书文献中心（NSTL）获得的 Springer 回溯丛书库国家使用许可包括 14 种著名丛书、4513 个卷期和 8.8 万个章节。

二、期刊全文数据库

1. PsycARTICLES（美国心理学学会电子期刊全文）

该库收录美国心理学协会、美国心理学协会教育出版基金会、加拿大心理学协会和 Hogrefe & Huber出版社所出版的期刊。该数据库收录了 58 种顶级刊物的全部内容。

2. ABI/INFORM Complete

该库是全球历史最悠久的商业期刊集成数据库，收录内容涵盖经济、管理、商业领域的各学科及相关学科。提供全球 6000 多种出版物内容，同时包括全球重大社科研究工作手稿、全球商学博硕士论文、行业与市场研究报告、EIU 商品报告（食品饮料饲料、工业原材料等）、地区与国家报告、案例研究，企业年报等丰富的信息资源。

3. ProQuest Research Libray（原 ARL 学术研究图书馆）

该库是专为大学和科研图书馆开发的综合期刊全文数据库，涵盖 150 多个主题领域，广泛收录这些领域的优秀信息资源。收录来自 1600 多家出版机构的 5000 多种出版物，其中主要收录医学、生物学、商业与经济、政治学、教育学、心理学、社会学、计算机、环境研究、工程建筑等领域的内容。

4. ProQuest Asian Business & Reference（ProQuest 亚洲商业参考）

该库提供有关整个东半球的公司、经济、市场和总体商情的详细信息，包括来自重要报纸、杂志和期刊的各国家和地区的政治、社会、经济、文化、金融和商业新闻，政治、经济、社会和商业简况，指南与展望，国家和地区核心统计数据，实时更新的经济、金融和人口统计系列及分析，有关中央政府、行政事务和商业及文化机构的组织、目录和传记信息，白皮书、政府公文、期刊和立法的国家和地区级文本全文档案等。

5. International Index to Music Periodicals Full Text（国际音乐期刊索引与全文数据库，简称 IIMPFT）

该库是互联网上最全面的音乐期刊资源库，可访问来自 20 多个国家的 450 多种国际音乐期刊的索引和文摘以及 140 多种音乐期刊的全文。

6. Periodicals Archive Online（典藏期刊数据库）

该库提供世界范围内从 1802 年至 2000 年著名人文社科类期刊回溯性内容全文。该数据库收录 562 种全文期刊，涵盖艺术、人文、社会科学领域的 37 个重点学科主题，期刊涉及英语、法语、德语、西班牙语、拉丁语、意大利语、希腊语等不同的语言，有超过 20% 为非英文期刊内容。收录的期刊几乎全部都可回溯至期刊的第 1 卷的第 1 期（创刊号）。

7. British Periodicals Collection 1&2（英国期刊合集 1&2）

该库收录内容涵盖英国两个多世纪以来的历史与文化，覆盖文学、哲学、历史、科学、社会科学、美术、戏剧、考古以及建筑等多个学科,提供从 17 世纪到 20 世纪早期出版的约 500 种英国期刊的摹本页图像和可检索的全文。其中合集 1 由 160 多种期刊组成,包含约 310 万页内容,包括文学、哲学、历史、美学艺术和社会学等;合集 2 收录 300 多种期刊,包含约 300 万页内容,包括文学、音乐、艺术、戏剧、考古学和建筑学等。

8. American Periodicals Series Online(美国期刊)

该库收录 1741—1900 年美国出版的 1100 多种杂志和期刊。覆盖年代最早可追溯到 1741 年,最新内容可延伸至 1941 年,记录美国 150 年间各个历史时期的历史事件、日常的社会生活和社会关注。该库将美国期刊系列之一、二、三卷的缩微胶卷进行数字化,总计提供 700 万页面的内容。收录不同类型的出版物,其中 60% 为杂志,30% 为期刊,10% 为报纸。

9. Wiley-Blackwell 在线期刊

该库收录 1500 余种同行评审的学术期刊,涵盖科学、技术、医学、社会科学及人文科学等各领域,包括化学、物理、工程、农业、兽医学、食品科学、医学、护理、口腔、生命科学、心理、商业、经济、社会学、艺术、人类学等多个学科。

10. 美国物理联合会(AIP)全文电子期刊及会议录

美国物理联合会(American Institute of Physics)创立于 1931 年,致力于推广物理科学和专业,也是世界上居于领导地位的物理期刊出版社之一。该库收录 AIP 出版的全部物理学术期刊(大部分可回溯到第 1 卷第 1 期)、杂志以及 AIP 会议论文集系列。其资源提供商为长煦信息技术咨询有限公司(iGroup)。

11. 美国物理学会(APS)全文电子期刊

美国物理学会(The American Physical Society)成立于 1899 年,在全球拥有会员47 000多人,是世界上最具声望的物理学专业学会之一。APS 出版的物理评论系列期刊:Physical Review、Physical Review Letters、Reviews of Modern Physics,分别是各专业领域最受尊重、被引用次数最多的科技期刊之一,在全球物理学界及相关学科领域的研究者中具有极高的声誉。其资源提供商为长煦信息技术咨询有限公司(iGroup)。

12. 美国化学学会(ACS)全文电子期刊

美国化学学会(American Chemical Society)成立于 1876 年,现已成为世界上最大的科技学会,会员数超过154 000人。目前 ACS 出版的期刊最早可回溯到 1879 年,涵盖有机化学、分析化学、应用化学、材料学、分子生物化学、环境科学、药物化学、农学、材料学、食品科学等 24 个化学相关领域。

13. Science Online(科学在线)

Science Online 是《科学》杂志的网络数据库,涉及生命科学及医学、各基础自然科学、工程学以及部分人文社会科学。该系列数据库包括《科学》周刊、《今日科学》《科学快讯》《科学信号》《科学转化医学》。

14. 美国地球物理学会(AGU)全文电子期刊

美国地球物理学会(American Geophysical Union)是一个非营利性国际科学组织,在全球拥有 6 万多名会员。它成立于 1919 年,最初是美国国家科学院国家研究委员会下的一个分委会,1972 年成为一个独立的机构。该库收录 AGU 出版的各种学术期刊,包括 *Journal of Geophysical Research*(《地球物理学研究》杂志)、*Space Physics*(《空间物理学》)、*Solid Earth*(《大地》)等,及一份会员通讯。

15. Annual Reviews 全文电子期刊数据库

Annual Reviews 出版社专注于出版权威综述期刊,邀请各学科领域最权威、顶尖的科学家撰写综述,回顾本学科最前沿的进展,为科学研究提供方向性指导。该库收录 Annual Reviews 出版社出版的综述期刊,涉及生物医学、自然科学、农业和社会科学领域的 34 个学科。

16. Emerald 期刊全文数据库

该库收录内容包括 Emerald 出版的 200 余种专家评审的管理学全文期刊库,18 种高品质工程学全文期刊,最早可回溯至 2000 年的内容。此外,还可访问国际土木工程文摘、国际计算机文摘数据库、计算机和通讯安全文摘与图书馆和信息管理文摘 4 个文摘数据库。其资源提供商为爱墨瑞得(北京)信息咨询有限公司(Emerald)。

17. Emerald 回溯期刊数据库

该库收录 Emerald 出版社已出版期刊的回溯内容,全部 178 种期刊均可回溯至第 1 卷第 1 期,可访问 1898 年至 2000 年的内容,包括超过 11 万篇全文内容,涉及商业管理、图书馆学、信息科学、材料学以及工程学等领域。国家图书馆 2010 年以国家授权方式引进该库,内地非营利学术型用户均可申请免费访问。

18. Academic Search Complete[综合学科参考类全文数据库(完整版)]

该库为全面的多学科全文数据库,收录社会科学、教育、法律、医学、语言学、人文、工程技术、工商经济、信息科技、通讯传播、生物科学等几十个学科领域的文献。其中收录超过 8500 种期刊,包括 7300 余种同行评审期刊;此外,该库还提供了超过12 500种期刊和总计13 200 种包括专题著作、报告、会议记录等出版物在内的索引和摘要以及 1400 多种本期刊的可搜索参考文献。

19. Business Source Complete[商管财经类全文数据库(完整版)]

该库是世界权威的学术类商业数据库,也是很有价值的书目和全文内容汇总资源。作为此数据库提供的全面收录的一部分,它含有最早可追溯到 1886 年的最重要的学术类商业期刊的索引和摘要,内容涵盖管理、管理信息系统、生产与作业管理、会计、金融、经济等主题。此外,该库还收录图书、专题论文、参考工具资料、书摘、会议论文、个案研究、投资研究报告、产业报告、行销研究报告、国家报告、企业公司档案、SWOT 分析等。

20. Humanities International Complete(人文学全文数据库)

该库完整收录 Humanities International Index(2300 多本期刊和 290 万条记录)的数据,并增加独有的全文内容,最可回溯至 1925 年,其中全文期刊及专著超过 1000 种。同时,该库收录超过 130 种欧洲语言全文期刊,如法语、德语、西班牙语、意大利语、葡萄牙语等。

21. Library, Information Science & Technology Abstracts with Full Text(图书馆学/信息科学技术全文数据库)

该库将 560 多本核心期刊、近 50 本领先期刊和近 125 本精选期刊,以及书籍、研究报告和学报编入索引,其中收录超过 330 本期刊全文。主题涵盖图书馆管理、分类、编目、文献计量学、网络信息检索、信息管理等。收录的内容最早可追溯到 1960 年代中期。

22. Military & Government Collection(军事与政府全文数据库)

该库旨在提供与所有军队和政府部门有关的时事新闻,提供近 300 本期刊的完整全文,以及 400 多个标题的索引和摘要。

23. Professional Development Collection(教育全文数据库)

该库为职业教育者而设计,提供近 520 种非常专业的优质教育期刊集,包括超过 350 个同行评审期刊,此外数据库还包含 200 多篇教育报告。

24. SocINDEX with Full Text(社会学全文数据库)

该库是全面优质的社会学研究数据库,共有超过 210 万条记录,主题标目选自由学科专家及词典编纂专家设计的、拥有 20 000 多条术语的社会学同义词辞典。此数据库收录有 1908 年至今的 860 多种期刊的全文、超过 830 本书籍及专题论文的全文,以及 16 800多篇会议报告的全文。

25. International Security & Counter-Terrorism Reference Center(国际安全及反恐怖主义资源中心)

该库整合危险管理、恐怖主义专业相关信息,主题覆盖地区冲突、叛乱、反恐怖主义、网络安全、安全准备及社团危险管理等,收录超过 500 种全文学术期刊,360 余种图书全文,法制信息、规章、法律和宣言,来源于一流专家的报告和分析以及政府研究。

26. American Antiquarian Society Historical Periodicals Collection(美国文物协会早期全文期刊专辑)

该库是美国文物学会(AAS)与 EBSCO 公司共同制作的美国早期全文期刊数据库,提供许多早期美国发展的重要文献,包括殖民地、内战、重建等时期的各种当地期刊,目前收录年限为 1691—1877 年,共有超过 7600 种全文期刊,分为 5 个子集;涵盖语言文学,商业、农业和工业,家庭与社会,历史,法律、政治和政府,美国南北战争,美国少数民族研究,宗教与哲学,艺术、建筑和音乐,自然科学与医学等主要方向。

27. Project MUSE 期刊数据库

Project MUSE 电子期刊是 1995 年美国约翰·霍普金斯大学出版社与 Milton S. Eisenhower 图书馆合作开发的高品质人文科学学术期刊集成项目。该项目旨在传播高质量的艺术、人文与社会科学领域学术知识,涉及的主要学科领域有:经济、教育、语言学、法律、文学、领域/国家研究、人类学、音乐、艺术、图书馆学与出版、医学与健康、数学、哲学、政治与政策研究、社会学等。该库收录期刊均为非营利性或学/协会出版社出版的同行评议期刊,目前已收录超过 100 家出版社的近 500 种期刊。

28. BioOne 数据库

BioOne 创建于 1999 年,是一个由多家著名大学赞助,由各学/协会、高校与出版社联合组成的非营利组织,是一个在生物科学研究领域具有高影响力的期刊整合联盟。该库目前收录 160 余种期刊,收录学科范围包括农业、奶制品与畜牧学、农业经济学、生物学、生物化学、生物物理学、分子生物学、生物多样性保护、细胞生物学、发育生物学、生态学、工程学、环境科学、昆虫学等。

29. Cambridge Journals Online(剑桥期刊在线)

该库收录剑桥大学出版社出版的 324 种优质学术期刊,可访问 1997 年至今的期刊内容。涉及自然科学、人文社会科学、医学领域,其中自然科学包括数学、物理、农学、生命科学、动植物学、计算机科学,地球和大气学、科学史等,人文社会科学包括历史、地域研究 、英语语言学等。

30. Cambridge Jounrnals Digital Archive(剑桥期刊电子回溯库)

该库收录207种剑桥出版的优秀期刊,时间跨度从1770年至1996年,共包含63万余篇文章,超过430万页数据。涵盖的主要学科有:物理学、材料学、农业与生命科学、医学、生态和环境保护、语言学、经济学、政治和国际关系研究、历史、亚洲及中国研究、美国研究、古典学、哲学、社会学、法律、音乐和戏剧、数学、计算机科学等。2012年,国家图书馆以国家授权的方式引进该库,内地的非营利性学术型用户均可通过剑桥大学出版社的服务平台免费访问该库。

31. Science Direct

该库是世界著名的科学文献全文数据库之一,覆盖自然科学与工程、生命科学、健康科学、社会科学与人文科学四大领域的24个学科内容。收录2500多种同行评审期刊,1000多万篇HTML格式和PDF格式的文章全文,其内容最早可回溯至1823年。

32. Journal Storage(JSTOR期刊数据库)

JSTOR创建于美仑基金会的数字典藏计划,是一个对过期期刊进行数字化的非营利性机构,于1995年8月成立。该库以收录过期西文期刊为任务和目标,所提供的期刊绝大部分都从第1卷第1期开始,回溯年代最早至1665年,过刊库中的"最新期刊"多为三至五年前的期刊。

33. 英国物理学会电子期刊

英国物理学会(Institute of Physics,简称IoP)成立于1873年,是一个致力于提高公众对物理学理解和应用的机构,在全球范围内拥有36 000多名会员。英国物理学会出版社是英国物理学会的出版机构,与包括中国物理学会、欧洲物理学会、德国物理学会、美国天文学会、俄罗斯科学院、欧洲光学学会在内的诸多著名物理研究机构保持合作。目前该平台提供访问的期刊共有66种,均可回溯至第1卷第1期,涉及学科包括应用物理、计算机科学、凝聚态和材料科学、物理总论等。国家科技图书文献中心(NSTL)购买了IOP回溯数据库的全国使用许可,时间范围从1874年到2002年,包括66种期刊、1200多卷、191 901篇全文,共200多万页内容。

34. *Nature* 系列期刊全文数据库

该库收录自然出版集团出版的包括 *Nature*(《自然》)周刊在内的学术期刊和评论月刊,主题涵盖科学、技术、生物技术、化学、基因与进化、免疫、药学、医学、临床医学、恶性肿瘤、牙科、分子细胞生物、神经科学、物理科学等。*Nature* 周刊是世界上最早的国际性科技期刊,自1869年创刊以来,始终如一的报道和评论全球科技领域里最重要的突破。国家科技图书文献中心购买了其中 *Nature* 周刊回溯数据的全国使用许可,时间范围为1869—1996年。

35. 英国皇家化学学会电子期刊

英国皇家化学学会(Royal Society of Chemistry,简称RSC)成立于1841年,以促进全球化学领域研究发展与传播为宗旨,是化学信息的一个重要宣传机关和出版商。RSC Analyst、Chemical Society Reviews、Chemical Communications、Green Chemistry 等期刊都是相关领域中非常著名的期刊。该库收录近40种期刊,覆盖分析化学、物理化学、有机化学、无机化学、纳米科学、生物分子、材料/高分子化学等相关主题领域。国家科技图书文献中心购买了该库回溯内容的国家使用许可,包括1841—2004年由RSC出版的文章内容,共计约238 000篇文章。

36. SAGE Premier 全文电子期刊数据库

该库收录 SAGE 出版的超过 570 种期刊全文,以高品质社科人文期刊为主,涉及商业、人文科学、社会科学等,并且收录科技医药类期刊,同时包括特殊学科研究的数据库。所有期刊均为同行评审。

37. SAGE 回溯期刊数据库

该库收录 SAGE 出版的 380 多种期刊,共计 3.2 万多期、460 多万页、41.8 万篇的全文内容,回溯年代从创刊起至 1998 年。2010 年,国家图书馆以国家授权方式引进了 SAGE 回溯期刊数据库,并向内地的非营利学术型用户提供免费访问。

38. Springer 电子期刊

Springer 出版公司每年出版期刊超过 2000 种,涵盖自然科学、技术、工程、医学、法律、行为科学、经济学、生物学等 11 个学科。该库涵盖 Springer 出版公司出版的大约 1400 种期刊,覆盖建筑学、设计和艺术,行为科学,生物医学和生命科学,商业和经济,化学和材料科学,计算机科学,地球和环境科学,工程学,人文、社科和法律,数学和统计学,医学,物理和天文学,专业和应用计算 13 个学科。国家科技图书文献中心购买了该期刊回溯数据库的国家使用许可,期刊库包括 968 种期刊、3 万余期内容,时间跨度为 1854—1996 年。

39. Oxford Journals(牛津期刊全文数据库)

该库收录牛津大学出版社出版的 250 余种优质学术期刊全文内容(包括免费副刊和 OA 期刊),内容涉及医学、生命科学、法律、数学、物理科学、社会科学。国家科技图书文献中心购买了该库回溯内容的国家使用许可,内容包括 142 种期刊的 1849—1995 年间的全文,共 80 多万篇、300 多万页内容,涵盖医学、生命科学、数学、物理学、人文科学和社会科学。

40. Taylor & Francis 期刊数据库

该库收录 Taylor & Francis 集团出版的学术期刊,分为人文和社会科学与科技两个部分。其中,人文和社会科学部分提供超过 1000 种经专家评审的高质量期刊,包括来自 Routledge 以及 Psychology Press 的期刊,包括人类学与考古学、艺术与人文、行为科学、商务、管理与经济、犯罪学与法学、教育学、地理、规划、城市与环境、图书馆与信息科学等 14 个学科领域。科技部分提供超过 360 种经专家评审的高质量科学与技术类期刊,包括环境与农业科学、化学、工程、计算及技术、物理学和数学 5 个学科。

41. HeinOnline 法学全文数据库

HeinOnline 法律数据库是美国著名的法律全文数据库,共有 19 个子库,现有近 1700 种法学期刊、675 卷国际法领域权威巨著、超过100 000个案例,1,500 多部精品法学学术专著和美国联邦政府报告全文等。全球排名前 500 的法学期刊,该数据库收录了其中 469 种,其中 460 种都可以回溯到创刊号。该库曾获得国际法律图书馆协会(IALL)、美国法律图书馆协会(AALL)等颁发的奖项。

三、会议论文全文数据库

MRS Online Proceeding Library(材料研究学会会议录图书馆)

美国材料研究学会(Materials Research Society,简称 MRS)创建于 1973 年,目前有来自美国及其他 70 多个国家的16 000多名会员。该库收录从 20 世纪 80 年代早期开始的所有美国材料研究学会的会议论文,详细记录过去 30 年材料科学的发展。目前该网上论文图书馆已收录超过68 000篇会议论文,每日更新,是材料科学及相关科学研究的重要参考资料。

四、报告类全文数据库

EIU Country Report(EIU 国家报告)

该库针对全球近200个国家和地区进行分析,可以帮助读者及时掌握全球市场的主要事件,并研判这些事件在中短期内将会产生的影响。每份国家报告都会针对某个国家和地区的主要事件进行全面深入地分析,包括政治情况、经济政策、本地经济、产业动态、外贸等。

五、档案类全文数据库

1. Documents on British Policy Overseas(英国海外政策文件,简称 DBPO)

该数据库收录5万多份英国政府关于国际关系的政府文件,包含外国政策指导、信件和备忘录、商业报告等。这些原始资料由 Britain's Foreign and Commonwealth Office(FCO)的官方历史学家甄选并做解密处理。该数据库可帮助研究人员更全面地了解20世纪欧洲以及世界格局的形成,研究当时紧张的动向、事件背后的动机、复杂的政治关系。

2. Digital National Security Archive(解密后的数字化美国国家安全档案,简称 DNSA)

该库提供来源于美国国家保密档案馆(National Security Archive)的原始文件的访问,收录从1945年开始的美国对其他国家外交、军事政策的第一手资料,它是目前该领域内收录信息最全面的数据库。数据库收录8万多份最重要的解密文件,总页数达60多万页。

3. House of Commons Parliamentary Papers(英国国会下议院议会文件)

该库是研究英国、英国殖民地及世界历史的重要文献,涵盖1688年至今的20多万份涉及社会、政治、经济以及外交政策等各个领域的国会下议院文件,可提供数字化的原文图片、全文和详细的索引信息检索。

4. Congressional Record Permanent Digital Collection(美国国会记录永久数字馆藏)

该库由 Government Printing Office 编撰,是专门收录美国国会记录的永久数字馆藏,内容涵盖自1789年第一次国会会议至今议员在参众两院大会上的官方投票记录、演讲、辩论和其他参众两院活动记录等,是关于美国国会工作的最完整可靠、最权威的原始材料。

5. Congressional Hearings Digital Collection(美国国会听证数据库)

该库收录1824年至今所有美国国会听证会的资料。听证会涉及的主题广泛,包括国际和国内政策、科学、技术、医学、国防、商业以及社会问题等。资料来源包括口头和书面陈述的信息,既包括专家的听证也包括国会议员问题和回答部分以及被放到官方记录中的资料(文章、报告和其他在法庭提出的证物)。

6. Archives Unbound(珍稀原始典藏档案)

该库提供主题领域的数字在线典藏档案,截至2012年12月平台已包含129个主题档案,包括"中国内战和中美关系""日本的战争与和平,1930—1945年"及"肯尼迪的外交事务和国际危机,1961—1963年"等,且每月新增2—5个主题档案。这些主题档案涉及北美历史、国际事务、文学、商业与经济、亚洲研究、中东研究等10余个主题类型。

7. Declassified Documents Reference System(解密档案参考系统,简称 DDRS)

该库是研究二战后美国内政及国际关系的重要资源,收录来自美国政府机构的10万多份解密档案、超过60万页的资料。档案来源于美国中央情报局、联邦调查局、国防部、司法部、国家安全委员会等机构;主要收录总统及内阁成员的信函,白宫机密档案,国家安全委员会的政策声明、备忘录和会议材料等诸多内容，能够令读者非常轻松地检索出美国政府机关各个部门的广泛资料。

8. U. S. Congressional Serial Set（美国国会文献集，简称 USCSS）

该库收录近15 000卷、超过36万种出版物的2000万页内容，并有52 000张地图以及许多插图与统计图表，其中包括13 000张彩色地图。范围涵盖1789—1994年间美国国会文献的全部内容，包括美国参众两院的报告、文件、日志、期刊，行政部门的年度报告与文件，以及 American State Papers（1789—1838年）等。这些史料构成了美国国会文献最丰富、最完善的第一手资源。

9. Foreign Office Files, China：1949—1980（英国外交部档案，中国：1949—1980）

该库收录1949—1980年间发生在中国且与英国相关的所有重要事件，并广泛收录与中国利益相关的文献、美国对中英关系的影响以及与中国领导人相关的资料。收录的主要事件与专题包括：1950年代的社会主义改造、民族商业与工业、台湾、朝鲜战争、1958年"大跃进"；1960年代"文化大革命"、毛泽东与经济复苏、中国加入联合国、中苏关系等。

10. Confidential Print：North America，1824—1961（英国外交部机密文件：北美，1824—1961）

该库收录资料来源于英国国家档案馆，种类有报告、急件、政治领导策略描述报告、每周政治总结、月度经济报告等。内容覆盖美国、加拿大、加勒比地区乃至南美洲部分地区，涉及莫兰特贝暴乱、边境争端、美加双边关系、罗斯福总统及珍珠港事件、美国政府反对共产党采取的主要措施、美国对华政策等。其资源提供商为现代信息与文化开发中心（Cinfo）。

11. Confidential Print：Middle East，1839—1969（英国外交部机密文件：中东，1839—1969）

该库内容来源于英国外交部自1820年以来的官方机密档案，涉及众多问题，如：穆罕默德·阿里与19世纪埃及改革、1921年中东大会、巴勒斯坦与美索不达米亚托管地问题、1956年苏伊士运河危机、巴勒斯坦的分割、后苏伊士时期的西方外交政策及阿以冲突，资料类型有：报告、急件、通讯信件、政治领导策略描述报告、每周政治总结、月度经济报告等，它是研究近现代中东问题的基础原始资料数据库。

12. Foreign Office Files for India, Pakistan and Afghanistan，1947—1980（英国外交部档案：印度、巴基斯坦与阿富汗，1947—1980）

该库资料来源于英国外交部档案馆，收录印度、巴基斯坦和阿富汗政治和社会历史的重要史料。收录内容包括：外交派遣、来往的电报、简报以及转录内容，地图，照片，政治和经济报告，参观旅游者的账本，会议记录，会议进程，信件，传单以及其他零碎事件的记录。该库由以下三个部分组成：独立、分裂和尼赫鲁时代；南亚冲突和孟加拉国的独立；阿富汗和冷战，印度的紧急管制，巴基斯坦恢复文官统治。此外，还收录孟加拉国、斯里兰卡、尼泊尔、不丹、锡金和克什米尔以及其他边境地区的重要内容。

13. China：Culture and Society——Wason Pamphlet（中国：文化与社会，华生中国收藏）

该库内容来源于美国康奈尔大学图书馆的查尔斯·华生（Charles W. Wason）的中国收藏。华生中国收藏是康奈尔大学校友、当时任职于克利夫兰铁路公司的管理者查尔斯·华生的私人收藏。华生和妻子于1903年到中国和日本进行了长时间的巡回旅行并收集大量珍稀资料，主要涉及文物、建筑、传教士、殖民统治、货币制度、民风民俗、教育、大使馆及公使馆、航海、医药学、国际关系、鸦片交易及走私等。主要文献类型有演讲演说稿、报告、期刊、笔记、手稿、信件、会议录等。

14. China：Trade，Politics，and Culture，1793—1980（中国：贸易、政治与文化，1793—1980）

该库由英国 Adam Matthew Publications 公司出版，收录中国与西方往来的珍贵史料，包括大量含有不同人物、场景、风俗与事件的地图，彩色绘画，照片与画稿；中国海关史上主要人物的重要文件；主要外交使团到中国的档案，从马嘎尔尼与阿姆赫斯特到尼克松与赫斯等；在中国的外国传教团文件；以及英国国家档案馆馆藏的 20 世纪 70 年代与中国关系解冻的最新解密文件。

六、报纸类全文数据库

1. ProQuest Historical Newspapers（历史报纸数据库）

该库提供美国报纸的数字档案，用户可以迅速地在该数据库中浏览到从这些报纸第 1 期开始的全部内容。收录的报纸有《亚特兰大宪章报》《亚特兰大每日世界》《巴尔的摩太阳报》《波士顿环球报》等几十种。

2. 17th and 18th Century Burney Collection Newspapers（17 和 18 世纪伯尼典藏报纸）

该库展示了 17 和 18 世纪英国新闻媒体的最大量典藏。原始典藏由著名音乐家查尔斯·伯尼（1757—1817）之子收集，含有 200 多年的记录、说明和观点，700 多种限量报纸，包括英格兰、爱尔兰和苏格兰的报纸以及大量来自英国在美洲和亚洲的殖民地的报纸，涉及 36 个城市的政治、教育和经济形式。1818 年原始收藏被大英博物馆获取后，大英图书馆对集成本做了修订，增加了评论条目和新的文献。

3. 19th Century British Library Newspapers（19 世纪大英图书馆报刊）

该典藏提供在维多利亚时代发行范围最广的全国性或地方性报刊。收录近 220 万多页的全文内容，其中的论文都是英国图书馆编辑委员会从大英图书馆馆藏中严格挑选出来的，为 19 世纪的英国生活提供一个广泛而详尽的介绍。该典藏收录了《每日新闻》《观察家报》《利兹报》等 49 种报纸资源，反映了英国在 19 世纪作为世界超级大国扮演的重要角色。

4. 19th Century U. S. Newspapers （19 世纪美国报纸）

该库收录自 19 世纪以来约 170 万页（超过 2800 万篇文章）原始报纸资料，以美国各地区的大量报纸的全文内容和图像为特色。该资料库的内容涵盖整个 19 世纪，对一些主题如美国内战、非洲裔美国人文化和历史、西部移民、战前时期等做了强调。其内容来源于美国国会图书馆、哈佛大学、威斯康星州历史协会等多个机构。

5. Times Digital Archives 1785—2006（《泰晤士报典藏》，1785—2006）

作为世界的“档案记录报”，伦敦《泰晤士报》涵盖所有重大的国际事件以及日常生活琐事。对于历史学家、记者、学术读者或一般读者来说，《泰晤士报》能提供无与伦比的信息资源、深刻见解和娱乐资源。该库提供 1785—2006 年间出版的《泰晤士报》原版数字化内容，收录 100 多万页，涵盖 700 多万篇文章，包括 220 多年的图片和广告。

6. PressDisplay 报纸数据库

该数据库收录来自 90 多个国家的 2000 余种世界各国的报纸，涉及英语、俄语、德语、日语、韩语、阿拉伯语、西班牙语、法语、波兰语、葡萄牙语等 40 余种语言。其中主要包括《华尔街日报》《华盛顿邮报》《金融时报》《卫报》《观察家报》《费加罗报》《每日快讯》《每日电讯》《今日美国》《每日镜报》等。该库内容每日更新，可回溯 60—90 天内的报纸内容，收录每期报纸的全部内容并保持印刷型报纸的原始版面。

七、学位论文类全文数据库

ProQuest Dissertations & Theses(ProQuest 学位论文全文库，简称 PQDT)

该库是世界著名的学位论文数据库，收录有欧美 2000 余所大学的 270 多万篇学位论文的文摘信息，涵盖文、理、工、农、医等各个学科领域，是迄今为止世界上最大的国际性博、硕士论文数据库。从 2002 年起，CALIS 开始组织集团采购 ProQuest 学位论文全文数据库，由每个成员馆购买一部分学位论文需全文，集团内所有的学位论文需放在服务器上共享，各个学校的校园网用户可免费下载这些学位论文。

八、索引文摘类数据库

1. Cambridge Science Abstract(剑桥科学文摘，简称 CSA)

该库是全球使用最广泛的二次文献数据库之一，主要涉及自然科学、技术、社会科学、艺术与人文四大领域，同时提供众多主题研究数据库，可为用户提供最充分的信息线索及多种挖掘全文的方式。数据库中的记录不仅包括题录，还有原始文献的摘要，学科范围为：航空航天科学、农业科学、水生生物科学、生物学及医学、计算机技术、工程、环境科学、材料科学、市场研究、社会科学、人文艺术。其中每个主题对应多个数据库。

2. ProQuest Dissertations & Theses：A & I(PQDT 学位论文文摘库)

该库收录来自欧美 1700 多所大学的 270 多万篇学位论文信息，论文内容涵盖从 1637 年全球早期博、硕论文到当前年度获得通过的博、硕士论文信息。除收录与每篇论文相关的题录外，1980 年以后出版的博士论文信息中还包含作者本人撰写的长达 350 个字的文摘，1988 年以后出版的硕士论文信息中含有 150 个字的文摘。该库收录论文大部分可提供前 24 页免费预览，另有部分开放存取的论文全文。

3. Biography and Genealogy Master Index(传记与谱系索引数据库)

该索引数据库包括近 500 万个人物的 1700 万条传记信息，包含的姓名、生卒时间以及人物肖像等，并且提供 2000 多个出版机构的信息。

4. Chemical Abstracts Web Edition(《化学文摘》网络版)

《化学文摘》(*Chemical Abstracts*)收录世界上 150 多个国家出版的 56 个语种的 1600 余种化学化工方面的出版物，年报道量超过 70 万篇，占世界化学化工文献总量的 98%，母体文献达 50 种语言。该库为《化学文摘》的网络版。

5. Scopus

该库是全球规模最大的文摘和引文数据库，收录 5000 余家出版社出版的超过18 000种文献，用户可通过检索 1823 年以来的 4400 万条摘要和题录信息，快速准确地定位全文。涵盖生命科学、社会科学与人文艺术、自然科学和医学四大门类的 27 个学科领域。

6. EMBASE. com

该库是生物医学及药理学文摘数据库，将 EMBASE 和 MEDLINE 结合，覆盖 70 多个国家和地区的 7000 多种期刊，涵盖各种疾病和药物信息，包括大量欧洲和亚洲医学刊物，记录总数量超过 2000 万条。其特有的生命科学辞典 Emtree 收录超过56 000条优选术语和超过230 000条同义词。

7. Engineering Village

该库是工程领域二次文献数据库，涵盖一系列工程、应用科学领域高品质的文献资源。数据库收录5000多种工程期刊、会议文集和技术报告的超过1130万条记录，涵盖190余个工程和应用科学领域的资料，在线内容收录年代范围为1969年至今。主要涉及机械工程、土木工程、环境工程、电气工程、结构工程、材料科学、固体物理、超导体、生物工程、能源、化学和工艺工程、照明和光学技术、空气和水污染等领域和其他主要的工程领域。

8. DIALOG 联机情报检索服务

DIALOG国际联机系统是全球最大的国际联机系统。该平台拥有600多个数据库，几乎覆盖所有的科学技术领域，包括科技、法律、金融、社会等各个领域。很多全球著名数据库包括AGRICOLA 农业文摘、Biological Abstract 生物学文摘、Chemical Abstracts 化学文摘、Engineering Index 工程索引、INSPEC 科学文摘、Medline 医学文摘索引、Science Citation Index 科学引文索引、Social Science Citation Index 社会科学引文索引等在DIALOG平台上都有收录。

9. MathSciNet(《数学评论》网络版)

该库是美国数学学会(American Mathematical Society)出版的Mathematical Reviews(《数学评论》)的网络版，包含《数学评论》自1940年出版以来的所有评论文章。它选评1800多种期刊，对400余种数学核心期刊做出全评。目前，中国近150种期刊被选评。MathSciNet含有原始文献的200多万项信息以及710 000多个链接，原始文献涉及220多个出版社、830多种期刊。数据库每年会增加80 000多条新内容和60 000多个专家评论。

10. Arts & Humanities Citation Index(艺术与人文引文索引，简称AHCI)

该库是针对艺术和人文科学期刊文献的多学科索引，完全覆盖1600余种世界领先的艺术和人文期刊，同时还为从6000多种主要自然科学和社会科学期刊中单独挑选的相关项目编制了索引。收录时间范围为1975年至今，涵盖学科包括考古学、语言学、建筑学、文学评论、艺术、音乐学、文学、亚洲研究、音乐、古典学、哲学等。

11. Science Citation Index Expanded(科学引文索引，简称SCIE)

该库是针对科学期刊文献的多学科索引，为跨150个自然科学学科的8300多种主要期刊编制了索引，并包括从索引论文中收录的所有引用的参考文献。收录时间范围是1900年至今，涵盖学科包括农业、药理学、生物化学、生物工艺学、物理、材料科学、医学、兽医学、计算机科学、化学、数学等。

12. Social Sciences Citation Index(社会科学引文索引，简称SSCI)

该库是针对社会科学期刊文献的多学科索引，全面涵盖跨50个社会科学学科的2900多种期刊，收录从3500多种世界一流科技期刊中单独挑选的相关项目。收录范围为1900年至今，涵盖学科包括人类学、历史、行业关系、信息科学和图书馆学、法律、心理学、社会学等。

13. Conference Proceedings Citation Index—Social Science and Humanities(社会科学及人文学科会议录引文索引)

该库涵盖社会科学、艺术及人文科学的所有领域的会议录文献，收录时间范围为1990年至今，涵盖学科包括艺术、哲学、经济学、历史、文学、管理学、心理学、公共卫生学、社会学等。

14. Conference Proceedings Citation Index—Science(科学会议录引文索引)

该库涵盖所有科技领域的会议录文献，收录时间范围为1990年至今，涵盖学科包括农业、计算机科学、农业化学、工程学、生物学、环境科学、生物技术学、医学、化学、物理学等。

15. Index Chemicus(IC)

该库包含国际知名期刊所报道的新有机化合物的结构和关键数据，其中可以找到很多有关生物活性化合物和天然产物的新信息。数据库收录范围为1993年至今。

16. Derwent Innovations Index（德温特世界专利创新索引）

该库涵盖来自世界上40个专利授权机构的1430多万项基本发明，结合来自Derwent World Patents Index和Derwent Patents Citation Index的专利信息资源，支持快速而精确的专利和引文检索，内容涵盖化学、电气、电子和机械工程等领域。借助附加的描述信息和编码以及可追溯到1963年的专利收录内容，使用者能够快速了解某一专利的重要性及其与其他专利的关系。

17. Current Chemical Reactions(CCR)

该库包含摘自知名期刊和36家专利授予机构的单步骤或多步骤的化学新合成方法，所有方法均带有总体反应流程，且每个反应步骤都配有详细和准确的图形表示。数据库收录范围为1985年至今。

18. Current Contents Connect(期刊题录快讯，简称CCC)

该库是用于了解各学科当前发展情况的网络资源，包含世界一流学术性期刊的完整题录信息。通过该库，可以对精选的一组优秀学术网站进行检索，并访问经过精选的网站文献的全文，这些资料大致分为3种资源类型：预印刷型、基金资助信息和研究活动。全库共包括农业、生物与环境科学，社会与行为科学，临床医学，生命科学，物理、化学与地球科学，工程、计算与技术，艺术与人文科学7个专辑和商业、电子与电信2个合集。

19. Journal Citation Reports(期刊引证分析报告)

该库使用户可以通过引文数据来评估和比较期刊，这些引文数据库摘自80多个国家和地区的2500多家出版商出版的10 000余种技术期刊，几乎涵盖科学、技术和社会科学的所有领域，帮助用户了解出版物的影响力，被公认为是权威的期刊评价来源。

20. MEDLINE 医学文摘数据库

该库是美国国家医学图书馆的主数据库，包含各生命科学领域的期刊文章，记录超过1200万条，尤其偏重于生物医学领域。该库的来源出版物涵盖基本生物学研究和临床科学，学科类别包括护理学、牙科学、兽医学、药理学、健康相关学科和临床前科学；另外，还涉及生命科学方面的内容，包括生物学、环境科学、海洋生物学、植物和动物科学以及生物物理学和化学的内容。该库收录时间范围从1950年至今。

九、工具书数据库

1. Blackwell Reference Online(Blackwell文科经典馆藏在线参考书库，BRO)

该库是一个在线社会学和人文学科文献库，提供470种共476卷参考文献书目，且每年增加数十卷，包括Blackwell指南与手册、辞典和简明指南等。其中主要学科包括文学、哲学、历史学、语言及语言学、心理学、古典学，其他学科还包括社会学、商业管理、人类学、经济学、文化研究、地理等。其资源提供商为约翰·威利父子出版公司(John Wiley & Sons, Inc.)。

2. Wiley Online Reference Works(Wiley在线参考工具书)

该库收录128种由Wiley-Blackwell出版的参考工具书，主要涵盖化学工程、生命科学、统计学、电子电气工程、心理学等共计24个学科大类。

3. Encyclopedia Britannica Online(《大英百科全书网络版》)

《大英百科全书》于1768年首次出版,历经200多年修订、再版,得到不断的完善。全套共32册,所有条目均由世界各国著名的学者、各个领域的专家撰写,对主要学科、重要人物事件都有详尽介绍和叙述,其学术性和权威性已为世人所公认。《大英百科全书》网络版1994年正式发布,除文本内容外,还包括大量多媒体资源,可检索词条超过225 000个。

4. Oxford English Dictionary Online(牛津在线英语大辞典,简称OED)

该数据库内容来自于20卷的《牛津英语辞典》,每3个月更新一次,记录了超过60万个英语单词自公元1050年至今的发展沿革和250万种来源的引文,在线数据库的功能包括词条、意义、语境、引文、词源的搜索。

5. Oxford Handbooks Online(牛津在线参考书数据库,简称OHO)

该库完整收录商业和管理、哲学、政治学以及宗教四大领域的牛津手册,囊括了多个研究领域的最新热点,包括了100余本牛津手册,超过3000篇学术论文。每本书都有一个专属的主页,内附图书和章节的结构以及详细的书目信息,并可链接到其他牛津大学出版社在线资源及其他网络资源。

6. Oxford Digital Reference Shelf(牛津数字参考书库,简称ODRS)

该库是艺术、文学语言学、历史文化学、科学、社会科学和法学领域的牛津参考书和部分Continuum出版社的参考书的在线合集。目前提供的参考书超过60种,包括《牛津中世纪辞典》《牛津犹太教辞典》《牛津哲学百科全书》《牛津国际和平百科全书》《牛津人权百科全书》等优秀书目。

7. Oxford Bibliographies Online(牛津在线参考书目数据库,简称OBO)

该库是一个新型参考书目数据库,包含精选引文、评论、构架和链接,目前可提供圣经研究、佛教、古典文学、犯罪学、伊斯兰研究、社会工作、大西洋历史、哲学、文艺复兴和宗教改革等主题板块,约550个分题和介绍,约11 000专题评论以及约55 000个引文和短评,总共相当于约40—45卷百科全书的内容。

8. Max Planck Encyclopedia of Public International Law(马克思普朗克国际公法百科全书在线版)

该库涵盖国际法研究的各方面的参考资源的全文,是牛津大学出版社与马克思－普朗克比较公法和国际法研究所合作出版的重要著作,是1991和2001年间出版的《国际公法百科全书》全面升级和扩充的在线版本。该数据库包含30多个国际法领域的研究主题,内容由来自全球70多个国家的800多位学者提供。

十、数值事实数据库

1. Ulrich's Periodicals Directory(乌利希期刊指南)

该库收录200种语言的15万个出版商的期刊资料,包括33万多种期刊的详细书目数据,覆盖950个学科。

2. Global Books in Print(在版书目)

该库为图书书目数据库,收录来自43个国家超过25万个出版商的书目数据,图书数量超过1200万本。每周更新。

3. Factiva

该库提供来自 159 个国家的、以 22 种语言出版的重要商业信息。整合 Dow Jones Interactive 和 Reuters Business Briefing 两大资源库的 1 万多种出版物,包括 2300 余种报纸、4200 余种期刊、640 多区域性和行业性的新闻专线、35 000多份经过编辑的全球公司报告。

4. Business Insights(商业资源中心)

该库是提供全球商业资讯、行业参考资料、统计数据、期刊和报纸的综合数据库。其中收录全球 50 万家公司及70 000家行业协会的详细信息、2200 多份公司年表、Gale 公司出版的众多著名商业参考书、超过 8300 多种商业信息来源(包括期刊、报纸、时事通讯等)、超过 200 万份的投资报告和数千份详细的财务报告;超过 1000 份的 SWOT 报告、25 000份行业报告和 2500 多份市场研究报告。与精要版(Essentials)相比,增强版(Global)中还增加全球商业的案例研究和商界管理人士的视频访谈等内容。

5. Gale Biography in Context(人物传记资源中心)

该库收录全球 52.5 万个人物的 60 多万份传记,涵盖文学、历史、政治、商业、娱乐、体育和艺术等领域的知名人物和重要事件,这些人物的信息来自于 GALE 集团出版的上百个传记出版物、300 多种报纸杂志、原始资料和网站等。同时收录来自全文学术期刊的丰富信息,以及图片和音视频资料。

6. Reaxys

该库是爱思唯尔公司将原有的贝尔斯坦(Crossfire Beilstein)、盖墨林(Crossfire Gmelin)以及新增的专利化学数据库(Patent Chemistry)内容进行整合后形成的信息资源产品,数据量较之前增加了 20%。该库对原始文献中的数据,根据其重要性和相关性进行筛选和整合,提供化学结构、化学反应、相关化学和物理性质以及详细的药理学信息。

7. ARTstor

该库是由 The Andrew W. Mellon 基金会所筹办的非营利性数字图片图书馆,收录超过 100 万张艺术、建筑、人文和科学领域的图片。所收录的藏品来自一流博物馆、专业摄影师、图书馆、学者、照片档案馆和艺术家的收藏等。其资源提供商为飞资得信息技术(上海)有限公司(FlySheet)。

8. Nexis. com(律商联讯商业数据库)

该库包括约百家美国刊物的资料、220 家通讯社的通讯稿、2000 余家全球各大报纸内容、4000 余种期刊与杂志、2300 多条来自美国公共记载的资源、4600 万份上市公司及非上市公司档案记录、超过 6500 篇独有的国际资源、全球范围内超过31 000条公众及私人商务公司报告。

9. ISI Emerging Market Information Service(ISI 新兴市场信息服务,简称 EMIS)

该库提供基于互联网传送的 80 多个新兴国家和地区的18 000余种商业信息资源和市场动态。内容包括:纯文本格式的实时新闻、所有上市公司和部分非上市公司的分析报告和可供比较的财务报表、行业深度分析报告和统计数据、金融证券市场分析、宏观经济统计数据及法律法规等。

10. Oxford Reports on International Law(牛津国际法数据库)

该库汇集国际公法领域的案例分析与报告,如国际法庭、国内法院和特设法庭。该数据库首次对国际判例法进行完整的收录和分析,并提供法学专家深入的分析与指导。它包含了 171

个国家的超过3000个国际法案例，是目前唯一专注于国际法的案例数据库。

11. BvD—Osiris 全球上市公司分析库

该库是关于全球所有主要证券交易所内60 000多家上市公司、上市银行及保险公司的大型专业分析库。除了提供全球各上市公司历年详细资产负债表、损益表、现金流量表及重要财务分析比率外，Osiris 亦提供各公司重大经营事件、并购新闻报道（路透）、股票分类数据、股票未来收益预测、各国行业分析报告、股东结构与附属公司、跨国企业信用评级（标普、穆迪、惠誉）等综合分析数据，是全面获取全球上市公司经营信息的重要来源及权威分析工具。

12. Essential Science Indicators（基本科学指标数据库）

该库是汤森路透在汇集和分析 Web of Science 所收录的学术文献及其所引用的参考文献的基础上建立起来的分析型数据库，为事实数值型数据库。通过 Essential Science Indicators，研究人员可以系统地、有针对性地分析国际科技文献，从而了解一些著名的科学家、研究机构（或大学）、国家（或区域）和学术期刊在某一学科领域的发展和影响；同时科研管理人员也可以利用该资源找到影响决策分析的基础数据。

十一、复合型数据库

13. Literature Resource Center（文学资源中心）

该库收录来自近400种期刊的850 000篇全文文献；全球14万作家的传记信息，5000多种当代作家的访谈音视频资料，3000多张重要作者照片；Gale 集团出版的众多文学评论系列参考书；超过5000篇文学作品概述、情节介绍和评论；近28 000篇当代诗歌、短篇小说和戏剧文章；超过10 000条来自《韦氏文学大词典》的文学术语定义。同时整合现代语言协会的国际书目，读者能获得200万条来自于现代语言协会的书目信息，以及各种文学风格的作家的传记、评论文章及刊物文章。

14. Global Reference on the Environment, Energy, and Natural Resources（环境、能源和自然资源参考数据库，简称 GREENR）

该库是一个权威、直观的环境、能源和自然资源专题数据库，整合期刊、新闻、独特评论、网站和博客、音视频、原始资料、图像、会议报告、统计数据和法律法规、案例分析等资源，内容涉及能源问题、气候变化、环境污染、资源经济贸易和管理、人口与经济发展、人类健康、农业问题等领域，覆盖190多个国家和地区以及组织的与环境问题有关的各方面信息。

15. ASME Digital Library（美国机械工程师学会数字图书馆）

美国机械工程师学会（American Society of Mechanical Engineers，简称 ASME）成立于1880年，现已成为一家在全球有超过127 000名会员的国际性非营利教育和技术组织。ASME 是世界上最大的技术出版机构之一，每年召开约30次大型技术研讨会，并举办200个专业发展课程，制定众多的工业和制造业行业标准。该库收录 ASME 出版的各种专业期刊、会议录和电子书。

16. ASCE Online Research Library（美国土木工程师协会在线研究图书馆）

美国土木工程师学会（The American Society of Civil Engineers，简称 ASCE）成立于1852年，至今已有150多年的悠久历史，是历史最久的国家专业工程师学会，所服务的会员来自159个国家的超过13万的专业人员。该库收录 ASCE 所有专业期刊（可回溯至1983年）和会议录（可回溯至2000年，另外包括1996—1999年间的部分会议录），总计超过73 000篇全文、

650 000页资料，每年新增约4000篇文献。

17. ACM Digital Library（美国计算机协会数字图书馆）

美国计算机协会（Association for Computing Machinery，简称ACM）创立于1947年，是全球历史最悠久和最大的计算机教育、科研机构。ACM目前提供的服务遍及全球100多个国家，会员数超过9万名。该库收录ACM自1950年代至今的所有出版物（包括期刊、杂志、会议录等）的全文内容；同时还整合了第三方出版社的内容，全面集成了收录140多万条文摘题录信息的“在线计算机文献指南”。

18. SPIE Digital Library（国际光学工程学会数字图书馆）

国际光学工程学会（International Society for Optical Engineering）成立于1955年，是致力于光学、光子学、光电子学和成像领域的研究、工程和应用的著名专业学会。该库收录SPIE出版的会议录、期刊和电子书出版物，其中会议录超过7000卷，年新增350卷左右，可回溯至1990年；一共收录超过325 000篇论文，每年新增18 000篇。

19. 美国光学学会全文期刊和会议录数据库

美国光学学会（Optical Society of America，简称OSA），成立于1916年，目前已经拥有超过106 000位会员，遍及134个国家和地区。该库收录OSA出版的14种期刊、7种合作出版期刊、OSA主题会议录、三大行业会议录等资源。

20. Begell Digital Library（Begell数字图书馆）

该库包括工程研究选集和生物科学研究选集两个部分。其中工程研究选集收录20余种期刊全文、12种电子书、2种会议录文献、4种在线数据库和2个参考资源，涉及热能工程、纳米、能源、环境、核科学、动力工程、材料、无线电通讯等学科；生物科学研究选集收录了17种生物医学期刊，包括权威评论期刊Critical Reviews™系列及肿瘤学、免疫学、基因表达学、药理学和器官移植学等众多生物医学领域的最新研究应用成果。

21. 美国航空航天学会全文电子期刊及会议论文数据库

美国航空航天学会（American Institute of Aeronautics and Astronautics，简称AIAA）于1963年由美国火箭学会和美国宇航科学学会合并而成，是世界上最大的航空航天出版机构之一。在80多年的发展历史中，AIAA致力于航空、航天、国防科技领域的研究，出版了1000多种出版物，包括期刊、杂志、系列图书、美国和国际标准。AIAA电子期刊及会议录全文数据库提供航空航天科学领域独一无二的权威文献资源。

22. IEEE/IET Electronic Library（IEL）

该库提供美国电气电子工程师学会（IEEE）和英国工程技术学会（IET）出版的期刊、会议录全文，以及IEEE出版的标准的全文，并提供出版物信息。总共提供超过270万篇全文文献，最早可回溯至1913年，一般提供1988年以后的全文，部分期刊还提供预印本。该库收录当今世界电气工程、通信工程和计算机科学领域中近三分之一的文献，其在电气电子工程、计算机科学、人工智能、机器人、自动化控制、遥感和核工程领域的期刊影响因子和被引用量都名列前茅。

23. SciFinder Academic

该库是对美国化学文摘服务社（Chemical Abstract Service，简称CAS）所出版的化学及相关学科已公开的研究收录得最全面的数据库。除包含《化学文摘》1907年创刊以来的所有内容外,该库更整合了 MEDLINE 医学数据库、欧洲和美国等 61 家授权机构的全文专利资料,还提供采用图形结构方式检索化学物质、化学反应式的功能以及多种后处理功能,所收录的文献来自 180 多个国家、含 50 多种不同语言。所涵盖的学科包括应用化学、化学工程、普通化学、物理、生物学、生命科学、医学、聚合体学、材料学、地质学、食品科学和农学等。

24. Cairn 法语数据库

Cairn. info 成立于 2005 年,先后有 80 多家出版社加入,并与法国公众机构以及法国高等教育部合作,提供广泛的在线法语出版物。该库收录内容包括:255 种来自法国、比利时、瑞士和加拿大的高品质学术期刊,涉及政治经济学、心理学、教育学等人文科学领域;La Découverte、De Boeck、Eres 等出版社出版的会议录与学术文献集;来自法国 Presses Universitaires de France 和 La Decouverte 出版社的约 1200 种袖珍参考工具书;8 种人文科学领域的杂志;Etat du monde 世界经济与地缘政治年鉴,提供超过 200 个国家的相关信息。

25. East View Universal Database(East View 俄罗斯大全数据库)

该库是迄今为止全球最大的、收录俄罗斯学术资源的数据库,涉及范围广泛,是学习俄罗斯语言文学,研究俄罗斯与独联体国家政治、经济、文化、法律、历史、军事、安全、外交、科技、医学等方面的重要资源。该库收录内容包括人文社科期刊与参考书目,俄罗斯政府、法律与军事信息,历史与文化期刊,中央与地方新闻,医学与科技 5 个方面的内容。

26. Jane's 系列数据库

简氏信息集团(Jane's Information Group)成立于 1898 年,是一家全球领先的国防、安全和风险情报与分析提供商,向合作伙伴与用户提供及时全面的政策与安全信息。Jane's 系列数据库的主要产品包括 Jane's 军事装备与技术数据库、Jane's 防务杂志数据库、Jane's 国家安全与风险预警数据库、Jane's 交通专业数据库、Jane's 防务预测数据库、Jane's 军用装备与技术情报中心等。

27. OECD iLibrary(经济合作与发展组织在线图书馆)

经济合作与发展组织(Organization for Economic Cooperation and Development,简称 OECD)是由 34 个市场经济国家组成的政府间国际经济组织。OECD iLibrary 是其组织推出的网络服务平台,集成了其出版的图书、期刊、工作分析报告、统计数据等各种信息资源,主要包括约 400 种连续出版物、2700 份工作报告、2500 多份语言书写的摘要、5500 本电子书、14 000张图表等。

28. IMF eLibrary(国际货币基金组织电子图书馆)

国际货币基金组织(International Monetary Fund,IMF)是政府间国际金融组织,于 1945 年成立,现有 187 个成员国。IMF eLibrary 集成国际货币基金组织出版的各种资料,如图书、期刊、工作报告、国家报告等的网络平台,主要收录有 IFS 国际金融统计、BOP 国际收支统计、DOT 贸易方向统计、GFS 政府财政统计、IMF 工作文件、IMF 国家报告等内容。

29. World Bank eLibrary(世界银行在线图书馆)

世界银行(World Bank)是向全世界发展中国家提供金融和技术援助的重要机构之一,成立于 1944 年,由 186 个成员国构成。世界银行在线图书馆面向全球提供世界银行所拥有的财经类学术资源访问服务,主要包括:*Development Outreach*、*World Bank Economic Review* 和 *World Bank Research Observer* 3 种期刊 1996 年以后的所有文章;1995 年以来的发展经济学政策研究工作报告,超过 3900 份;1970 年以来正式出版的电子书、各类报告和丛书总计约 2400 本,以及所有最新发表的正式出版物。

30. Beck Online 德国法学数据库

该库主要的收录内容为 C. H. Beck 出版社所出版的期刊、注释书、法典、法律书状范本等,同时也有收录法院裁判的部分。包括 540 种法律书、123 种期刊、127 366个判例、约 5980 个准则、约 100 个行政指导、18 个文书范本,可查文件总数达 550 万。

31. Lexis. com(律商联讯法律数据库)

该库收录来自全球 151 个国家及地区的各类法律信息,包括法律、案例、专题论文、新闻、相关评论集等各种文献资料。其中包括 300 年来美国联邦法院与各州的判例,美国联邦和各州的立法资源,英美立法和政治制度等法律原始文献;法律期刊、专著、Mealey 法律报告和会议资料以及全球性法律新闻等法律二次文献;27 个国家的法律资料等。

32. Kluwer Law Online

该库收录21 种全文法律学术期刊以及42 种法律活页书的全文信息。其中涵盖超过60 个国家的法律专论,数十万篇期刊全文,50 000多个案例,涉及法学理论、宪法、行政法、民法、知识产权、刑法、诉讼法、行业经济法、金融法、国际(贸易)法、比较法、环境法、税法、法律实务、法律文书写作、法律工具书等领域。

33. Westlaw International

该库收录来自美国联邦法院和州法院的判例,英国、欧盟、澳大利亚和加拿大的所有判例,此外还提供其他国际机构的判例报告,包括国际法院、国际刑事法院、世贸组织的判例报告。收录各国的法律条文,1500 余种法学期刊,300 余种法律通讯和法律新闻、法学专著、教材、词典、百科全书以及公司和商业信息。

十二、工具型数据库

Ulrich's Serials Analysis System(乌利希期刊分析系统)

该库利用《乌利希期刊指南》在期刊方面的权威书目数据库,以第三者公正立场,帮助用户客观地评估、分析期刊馆藏,制作有说服力、公正的评估报告,能够清楚地查找出重复或短缺的期刊,帮助用户解决停订或增订的难题,满足图书馆在评估期刊及数据库方面的需要。